21世纪高等院校创新课程规划教材
浙江省"十一五"重点教材建设项目

会计学原理

主　编　黄垚　赵杰
副主编　冷军　邹亚

经济科学出版社

图书在版编目（CIP）数据

会计学原理/黄垚，赵杰主编．—北京：经济科学出版社，2011.2　（2015.4 重印）

21 世纪高等院校创新课程规划教材

ISBN 978－7－5141－0294－9

Ⅰ．①会…　Ⅱ．①黄…　②赵…　Ⅲ．①会计学－高等学校－教材　Ⅳ．①F230

中国版本图书馆 CIP 数据核字（2010）第 262097 号

责任编辑：周胜婷
责任校对：杨晓莹
技术编辑：王世伟

会计学原理

主　编　黄垚　赵杰

经济科学出版社出版、发行　新华书店经销

社址：北京市海淀区阜成路甲 28 号　邮编：100142

总编部电话：88191217　发行电话：88191109

网址：www.esp.com.cn

电子邮件：esp@esp.com.cn

北京汉德鼎印刷有限公司印刷

三河市华玉装订厂装订

787×1092　16 开　23.25 印张　560000 字

2011 年 2 月第 1 版　2015 年 4 月第 3 次印刷

ISBN 978－7－5141－0294－9　定价：37.80 元

前　言

我们正处在一个科技时代，同时也是一个会计时代，在这个时代里，掌握一些会计知识已成为人们的基本需求。

作为国际通用的商业语言，会计的意义和作用越来越重大。同时，经济越发展，会计越需要改革。会计改革的重点在于会计理论体系与方法体系的完善，会计改革的关键在于会计教育的改革，会计教育改革的基础在于会计教材建设与人才培养。我们的教材在某些方面已经不能适应日新月异的经济发展的需要。2007 年 9 月，为配合新会计准则实施及人才培养的需要，我们曾编写了《会计学原理》教材。随着我国会计改革的深化与国际会计环境变化，几年来，我国新颁布了企业所得税法、新修订了增值税暂行条例及其他有关法律、法规。我们清醒地认识到教材修订的紧迫性和必要性，改革与完善我们现行的《会计学原理》教材体系和内容是当务之急。

本次我们组织编写《会计学原理》教材的目标是：及时吸收会计理论研究的最新成果，确保教材建设与我国会计实务改革相匹配，力求教材内容的更新与会计改革的实践同步；“通”与“专”结合，力求从不同方面体现教材易教易学的体系和风格，帮助会计学入门者尽快进入“角色”，为向更高层次的专业迈进打下坚实基础。本书在设计的基本思路上，体现四个特点：内容编写务实、全面；内容表述形式新颖；“通”与“专”结合；以学习者为本，“为读者着想”。

该教材由具有丰富会计教学经验和实务经验的教师参与编写，其中黄垚、赵杰为本书主编，副主编冷军、邹亚，黄垚负责全书设计和书稿审阅。赵杰编写第一章总论；赵杰、黄垚编写第二章会计要素与会计等式、第三章会计核算基础；黄垚编写第四章账户与复式记账、第五章一般企业主要经营过程核算、第九章财产清查、第十一章会计核算组织程序、第十二章会计规范体系与会计工作组织、附录；冷军编写第六章会计账户分类、第七章会计凭证、第八章会计账簿、第十章财务会计报告。全书由黄垚总纂，邹亚、冷军对本教材做了最后校对工作。

在编写过程中我们博采众长，参阅了大量会计实务等方面的书籍，反复比较并参考了 2008 年以来出版的会计学原理教材及各类会计证、会计职称考试教材等，引用了有关资料，主要的参考文献已列于书后。本书的编辑出版得到了经济科学出版社和宁波大学同仁的大力支持与帮助，在此一并表示诚挚的谢意！由于水平有限，书中难免存在疏漏和不妥，敬请批评指正。

编　者

2010 年 10 月于宁波

目　录

我们正处在一个科技时代，同时也是一个会计时代，在这个时代里，掌握一些会计知识已成为人们的基本需求。

第一章　总　　论

☞【学习目标】

本章阐述会计基本理论和基本概念问题。要求了解会计的产生及其发展历程，理解和掌握会计的现状、会计的含义、会计的职能、会计的目标、会计的任务以及会计核算所采用的方法，了解会计学科体系的组成。通过本章学习，对会计基本知识应当有比较清楚的认识和把握。

☞【中英文关键词】

会计：accounting
会计对象：accounting object
会计职能：accounting function
会计作用：accounting effect
会计学：accountancy
管理会计：managerial accounting
会计师事务所：accounting firm
会计师：accountant
会计环境：accounting environment
资金：funds
会计目标 accounting objective
会计本质：nature of accounting
财务会计：financial accounting
成本会计：cost accounting
会计循环：accounting cycle
注册会计师：certified public accountant

☞【引导案例】

小王是会计专业的一名新生，来自于乡镇。小王家隔壁邻居张大叔是会计，儿时，他经常去张大叔家玩，看他拨着老式算盘在那黄黄的账本上写着什么。出于对会计的好奇，高考填报志愿时，他报了会计专业。入学已有一段时日了，小王对“会计”的概念还有很多的疑惑：

会计到底是什么？

会计是指一个人——比如隔壁家张大叔，人称张会计？

会计是一项工作——打打算盘、记记账？

会计是一个机构——挂着“财务部”或“财务处”牌子的职能部门？

会计是一门学科——不少大学开设了会计专业？

带着一系列问题，小王在星期日的早晨敲响了同专业大三老乡的宿舍门……经过交谈，小王从学长那里了解了自己所学专业的基本内容和培养目标，对会计的概念有了初步的认识。当你拿到这本教材时，你是否也有同小王一样的困惑呢？

第一节　会 计 概 述

一、会计的历史变迁

任何一个组织，无论是以追求经济效益为目标的企业，还是提供公共产品的行政事业单位，开展业务活动，总会有财产物资的收付和进出。要对组织的财产物资收付、进出做到“心中有数，全面把握”，就要运用会计这种综合性的“工商语言”。会计是如何做到对单位业务“心中有数”的？会计是干什么的呢？在现实生活中，会计早已为人们所熟知。它不仅从微观上直接影响着一个企业、一个单位的经营和管理，而且从宏观上影响着一个国家、一个地区乃至全球的经济和社会发展的走势。在现实生活中，会计与每个人的理财及衣食住行也有着密切的联系。由此可见，会计已经触及社会和人类生活的每个方面。但会计的影响力并非历来如此，在其发展的不同时代有着较大的差异。一般认为，与人类社会发展的历史脉搏相一致，会计的发展也经历了古代会计、近代会计和现代会计三个主要时期（见图 1－1）。

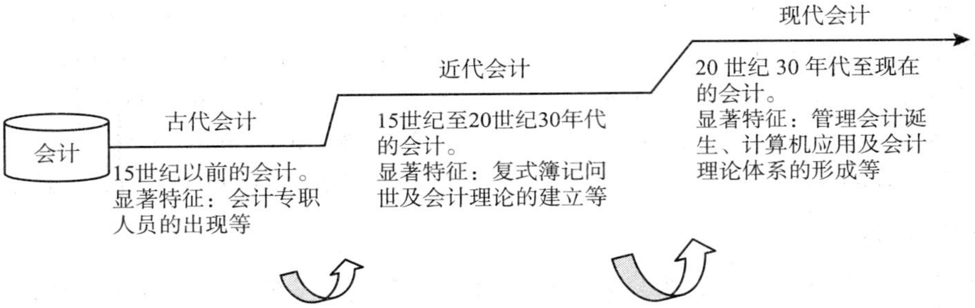

图 1－1　会计的三个发展时期

1. 古代会计

古代会计的产生经历了一个漫长的历史时期。会计并不是与人类的诞生同步，它的产生受制于经济发展的水平，受制于社会管理的需要，受制于文化和科学技术的进步等，是社会经济发展到一定阶段的产物。例如我国古代的“结绳记事”、“刻木记日”，以及外国古代的刻石记事等。这些简单的计量与记录行为，主要用来计算劳动成果及其分配，是会计产生的萌芽。由于当时生产力水平比较低，在很长时期内，人们所关心的主要还是生产本身，会计最初还是生产职能的附带部分。因此，古代会计在人类诞生数万年之后才姗姗起步。有观点认为，古代会计是从奴隶社会至封建社会这一时期的会计。其主要标志有：会计专职人员的出现、会计机构的建立，以及“会计”名词的形成等。

“会计”一词由来已久，我国古代“会计”一词产生于西周，主要指对收支活动的记录、计算、考察和监督。清代学者焦循在《孟子正义》一书中，对“会”和“计”作过概括性的解释：“零星算为之计，总合算为之会”，说明会计既要进行连续的个别核算，又要把个别核算加以综合，进行系统综合全面的核算。

在我国，据文献记载和考证，早在原始社会末期就出现了简单的原始计量、记录行为。3000年前我国的西周王朝就已经建立起了至今仍为世人称道的严密的财计组织。在这个组织机构体系中，所设立的大宰、司会、小宰、宰夫等官职，其主要职责就是掌管国家和地方的“百物财用”。此外，还设有司书、职币、职岁等负责账簿记录的会计人员。将“会”与“计”二字合用，组合为“会计”一词。自春秋战国至秦代，出现了“籍书”和“簿书”之类的账册，用“入”、“出”作为主要记录符号来反映各种经济出入事项。到唐朝“账簿”二字已经联用，报表和账簿已普遍使用纸张。我国的收付记账法、记账所用的数码字、计量单位都在此时传入日本，为日本官方和民间广泛采用。到宋、元两代，会计方法又有了新的进展，会计账簿已有了序时账和总分类账的区别，特别是创建和运用了“四柱结算法”。当时封建官厅办理钱粮报销和移交手续时所造的表册叫“四柱清册”，所谓四柱，即“旧管”、“新收”、“开除”、“实在”，其含义分别相当于现代会计中的“期初结存”、“本期收入”、“本期付出”、“期末结存”，四柱之间的平衡关系，可用会计方程式表示为“旧管 + 新收 - 开除 = 实在”。四柱结算法在民间也逐步被推广运用。它的创建和运用，是我国会计工作者对会计学科的一项重大贡献，为我国通行多年的收付记账法奠定了理论基础。

在一些庄园中，奴隶主为管理其个人的钱粮收支等，也任用了一些专门的保管和记账人员。据有关资料记载，孔子就曾受任管理庄园中的钱粮等收支，因而留下了“会计当而已矣”的传世名言。

古代会计既是会计的开创阶段，也是会计取得长足进步的阶段。不过与今天的会计相比，当时的会计技术和方法等还非常简单。例如，在会计记账方法上主要是采用文字记述方式记录有关交易或事项，这种做法被称为单式簿记或单式记账；在计量上主要是采用实物计量单位，而不是货币计量单位。另外，在古代会计阶段，尽管人们已经有了会计实践，并产生了一定的会计思想，但还没有形成比较系统的会计理论。

2. 近代会计

近代会计一般是指15世纪以后的会计。近代会计的显著标志是复式簿记（也称复式记账法）的创建与传播。与单式簿记相比，复式簿记主要体现在记账方法的重大变革上，在复式簿记中，对某一交易或事项起码应从两个不同的方面，运用两个或两个以上的账户加以记录，对交易或事项的内容反映得更加全面完整，是一种优于单式簿记的科学记账方法。

为了适应商业和手工业迅速发展的需要，我国的明末清初，在四柱结算法的基础上，又出现了一种比较完善的会计核算方法，称为“龙门账”。“龙门账”把全部账目分为“进”、“缴”、“存”、“该”四大类，用“进—缴”和“存—该”双轨计算盈亏，并编制“进缴表”和“存该表”。当“进 - 缴 = 存 - 该”时，称为“合龙门”。“龙门账”中的“进缴表”、“存该表”分别与现代会计的“损益表”、“资产负债表”的意义和作用相似。“龙门账”的创建，为复式记账原理的运用，作出了重大贡献。清代以后，资本主义经济关系逐渐发展，产生了“天地合账”，一切账项都要在“天方”、“地方”各记一笔，以反映同一账项的来龙去脉，所记金额必须相等，称为“天地合”。

在古代会计发展的后期，对复式记账法的探索为世界各国所重视。我国的会计前辈们在唐宋时期创建的“四柱结算法”，在明末清初创立的“龙门账”等，都充分体现了复式记账的原理，是世界会计发展史上的辉煌成果，但由于经济发展落后，缺乏对会计变革的迫切需求，缺少热心人士的总结完善，这些成果逐渐退出了历史舞台。在国外，公元13世纪前后，以意大利为中心的欧洲成为当时世界经济发展的中心，经济贸易的发达以及资本借贷业务的兴起为复式记账法的探索提供了极为有利的经济环境。从事商业经营的精明的商人们在实践中创建了流传至今的复式簿记方法，即借贷记账法。1494年，意大利的数学家卢卡·帕乔利（Luca Pacioli）从理论和实务两个方面总结了在民间已经流行了200余年的借贷记账法，并写入了其数学专著《算术、几何、比与比例概要》中，使复式簿记知识在欧洲乃至全世界得到了迅速传播。帕乔利也因其对复式簿记传播上的重大贡献而被后人赞誉为“近代会计之父”。

应当指出的是，复式簿记的诞生不仅是会计记账方法上的历史性变革，而且是会计理论体系得以建立的起源。帕乔利在其数学著作中，不仅全面而系统地介绍了会计科目、会计账户、会计账簿等基本知识和复式簿记的技术方法，还阐释了影响至今的相关理论，他在著作中所提出的会计中心论、会计主体和会计分期、会计的目的和会计要素等观点，是早期会计理论研究内容的成果，为后人深入进行会计理论问题的探讨和会计理论体系的构建提供了初步框架，至今仍是会计领域的研究者孜孜探究的理论课题。为此，复式簿记的诞生被誉为会计发展史上第一个里程碑。

3. 现代会计

现代会计一般是指20世纪30年代以后的会计，这一阶段是会计的跨越式发展时期。现代会计的主要标志是会计目标的重大变化，管理会计形成并与财务会计分离，电子计算机在会计上的应用，以及随世界经济一体化而兴起的会计准则的国际趋同等。

（1）会计目标的重大变化。20世纪30年代，现代经济的发展加速了企业组织形式的变革，股份公司这一新的企业组织形式如雨后春笋般在世界各地涌现，同时也对现代会计的发展起到了巨大的推动作用。与过去的私人企业、合伙企业不同，股份公司的经营资金主要来源于股东向企业的投资，并不同程度地产生了“两权分离”。在这种状况下，企业既应承担有效使用投资并保证投资保值增值的责任，同时也相应地承担向投资者报告财务会计信息并切实保证会计信息质量的义务。因而，如何从会计的角度处理好企业与投资者等之间的利益关系、企业发展与社会经济发展等方面的关系，成为现代会计面临的新问题，并对会计理论和会计实务的发展提出了新的要求。

（2）管理会计与财务会计分离。20世纪50年代，随着管理科学的发展，科学管理对企业兴亡的举足轻重作用日益凸显。如何利用会计提供的信息分析企业经营活动现状，预测经营活动前景，为经营决策提供依据等成为会计研究的重要课题。并在传统会计基础上，逐步形成并分离出一个新的学科——管理会计，进而形成了财务会计与管理会计并行的格局。在企业中，会计的分工也更为细化，管理会计主要服务于企业内部的经营管理，向企业管理层提供有助于经营预测和决策方面的相关信息；而财务会计则主要承担向投资者等财务报告使用者提供企业相关信息的责任，这也是会计目标变化所引发的必然结果。

（3）电子计算机在会计上的应用。随着科学技术日新月异的发展，电子计算机、互联网等现代科学技术手段在会计工作上的广泛应用，为会计的发展提供了新的强大动力，从而引发了会计技术手段的伟大变革。管理会计的诞生，电子计算机等科学技术手段在会计上的应用，都堪称会计发展史上新的里程碑。

（4）财务会计理论的形成与会计规范的国际趋同。现代会计阶段也是会计理论，特别是现代财务会计理论体系建立和发展的繁荣时期。在近代会计理论框架的基础上，逐步形成了以会计目标为核心，包括会计定义、会计对象、会计假设、会计要素、会计信息质量要求、会计确认、会计计量和会计报告等概念在内的完整而系统的财务会计理论（见图1－2），并以此为指导建立了会计规范。

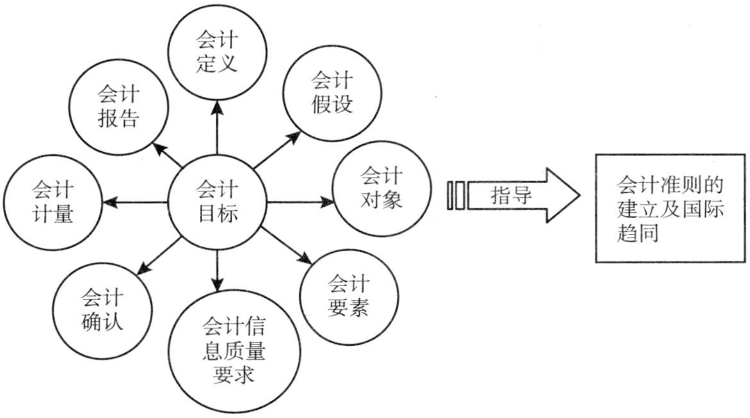

图1－2　现代财务会计理论体系

财务会计理论来自会计实务，反过来又用于指导会计实务。这种指导作用突出体现在：成熟的会计理论本身就属于会计规范的组成内容，同时又用来指导具体会计准则的建立，而会计准则体系的形成又可以具体用来指导会计实务的规范化处理。从20世纪后半叶开始，特别是进入21世纪以来，世界市场经济一体化进程加快，会计的发展也不再仅限于一个国家或地区。国际经济交往在各个领域的扩展，经营资本在国际上的流动，新的会计实务不断涌现，建立全球统一的会计规范的呼声越来越高，用以规范会计实务的会计准则在越来越多的国家和地区实现了趋同。这些变化也给会计理论的进一步发展和完善提供了新的历史契机，作为“世界商业语言”的会计必将会有一个更快更好的发展。

图1－2所示的财务会计理论是本门课程的重要组成部分，在本书的后续章节中将陆续展开讨论。

二、会计的现代发展

1. 影响会计发展的主要社会环境

任何事物的发展变化都是其内外部因素共同作用的结果，会计的发展也是如此。从上述对会计发展三个阶段的分析可见，会计方法和技术手段经历了由简到繁，会计功能经历了由弱到强，会计理论经历了从无到有并不断完善的渐变过程。这些变化既是会计自身生存所必需的，也是会计所处的环境所决定的。这些社会环境包括经济环境、政治环境、科技环境、教育环境和文化环境等（见图1－3）。

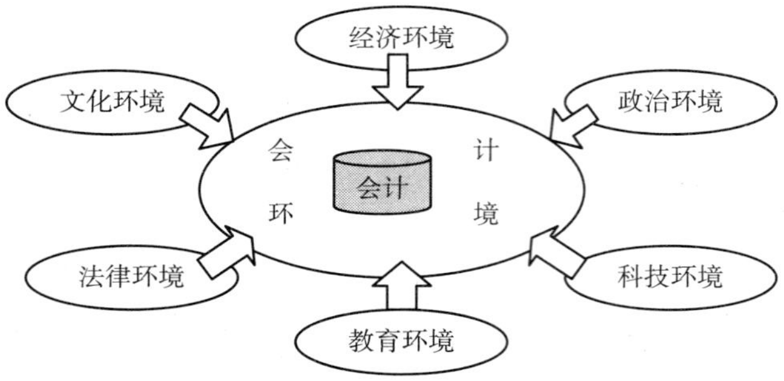

图1－3 影响会计发展的主要社会环境

会计发展是诸多因素共同作用的结果，其中有些环境因素在会计特定的发展阶段甚至会起到决定性的作用。例如，政治环境的改善能够为会计发展提供宽松的氛围；簿记著作的问世极大地改变了会计教育的条件；财经教育事业的发展能够为会计发展提供源源不断的人才资源；科技的发展能够为会计发展提供新技术，促进会计手段的变革等。这些都充分体现了政治环境、教育环境和科技环境的变化对会计发展强有力的推动作用。

2. 影响会计发展的根本动因

尽管影响会计发展的因素是多方面的，但经济环境对会计各个发展阶段都具有普遍的影响作用。会计产生和发展的历史变迁表明：会计是为适应人类对经济活动管理的需要而产生的，又是随着社会经济的发展而不断发展的。在古代会计阶段，由于社会生产力水平极为低下，社会经济发展缓慢，会计仅被应用于官厅和庄园等的财物收支管理的狭小经济管理环境之中，这决定了会计不可能有快速的发展。在近代会计阶段，由于资本主义登上历史舞台，会计在民间得到了广泛的应用，拥有了更为广阔的发展空间。面对复杂多变、竞争激烈的经济发展环境，经营管理对会计的要求进一步提高，复式簿记诞生并取代单式簿记就是一个很好的例证。在现代会计阶段，经济环境的变化更为惊人。特别是在产业资本主义推动下，企业的组织形式也呈现出了多元化，股份公司等企业组织形式逐步替代了传统的委托—代理、合伙经营等企业组织形式，并在世界范围内迅猛发展。企业组织形式的发展变化要求会计不仅要服务于企业本身的经营管理，更要服务于为企业提供资金支持的广大投资者和债权人等会计信息使用者，这决定了会计也应与时俱进，顺应社会经济环境的变化，不断解决其自身发展过程中所面临的新问题。例如，我国从1978年实行改革开放的国策至今，已经完全融入了世界经济发展的行列，会计也发生了前所未有的变革。从20世纪90年代起，我国逐步采用国际上通行的利用准则规范企业会计行为的做法。经过10余年的探索，在2006年颁布了包括1项基本准则、38项具体准则在内的完整的企业会计准则体系，实现了与国际准则的实质性趋同，并将逐步实现与国际准则的全面趋同。

由此可见，经济环境的变化对会计的发展具有巨大的推动作用，是会计发展的根本动因。当然，从另一方面看，会计的发展也会反作用于经济环境，对经济发展产生有力的促进作用。正如马克思在100多年前所指出的那样：生产过程越是按社会的规模进行，越是失去纯粹个人的性质，作为对过程的控制和观念总结的簿记就越是必要；因此，簿记对资本主义生产，比对手工业和农民的分散生产更为必要，对公有生产，比对资本主义生产更为必要。马克思的精辟论述高瞻远瞩地洞察了簿记（即现在的会计）对经营管理活动的主要功能，可以通俗地理解为“经济越发展，会计越重要”。在当今世界，经济发展已经打破了独立的企业、某一个国家和某一个地区等地理环境的界限，世界一体化的经济格局已经形成，这决定了一个企业、一个国家或一个地区必须将其发展自觉地融入世界经济发展的行列，并自觉遵循国际会计规范的要求。总之，经济的发展必然推动会计向更高层次发展，会计的发展也必然对经济的发展提供强有力的支持。

第二节　经济管理与会计

放眼社会，我们发现，无论是企业还是政府机关、学校、医院，以及社会团体，无一单位不设有会计岗位。会计作为一种特殊的技术手段，通过记账、算账、报账来核算提供本单位的收入、费用和利润，来反映单位经济活动中拥有的经济资源及资源的来源，反映单位的经济效益。如下就是会计提供的最终成果——财务报表的一个范例（为便于初学者理解作了简化处理）。

表1－1　　**利润表**

2009年12月　　单位：万元

项　　目	1	上年数	本年数
一、产品销售收入	2	1 000	1 200
减：产品销售成本	3	750	900
二、产品销售利润	5	250	300
加：投资收益	6	0	20
减：厂部费用	7	100	100
三、营业利润	10	150	220
减：非营业损失	11	0	0
四、利润总额	15	150	220
减：所得税	16	35	55
五、净利润	17	115	165

表1－2　　**资产负债表**

2009年12月31日　　单位：万元

资　　产	本年数	上年数	资金来源	本年数	上年数
货币资金	290	209	应付账款	209	290
应收账款	159	209	长期借款	490	409
库存	359	309	投资者投入资本	309	309
厂房设备等固定资产	309	390	未分配利润	109	109
资产合计	1 117	1 117	资金来源总计	1 117	1 117

阅读者（如企业股东、发放贷款的银行、政府部门）通过阅读企业财务报表就能综合了解企业当前的经营规模、拥有的总资产、资产的存在形态、本月所创造的利润及利润的来源等经营状况。企业的管理层随时需要利用财务报表了解和解决企业的许多日常问题；贷款给企业的银行要利用财务报表掌握企业偿还债务能力的信息；股票或债券的持有人或者是准备投资股票或企业债券者，就要关心被投资企业的财务状况和盈利情况。他们都会关心企业的市盈率是多少？资产报酬率是多少？流动比率、速动比率、资金周转率是多少？通过对资料进一步纵横比较，还可以反映出更多的信息，如销售与利润的关系及变化、资产经营水平及变化等。

很显然，上述的财务报表是综合性的信息，是对以企业日常经营过程中各类交易或事项的账本记录的提炼形成的。

我们常会看到有些家庭都会设有账本，反映家庭一段时期（一个月或一年）的收入支出与结余。

其实企业设置的会计账户就更详细、全面，如表1－1和表1－2中的“产品销售收入”、“产品销售成本”、“所得税”、“应收账款”、“固定资产”等就是分别核算、反映企业某一类经济活动发生规模和期末结余的账户名称。会计账户反映的信息是分类的、序时的，比财务报表反映的信息详细、全面。其实财务报表就是在会计账户信息基础上提炼整合出来的。分类登记会计账户是综合编制财务报表的基础。

那么登记会计账户的依据又是什么呢?

会计账户是分类序时登记反映企业发生的交易或事项的，而如实反映交易或事项发生的书面文件就是会计凭证，如证明工资发放的工资单、材料领用的领料单、产品销售的销售发票。编制审核会计凭证又是会计一项重要的基础工作，是登记会计账户的基础，会计账户是否真实决定了财务报表的真实性，而会计账户的真实性又是由会计凭证的真实性来保证的。因此会计部门的一项非常重要的工作就是对会计凭证进行仔细审核，只有审核通过的凭证才能进入企业会计核算程序，才能保证会计账户、财务报表等重要会计信息的真实。

会计凭证是反映企业一笔交易或事项的会计信息，编制会计凭证是逐笔反映企业交易或事项的会计核算方法；会计账户是反映某一类交易或事项的信息，根据会计凭证分类地登记到不同的会计账户中，是分类反映企业交易或事项的会计核算方法；财务报表是最综合反映企业交易或事项的会计信息，根据各会计账户提供的某段时间各类交易或事项的发生额或结余额汇总到财务报表，是综合反映企业交易或事项（财务状况和经营成果）的会计核算方法。

企业会计就是通过编制会计凭证、登记会计账户、编制财务报表等方法全面连续系统地反映核算企业的交易或事项（见图1－4）。从编制会计凭证到登记会计账户，再到编制财务报表是会计信息不断综合提炼浓缩的过程。不同要求的会计信息阅读者可以根据需要分别查阅会计凭证、会计账户、财务报表来详细、分类、综合了解企业的交易或事项。会计信息能同时满足会计信息阅读者不同的信息要求。

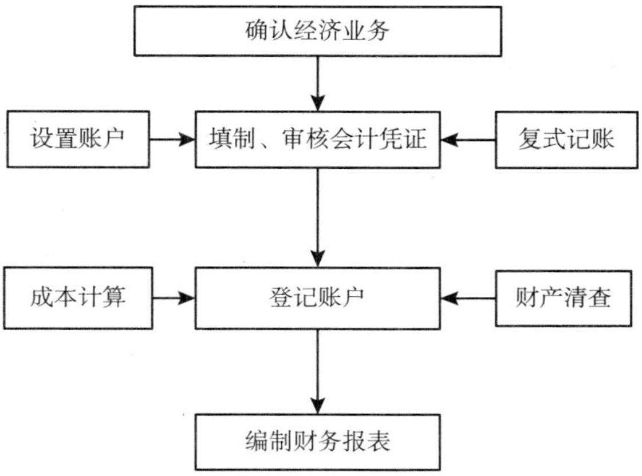

图 1-4 会计核算过程示意

任何经济活动都离不开会计这种技术手段来核算、反映其经济活动的规模、效益。任何企业的会计工作都包括编制会计凭证、登记会计账户、编制财务报表三种方法，三个环节。会计犹如 X 光或 CT，对企业发生的经济活动由粗到细扫描、诊断，从详细到分类再到综合地反映企业的交易或事项、经营状况和经营成果，为会计资料阅读者了解企业，作出决策如实提供信息。而且经济越发展，会计越重要。

第三节 会计的含义和会计的特点

考察角度不同，就会对会计产生不同的认识，不同的表述方式。传统的会计是以货币形式，利用复式记账原理，按照规定的程序，对某一会计主体（企业）的经济活动进行记录、计量、分类整理，定期编制反映一定期间经营情况的财务报表。我国会计理论界对会计含义的理解主要有两种代表性的观点：一是信息系统论，即认为会计是一个运用货币单位对交易或事项进行确认、计量、记录和报告的信息系统；二是管理活动论，即认为会计是通过收集、处理和利用经济信息，对经济活动进行规划、组织、控制和指导，促使人们权衡利弊得失，讲求经济效果的一种管理活动。

一、会计是一个信息系统

会计是对经济活动过程中占有的财产物资和发生的劳动耗费的原始数据进行加工，产生信息，供人们了解和管理经济活动之用。信息是会计工作所产生的结果。从这一点来看，会计是一个信息系统。

会计从取得经济活动的原始数据到将信息传输给使用者，需要经过确认、计量、记录、报告四个环节。

确认是指按照会计规范将某一项目作为会计要素正式地列入财务报表的过程。

在会计确认环节，对某项经济活动产生的原始数据涉及是否应该记录、记录在什么账户里、何时记录三个问题。凡是符合确认标准的经济活动的原始数据，均应在会计账户中予以确认，最终综合地反映在财务报表里。例如，顺达实业股份有限公司 2010 年 3 月 10 日，销售商品一批，货款为 200 万元，当日收到现金 80 万元，双方约定余款 120 万元在 8 月 10 日一次结清。

对这项销售业务涉及的货款、收入的现金、未结算货款等原始数据，会计人员经确认：①需要记录；②应分别记录在销售收入、库存现金、应收账款账户里；③在 2007 年 3 月 10 日记录。

计量是指对经过确认的经济活动的原始数据，以货币或其他度量单位衡量其对会计要素在数量上的影响和结果的过程。在会计计量环节，涉及如何计量以及以多少度量单位进行记录的问题。在上例中，销售收入、库存现金、应收账款应分别计量为：①销售收入 200 万元；②库存现金 80 万元；③应收账款 120 万元。

记录是指运用会计特有的方法，对经过确认和计量的经济活动原始数据在会计凭证、账簿等会计信息载体上加以记录的过程。在上例中，应当运用复式记账方法分别进行如下记录：①编制会计凭证；②登记销售收入、库存现金、应收账款明细账；③登记总账。

报告是指将会计确认、计量、记录的结果，以财务报表的形式提供给会计信息使用者的过程。如综合反映企业财务状况的资产负债表，综合反映企业经营成果的利润表。会计是会计工作的最终成果，也是会计确认、计量、记录的目的，编制会计报告是会计信息系统的最终环节。

二、会计是一种管理活动

会计的特点是主要用货币量度对企业生产经营过程中占用的财产物资和发生的劳动耗费进行系统的确认、计量、记录和报告。确认、计量、记录和报告本身不是目的，而是会计所用的手段。凭借这些手段，达到从一个特定的侧面管好一个企业的生产经营，提高经济效益的目的。从这一点来看，会计是一种管理活动。

企业生产经营的最根本目的是追求利润的最大化。为了达到这一目的，企业必须进行科学、有效的管理。企业的管理过程一般包括规划、组织、实施和控制四个阶段。在管理的每一个阶段，会计除了为管理提供信息外，还直接参与其中，尤其是从资金和成本角度。

规划是管理活动的开始，管理人员应确定企业目标和策略，草拟和选择方案，编制实施计划和预算。在该阶段，会计人员一方面需要为草拟和选择方案、编制计划和预算提供信息，另一方面参与分析各种方案、计划和预算的可行性和利弊得失，为最终确定规划献计献策。

组织为完成规划而优化各项资源的组合，并按时配置这些资源，包括机构设置、职责分配、人员配备、资金调度、团队协调等。在这个阶段，会计人员需要协助管理层将规划分解为财务指标，筹措和调度资金，控制资金使用成本等。

实施是规划的执行过程，具体表现为融资、投资和经营活动的开展。在这个阶段，会计人员需要具体办理并控制各项资源的流入、流出和配置，如收支资金、发放工资、控制成本等，此外还需要向管理人员反映规划实施的偏差。

控制主要是检查规划执行情况，辨识潜在风险，分析差异原因，并对具体实施活动进行监督。在该阶段，会计人员需要分析融资、投资和经营活动情况同计划的差异和原因，比较企业总体财务状况、经营成果同计划的差异和原因，并同管理人员一起制定对策等。

三、会计的特点

会计的特点，是指会计作为一种经济管理活动与其他管理活动相区别的特殊性。作为一种信息系统与其他信息系统的区别。会计核算与统计核算、业务核算相比，具有如下特点：

1. 以货币为主要计量单位

会计核算与统计核算、业务核算以及其他管理活动之间最重要的区别，就是会计以货币为主要的计量单位。也就是说，会计是以货币为基本计量尺度来量度所有核算对象的，并将企业的生产经营活动、财务状况、经营成果、现金流量的数据资料转化为按统一货币单位反映的会计信息。

尽管企业的经济活动可以用不同的计量尺度来量度，如实物量度、劳动量度、货币量度等，但是在商品经济条件下，会计所使用的共同尺度只能是货币量度。这是由货币量度的优越性和实物量度、劳动量度的局限性所决定的。因为实物量度只能总计同一种类的物资，不能总计各种不同种类的物资，更不能综合反映各种不同的经济活动；劳动量度只能核算工作时间方面的劳动耗费，而不能核算价值形式的劳动耗费。因此，唯有货币能为会计计量及会计记录的分类和总括反映、提供其他任何量度都无法提供的统一计量标准。从这个意义上讲，货币是会计的基本计量单位，而其他量度则属于辅助计量单位。

2. 定期进行综合核算，完整、连续、系统地提供会计信息

会计核算在时间上表现为定期核算，即将企业持续不断的生产经营活动人为地分割为长度相等的会计期间，定期地运用统一的货币量度将经济活动过程和结果综合为各种总括的价值指标，分期确定各个会计期间的收入、费用和利润，反映每一会计期间的期初、期末的资产、负债和所有者权益，并进行账目结算和编报财务报表，完整地、连续地、系统地向企业的各利益相关人提供必要的会计信息。会计核算的完整性、连续性和系统性是由会计目标所决定的。

3. 以提高经济效益为终极目的

在现代市场经济条件下，企业是以获利和维持偿债能力为财务目的的经济组织，一切经济管理活动都是为了提高企业的经济效益。经济效益是经济效果和经济利益的综合概念，通常是指在经济活动中产出大于投入、得大于失、劳动成果大于劳动占用和劳动耗费的增量。讲求经济效益与会计有着特殊的渊源关系，会计本身就是基于提高经济效益的客观要求产生和发展起来的。企业提高经济效益的重要途径在于加强经济管理，经济管理的重心在于经济决策，经济决策则离不开必要的信息资料。会计正是适应这种客观需要，运用会计核算、会计控制、会计分析、会计检查以及会计预测与决策等各种方法和手段，将企业的交易或事项加工整理、转换为有用的价值管理信息，为企业的经济决策服务。所以，会计的终极目的就是为了提高经济效益。

第四节 会 计 目 标

我国的《企业会计准则——基本准则》第四条规定：财务会计报告的目标是向财务会计报告使用者提供与企业财务状况、经营成果和现金流量等有关的会计信息，反映企业管理层受托责任履行情况，有助于财务会计报告使用者作出经济决策。从会计作为一个信息系统的角度来看，会计的目标就是向会计信息使用者提供有助于经济决策的会计信息。这就涉及与会计目标相关的两个问题：谁是会计信息的使用者？会计能提供什么样的信息？

一、会计信息的使用者

企业会计报告有很多使用者，其中有的处于企业内部，如企业内部各层次的管理人员，企业的职工；有的处于企业外部，如企业的所有者，债权人，企业的客户和供货方，直接管理企业的政府部门，国家财政和计划部门，一般公众等。以下分别加以说明。

1. 投资人或潜在的投资人

对于上市公司来说投资者包括现有的持股者，也包括那些愿意购买股票的潜在投资者。对于投资人或潜在的投资人，在作出投资决策时，需要了解和掌握企业的经营状况、投资回报、企业发展前景等有关信息。假定你持有顺达实业公司 10 000 股股票，买入价每股 4.5 元，那么你最关心的是这个股票会涨价吗，它的价值是多少？每股 5 元应该卖掉了吗？是否应该卖掉顺达的股票而买入另外一家的股票呢？回答这些问题当然需要多方面的信息，包括国家宏观经济政策、投资者心理预期等都会对股价产生影响，但是，上市公司财务报表所披露的信息应是投资者评价上市公司业绩的最主要信息来源。通过财务报表信息，投资者可以了解和掌握管理当局所保管及运用的经济资源的情况、企业支付股息红利及还本付息的能力、企业资产的增值及现金流量的大小，以便评估管理当局达到经营目标的能力、投资的内在风险和投资报酬，适时改变投资方向或更换经理人。具体地讲，已投资股票的股东需要利用会计信息及其他信息，决定是继续持有该股票或是将其出售，潜在投资者需要决定是否购买股票，购买哪家企业股票，及以何种价格买进。一般认为，当某一上市公司的财务报表对外公布后，证券市场中的投资者能够迅速地利用财务报表中的新信息进行投资决策，从而引起该上市公司的股票价格发生变动。影响证券市场价格的因素有很多，除了会计信息外还有国家宏观经济政策、投资者心理预期、政治因素等，不过，股票价格总是以一种公正的方式对上市公司的各种财务事项作出反映。一个理性的投资者应主要借助会计信息作出决策。现在许多证券分析师和咨询机构通过综合分析，往往可以从财务报告中获取更多有用的信息，并在进行行情分析时加进他们的咨询意见或看法，为普通投资者的决策提供参考。

2. 债权人

银行和其他债权人为企业提供贷款和其他信用，需要了解和掌握企业是否能够定期付息，是否能够偿还到期贷款和债务等有关财务信息。假如顺达实业公司希望新建一条生产线，扩大生产规模，开发新的产品，为此，需要一笔资金。经公司董事会批准，该公司拟向商业银行借款800万元，期限5年。商业银行在接到顺达实业公司的贷款申请后，就需要对顺达实业公司的经营状况进行评估，主要考虑以下问题：公司的财务状况是否良好？公司的长期经营能力如何？贷款到期时，公司是否有足够的现金偿债？即银行及其他贷款人需要了解企业资产的流动性（短期偿债能力）及长期偿债能力。银行需要进一步评价顺达实业公司的未来现金流量信息，因为有时候，虽然企业获利情况良好，但因扩充过度，资金冻结在非流动资产上，周转不灵；有时，企业的现金流入虽超过现金流出，但因为时间上不能配合，也可能周转不灵，企业资产若失去流动性，不仅债权人权益受到影响，投资者的收益亦无着落。这些都需要银行去借助于会计信息来分析。

3. 政府管理部门

政府机构包括中央政府和地方政府，他们要进行宏观管理和控制，要对产品、金融和资本等各类市场进行监督和调节。这种调节作用表现在：宏观管理部门要考核和监督国民经济总体运行情况，从而制定正确、合理、有效的调控和管理措施，促进国民经济协调有序地发展。税务部门要以会计信息为依据向企业征税，保证国家财政收入。统计部门要汇总分析各单位、各行业、各地区的经营情况和发展趋势。这些在很大程度上需要会计系统提供的信息。

4. 公司管理当局

公司管理当局需要大量的会计信息。公司管理当局在经营中需要了解和掌握企业的财务信息，包括资产的运用和分布状况、财务成本和经营活动状况、资本的运营状况、公司经营的业绩等。公司管理当局不仅需要借助于会计信息对日常经营活动进行管理和控制，还需要借助于会计信息进行科学的经营决策与管理决策。例如前面谈到的顺达实业公司，要新建一条生产线，在决定开发这一项目之前，公司管理当局就必须讨论如下问题：这一生产线项目的前期开发成本是多少？这条生产线的生产能力如何？市场潜力有多大？需要多长时间才能使公司盈利？可能的盈利水平有多高？

5. 供应商及客户

对于一个企业的供应商来说，企业经营的稳定持久显然具有重要意义，这不仅保证了企业有了一个稳定的客户，同时也保证了它的销售资金的回笼。因此供应商往往需要借助于会计了解企业的经营状况，以便于制定其产销计划和赊销策略等。而对于企业的客户来说，需要借助于会计信息来确定企业的产品供应是否稳定，特别是如果他们预先支付货款的话，需要借助于会计信息确定企业的财务状况是否可靠。作为客户关注企业的会计信息有时候会非常重要，如果企业因经营不善突然停产或因其他原因不能再采购它所生产的材料，那么这种突然中断采购的行为极有可能导致生产活动的瘫痪。

6. 企业职工和其他利益集团

企业职工和其他利益集团依赖于企业或与企业有一定的联系，需要获得企业稳健发展和获利能力的资料。具体来讲，企业职工需要了解企业目标的实现、能提供的报酬、企业发展的前景、对自己的吸引力等。社会公众关心企业可能以哪种方式对当地作出贡献，如给当地提供就业机会的能力、对环境的保护情况等。

显然，会计信息的使用者对会计信息的要求不同，各有侧重，但他们有一个共同的关注点，那就是：

（1）企业特定时点的财务状况的信息。

（2）企业特定会计期间的经营成果的信息。

（3）企业特定会计期间的现金流入、现金流出及企业现金净流量的信息。

二、会计能提供的信息

如前所述，会计是一个信息系统，它主要向信息使用者提供有助于各种决策的财务信息，作为财务信息载体的财务报告，是综合反映企业一定时期的财务状况、经营成果及现金流量情况的书面报告文件。财务报告主体一般为资产负债表、利润表和现金流量表，为了使报表使用者更好地理解财务报表，企业还要编制基本财务报表的附表、附注和财务情况说明书。要想懂得会计语言，懂得运用会计信息，那就要学会运用财务报表，财务报表告诉了我们会计能提供什么信息。

1. 关于企业财务状况的信息

企业财务状况是反映企业经营实力的重要方面，也是企业营运状况分析的重要内容。企业财务状况分析在于了解企业偿债能力。通过财务报告，信息使用者可以了解企业在某一特定时日所拥有的经济资源（资产），这些经济资源上的权利（负债与所有者权益）以及引起资产、负债与所有者权益变动的各种交易、事项和情况的信息，即企业在一定时日的财务状况的信息。这一类信息是通过资产负债表来提供的。

如根据表1－2提供的该企业的资产负债表，信息使用者可以知道公司2009年12月31日资产总额为1 117万元，负债总额为699万元，从而计算出该公司2009年12月31日的净资产为418万元，负债与资产的比例超过50%。该公司流动资产808万元，流动负债209万元，流动资产比流动负债超过3倍，看起来公司的短期偿债能力是比较强的。另外该公司库存现金加应收账款两项共计449万元，比应付账款要多，可以看出公司如需即时还债，也没有问题，反映出企业当前良好的财务状况。

2. 关于企业经营成果的信息

经营成果是企业在一定期间内生产经营活动的结果即利润，它是通过企业在一个特定时期内获取的收入减去相应发生的费用得到的。会计通过利润表提供企业在一个特定时期关于经营成果的信息，显示企业经营者的经营业绩，反映企业获利能力的大小及其发展趋势，表达企业的成功程度。因此，利润表提供的经营成果的信息备受投资者及其他报表使用者的关注。

通过利润表（见表1－1），信息使用者可以了解到公司2009年的经营成果，并对公司经营情况作出评价。特别是与前期利润比较，还能推测该公司未来收益，预测公司未来的经营业绩。与上年相比，在相同的资产规模下，销售量和销售利润均增加了20%，而且对外投资获得了收益，导致利润总额增加了近5成，经营效益明显上升。

3. 关于企业现金流量的信息

通常情况下，报表使用者比较关注企业的获利情况，并且往往以所获利润的多少作为衡量标准，企业获利多少在一定程度上表明了企业具有一定的现金支付能力。但是，企业一定期间内获得的利润并不代表企业真正具有偿债或支付能力。在某些情况下，虽然企业利润表上反映的经营业绩很可观，但财务也可能会很困难，不能偿还到期债务；还有些企业虽然利润表上反映的经营成果并不可观，但却有足够的偿付能力。现金流量表能够说明企业一定期间内现金流入和流出的原因，说明企业的偿债能力和支付股利的能力。

4. 表外信息和非货币信息

财务报表是提供会计信息的主要方式，其揭示的特点是货币化。但是会计信息的计量并非只具有单一的属性，信息的揭示并非只能局限于报表，那些难以确认、不能以货币量化的信息，会计也能够通过表外信息在一定程度上提供。

第五节 会计的职能

会计职能，是指会计在经济管理中所具有的功能，即会计作为一种经济管理活动，客观上应具备的本质功能。尽管会计的职能随着社会生产和会计的发展而发展，不断地派生出新的职能，但是其基本职能则主要表现在如下两个方面。

一、反映职能

会计的反映职能，也称为会计核算职能，就是提供会计信息的职能。它是以货币为主要计量单位，对企业、事业单位的经济活动进行记录、计量、计算和报告，向投资者、债权人、政府部门和社会公众提供其经济决策所需要的会计信息。反映职能的特点如下：

其一，以货币为计量单位反映企业的经济活动情况，为信息需求者提供财务信息。会计在数量方面反映经济活动时，可以来用实物度量、劳动度量和货币度量的三种计量单位。但由于会计反映的是价值运动，所以，会计主要是以货币为计量单位，对企业、事业单位的经济活动的过程和结果进行核算的。

其二，会计反映注重正在和已经发生的经济活动。即对企业、事业单位经济活动进行事中和事后反映。当然，会计也对未来的经济活动进行预测，但会计反映职能的主要内容是对历史事实进行核算。

其三，会计反映是以会计凭证为依据，并具有完整性、连续性和系统性。会计反映的完整性是指会计对能用货币计量的各种交易或事项要全部进行记录，不应遗漏。会计反映的连续性是指会计对能用货币计量的各种交易或事项要按照其发生的时间顺序进行记录，不应中断；会计反映的系统性是指会计对能用货币计量的各种交易或事项所产生的数据信息，进行科学的分类，使其形成相互联系的整体，不应杂乱无章。

二、监督职能

会计的监督职能，就是监督企业、事业单位经济活动的合法性、合理性、有效性，维护国家财经纪律，提高经济效益。会计监督职能的特点如下：

其一，监督是以国家法令法规和企业各项制度、计划预算为依据，对会计主体经济活动的合法性、合理性、有效性实施控制与调节。

其二，会计监督是在会计反映职能基础上进行的，因此，会计监督主要是对利用货币反映的经济活动进行监督。会计监督是根据会计反映所提供的价值指标来全面地控制和调节企业、事业单位的经济活动，综合地考核其经济效益。当然，会计也对实物资产进行监督，以保证实物资产的安全性和完整性。

其三，会计监督包括事前监督、事中监督、事后监督，但以事中监督和事后监督为主。通过事中监督，可以及时发现经济活动中存在的问题，采取相应的措施，控制和调节经济活动，使经济活动按照预定的目标进行，并能及时纠正违法、违规行为。通过定期的事后监督，可以分析、考核企业、事业单位的经营业绩，总结经营管理中的经验和教训，不断改善企业、事业单位的经营管理现状，提高经济效益。通过事前监督，可以审查企业等单位未来经济活动方案的合法性、合理性和有效性，分析其可行性，以降低企业、事业单位的经营风险。

会计反映职能和会计监督职能是相互联系并相辅相成的。会计反映职能是基础，没有会计反映职能，会计监督职能就失去了监督的对象；会计监督职能是会计反映职能的保障和延伸，没有会计监督职能，会计信息质量就无法得到保障，会计提供会计信息的职能就无法得以发挥。

三、会计的其他职能

会计在履行核算监督基本职能同时，也发挥着其他的经济职能。

随着社会的进步、经济的发展以及新技术的应用，会计在具有反映和监督职能的基础上，逐步发展了新的职能，满足会计信息阅读者提高经济效益的需要。

（1）会计参与预测和决策。随着经济管理水平的不断提高，要求会计适应经济管理的要求，不断扩大自身的职能。不但要求会计提供事后的会计信息，还要求会计参与到事前的预测和决策过程中，担当起领导预决策的参谋。

（2）制定财务计划和预算。会计根据决策的目标制订相应的计划，使决策目标具体化，以保证决策目标能够顺利完成。财务计划是单位计划体系的核心，也是保证其他计划顺利执行的前提条件。

（3）进行事后分析与考核。会计在经济活动发生后，对计划执行的结果进行检查、分析与考核。通过检查与分析，找出经济活动过程中存在的问题，并提出解决问题的建议，供领导决策时参考。同时按照经济责任制的要求，将存在的问题与责任者的经济责任挂钩，作为考核经营者业绩的参考依据。

第六节　会计核算方法体系

会计方法是用来反映和监督会计的客体、完成会计任务的手段。它包括会计核算方法、会计分析方法、会计预测和决策方法等。其中会计核算方法是最基本的方法，本节将对会计核算方法进行详细介绍。至于会计分析方法、会计预测和决策方法将在其他课程中进行专门说明。会计核算方法就是对会计对象进行完整、连续、系统的反映和监督所应用的方法。主要包括以下七种方法。

一、设立会计科目和账户

设置会计科目是对会计对象的具体内容分门别类地进行核算的方法。所谓会计科目就是对会计对象具体内容进行分类核算的项目，是企业根据自身生产经营活动的内容，对资产、负债、所有者权益、收入、费用、利润六大会计要素的进一步分类。设置会计科目是在设计会计制度时事先规定这些项目，然后根据它们在账簿中开设账户，分类记录各项交易或事项，为经济管理提供各类型的会计指标。

二、复式记账

复式记账是指对发生的每一项交易或事项都要以相等的金额，在相互联系的两个或两个以上的账户中进行记录的一种专门方法。采用复式记账，使每项交易或事项所涉及的账户发生对应关系，通过账户一一的对应关系可以了解交易或事项的来龙去脉，并可以对账户记录的结果进行试算平衡，以检查交易或事项的记录是否正确。

三、填制和审核会计凭证

会计凭证是记录交易或事项、明确经济责任的书面证明，是登记账簿的重要依据。填制和审核凭证是为了审查交易或事项是否合理合法、保证账簿记录正确完整所采用的一种专门方法。对于已经发生或已经完成的交易或事项，都要由经办人员或有关单位填制凭证，并签名盖章。所有的会计凭证在记账前都要由会计部门或有关部门，按照有关财经法规、制度、计划、预算等规定，进行严格认真的审核。只有通过审核确认无误的凭证，才能作为记账的依据。由此可见，填制和审核凭证可以为经济管理提供真实可靠的数据资料，也是实行会计监督的一个重要方面。

四、登记账户

账簿是用来全面、连续、系统地记录各项交易或事项的簿籍，是保存会计数据资料的重要工具。登记账簿是对审核无误的记账凭证，在账簿中连续地、完整地记录和循序汇集交易或事项的一种专门方法。设置账户是为了对会计对象的具体内容进行分类反映，以提供经营管理所需要的各种不同性质的核算指标，而登记账簿是对这些核算指标进行归纳、整理，采用一定的记账方法，把所发生的交易或事项按其发生的顺序，分门别类地在一定格式的簿籍中进行登记，以便为经济管理提供完整、系统的数据资料。

五、成本计算

成本计算是指归集一定计算对象上的全部费用，借以确定各对象的总成本和单位成本的一种专门方法。它通常是指对制造业产品进行的成本计算。例如，按制造业企业供应、生产和销售十个过程分别归集生产经营所发生的费用，并分别与材料采购、产品生产和商品销售的品种、数量联系起来，计算它们的总成本和单位成本。通过成本计算，可以考核和监督企业经营过程中所发生的各项费用是否节约，以便采取措施来降低成本，提高经济效益。通过成本计算，还对确定生产补偿尺度，正确计算和分配国民收入，确定价格政策等都具有重要作用。

六、财产清查

财产清查就是通过盘点实物、核对账目来查明各项财产物资和货币资金的实有数，并查明实有数与账存数是否相符的一种专门方法。在日常会计核算过程中，为了保证会计信息真实正确，必须定期或不定期地对各项财产物资、货币资金和往来款项进行清查、盘点和核对。在清查中，如果发现账实不符，应查明原因，调整账簿记录，使账存数额同实存数额保持一致，做到账实相符。通过财产清查，还可以查明各项财产物资的保管和使用情况，以便采取措施挖掘物资潜力和加速资金周转。总之，财产清查对于保证会计核算资料的正确性和监督财产的安全与合理使用等都具有重要的作用。它是会计核算必不可少的方法之一。

七、编制财务报表

财务报表是根据账簿记录定期编制的、总括反映会计主体特定时点（月末、季末、年末）和一定时期（月、季、年）财务状况、经营成果以及现金流量等的书面报告。编制财务报表是根据账簿记录，以货币为计量单位，以表格形式，将分散的会计资料进一步归纳整理，定期综合反映各单位财务状况、经营成果和现金流量等的一种专门方法。编制财务报表是一个会计循环的终点，是提供会计信息的主要方式，又是强化企业内部管理，分析考核计划或预算完成情况的重要手段。

上述各种会计核算方法相互联系、密切配合，构成了一个完整的方法体系。在会计核算方法体系中，就其工作程序和工作过程来说，主要是三个环节：填制和审核凭证、登记账簿和编制财务报表。在一个会计期间，所发生的交易或事项，都要通过这三个环节进行会计处理，将大量的交易或事项转换为系统的会计信息。这个转换过程，即从填制和审核凭证到登记账簿，直至编出财务报表周而复始的变化过积，就是一般称谓的会计循环。其基本内容是：交易或事项发生后，经办人要填制或取得原始凭证，经会计人员复核整理后，按照设置的会计科目，运用复式记账法，编制记账凭证，并据以登记账簿；要依据凭证和账簿记录对生产经营过程中发生的各项费用进行成本计算，并依据财产清查对账簿记录加以核实，在保证账实相符的基础上，定期编制财务报表。

第七节　会计的任务与作用

一、会计的任务

会计的任务是指通过会计的职能所应该完成的工作，它是会计职能的具体化。

在我国，会计的根本任务是：按照国家的财经法规、会计准则和会计制度进行会计核算，提供以财务数据为主的经济信息，并利用取得的经济信息对会计主体的交易或事项进行监督、控制，以提高经济效益，并服务于会计主体内、外部的有关各方。

具体来说，会计的任务包括以下内容。

（一）反映和监督各会计主体对财经法规、会计准则和会计制度的执行情况，维护财经纪律

贯彻执行国家的财经法规、会计准则和会计制度，是各会计主体进行经济活动的首要原则。因此，会计在反映经济活动、提供会计信息的同时，还应以有关的财经法规和准则、制度为依据，对经济活动的合法性、合规性实行必要的监督。对于违反财经法规、准则和制度的行为，应及时予以制止和揭露。

（二）反映和监督各会计主体的经济活动和财务收支，提供会计信息，加强经营管理

各会计主体为了管好自身的经济活动，加强经营管理，提高经济效益，必须了解和掌握各项经济活动的进行情况。会计的基本任务就是运用专门的程序和方法，对各项经济活动进行全面、系统、及时、准确的反映，从而为信息使用者提供与决策和管理有关的信息，并揭示经济管理中存在的问题及其产生的原因，进而促使管理当局改进经营管理，提高经济效益。

（三）充分利用会计信息及其他有关资料，预测经济前景，参与经营决策

前面已经提到，随着生产的发展、经济关系的复杂化和管理理论的提高，会计基本职能的内涵和外延都得到了发展，会计的新职能不断出现。与之相应，作为会计职能具体化的会计任务也必须进行改革，要变事后监督为全程监督。也就是说，会计不仅要对经济活动和财务收支进行事后的反映和监督，而且，要在掌握历史资料的基础上，根据经营管理的要求对经济前景作出预测；也要通过对备选方案的测算和比较，积极地参与经营决策。

会计任务是进行会计工作之前，人们主观提出的一种工作目的。具体就是在进行会计工作的过程中应该达到什么目的，符合什么要求。只有明确会计工作目的和要求，在具体实施会计工作的过程中，才能够按照这个目的和要求来安排每一个工作环节，也才能按照事先确定的目的或要求开展工作，最终保证目的得以实现。

二、会计的作用

会计的作用是指会计的各项职能在特定的历史时期、特定的社会经济制度下能实现和利用之后所产生的效果。会计作用的发挥取决于两个重要的因素：一是会计所处的外部环境因素，即会计工作所处的社会历史时期、社会政治、经济制度；二是与会计自身的内在本质有关因素，即会计的职能被人们所认识和利用的程度。

从我国目前的会计实践工作来看，会计的作用包括两方面的内容：一方面是会计的正面作用、积极作用；另一方面是会计的负面作用、消极作用。也就是说，会计工作既能完善加强经济管理，也能弱化经济管理。

会计的正面作用，从目前看主要有以下四点：①为国家进行宏观调控、制定经济政策提供信息；②加强经济核算，为企业经营管理提供数据；③保证企业投入资产的安全和完整；④为投资者提供财务报告，以便于其进行正确的投资决策。可以看出，目前我国的会计工作更多地停留在记账、算账、报账阶段，会计的预测、决策、控制和分析职能还没有得到充分发挥，甚至有些职能还没有真正实施。如何充分地实现会计职能、更好地发挥会

计作用已成为我国会计工作中迫切需要解决的问题。

会计的消极作用，当前主要表现为会计信息的失真。会计信息失真直接导致了国有资产的流失、偷逃税款等现象的出现。尽管对会计信息的失真这一问题的成因和对决策尚无定论，但毋庸置疑，会计信息失真是会计工作所产生的负效应。这一点是认识会计作用时不应被忽视的。

会计的作用与会计任务不同，会计任务是进行会计工作之前人为主观提出来的，而会计的作用则是在会计工作实施之后所产生的效果。它是会计职能发挥作用后所形成的一种结果，是会计行为效果的体现，也是指导会计实践的会计理论在实践中能否得到体验的一种标志。如果会计发挥了很好的作用，说明会计理论得到了会计实践的验证，也说明会计工作的效果得到了体现。否则，说明会计理论不能指导会计实践，会计工作没有产生效果，甚至说明会计工作产生了负效应。

第八节　会计学科体系

会计作为一项管理活动，已有几千年的历史，但会计作为一门学问，出现得却相对较晚，仅有几百年的历史。会计从其学科性质来说，是属于经济管理中的一门应用性学科，是研究和阐述会计系统和会计工作发展规律的一门学科，即对会计系统的对象、功能、结构、目标及其运行条件，基本约束规范和专门方法进行研究、阐述而形成的科学。会计实践是不断发展和不断丰富的，相应地，会计的理论也在不断地发展和完善。会计实践的发展和丰富推动了会计的发展和完善。会计学科体系是一个庞大的体系，其分类也是多角度、动态的、分层次的。其中，按会计学科体系的研究对象分类是最重要的分类，主要包括会计基础学科、企业会计学科、政府及非营利组织会计学科、综合性会计学科。会计基础学科包括会计工作基础学科、会计行为基础学科、会计方法学科、会计教育学科、会计史学科；企业会计学科包括财务会计、成本会计、管理会计、证券公司会计、金融企业会计、税务会计等；政府及非营利组织会计学科包括财政总预算会计、行政单位会计、事业单位会计、科研单位会计、军队会计、社团会计等；特殊领域会计学科包括无形资产会计、物价变动会计、破产会计、期货会计、司法会计、人力资源会计等；综合性会计学科包括社会会计、社会责任会计、环境会计等。

【提示说明】非营利组织主要包括政府机构、事业单位和社会团体等。其业务活动内容主要是负债社会事务或某些社会事业方面的管理。其所需资金一般来自财政预算拨款或借款，其开展业务活动也不是为了盈利。

会计学科体系按研究的对象分类如表 1－3 所示。

会计学科体系反映在会计教育中又具体表现为会计课程体系。目前，我国的会计课程体系一般由以下课程组成：基础会计学（会计学原理）、财务会计学、成本会计学、财务管理学、管理会计学、审计学、会计电算化、会计制度设计等。其中，基础会计学（会计学原理）、财务会计学、成本会计学、财务管理学、管理会计学、审计学是会计学科体系中的主干学科，也是会计课程体系中的主干课程。

表 1-3 会计学科体系按研究对象分类

会计基础学科	企业会计学科	政府与非营利组织会计学科	特殊领域会计学科	综合性会计学科
会计工作基础学科	财务会计	财政总预算会计	无形资产会计	社会会计
会计行为基础学科	成本会计	行政单位会计	物价变动会计	社会责任会计
会计方法学科	管理会计	事业单位会计	破产会计	环境会计
会计教育学科	证券公司会计	科研单位会计	期货会计	
会计史学科	金融企业会计	军队会计	司法会计	
	税务会计	社团会计	人力资源会计	

上述会计课程体系中，基础会计学（会计学原理）是会计学大家族中最具基础性的学科，主要讲述会计学的基本理论、基本知识和技能。本书将以此为主线进行阐述。

【本章小结】

会计是适应生产实践的客观需要而产生、发展并不断完善起来的。核算和监督是会计的两个基本职能。会计的目标是受托责任观和决策有用观的有机结合。会计的一般对象是社会扩大再生产过程中的资金运动，会计的具体对象表现为资金进入企业、资金的循环和周转及资金的推出企业的运动。会计方法体系主要包括四个部分的内容，即会计核算方法、会计分析方法、会计检查与监督方法、会计预测与会计决策方法等。会计核算方法包括：设置会计科目与账户、复式记账、填制和审核凭证、登记账簿、成本计算、财产清查和编制财务报表。会计处理程序和会计方法体系的结合成为会计循环。会计学科体系是由若干有联系的学科组成的体系，会计学科体系反映在会计教育中又具体表现为会计课程体系。

【思考与分析】

1. 会计的发展历程是怎样的？会计的不同发展阶段有哪些显著标志？
2. 怎样理解经济环境对会计产生和发展的决定性作用？
3. 现代会计的含义是什么？怎样理解会计目标？

文章阅读

会计之父——卢卡·帕乔利

卢卡·帕乔利（Luca Pacioli，1445～1515）是当今被世界各国公认的“会计之父”。其1494年11月10日发表的名著《算术、几何、比及比例概要》（又称《数学大全》）的第三部分《计算和记录的详论》（通称“簿记论”），为最早出版的论述15世纪复式簿记发展的总结性文献，集中反映了到15世纪末为止威尼斯的先进簿记方法，从而有力地推动了西式簿记的传播和发展。卢卡·帕乔利对现代会计及其理论的发展作出了奠定性的卓越贡献。

《算术、几何、比及比例概要》，包括五个部分：①代数和算术；②它们在商业中的运用；③计算与记录要论；④货币和兑换；⑤纯粹几何学和应用几何学。卢卡·帕乔利的《算术、几何、比及比例概要》出版发行之后，被译成多种文字而影响整个会计职业界。1935 年我国著名会计大师陆善炽把根据英译本翻译的日译本翻译成了中文。1988 年厦门大学的林志军、李若山、李松玉将其译成《巴其阿勒会计论》。卢卡·帕乔利首先赋予代数以科学的地位和结构，他是把数学应用于几何学的伟大先驱，他创立了复式簿记并撰写了其后来成为未来思想的基础和不变形式的数学著作。

我国历代“会计”辨析与称谓

在《史记·夏本纪》中有如下一段文字，其称：“太史公曰——或言禹会诸侯江南，计功而崩，因葬焉，命曰：‘会稽’，‘会稽’者，‘会计’也。”

在旧中国的会计刊物上曾有人以上述资料为依据撰文提出中国会计的历史起点在夏代，并进而认为禹会诸侯江南实为中国历史上的第一次全国主计会议。

“会计当而已矣”是中国儒家创始人孔子青年时对会计发表的个人见解。语出《孟子·万章下》。长期以来，会计学术界对“会计当而已矣”阐述有过几十种不同的理解，有人将会计学界长期以来对孔子“会计当而已矣”论述的各种理解概括为四说，即平衡说、得当说、正确说和记账说。

春秋战国时期，军队中的会计称为“法算”。《六韬》中有言：“——法算二人，主计会三军营垒，粮食财用出入。”这里的“法算”就是现在的“会计”。

秦朝具体主管会计核算的人叫做“计”。《秦律十八种·司空》有“尽八月各以其作日及衣数告其计所官”、“尽九月而告其计所官，计之其作年”等句。这里的“计”，就是一般的会计人员。

东汉时，我国古代著名的文字学家许慎在《说文解字》这部著作中对“会计”二字从字义上作出详解，其中尤其强调“计”字中含有正确计算之意。

三国曹魏时期，大司农属下已有“度支中郎将”、“度支校尉”和“度支都尉”的称号，这是以“度支”之名作为财计职官名称的起始。随着时代的演变，“度支”这种掌管财政、税收和会计等财计方面的兼职称谓，逐渐演变成掌管会计等事的专职称谓。例如，在唐代，就把会计叫做“度支郎”。在唐朝时期的寺院中，主管会计则叫做“职岁”。“职岁”主要管理寺院的账务。

宋朝，会计叫做“主管”，主管所记内容叫做私家“簿记”。直到元朝，民间仍把从事会计工作的人叫做“主管”。有些地方也把会计称谓“坐馆先生”。

清代的文字训诂学家段玉裁，在他的《说文解字注》一书中对“会”字的构成作了详细的说明。同时，清代数学家焦循针对西周时人们对于“会计”概念的认识指出：“零星算之为计，总合算之为会”。明末清初，我国“账房”便有了明确的命名。由于当时人们称有文化的人为“先生”，如私塾先生、算命先生等。所以，明清时代，称管账的人叫“账房先生”。民国时期，还经常听到有这样的称谓。

会计被称做是一种商业语言，意思是说，会计是沟通经济工作者之间的桥梁，管理者若不懂会计，经济工作就无从谈起。

第二章　会计要素与会计等式

☞【学习目标】

本章阐述会计对象、会计要素和会计等式三个主要问题。会计要素是具有深刻内涵的会计术语，更是不可或缺的财务会计概念。本章需要了解和明确会计所要反映和监督的基本内容；会计要素的定义、作用、特征，以及掌握会计要素的概念并全面理解六类会计要素的内容；掌握体现会计要素相互之间数量上的相等关系的会计等式，理解会计等式的基本原理等。通过学习应明确会计对象、会计要素和会计等式的基本内容，以及三者之间的密切联系。

☞【中英文关键词】

会计对象：accounting object
会计目标：accounting objective
会计要素：accounting elements
会计等式：accounting equation
资产：assets
负债：liability
所有者权益：owners' equity
收入：revenue
费用：expense
利润（亏损）：profit（loss）
记账方法：book keeping methods
单式记账法：single-entry bookkeeping
复式记账法：double-entry bookkeeping
会计平衡式：accounting equation
借贷记账法：debit-credit bookkeeping
记账符号：accounting symbol
借：debit
贷：credit
账户结构：account structure
会计分录：accounting entry
记账规则：recording rules
试算平衡：trial balancing

☞【引导案例】

2010 年 10 月 31 日，海河企业拥有库存现金 78 000 元，银行存款 2 222 000 元，应收账款 700 000 元，存货 1 000 000 元，厂房及机器设备 1 300 000 元。同时还有短期借款 80 000 元，应付账款 820 000 元，长期借款 1 000 000 元，所有者投入的资本金为 3 400 000 元。问题：1. 你能辨别出这些项目中的“资产”、“负债”及“所有者权益”吗？它们之间有何关系？2. 11 月 1 日，由于扩大生产经营需要，海河企业从银行借入短期借款 100 000 元存入银行存款账户，那么企业的“资产”、“负债”及“所有者权益”之间的关系发生变化了吗？

第一节　会 计 对 象

从会计的产生与发展过程可以初步地知道什么是会计，但会计是一项什么工作，工作的内容是什么？这需要进一步研究会计的对象。

会计对象是会计的内容。对会计工作而言，它的对象是工作的内容。明确会计对象，也就是要明确会计工作的对象，以便明确会计核算和会计管理工作的内容，以及相应会计人员的职责范围，更好地把会计工作做好。会计对象的内容，主要是由客观事物的特殊性，即企业、事业等单位的工作分工所决定的。客观事物是一个庞大的系统，需要由各个方面的各种职能部门对其进行工作；每一个职能部门只能进行一方面的工作，各个职能部门共同实践，才能共同完成对客观事物的工作。

会计对象就是会计所要核算和监督的内容，即会计所要反映和监督的客体。在社会主义制度下，就是社会再生产过程中的资金运动。社会再生产过程是由生产、分配、交换、消费四个相互关联的环节构成的，它概括了各种交易或事项。如前所述，会计是以货币计量的，因此，会计所要核算和监督的只能是用货币表现的那部分交易或事项。在我国，企业、行政事业单位和其他组织交易或事项的内容虽各有不同，但它们的所有财产物资都是以货币形式表现出来的，并在生产经营和收支活动中不断发生变化。这些财产物资的货币表现以及货币本身称为资金。概括地说，会计对象就是社会再生产过程中的资金运动，即交易或事项。企业、行政事业单位的交易或事项不同，其会计对象的内容也各有不同。

一、企业会计对象的具体内容

企业的交易或事项内容主要是生产经营活动。企业的资金随着生产经营活动的进行而不断发生变化，经过供应、生产、销售三个阶段，周而复始地循环周转。在资金循环周转过程中所发生的一切交易或事项就是会计对象的具体内容，即资金运动。

由于各个企业的经济业务不同，其交易或事项也不同，资金运动的表现也有所区别。现以工业企业为例说明。

任何事物的运动都有相对静止和显著变动两种形态，资金运动也不例外，也有静态和动态两个方面。

1. 资金运动的静态表现

资金运动的静态表现是指一个企业在一定时点上的资产总值和权益总值，其内容反映在企业的资产负债表中。

资产是企业资金的占用，其分布和存在的形态，主要是房屋及建筑物、机器及设备、材料物资、加工中产品、库存商品、银行存款、现金以及结算过程中的应收及预付款项等债权。权益是对资产的要求权，是企业资金的来源，包括负债和所有者权益。其取得和形成的形态，主要是投入资本、待分配利润、借款及结算过程中的应付、应缴及预收款项等债务。

2. 资金运动的动态表现

资金运动的动态表现是指一个企业在一定期间的经营成果，它是资金在生产经营过程中各个阶段不断转变形态的结果，表现为收入、费用和利润，其内容反映在利润表中。

工业企业的交易或事项主要是制造产品、销售产品，在生产经营过程中，其资金运动从货币资金形态开始，依次经过供应、生产和销售阶段，不断改变其形态，最后又回到货币资金形态。企业取得资金后，在供应过程中，企业用货币购入各种原材料，从而由货币资金转化为储备资金；在生产过程中，企业利用劳动手段将原材料投入生产，引起了原材料的消耗、固定资产的折旧、工资的支付和生产费用的开支，使储备资金和一部分货币资金转化为生产资金；产品完工后生产资金就转化为成品资金；在销售过程中，产品销售出去取得销售收入，成品资金又转化为货币资金，同时支付销售费用。在这三个过程中，货币资金依次不断改变其形态，称为资金循环，周而复始地不断演变，称为资金的周转。企业对净收入进行分配时，一部分资金就退出了循环。其具体过程如图 2－1 所示。

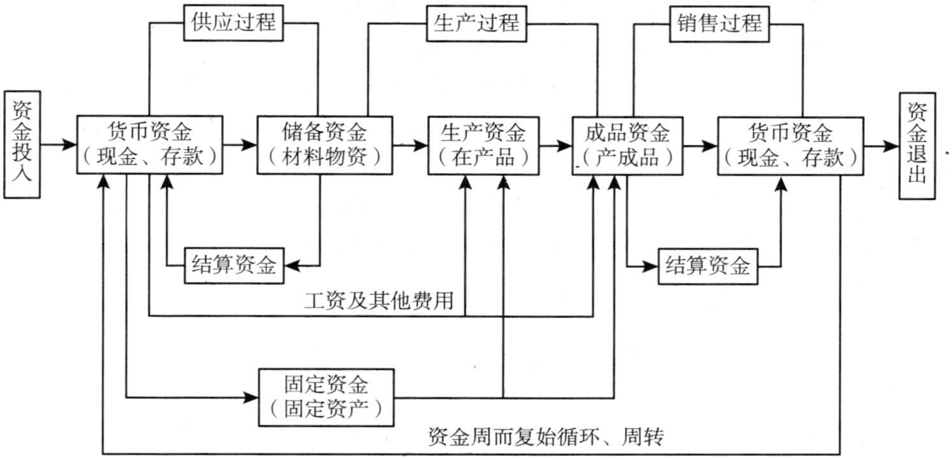

图 2－1　制造企业资金循环流程

再以商品流通企业为例，企业的交易或事项是组织商品流通，其经营过程有商品购进和销售两个阶段，其资金运动主要是按照“货币—商品—货币”的方式，不断依次进行。在商品购进阶段，用货币购入商品，货币资金转化为商品资金；在商品销售阶段，取得销售收入，商品资金又转化为货币资金。其具体过程如图 2－2 所示。

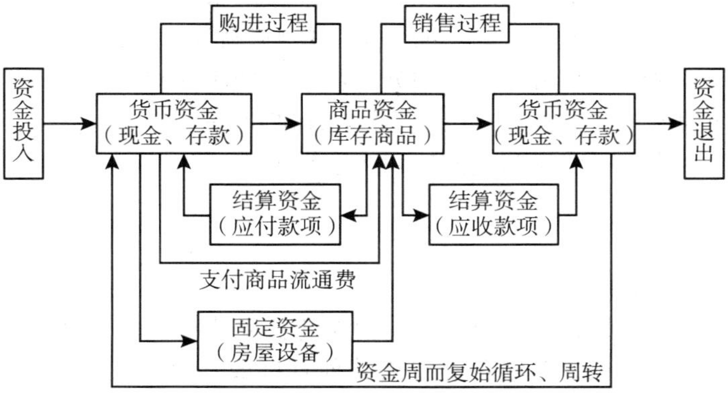

图 2－2　商品流通企业资金循环流程

二、行政事业单位会计对象的具体内容

行政事业单位会计对象的具体内容与企业不同，它们的交易或事项是执行国家预算过程中的预算收入和预算支出。因此，行政事业单位的会计对象可以概括为：再生产过程的预算资金收支。

行政事业单位的预算收支活动也有相对静止和显著变动两个方面的表现，但其具体内容与企业有所不同。预算资金活动的静态表现是指预算资金的使用和来源，如货币资金、固定资产、财政拨款、成交款项等。在执行预算过程中所发生的预算资金收支，如拨款的收入、支用、结存，则构成了预算资金活动的动态表现。

对一些兼有经营业务、实行企业化管理的事业单位，由于财务管理的双重性质，既有预算资金收支活动，也有经营资金的活动，因此，其会计对象的具体内容可以概括为：预算资金收支和经营资金循环。

综上所述，不论是工业企业、商品流通企业，还是行政、事业单位都是社会再生产过程中的基本单位，会计反映和监督的对象都是资金及其运动过程，正因为如此，我们可以把会计对象概括为社会再生产过程中的资金运动。

第二节　会计要素

如前所述，会计的对象是社会再生产过程中的资金运动。在会计实践中，为了进一步分类核算，从而提供各种分门别类的会计信息，就必须对会计对象的具体内容进行适当的分类，会计要素这一概念应运而生。也就是说，企业交易或事项的具体内容不同，其会计对象的具体表现形式也不一样。为了便于确认、计量、记录和报告，以及适应不同会计主体要求，就需要对会计对象进行更加具体的分类。即，会计要素是对会计对象具体内容按经济特征所作的最基本分类，是会计对象的具体化，是反映会计主体的财务状况和经营成果的基本单位。

会计核算的具体对象是企业的各项交易或事项，虽然这些交易或事项复杂、繁多，但从总体上可分为两个方面：反映财务状况和反映经营成果。对于反映财务状况来讲，可具体划分为资产、负债和所有者权益，任何一项涉及财务状况的交易或事项，都可归纳为以上三类。对经营成果来说，也可进一步划分为收入、费用和利润，所有涉及经营成果的交易或事项均可归纳为这三类。我国的《企业会计准则——基本准则》严格定义了资产、负债、所有者权益、收入、费用和利润这六大会计要素。

一、资产

（一）资产的定义与特征

资产，是指过去的交易、事项形成的并由企业拥有或控制的预期会给企业带来经济利益的资源。该资源在未来预计会给企业带来某种直接或间接的现金和现金等价物的流入。资产的确认需满足以下几个条件，或者说，资产具有以下特征：

（1）资产是由企业过去的交易或事项所形成的。过去的交易或事项包括购买、生产和建造等行为以及其他交易或事项。即只有企业在过去的交易或事项中形成的资产才能确认为

企业的现实资产，而企业预期在未来发生的交易或事项也会形成资产，但不能作为企业现实的资产予以确认。例如，企业现在只做出了购买生产或经营所需设备计划，而实际购买行为尚未发生，预期可能增加的设备不符合资产的这一特征，也就不能确认为企业的资产。

（2）资产必须为某一特定主体所拥有或控制。这是因为，会计并不是计量所有的资源，而仅计量在某一会计主体控制之下的资源。因此，会计上所计量的资产就应该或者说必须归属于某一特定的主体，即具有排他性。这里，拥有是指企业对某项资产拥有所有权，而控制则是指企业实质上已经掌握了某项资产的未来收益和风险，但是目前并不对其拥有所有权。前者泛指企业的各种财产、债权和其他权利，而后者则指企业只具有使用权而没有使用权的各项经济资源。一项财产要成为企业的资产予以确认，对于企业来说，其所有权，必须归企业所有，也就是企业对该项财产具有产权。对于一些特殊方式形成的资产，企业虽然对其不拥有所有权，但能够实际控制，如融资租入固定资产等。

（3）资产预期能给企业带来未来经济利益。资产单独或与企业的其他要素结合起来，能够在未来直接或间接地产生净现金流入量，这是资产的本质所在。按照这一特征，判断一个项目能否构成资产，一定要看它是否潜存着未来的经济利益。只有那些潜存着未来经济利益的项目才能确认为资产。

（二）资产的确认

资产作为一项经济资源，与其有关的经济利益必须很可能流入企业，而且资源的成本或者价值能够可靠地计量。符合上述资产定义的资源，在同时满足以下条件时，才能确认为资产：

（1）与该资源有关的经济利益很可能流入企业。

（2）该资源的成本或者价值能够可靠地计量。

符合资产定义和资产确认条件的项目，应当列入资产负债表；符合资产定义，但不符合资产确认条件的项目，不应当列入资产负债表。

（三）资产的内容

在企业中，资产的表现形式多种多样，在生产经营中的特点也各不相同，需要按照一定的标准对其进行分类，《企业会计制度》规定：在资产负债表上，资产应当按其流动性进行分类列示，包括流动资产和非流动资产。

1. 流动资产

流动资产指在一年内或者超过一年的一个营业周期内变现或耗用的资产。主要包括货币资金（库存现金和银行存款等）、应收及预付款项、存货等。

（1）库存现金是指企业持有的现款，也称现金。库存现金主要用于支付日常发生的小额、零星的费用或支出。

（2）银行存款是指企业存入某一银行账户的款项。该银行称为该企业的开户银行。企业的银行存款主要来自于投资者投入资本的款项、负债融入的款项、销售商品的货款等。

（3）应收及预付款项是指企业在日常生产经营过程中发生的各项债权，包括应收款项（应收票据、应收账款和其他应收款等）和预付账款等。

（4）存货是指企业在日常的生产经营过程中持有以备出售，或者仍然处在生产过程中将要消耗，或者在生产或提供劳务的过程中将要耗用的各种材料或物料，包括库存商品、半成品、在产品以及各类材料等。

【提示说明】应收账款和预付账款属于企业资产，是由这些款项的所有权决定的。在产生应收账款时，虽然企业暂未收到款项，但已经具有向购买方收款的权利，因而应确认为销售方的资产。预付账款之所以是企业的资产，是因为在收款方尚未提供产品或劳务之前，该款项的所有权仍属于付款企业，因而仍应确认为预付款企业的资产。

2. 非流动资产

非流动资产是指不能在1年或者超过1年的一个营业周期内变现或者耗用的资产，主要包括长期股权投资、固定资产、无形资产和长期待摊费用等。

（1）长期股权投资是指持有时间超过1年（不含1年），不能变现或不准备随时变现的股票和其他投资。企业进行长期股权投资的目的，是为了获得较为稳定的投资收益或者对被投资企业实施控制或影响。

（2）固定资产是指企业使用年限超过1年的房屋、建筑物、机器、机械、运输工具以及其他与生产、经营有关的设备、器具、工具等。

（3）无形资产是指企业拥有或者控制的没有实物形态的可辨认非货币资产。无形资产包括专利权、非专利技术、商标权、著作权、土地使用权等。

（4）长期待摊费用是指企业已经发生（一般是指已经实际支付了货币资金）但应由本期和以后各期负担的分摊期限在1年以上的各项支出。如以经营租赁方式租入的固定资产发生的改良支出等。这种先实际付款，之后再将应承担的费用计入各个收益期间的做法称为待摊方式。

【提示说明】长期待摊费用虽然属于企业已经先行支付了货币资金的支出，但该支出仍可在企业的经营活动中继续发挥效益，并为企业带来经济利益，符合资产的本质特征，因而应确认为企业资产。另外应注意的是，长期待摊费用虽带有“费用”字样，但其本身并不属于费用性质，而是企业的资产，只有将此类支出在其受益期间摊销后才转化为费用。

资产要素的主要内容如图2－3所示。

- 资产
  - 流动资产
    - 库存现金
    - 银行存款
    - 其他货币资金
    - 应收账款
    - 应收票据
    - 交易性金融资产
    - 应收及预付款
    - 存货
  - 非流动资产
    - 可供出售金融资产
    - 持有至到期投资
    - 长期股权投资
    - 投资性房地产
    - 固定资产
    - 在建工程
    - 无形资产
    - 长期待摊费用
    - 递延所得税资产
    - 其他资产

图2－3　资产要素的主要内容

二、负债

（一）负债的定义与特征

负债是指过去的交易或事项形成的、预期会导致经济利益流出企业的现时义务。履行该义务将会导致经济利益流出企业。而在未来发生的交易或事项形成的义务是不属于现时义务的，则不应当确认为负债。负债具有以下特征：

（1）负债是企业过去的交易或事项形成的。企业过去的交易或事项一般是以前会计期间发生的，只有过去的交易或事项所形成的企业的现时义务，才能确认为企业的负债。企业为未来发生的交易或事项所编制的支付计划、签订的交易合同等，由于交易或事项并未实际发生，因此不能确认为企业的负债。

（2）负债是企业承担的现时义务。负债是企业必须承担的现时义务，这是负债的一个基本特征。现时义务是指企业在现行条件下已承担的义务。未来发生的交易或事项形成的义务不属于现时义务，不应确认为企业的负债。

（3）负债会导致经济利益流出企业。预期会导致经济利益流出企业是负债的本质特征。只有在履行义务时会导致经济利益流出企业的，才符合负债的定义。在履行现时义务清偿负债时，可采用多种形式，如用现金或实物资产偿还、以提供劳务偿还等。不管偿还方式如何，最终都会导致经济利益流出企业。

（二）负债的确认

符合上述负债定义的现时义务，在同时满足以下条件时，确认为负债：

（1）与该义务有关的经济利益很可能流出企业。

（2）未来流出的经济利益的金额能够可靠地计量。

符合负债定义和负债确认条件的项目，应当列入资产负债表；符合负债的定义，但不符合负债确认条件的项目，不应当列入资产负债表。

（三）负债的内容

负债按其流动性分为流动负债和非流动负债。

1. 流动负债

流动负债是指将在1年（含1年）或者超过1年的一个营业周期内偿还的债务。主要包括短期借款、应付及预收款项等。

（1）短期借款是指企业从银行或其他金融机构借入的偿还期在1年以内的各种借款。企业借入短期借款的目的主要是满足临时性支出的需要。

（2）应付票据是指企业因购买商品或接受劳务等开支并承诺的交由销售方持有的商业汇票。

（3）应付款项是指企业在日常生产经营过程中发生的各项债务，包括应付款项（应付票据、应付账款、应付职工薪酬、应交税费、应付股利、其他应付款等）和预收款项等。

应付职工薪酬是指企业根据有关规定应付给本企业职工的薪酬。

应交税费是指企业按税法规定应缴纳的各种税费。

应付股利是指股份企业应付股东的现金股利（非股份企业为应付利润）。

其他应付款是指企业除应付票据、应付账款、应付职工薪酬、应交税费和应付股利等以外的其他各项应付、暂收款项。

（4）预收款项是指企业由于向购买方销售商品、提供劳务等，根据有关协议预先向对方收取的款项。

【提示说明】 预收账款之所以是企业的负债，是因为在预收款企业向对方提供产品或劳务之前，该款项的所有权仍属于预付款企业。尽管预收企业已经实际收到款项，但在没有实际履行相关义务之前，预收款的企业只能将其确认为企业的一项债务。

2. 非流动负债

非流动负债是指企业将在超过1年或超过1年的一个营业周期偿还的债务。主要包括长期借款、应付债券、长期应付款、预计负债等。

（1）长期借款是指企业从银行或其他金融机构借入的期限在1年以上（不含1年）的各种借款。企业借入长期借款的目的主要是进行建设期比较长的过程项目建设。

（2）应付债券是指企业为筹集长期资金发行企业债券而发生的债券本金和利息对债券购买者产生的负债。企业发行债券后，除应按规定的债券利率向债券持有者支付利息外，还应在既定的债券发行期满后将债券本金归还给债券的持有者。企业在债券的发行期间所占用的资金应视为对债券购买者的负债。

（3）长期应付款是指企业除长期借款和应付债券以外的其他长期应付款项，如企业融资租入固定资产时产生的长期应付款等。

（4）预计负债是指企业确认的对外提供担保、未决诉讼、产品质量保证等产生的预计负债。

负债要素的主要内容如图2－4所示。

- 负债
  - 流动负债
    - 短期借款
    - 交易性金融负债
    - 应付票据
    - 应付账款
    - 预收账款
    - 应付职工薪酬
    - 应付利息
    - 应付股利
    - 应交税费
    - 其他应付款
  - 非流动负债
    - 长期借款
    - 应付债券
    - 长期应付款
    - 专项应付款
    - 预计负债
    - 递延所得税负债

图2－4　负债要素的主要内容

三、所有者权益

（一）所有者权益的定义与特征

所有者权益也称股东权益，是指企业资产扣除负债后由所有者享有的剩余权益。它在数值上等于企业全部资产减去全部负债后的余额。其实质是企业从投资者手中吸收的投入资本及其增值，同时也是企业进行经济或事项的“本钱”。

所有者即向企业投入资本的投资者。所有者权益是企业的投资者在向企业投资以后对企业资产的一种要求权，包括对企业经营成果的分享权以及对企业经营活动的管理权等。但所有者并不是对企业的全部资产都具有要求权。企业的资产一般是由所有者的投资和借入的负债两部分构成的。所有者只对其投资所形成的那部分资产具有要求权，对于负债所形成的那部分资产则不具有要求权。在企业的全部资产中，明确界定所有者权益部分的内容，既有利于清晰反映所有者投入资本的保值增值情况，又体现了保护债权人权益的理念。所有者享有的权益体现为剩余权益，是所有者权益的基本特征。

（二）所有者权益的确认

所有者权益体现的是所有者对企业资产所享有的剩余权益。因此，所有者权益的确认主要依赖于其他会计要素，尤其是资产要素和负债要素的确认。所有者权益金额的确定也主要取决于资产和负债的计量。例如，企业在接受投资者投资，并且投入的资产符合企业资产确认条件时，也就相应地符合了所有者权益的确认条件；当该资产的价值能够可靠计量时，所有者权益的金额也就相应地得以确定。

值得注意的是，所有者权益反映的是所有者对企业资产的索取权，而负债反映的是企业债权人对企业资产的索取权，两者有本质区别。因此，企业在会计确认、计量和报告中应当严格区分负债和所有者权益，以便如实反映企业的财务状况，尤其是企业的偿债能力和产权比率等。

（三）所有者权益的内容

企业所有者权益包括实收资本（股本）、资本公积（含资本溢价或股本溢价等）、盈余公积和未分配利润，以及直接计入所有者权益的利得和损失。其中，实收资本和资本公积统称为投入资本；盈余公积和未分配利润统称为留存收益。

（1）实收资本是指所有者投入企业的资本中构成企业注册资本（或股本）部分的金额。

（2）资本公积是指所有者投入资本超过注册资本（或股本）部分的金额，即资本（或股本）溢价。这部分投入资本可按规定的程序转增资本金。

（3）盈余公积是指企业从实现的利润中提取的留存于企业的部分。包括法定盈余公积和任意盈余公积。盈余公积可按规定的程序转增资本金，或用于弥补亏损。

（4）未分配利润是指企业已经实现但尚未分配而留待以后年度分配的利润。

此外，所有者权益中还包括那些按规定可直接计入的利得和损失。

所有者权益要素的主要内容如图 2 -5 所示。

- 所有者权益
  - 投入资本
    - 实收资本
    - 资本公积（资本/股本溢价）
  - 直接计入所有者权益的利得/损失、资本公积（其他资本公积）
  - 留存收益
    - 盈余公积
    - 未分配利润

图2-5 所有者权益要素的主要内容

四、收入

（一）收入的定义与特征

收入是指企业在日常活动中形成的、会导致所有者权益增加的、与所有者投入资本无关的经济利益的总流入。收入的实质是企业交易或事项的产出过程，即企业生产经营活动的结果。收入只有在经济利益很可能流入从而导致企业资产增加或者负债减少，而且经济利益的流入额能够可靠计量时才能予以确认。收入具有以下几个特征：

（1）收入从企业的日常活动中产生，而不是从偶发的交易或事项中产生。

（2）收入可能表现为企业资产的增加，也可能表现为企业负债的减少，或者二者兼而有之。

（3）收入最终能导致企业所有者权益的增加。

（4）收入只包括本企业经济利益的流入，而不包括为第三方或客户代收的款项。

（二）收入的确认

收入的确认是财务成果的最初形式，也是企业获取利润，实现盈利的前提条件。企业只有取得收入，并补偿在生产经营活动中已消耗的各种支出，才能形成利润。

收入的确认至少应当满足以下条件：

（1）与收入相关的经济利益很可能流入企业。

（2）经济利益的流入会导致企业资产的增加或者负债的减少。例如，企业销售产品一批，取得货币资金存于银行，使企业资产增加。又如，在预收全部货款后发出商品或提供劳务，使企业负债减少。

（3）经济利益的流入金额能够可靠计量。

符合收入定义和收入确认条件的项目，应当列入利润表。

（三）收入的组成内容

收入的组成内容有狭义和广义之分。狭义的收入即收入的定义所界定的企业日常经营活动带来的经济利益的流入，主要包括主营业务收入（企业主要经营业务的收入，如销售产成品的收入）、其他业务收入（企业主营业务以外的经营业务所取得的收入，如材料销售、包装物出租等）和投资收益。其中，主营业务收入和其他业务收入统称为营业收入。广义的收入除以上内容外，还包括企业日常经营活动之外所产生的非经常性的经济利益流入，即营业外收入，在会计上称为利得。

（1）主营业务收入是指企业从事销售产品等日常活动所获取的收入。主营业务收入在企业的收入中所占比重较大，是企业主要的经济利益的流入。

（2）其他业务收入是指企业主营业务以外的其他日常经营活动所获取的收入，如企业销售原来购入准备自用的材料、出租产品的包装物等所获取的收入。其他业务收入一般金额较少，在企业的收入中所占的比重较小。

（3）投资收益是指企业用资产对外投资等所带来的经济利益的流入，属于让渡资产使用权而给企业带来的经济利益流入，如从被投资企业分得的股利或利润等。

（4）营业外收入通常是企业从偶发的交易或事项中获得的经济利益流入，与企业的日常经营活动无关，如企业在处置固定资产和无形资产中产生的净收益和罚款收入等。

收入要素的主要内容如图 2－6 所示。

- 收入
  - 主营业务收入
    - 销售产品、自制半成品收入（制造企业）
    - 销售商品收入（商品流通企业）
    - 证券投资收入（金融企业）
  - 其他业务收入
    - 销售材料收入
    - 出租包装物收入
    - 固定资产租金收入
    - 出租无形资产收入

图 2－6　收入要素的主要内容

五、费用

（一）费用的定义与特征

费用是指企业在日常活动中发生的、会导致所有者权益减少的、与向所有者分配利润无关的经济利益的总流出。费用具有如下特征：

（1）费用是企业在日常经营活动形成的。因日常活动而产生的费用通常包括主营业务成本、其他业务成本、投资损失和其他费用等。将费用明确界定为企业的日常活动而形成的，目的是将费用与企业在非日常活动中形成的损失区分开来。企业日常活动产生的经济利益的流出是费用的内涵。而偶发的一些事项所带来的经济利益的流出称为损失，也称为营业外支出，是企业经济利益流出的外延。

（2）费用会导致所有者权益减少。费用的本质特征是其会导致所有者权益减少，这也是由费用与利润及所有者权益的关系决定的。在企业实现的收入一定的情况下，费用发生越多，则实现的利润越少。而利润的所有权是归属于所有者的，企业实现利润的多少直接关系到所有者权益的大小。如果发生的费用大于所实现的收入，企业还会发生亏损，所有者权益也会因此而减少。费用的这一特征也表明，只有那些会最终导致所有者权益减少的经济利益流出才能确认为费用，不会导致所有者权益减少的经济利益流出不符合费用的定义外，则不应确认为费用。例如，企业偿还银行的存款，尽管也导致了企业经济利益的流出，但该经济利益的流出只是导致企业负债的减少，而不会导致企业所有者权益的减少，因此不应确认为企业的费用。

（3）费用与向所有者分配利润无关。企业向所有者分配股利或利润，是企业将其实现的经营成果分配给投资者的一种分配活动，虽然在分配利润的某些情况下（如分配现金股利），会导致经济利益流出企业，但该经济利益的流出减少的是企业的未分配利润，而不是增加企业的费用，因而也应将其排除在费用的定义之外。

（二）费用的确认

将一项经济利益流出确认为企业的费用，除应符合费用的定义外，至少应当满足三个条件：

（1）与费用相关的经济利益很可能流出企业。

（2）该经济利益流出企业的结果会导致资产的减少或者负债的增加。

（3）经济利益的流出金额能够可靠计量。

（三）费用的组成内容

费用有广义和狭义之分。狭义的费用即费用的定义所界定的企业日常经营活动形成的经济利益的流出，主要包括企业的主营业务成本（如产品销售成本）、其他业务成本、营业税金及附加、投资损失、销售费用、管理费用、财务费用以及所得税费用等。其中主营业务成本和其他业务成本统称为营业成本。广义的费用除以上内容外，还包括企业的日常经营活动之外产生的非经常性的经济利益流出，即营业外支出，在会计上称为损失。具体包括营业成本、期间费用和营业外支出。

（1）主营业务成本是指企业在主营业务活动中所产生的成本，属于与主营业务收入相配比的费用。例如，企业在销售产品确认主营业务收入的同时所确认的已销售产品的成本，即属于主营业务成本。在产品生产企业，该成本就是产品的生产成本，是根据产品在生产过程中发生的各种生产费用计算确定的，是产品生产成本的一种转化形式。主营业务成本在企业的全部费用中所占比重较大。

（2）营业税金及附加是指企业开展营业活动应当缴纳并根据销售收入的一定比例计算确定的各种税费，包括消费税、城市维护建设税和教育费附加等。

（3）其他业务成本是指企业在开展其他业务活动中所产生的成本，属于与其他业务收入相配比的费用。例如，企业在销售原来购入准备自用的材料、出租包装物确认其他业务收入的同时所确定的材料或包装物本身的成本，即为其他业务成本，实质上是已销售材料、已出租包装物的买价或制作成本。其他业务成本一般在企业的费用中所占的比重较小。

（4）期间费用是指企业行政管理部门为组织和管理生产经营活动而发生的从当期收入中得到补偿的费用。包括管理费用、财务费用和销售费用。

销售费用是指企业在销售产品的过程中发生的各种费用。包括专设销售机构人员的工资及福利费，为推销产品发生的广告费和展销费等。

管理费用是指企业为组织和管理整个企业的生产经营活动所发生的各种费用。包括企业在筹建期间发生的开办费、董事会和行政管理部门在企业的经营管理中发生的或应由企业统一负担的公司经费（包括行政管理部门职工工资及福利费）、物料消耗、低值易耗品摊销、办公费和差旅费等、工会经费、董事会费（包括董事会成员津贴、会议费和差旅费等）、聘请中介机构费、咨询费（含顾问费）、诉讼费、业务招待费、房产税、车船税、土地使用税、印花税、技术转让费、矿产资源补偿费、研究费用和排污费等。

财务费用是指企业为筹集和使用生产经营资金而发生的各种费用。包括利息支出（减利息收入）、汇兑损益以及相关的手续费等。

投资损失是指企业对外投资时所产生的损失。在发生投资损失时，应冲减投资收益。

所得税费用一般是指企业根据所适用的所得税税率计算确定的税金。缴纳所得税会引起经济利益流出企业，也会导致企业所有者权益减少，因而是企业的一种主要费用。

营业外支出是指企业发生的与日常经营活动无关的一些偶发事项所产生的支出。如企业在财产清查中发现的固定资产盘亏，企业处理固定资产和无形资产发生的净损失和因自然灾害等原因所造成的企业财产物资的非常损失等。

【提示说明】 利得是指由企业非日常活动所形成的、会导致所有者权益增加的、与所有者投入资本无关的经济利益的流入；损失是指由企业非日常活动所发生的、会导致所有者权益减少的、与所有者分配利润无关的经济利益的流出。利得和损失包括直接计入所有者权益的利得和损失以及直接计入当期利润的利得和损失。

费用要素的主要内容如图 2－7 所示。

- 费用
  - 生产成本
    - 直接材料
    - 直接人工
    - 制造费用
  - 期间费用
    - 销售费用
    - 管理费用
    - 财务费用

图 2－7　费用要素的主要内容

六、利润

（一）利润的定义与特征

利润是指企业在一定会计期间的经营成果，包括全部收入减去全部费用后的净额、直接计入当期利润的利得和损失等。利润的实现，会相应地表现为资产的增加或负债的减少，其结果是所有者权益的增值。通常情况下，如果企业实现了利润，表明企业的所有者权益将增加，企业的经营业绩得到了提升；反之，如果企业发生了亏损（即利润为负数），则表明企业的所有者权益将减少，企业的经营业绩出现了下滑。利润是评价企业管理层业绩的一项重要指标，也是投资者等财务报告使用者进行经济决策时至关重要的参考信息。

企业一定会计期间经营成果的主要构成内容是该期间实现的收入与当期发生或应当负担的费用二者之间的差额，即营业利润，体现了利润的本质特征。如果在该期间产生了可直接计入当期利润的利得和损失，应直接计入当期利润，其中利得可直接增加企业的收入减去费用后的净额，进而会增加企业的利润；而损失则应从收入减去费用后的净额中扣除，进而会减少企业的利润。

（二）利润的确认

利润反映的是企业一定会计期间的收入减去费用后的净额加上当期利得、减去当期损失的最终结果。因此利润的确认主要依赖于收入和费用的确认，以及利得和损失的确认。利润金额的确定也主要取决于收入、费用、利得和损失金额的计量。

（三）利润的组成内容

利润包括收入减去费用后的净额、直接计入当期利润的利得和损失。即利润是广义的收入与广义的费用相抵减的差额；狭义的收入与费用相抵减的差额应只指营业利润。

收入减去费用后的净额是指企业在其日常活动的一定会计期间所实现的全部收入减去该期间所发生的全部相关费用后的差额。该净额反映了企业日常经营活动的业绩。

直接计入当期利润的利得和损失是指企业应当计入当期损益、最终会引起所有者权益发生增减变动的、与所有者投入资本或向所有者分配利润无关的利得（营业外收入）和损失（营业外支出）。利得与损失反映的是企业非日常活动的业绩，而非企业的经营业绩。因此，企业应严格区分收入、费用与利得、损失，以清晰地明确企业经营业绩的内容。当然，利得与损失对当期利润的影响作用完全不同。当利得大于损失时，当期利润增加；反之，当期利润减少。

利润总额包括营业利润、营业外收入和营业外支出。利润总额扣除所得税费用即为净利润。

利润项目应当列入利润表。

利润要素的主要内容如图 2－8 所示。

- 利润
  - 营业利润
    - 营业收入
    - 营业成本
    - 营业税及附加期间费用
      - 销售费用
      - 管理费用
      - 财务费用
  - 营业外收入
  - 营业外支出

图 2－8　利润要素的主要内容

会计要素既是会计在日常处理企业发生的交易或事项的过程中所不能离开的内容，更是企业编制财务会计报告所不可缺少的内容。会计要素的划分在会计核算中具有十分重要的作用。

1. 会计要素为交易或事项的处理提供了基本依据

会计要素是对企业发生的交易或事项按其经济性质进行科学分类以后所形成的，为交易或事项的处理提供了基本的参照依据。各会计要素的定义及特征是进行交易或事项确认、计量和报告的衡量标准，当交易或事项发生以后，会计上首先应将其具体内容与会计要素联系起来加以确认，对符合会计要素要求的交易或事项，方可区分不同情况采用不同的计量单位和计量属性进行计量，并根据确认和计量的结果采用一定的会计方法进行处理，并按要求进行会计记录，以便为会计报告的编制积累资料。如果经过确认，企业发生的某些事项与会计要素并无关联，则该事项就不应属于会计所处理的内容。由此可见，会计处理是离不开会计要素的。

2. 会计要素为交易或事项的报告提供了基本框架

企业根据要求编制会计报告，对外提供相关的会计信息，实际上是提供企业在一定时点或一定会计期间的交易或事项的信息。会计要素对这些会计信息的形成具有至关重要的作用。为便于探讨六大会计要素对交易或事项报告的作用，可以将其分为两组：资产、负债和所有者权益为一组，收入、费用和利润为另一组，分别反映企业的财务状况和经营成果。在实务中，企业是通过编制资产负债表报告企业财务状况的，资产、负债和所有者权益要素的信息集中反映在该表上；企业的经营成果则是通过编制利润表报告的，该表集中反映了收入、费用和利润要素的信息。由此可见，会计要素为交易或事项信息的报告提供了基本框架，是进行会计报告所必不可少的内容。

财务报表是企业的财务状况、经营成果等信息的重要载体，从这些信息所承载载体的角度，六种会计要素又可分为资产负债表要素和利润表要素两类。会计要素是对会计对象的基本内容（资金运动）的分解，可以描述资金运动的不同表现形式。其中，资产、负债和所有者权益要素是资金运动过程中在某一个特定时点（一般指每个会计期间的最后一日）所表现的形式，而收入、费用和利润要素则是资金运动在某一会计期间（如一个月或一年等）所表现的形式，是在资金的运动过程中新产生的要素。因而，两组要素又可分为静态会计要素和动态会计要素两类。

第三节　会 计 等 式

一、会计等式的概念与种类

会计等式也称为会计平衡公式、会计恒等式、会计方程式，是运用数学方程的原理描述会计要素之间数额相等关系的表达式。

企业的会计要素既是各自独立的，相互之间又存在密切关系。这种关系不仅体现在交易或事项发生时会导致相关要素之间产生此增彼减，或彼增此减，或同增同减等变化，而且体现在它们各自在一定时点或一定期间总体金额上的相等关系。利用数学方程式将会计要素之间数额相等的关系表达出来，就会形成各种会计等式。

（一）基本会计等式

任何一个会计主体为了进行生产经营活动，都需要拥有一定数量的经济资源，这些经济资源在会计上称为“资产”。资产最初进入企业时总有其提供者，他们对企业的资产具有索偿权，这种对企业资产具有索偿权的，在会计上称为：“权益”。因此，一个会计主体的全部资产应当等于各有关提供者对这些资产的权益总和，即用公式表示为：资产＝权益。

资产表明企业拥有什么经济资源和多少经济资源，而权益则表明是谁提供了这些经济资源，是谁对这些经济资源具有索偿权。

因此，资产和权益之间存在着相互关系：即资产不能离开权益而存在；权益不能没有资产。并且从数量上来看，一定数额的资产，就必然有一定数额的权益。即一个企业的资产总额与权益总额必定彼此相等，从任何时点上看都是如此。企业要从事生产经营活动，一方面，必须拥有一定数量的资产。这些资产以各种不同的形态分布于企业生产经营活动的各个阶段，成为企业生产经营活动的基础。另一方面，这些资产要么来源于债权人，从而形成企业的负债；要么来源于投资者，从而形成企业的所有者权益。由于权益分为债权人权益和所有者权益，并且债权人权益又称为负债，即权益分为负债和所有者权益。由此可见，资产与负债和所有者权益，实际上是同一价值运动的两个方面。一个是来龙，一个是去脉。因此，这两方面之间必然存在着恒等关系。也就是说，一定数额的资产必然对应着相同数额的负债与所有者权益，而一定数额的负债与所有者权益也必然对应着相同数额的资产。这一恒等关系用公式表示出来就是：

资产 = 负债 + 所有者权益

这一等式是最基本的会计等式，它反映了会计基本要素之间的数量关系和内容。资产、负债和所有者权益这三大要素是企业某一时点财务状况的会计要素，为资产负债表的会计要素，是静态的会计要素。因而，该基本等式也称为静态会计等式。它是设置会计科目和账户、复式记账、试算平衡和编制资产负债表的理论基础，在会计核算体系中有着举足轻重的地位。

（二）交易或事项的发生对基本会计等式的影响

会计等式是抽象地反映资金运动所引起的各会计要素之间数量变化的过程及结果的平衡关系。既包括资金运动的起点和终点的静态平衡，又包括资金运动过程中的动态平衡。动态平衡是指在一定时期内交易或事项的发生所产生的资金运动引起各会计要素之间的平衡关系。

1. 交易或事项的类型

企业在生产经营过程中，不断地发生各种交易或事项，这些交易或事项的发生会对有关的会计要素产生影响，但是，却不会破坏上述等式的恒等关系。因为一个企业的交易或事项虽然数量多、包罗万象，但归纳起来不外乎为以下九种情况：

（1）交易或事项的发生，导致资产项目此增彼减，但增减金额相等，故等式保持平衡。

例如：银海企业用银行存款 5 000 元购买材料（假定不考虑税金）。

会计确认：企业用银行存款购买材料，只涉及会计等式的资产要素，具体的项目为“原材料”和“银行存款”。其中“原材料”项目为增加，“银行存款”项目为减少。

会计计量：按实际成本计量，“原材料”项目为增加 5 000 元；“银行存款”项目为减少 5 000 元，增减金额相等。

（2）交易或事项的发生，导致负债项目此增彼减，但增减金额相等，故等式保持平衡。

例如：银海企业开出一张价值 10 000 元的商业汇票，抵偿前欠的材料款。

会计确认：企业开出商业汇票，抵偿前欠的材料款，只涉及会计等式的负债要素。前欠的材料款形成“应付账款”，用商业汇票偿还时使得“应付账款”项目减少，但又形成一笔新的负债项目“应付票据”。即具体的项目为“应付账款”和“应付票据”。其中，“应付账款”项目为减少，“应付票据”项目为增加。

会计计量：按实际成本计量，“应付账款”项目为减少 10 000 元；“应付票据”项目为增加 10 000 元。增减金额相等。

（3）交易或事项的发生，导致所有者权益项目此增彼减，但增减金额相等，故等式保持平衡。

例如：银海企业用盈余公积 60 000 元转增实收资本。

会计确认：用盈余公积转增实收资本，只涉及会计等式的所有者权益要素。具体的项目为“盈余公积”和“实收资本”。其中“盈余公积”项目为减少，“实收资本”项目为增加。

会计计量：按实际成本计量，“盈余公积”项目为减少60 000元，“实收资本”项目为增加60 000元。增减金额相等。

（4）交易或事项的发生，导致负债项目增加，而所有者权益项目减少，但增减金额相等，故等式保持平衡。

例如：银海企业宣告分派现金股利30 000元。

会计确认：企业宣告分派股利，一方面涉及等式右边负债项目“应付股利”增加，另一方面等式右边所有者权益“利润分配——未分配利润”项目减少。负债为增加，所有者权益为减少。

会计计量：按实际成本计量，“应付股利”项目为增加30 000元，“利润分配——未分配利润”项目为减少30 000元。增减金额相等。

（5）交易或事项的发生，导致所有者权益项目增加，而负债项目减少，但增减金额相等，故等式保持平衡。

例如：经协商，银海企业将应付材料款100 000元转为实收资本。

会计确认：将应付材料款转为实收资本，一方面涉及等式右边负债项目“应付账款”减少，另一方面等式右边所有者权益项目“实收资本”增加。负债项目为减少，所有者权益项目为增加。

会计计量：按实际成本计量，“实收资本”项目为增加100 000元，“应付账款”项目为减少100 000元。增减金额相等。

（6）交易或事项的发生，导致资产项目增加，而同时负债项目亦增加相同金额，故等式保持平衡。

例如：银海企业购买原材料一批，价值20 000元，货款尚未支付（假定不考虑税金）。

会计确认：购买原材料货款尚未支付，一方面等式左边资产项目“原材料”增加，另一方面涉及等式右边负债项目“应付账款”增加，资产项目为增加，负债项目为增加。

会计计量：按实际成本计量，“原材料”项目为增加20 000元，“应付账款”项目为增加20 000元。增加金额相等。

（7）交易或事项的发生，导致资产项目增加，而同时所有者权益项目亦增加相同金额，故等式保持平衡。

例如：某投资者以银行存款400 000元向银海企业进行投资。

会计确认：以银行存款进行投资，一方面等式左边资产项目“银行存款”增加，另一方面涉及等式右边所有者权益项目“实收资本”增加，资产项目为增加，所有者权益项目为增加。

会计计量：按实际成本计量，“银行存款”项目为增加400 000元，“实收资本”项目为增加400 000元。增加金额相等。

（8）交易或事项的发生，导致资产项目减少，而同时负债项目亦减少相同金额，故等式保持平衡。

例如：银海企业用银行存款70 000元偿还企业所欠的短期借款。

会计确认：用银行存款偿还企业所欠的短期借款，一方面等式左边资产项目“银行存款”减少，另一方面涉及等式右边负债项目“短期借款”减少，资产项目为减少，负债项目为减少。

会计计量：按实际成本计量，“银行存款”项目为减少 70 000 元，“短期借款”项目为减少 70 000 元。减少金额相等。

(9) 交易或事项的发生，导致资产项目减少，而同时所有者权益项目亦减少相同金额，故等式保持平衡。

例如：银海企业依法进行减资 500 000 元，用银行存款支付给股东。

会计确认：企业依法用银行存款进行减资，一方面等式左边资产项目“银行存款”减少，另一方面涉及等式右边所有者权益项目“实收资本”减少，资产项目为减少，所有者权益项目为减少。

会计计量：按实际成本计量，“银行存款”项目为减少 500 000 元，“实收资本”项目为减少 500 000 元。减少金额相等。

下面举例说明资产、权益变动的交易或事项对会计等式的影响。

【例 2 -1】 M 公司 2010 年 1 月 1 日资产、负债、所有者权益状况如表 2 -1 所示。

表 2 -1

资产	金额（元）	负债及所有者权益	金额（元）
现金	1 000	短期借款	14 000
银行存款	73 800	应付账款	42 000
应收账款	35 000	其他应付款	1 800
材料	42 000	实收资本	260 000
固定资产	200 000	资本公积	34 000
总计	351 800	总计	351 800

(1) 公司以银行存款 2 000 元购买材料。

该业务涉及资产项目“材料”增加和“银行存款”减少，材料由原来的 42 000 元变为 44 000 元，银行存款由原来的 73 800 元变为 71 800 元，资产总额和权益总额均未发生变化，仍为 351 800 元（见表 2 -2）。

表 2 -2

资产	金额（元）	负债及所有者权益	金额（元）
现金	1 000	短期借款	14 000
银行存款	71 800	应付账款	42 000
应收账款	35 000	其他应付款	1 800
材料	44 000	实收资本	260 000
固定资产	200 000	资本公积	34 000
总计	351 800	总计	351 800

(2) 公司向银行借款 40 000 元直接偿还前欠购货款。

该业务涉及权益项目“短期借款”增加和“应付账款”减少，短期借款由原来的 14 000 元变 54 000 元，应付账款由原来的 42 000 元变为 2 000 元，资产总额和权益总额均未发生变化，仍为 351 800 元（见表 2－3）。

表 2－3

资产	金额（元）	负债及所有者权益	金额（元）
现金	1 000	短期借款	54 000
银行存款	71 800	应付账款	2 000
应收账款	35 000	其他应付款	1 800
材料	44 000	实收资本	260 000
固定资产	200 000	资本公积	34 000
总计	351 800	总计	351 800

（3）公司向 W 厂购进甲材料 16 000 元，料入库，款未付。

该业务涉及资产项目“材料”增加，权益项目“应付账款”增加，材料由原来的 44 000 元变为 60 000 元，应付账款由原来的 2 000 元变为 18 000 元，资产和权益总额虽发生变化，但变化后的结果两者相等，均为 367 800 元（见表 2－4）。

表 2－4

资产	金额（元）	负债及所有者权益	金额（元）
现金	1 000	短期借款	54 000
银行存款	71 800	应付账款	18 000
应收账款	35 000	其他应付款	1 800
材料	60 000	实收资本	260 000
固定资产	200 000	资本公积	34 000
总计	367 800	总计	367 800

（4）公司用银行存款偿还银行借款 10 000 元。

该业务涉及资产项目“银行存款”减少，权益项目“短期借款”减少，银行存款由原来的 71 800 元变为 61 800 元，短期借款由原来的 54 000 元变为 44 000 元，资产和权益总额虽发生变化，但变化后的结果两者相等，均为 357 800 元（见表 2－5）。

表 2－5

资产	金额（元）	负债及所有者权益	金额（元）
现金	1 000	短期借款	44 000
银行存款	61 800	应付账款	18 000
应收账款	35 000	其他应付款	1 800
材料	60 000	实收资本	260 000
固定资产	200 000	资本公积	34 000
总计	357 800	总计	357 800

据上分析，如果把负债和所有者权益归为一类“权益”，则企业发生的交易或事项，

引起会计等式三要素资产、负债和所有者权益的增减变动，进行排列组合并符合交易或事项实际情况的不外乎以下四种类型：

第一，交易或事项的发生，引起资产（或资金占用）项目之间等额此增彼减，双方保持平衡，如【例2-1】中的（1）概括为：资金占用内部转化。

第二，交易或事项的发生，引起权益（或资金来源）项目之间等额此增彼减，双方保持平衡，如【例2-1】中的（2）概括为：资金来源内部转化。

第三，交易或事项的发生，引起资产（或资金占用）与权益（或资金来源）项目同时等额增加，双方保持平衡，如【例2-1】中的（3）概括为：资金进入企业。

第四，交易或事项的发生，引起资产（或资金占用）与权益（或资金来源）项目同时等额减少，双方保持平衡，如【例2-1】中的（4）概括为：资金退出企业。

以上四种类型的交易或事项，均未破坏资产总额与负债和所有者权益总额的平衡。

2. 各类交易或事项对基本会计等式的影响

通过以上分析，我们可以得出如下结论：

（1）一项交易或事项的发生，可能仅涉及资产与负债和所有者权益中的一方，也可能涉及双方，但无论如何，结果一定是基本会计等式的恒等关系保持不变。

（2）一项交易或事项的发生，如果仅涉及资产与负债和所有者权益中的一方，则既不会影响到双方的恒等关系，也不会使双方的总额发生变动。

（3）一项交易或事项的发生，如果涉及资产与负债和所有者权益中的双方，则虽然不会影响到双方的恒等关系，但会使双方的总额发生同增或同减变动。

上面的分析仅考虑了资产、负债和所有者权益三个会计要素，如果再将收入、费用和利润这三个会计要素考虑进去，那么情况会怎样呢？

（三）动态会计等式

企业的目标是从生产经营活动中获取收入，实现盈利。企业在取得收入的同时，必然要发生相应的费用。将一定期间的收入与费用相比较，收入大于费用的差额为利润；反之，收入小于费用的差额则为亏损。因此，收入、费用和利润三个要素之间的关系可用公式表示为：

收入 - 费用 = 利润

这一会计等式也称为第二会计等式、增量会计等式，反映了企业某一时期收入、费用和利润的恒等关系，表明了企业在某一会计期间所取得的经营成果，是编制利润表的理论依据。根据我国《企业会计准则（2006）》的规定，利润要素的组成内容除收入减去费用后的净额，还应包括直接计入当期利润的利得和损失。为简便起见，本书以“收入 - 费用 = 利润”作为动态会计等式，暂不考虑利得和损失因素。

收入、费用和利润三大会计要素的内容，反映的是企业一定期间经营成果的会计要素。它是编制利润表的基础。因此，也称这三大要素为利润表的会计要素。

以上两个会计等式分别是由相互联系的三个会计要素组合而成的，可分别反映企业的财务状况和经营成果，也可以将更多的会计要素组合在一起，形成新的会计等式。

（四）综合会计等式

企业的生产经营成果必然影响所有者权益，即企业获得的利润将使所有者权益增加，资产也会随之增加；企业发生的亏损将使所有者权益减少，资产也会随之减少。因此，企业生产经营活动产生收入、费用和利润后，则基本会计等式就会演变为：

资产 = 负债 + 所有者权益 + 利润

= 负债 + 所有者权益 +（收入 − 费用）

或

资产 + 费用 = 负债 + 所有者权益 + 收入

我们将这一等式称为综合会计等式，也称为扩展会计等式。该等式是由静态会计等式和动态会计等式综合而成，是用于全面反映企业的财务状况和经营成果的等式。而企业在经营过程中发生的各种交易或事项又会从不同方面、以不同的形式影响这些要素发生不同的变化。将交易或事项影响会计要素变化的情况结合综合会计等式进行研究，能够加深对会计要素的认识，加深对交易或事项影响会计要素变化规律的认识，加深对会计等式客观存在的平衡相等关系的认识。

【提示说明】 由于在综合会计等式中引入了“收入”和“费用”两个要素，必然会涉及“资产”要素的变动。根据收入的实现能够增加企业资产，费用的发生往往会减少企业资产的基本原理，当“收入”大于“费用”时，“资产”相应也会有一个净增量，这时的“资产”应当是在数额上已经增加的“资产”。

（五）交易或事项类型影响会计等式的规律及结论

从上述交易或事项影响会计等式中会计要素的变动情况可以看出：当交易或事项发生以后，总是会引起两个（或两个以上）项目发生增减变化：

（1）交易或事项的发生必然会引起会计等式发生增减变动。会计等式双方分别反映企业资金的具体存在形态及其来源渠道，在以货币为统一单位加以计量时，双方的金额必然相等，这是一种客观存在。但从各类交易或事项发生以后影响会计等式的四种类型来看，分别会使等式中要素的金额产生同增、同减或有增有减的变化。正因为如此，在会计上才有可能利用专门的方法将各要素的变化情况加以反映，并且可以做到至少从两个方面对同一交易或事项影响会计要素变动情况进行记录。

（2）交易或事项的发生不会破坏会计等式的平衡关系。企业发生的所有交易或事项，从影响会计等式的角度可以归纳为四种基本类型，对会计等式的影响具有两大规律：一是影响会计等式双方的会计要素发生同增或同减的变化。在这种情况下，等式双方的总额会在原来平衡的基础上同时增加或同时减少一个相同的金额，等式双方数额仍然保持平衡。二是只影响会计等式某一方的会计要素发生有增有减的变化。在这种情况下，会计要素变化的某一方其增减金额相抵，原来的总额保持不变，而会计等式另一方的会计要素并没有因交易或事项的发生而受到影响，其总额并不会发生变化，因此等式双方的数额仍然保持平衡。即企业无论发生什么样的交易或事项，也无论这些交易或事项会引起会计等式中的会计要素发生怎样的变化，都不会破坏会计等式两边的平衡关系，会计等式双方的总额之间始终相等。

二、会计对象具体内容之间的相互关系

会计对象的具体内容是由资产、负债、所有者权益、收入、费用和利润六大要素组成

的。它们是资金运动的具体体现。资金运动同其他一切运动一样，总是具有两种形式，即相对静止状态和显著变化过程。

相对静止状态即静态——资金运动在某一瞬间相对静止的状态——表现出资金运动在某一时点上停留的状态，它是企业单位经营活动成果在资金方面的表现，因而反映了企业单位的财务状况，这种状况反映出资金的双重存在。一方面表现为特定的物质存在，即价值自然属性的体现；另一方面，它又表现为相应的要求权，即为谁所有，是价值社会属性的体现。资产是用来描述价值的物质存在形式的，它是资金的实物存在形态；负债和所有者权益是描述所有权关系的，即企业单位的资产一部分归债权人所有，其余归投资人所有。也就是说，负债和所有者权益是反映资产价值的来源渠道。

资金运动的显著变化过程表现为资金的投入、退出以及资金在循环周转过程中引起的资金的耗费与收回，收回的资金与耗费的资金相比后，表现为企业经营活动的成果。收入、费用和利润是企业一定时期经营活动结果的体现，它们反映企业资金运动显著变化的情况即动态——资金运动在某一时期显著变化的过程——表现出资金运动在运动过程中变化的情况。

资金运动的静态是表明资金运动增减变动的结果，而资金运动的动态则是表明资金运动增减变动的原因。会计既从资金运动的静态——资金运动的横断面进行反映，又从资金运动的动态——资金运动的纵剖面来反映，就可以反映整个资金运动过程，也就可以把资金运动的来龙去脉淋漓尽致地反映出来。

三、会计等式的重要作用

会计等式的平衡原理是财务会计基本理论的重要组成内容，它深刻地揭示了会计要素之间内在的联系，清晰地描述了各会计要素之间存在的严密的平衡相等关系，为财务会计方法特别是会计记录和会计报告方法的建立提供了科学的理论依据，是财务会计进行会计确认、计量、记录和报告赖以存在的基石。

企业财务会计是一个完整而缜密的确认、计量、记录和报告系统。在这个系统中，无论是进行会计确认、会计计量、会计记录，还是进行会计报告，都需要有专门的方法。进行会计确认和会计计量是会计记录和会计报告的基础环节，会计记录和会计报告是会计确认和会计计量的延续和深入。会计记录是采用专门的方法将已经确认和计量的交易或事项利用一定的载体进行记录和反映的过程。会计报告是对会计记录的资料进行加工整理，编制出财务报告文件，将相关的会计信息传递给信息使用者的过程。在会计记录和会计报告环节所采用的方法的设计及应用都是以会计等式的平衡理论为依据的。因此，掌握会计等式的基本内容，认识会计等式中会计要素之间的规律性联系，对于理解会计记录与报告方法的科学性和严密性，进而熟练运用会计记录与报告方法具有重要意义。

【本章小结】

会计对象就是会计所要反映和监督的内容。即会计所要反映和监督的客体。会计对象可概括为能够用货币表现的交易或事项，在社会主义制度下，就是社会再生产过程中的资金运动。资金是社会再生产过程中各项财产物资的货币表现以及货币本身。资金运动是指企业单位所拥有的资金不是闲置不动的，而是随着物资流的变化而不断地运动、变化的。会计反映和监督的具体对象是会计要素；会计要素是会计对象的具体化，是对会计核算对象的基本分类，是设定会计结构和内容的依据，也是进行会计确认和计量的依据。我国2006年《企业会计准则——基本准则》规定的会计要素包括资产、负债、所有者权益、收入、费用和利润等六项。会计要素是反映会计主体的财务状况和经营成果的基本单位。它们又分为反映财务状况的会计要素（资产、负债、所有者权益）和反映经营成果的会计要素（收入、费用、利润）两大类；每个企业单位的资产总量与权益总量相等。资产和权益之间是客观存在的数量上的平衡关系，即会计等式。会计等式是用来表明各会计要素之间基本关系的恒等式。

静态会计等式：资产 = 负债 + 所有者权益。

动态会计等式：收入 - 费用 = 利润。

综合会计等式：资产 + 费用 = 负债 + 所有者权益 + 收入。

综合会计等式表明，企业的收入能导致企业资产的增加和所有者权益的增加，而费用的发生会导致资产和所有者权益的减少。

一个企业在经营过程中所发生的交易或事项是多种多样的，但从对企业会计要素的影响来看，可以概括为四大类型，并可具体分为九种情况。任何一项交易或事项的发生，无论引起各项会计要素发生什么样的增减变动，都不会破坏会计等式的平衡关系。把握资产和权益的平衡关系这一理论依据，对于我们正确理解和运用复式记账法具有重要的意义。

【思考与分析】

A先生以100万元注册一家公司。他以银行存款70万元购进商品后，以110万元的价格将商品全部出售，并将款项存入银行；用银行存款10万元支付办公室租金；以银行存款20万元支付日常开支。请问A先生的公司在发生上述经济活动后，各会计要素是否符合会计恒等式？

文章阅读

当代不同会计理论下会计恒等式的变革

所有权理论认为，所有者是企业的拥有者，是会计理论的关键，也是复式记账系统的核心，所有会计，程序和规则都立足于所有者立场上制定的，公司的经营目标就是最大限度地为股东创造财富。所有权理论下的利润观是在一定经营期内经营所给所有者带来的财富增加，即在一定经营期内影响所有者财富变动的各个方面。这也意味着在没有发生外部交易的情况下，资产价值增加也应计算利润。因此，所有权理论的会计等式：资产 = 负债 + 所有者权益，利润 = 收入 - 费用 + 资产、负债价值变动利得和损失。

由于所有权理论认为，企业所有者财产与主体财产没有区别，那么净值的使用应不受限制，因此，所有者非常关心企业主体的资本在一般物价水平下的保值能力。因而产生财务资本观点，财务资本观点认为，资本代表所有者投入的资金与使用这些现金进行再投资获取的收益之和。大多数人支持财务资本观，该观点也是传统会计实践所采用的观点，对于那些持财务资本价值观的人而言，他们关心资本在一段时间经营之后其数额增减情况。因此，所有权观点是通过考虑一般物价指数变动使主体的财务资本得到保值。

财务资本观认为，会计核算采用现行成本会计，他们认为资产和负债价值变动是持有利得或损失。所有权理论局限性表现在以下几方面：首先，资产所有权观点是在企业规模很小情况下发展起来的，当时企业形式主要是独资企业和合伙企业，随着公司制企业的出现，所有权理论作为解释公司会计的基础是不充分的。其次，从法律上讲，公司是一个独立于所有者之外的实体，具有相应权利、义务。公司依法对其资产进行控制，并承担相应的债务，而股东并不控制公司资产，承担债务，因此，股东并不具有法律上完整所有权关系。最后，根据所有权与经营权分离原则，大公司股东很少参与企业管理，股东与公司事务联系少，股东依赖企业管理人向他们报告有关信息进行决策。

主体理论是针对所有权理论解释公司制企业的某些问题表现出的不足而产生的，这一理论以公司是独立于其所有者之外的一个实体这样的事实为基础。主体理论特别适用于公司制企业的会计处理，在一定条件下也同样适用于独资企业、合伙企业，其甚至适用于非营利组织。目前，存在两种主体理论，两种主体观是都将主体视为独立个体，但该观点将权益持有者体现为企业“伙伴”，而新观点将他们视为企业无关的人。由于主体成为关注中心，所有者净值不再是有意义的概念，所有者和债权人简单视为权益的持有者及资金的提供者，主体理论的会计等式为：资产 = 权益，其中，权益代表对某一主体的资产的要求权，债权人的要求是选择明确的，而股东则是在企业发生清算的情况时对剩余资产的要求权。在主体观点下，利润来源于主体的经营，在主体理论下的利润指企业净资产的变化而不是企业“资本”的变化，重点明确收入和费用，利润是这二者之差。主体理论首先要求主体维持执行某些职能的能力，这些职能是该主体应承担的责任，因此，企业主体关心盘点物资经营能力的维持，这就是所谓的“实物资产”。该观点强调企业是生产产品或提供劳务的实体，资本保值是指资产保持期初经营能力，只有资产的经营能力保持在期初水平上，才能获取利润。在计算利润时，所有权理论与主体理论的主要区别在于，所有权理论将资产和负债的货币价值变动全部包括在内，而主体理论则不计资产和负债的货币价值变动。

基金理论，该理论观点以不要个人感情影响的“基金”为核心，所有权理论立足于所有者的利益，而主体理论所立足的主体应为“一个人”。该理论认为，这些人性化观点是无法保证会计信息的客观性的。一个基金就是一个经营单位，是一个利益中心，它有特定人或特定的经营活动，拥有一定的资产和相应权益。基金不受人意志的影响，评价的态度和财务报表的形式，内容与人性化会计理论完全不同。基金的会计等式为：资产 = 资产限制。该理论认为，利润有很多问题，利润不能满足所有的重要需求。与损益表反映不同，该理论认为财务报表应以资金流向而不是以利润为中心，其理论在实践中的具体体现是现金流量的编制。

投资者理论认为，会计的目标是向资本提供者提供信息，因此，会计职能和财务报表应由投资者予以充分反映，投资者分别为股东和债权人。这一理论会计等式为：资产 = 指定权益 + 剩余权益。权益包括负债和优先权益，剩余权益等于普通股权，只有不存在普通权益的情况下，优先股权益才能成为剩余权益，上述会计等式反映剩余权益对资产和指定权益的价值依据。投资者理论表明股东没有权利决定公司经营的投资者，他们获取信息也是以企业财务报表为依据，因为这一理论以投资者为核心，特别强调现金流量信息的需求。

会计当之得尔，终身行之可矣。

第三章　会计核算基础

☞【学习目标】

本章主要就会计核算的基础进行阐述，包括会计假设、会计信息质量要求、会计确认与计量和会计基础等几个基本问题。通过本章学习应明确会计核算应具备的基本前提条件以及进行会计核算工作应当遵循的基本原则；掌握会计假设、会计信息质量要求、会计确认与计量要求的基本内容及重要意义，理解和掌握企业采用权责发生制确认收入和费用的基本方法。

☞【中英文关键词】

会计信息：accounting information
会计核算：financial accounting
会计信息质量：quality of accounting information
会计主体：accounting entity
持续经营：going-concern
会计期间（会计分期）：accounting periods
货币计量：monetary measurement
会计假设：accounting assumption
会计计量：accounting measurement
历史成本：historical cost
重置成本：replacement cost
现值：present value
可变现净值：net realizable value
公允价值：fair value
权责发生制：accrual basis
收付实现制：cash basis

☞【引导案例】

1. 刚学完会计要素和会计等式，喜欢思考的吕同学同时也产生了诸多疑问：朋友小刚投资成立了一家 AB 电脑公司，购买办公用电脑两台，同时也买了一台自用电脑，那么三台电脑能否都进入 AB 电脑公司的开支；如果 AB 电脑公司花了 5 000 元购买了 1 000 千克的材料，是按 5 000 元记账还是按 1 000 千克记账；AB 电脑公司随时会发生各种各样的业务，对这些业务可以有多种会计核算方法，AB 电脑公司如何选择；企业是通过编制财务会计报告来体现经营情况的，那么什么时候编制财务会计报告；月末，能否根据已签订的销售合同来确认收入并编入财务会计报告中；为了减少工作量，一年能否只编制一次财务会计报告；等等。

2. 2002 年 11 月 17 日上午，在郑州市中级人民法院大审判庭，郑州百文股份有限公司提供虚假财务报告一案开庭审理。10 时许，郑百文公司原董事长李福乾、原公司总经理兼家电分公司经理卢一德、原公司财务处主任都群福被带上了审判庭。

公诉人指出，被告人李福乾作为郑百文公司董事长、法人代表，在听取总经理卢一德、财务处主任都群福汇报 1997 年年度经营亏损，并看到 1997 年年底第一次汇总的财务报表也显示亏损的情况下，召集会议，指示财务部门和家电分公司完成年初下达的销售额 80 亿元、盈利 8 000 万元的“双八”目标。随后，作为财务主管的都群福指示总公司财务人员，将各分公司所报当年财务报表全部退回做第二次处理，都群福明确提出要求不得显示亏损。

二次报表出来后，显示公司完成利润指标。为了顺利通过审计，总经理卢一德亲赴四川，与厂家签订了两份返利协议，造成虚提返利 1 897 万元。

对于被指控的犯罪事实，3 名被告人在法庭上一致表示认罪，没有做过多的辩护。最终，审判长宣布休庭，案件择期宣判。

郑州百文股份有限公司造假事件给了我们什么启示？

第一节　会计核算基本前提

一、会计核算基本前提的意义

会计核算基本前提，是会计人员在进行会计核算时必须依据的先决条件，没有基本前提，会计核算就难以顺利、正常地进行。会计核算基本前提的意义有以下几点。

1. 满足会计核算的要求

会计核算是以货币为主要计量单位，对企事业等单位一定时期的交易或事项进行真实、准确、完整的记录、计算和报告。该项工作要求：以货币为主要计量单位；企事业等单位是会计核算的主体；企事业单位的经济活动是会计核算的对象；一定时期（月、季、年）是会计核算的期限；真实、准确和完整是会计核算应达到的质量标准；会计核算的程序是对经济活动的记录、计算和报告。由于企事业单位的会计核算工作是在一定时间、地点和条件下进行的，因此必须确立、遵守与其相适应的会计核算基本前提。

2. 能够顺利地对社会再生产进行核算

在发展社会主义市场经济条件下，为了对社会再生产的生产、分配、交换、消费各环节的交易或事项顺利地进行核算，就必须对以下几方面加以确定：确定会计核算的空间范围，即对整个国民经济、部门、地区、基层单位进行会计核算；确定会计核算的时间范围，即对一定的年度、季度和月份进行会计核算；确定会计核算的内容，即对单位正在进行的交易或事项进行会计核算；确定会计核算的计量依据和方法，即采用某种计量单位、某种记账方法和某种会计处理基础进行会计核算。

3. 保证会计核算质量

确定了会计核算的基本前提，才能做到真实、准确、完整、及时地反映企事业单位的经济活动情况。

总之，确定会计核算基本前提，反映了会计工作的规律性。通过对历史、现实的会计工作经验的总结，证明必须有会计核算的基本前提。

二、会计核算基本前提的内容

我国会计核算的基本前提，由国家主管会计工作的部门予以规定。对会计核算具有整体制约和可操作性的内容列入会计核算基本前提。

会计核算的基本前提，也即会计假设，是指为了保证会计工作的正常进行和会计信息的质量，对会计核算的范围、内容、基本程序和方法所做的基本假定。会计核算基本前提的内容包括：会计主体假设、持续经营假设、会计分期假设、货币计量假设。

上述各项会计核算基本前提已在我国有关会计法规中予以规定，这种规定完全是出于客观的需要，有充分的客观性，否则会计就不能发挥其职能。在上述各项会计核算基本前提中，“会计主体”的基本前提解决了会计核算和监督的空间范围问题；“持续经营”和“会计分期”的基本前提解决了会计核算和监督的内容和时间范围问题；“货币计量”的基本前提解决了会计核算的计量单位问题。会计核算基本前提之间既有联系又有区别，缺一不可，共同为会计工作的顺利开展奠定了基础。

（一）会计主体

1. 会计主体的概念

会计主体是会计工作为其服务的特定单位或组织。会计主体假设是指会计核算应当以企业发生的各项交易或事项为对象，记录和反映企业本身的各项生产活动。也就是说，会计核算是反映一个特定企业的交易或事项，只记本主体的账。会计主体假设明确了会计工作的空间范围。

再生产过程中的交易或事项，表现为国民经济的工业、农业、建筑业、商品流通业、对外贸易、科学技术事业、文化事业、卫生事业和城市公用事业等部门的交易或事项。国民经济各部门的交易或事项又表现为所属企业、事业、机关和其他单位的资金运动。这些企业、事业、机关和其他单位，一般来说就是会计主体。

会计主体可以是法人单位，如企业、事业单位，也可以是非法人单位，如合伙经营活动；可以是一个企业，也可以是企业中的内部单位或企业中的一个特定的部分，如企业的分公司、企业设立的事业部；可以是单一企业，也可以是几个企业组成的联营公司或企业集团，如由若干个子公司和母公司组成的企业集团等。

一般来说，法律主体必然是会计主体，但会计主体不一定就是法律主体。

2. 会计主体的条件

（1）具有一定资金。不论企业、事业单位或其他单位，凡从事生产经营活动或其他活动，都必须拥有一定数量的资金。这种资金，根据国家法律的规定，可以采取国家投资、其他法人单位投资、外商投资、社会个人或本企业内部职工投资等方式筹集；有的是由单位内部积累，如按规定提取的盈余公积金；有的是按一定条件向银行借款等。对这些资金，依据国家法律、法规、制度的规定，单位有权分配和使用。

（2）进行独立活动。按规定独立地从事生产经营活动或其他活动。这种进行独立活动的权利包括：计划权——有权根据本单位的具体情况确定方针，进行决策，编制并组织群众执行计划；财权——根据本单位的资金情况，有权独立使用自有资金和借入资金，有权处置本单位的资产，有权支配生产经营活动所取得的一部分盈利；物权——根据市场物资供应情况，有权选购一部分物资，直接和有关单位签订供销合同；人权——根据国家劳动的政策和法规，保证劳动者的地位和物质利益，有劳动用工权和人事管理权。

（3）实行独立核算。根据国家财政、银行和主管部门的规定，设置独立的会计机构，配备专职或兼职的会计人员；在当地银行开设账户，进行往来结算；对生产经营活动或其他活动，运用会计方法，进行真实、准确、完整、及时的核算；在生产经营活动中，以收抵支，计算盈亏或自负盈亏，在其他活动中，量入为出，厉行节约，收支相抵，略有结余；要定期（月度、季度、半年度、年度）进行结算，编制财务报表。

上述三项条件是相互联系的，有了一定的资金，才能独立地从事生产经营活动或其他活动，在此基础上才能实行独立的会计核算。在这些条件中，关键是实行独立的会计核算。

（二）持续经营

1. 持续经营的概念

持续经营是指会计主体的生产经营活动将无限期地延续下去，在可以预见的未来不会因破产、清算、解散等而不复存在。持续经营假设是指会计核算应当以企业持续、正常的生产经营活动为前提，而不考虑企业是否破产清算等，在此前提下选择会计程序及会计处理方法，进行会计核算。

现行的《企业会计准则——基本准则》第六条规定："会计确认、计量和报告应当以持续经营为前提。"持续经营适应了市场经济发展的客观要求。社会主义生产是现代化大生产，社会主义的经济事业持续地向前发展，客观要求社会主义企业在国家宏观调控下，进行长期持续的、正常的经营。在经济发展和经济体制改革中，少数企业可能进行转产、合并或撤销而停止经营；个别企业因经营管理不善，造成严重亏损，不能清偿债务而依法宣告破产。但是，从总体上讲，在社会主义市场经济条件下，绝大多数企业是能够进行持续、正常的经营活动的。

持续经营假设明确了会计工作的时间范围。

2. 持续经营的意义

（1）持续经营与会计主体、会计期间、货币计量等前提条件有着不可分割的密切联系。会计主体确定后，首先面临的问题是该单位能够存在多长时间。只有规定在预见的未来持续经营下去，才需要进一步确定会计期间、货币计量的前提条件，才能进一步选择和确定会计核算所使用的一系列的会计处理方法。

（2）持续经营是会计核算必不可少的前提条件。企业在持续正常经营活动情况下，交易或事项才能表现为周而复始的循环。会计在此条件下，才能分期记账、算账、编制财务报表，为管理部门提供财务信息；才能进行会计预测、决策、编制计划、会计控制、检查、分析与考核，完成会计任务。

（3）在持续经营的前提下，企业对会计信息的收集、处理所使用的会计处理方法才能保持稳定性和一致性，会计记录和财务报表才能真实可靠。否则，一些公认的会计处理方法将缺乏存在的基础并将无法采用。

（4）在持续经营的前提下，便于解决资产计价和负债偿还问题。例如，企业在持续正常经营条件下，对长期使用的各项固定资产，均可按其原始成本入账，对同一种固定资产，也无需因其先后原始价值的不同而重新估价；对其所负担的各种债务，如应付账款等，可以按照原来规定的条件偿还。而在清算情况下，资产的价值则必须按照实际变现的价值计算；负债必须按照资产变现后的实际负担能力清偿。

（5）持续经营为采用权责发生制奠定基础。由于以持续经营为前提，企业就能以应收应付作为确定本期收益和费用的标准。在持续经营的前提下，企业对其使用的机器设备、厂房等固定资产，按照其价值和使用情况，可以确定采用某一折旧方法计提折旧费用；企业发生的有关预付、待摊或预提待付等各项费用，能够据其受益期间进行合理分配，以保证财务成果的真实和合理。

（三）会计期间

1. 会计期间的概念

会计期间亦称会计分期，是将企业持续不断的生产经营活动按长短标准分割为均等的时间间隔。这种按时间长短划分的固定时期单位，称为会计期间。会计期间前提条件解决了会计核算和监督的时间范围。

在一般情况下，企业、事业等单位的交易或事项连续不断地进行着，会计对交易或事项的核算和监督，同样也是连续进行的。但是，为了观察交易或事项过程，检查财务计划完成情况，考核分析经营成果，正确处理会计事项，必须将连续不断的交易或事项过程，划分为固定的时间单位，以便结算一定时期的收入、支出，确定财务成果并编制财务报表。

2. 会计期间的规定

我国《企业会计准则——基本准则》第七条规定："企业应当划分会计期间，分期结算账目和编制财务会计报告。会计期间分为年度和中期。中期是指短于一个完整的会计年度的报告期间。"

会计期间主要是确定会计年度。会计年度由各国根据不同情况而确定。世界上大多数国家采用历年制，即日历年度，从每年 1 月 1 日到 12 月 31 日为一个会计年度；有些国家采用季度起首制，包括 4 月制、7 月制和 10 月制。其中：4 月制从每年 4 月 1 日起至下年 3 月 31 日止为一个会计年度；7 月制从每年 7 月 1 日起至下年 6 月 30 日止为一个会计年度；10 月制从每年 10 月 1 日起至下年 9 月 30 日止为一个会计年度。

我国采用日历年度为会计年度。《会计法》第八条规定："会计年度自公历 1 月 1 日起至 12 月 31 日止。"会计年度确定之后，一般是按日历年度确定会计中期。我国规定以日历年度为会计年度的原因：一是与财政年度一致，便于国家的财政管理；二是我国企业目前都是采用日历年度为会计年度。

3. 会计期间的意义

（1）会计期间与持续经营前提相互补充，不可分离。只有规定会计主体能够持续经营下去，才有可能和有必要确定会计期间（即会计分期）。会计分期依赖于持续经营，持续经营需要会计分期。立足于企业持续正常的经营，又尽可能分清各个会计期间的经营成果，才能连续地提供会计主体在各个会计期间的会计信息。

（2）确定会计期间以便正确组织会计工作。一般来说，在会计月份，月终要进行月份结算，计算盈亏或收支结果；按月结算，涉及几个月份的事项要按跨月会计事项处理。在会计季度，季终要进行季度结算，计算季度的盈亏或收支结果；有的单位规定按季结算而不按月结算；按季结算，涉及几个季度的事项要按跨季会计事项处理。在会计年度，年终要进行年度会计决算，反映年度财务状况，检查和总结财务计划或国家预算执行情况；有的单位规定按年度结算而不按季度结算；按年结算，涉及年度之间的事项要按跨年会计事项处理。总之，按会计期间的规定，要及时、正确地处理会计事项。在会计期间发生的会计事项，涉及本期收入和支出的事项与涉及几个时期（即跨期）收入和支出的事项，要分别处理，不得混同。

（3）会计期间前提是一贯性原则的基础。由于会计期间前提将一个连续的生产经营过程人为地划分开来，分别计量和报告，为了对比、分析各个会计期间的财务状况，各个会计期间所使用的会计处理方法必须一致。

（4）规定会计期间，有利于企业及时结算账目，编制财务报表，提供财务信息，满足企业内部加强经营管理及有关各方进行决策的需要。

（5）划分会计期间对于确定会计核算程序和方法具有重要作用。有了会计期间，才产生本期与跨期的区别；有了本期与跨期的区别，才产生了权责发生制和收付实现制，才使不同类型会计主体有了记账的基准。采用权责发生制后，对一些收入和费用需按照权责关系在本期和以后会计期间进行分配，确定其归属的会计期间。为此，需在会计处理上运用预收、预付、应收、应付会计方法。

（四）货币计量

1. 货币计量的概念

货币计量是指会计主体在会计核算过程中应采用货币作为计量单位，记录、反映会计主体的经营情况。

在日常会计工作中，货币计价表现为对会计事项的记录，如在账簿中的登记、计算成本、计算财务结果、编制财务报表等。所以，货币计量是实际会计工作的重要内容。以货币为计量单位是商品经济发展的必然结果。在生产和交换的初期，物与物交换为主要形式，会计记录只能采用实物计量单位。伴随着生产的发展，产品间交换的频繁，交换的范围和规模的扩大，产品逐渐过渡到商品，商品的价值最终固定在货币形态上，货币成为“代表一切商品交换价值的最恰当存在的特殊商品”。因此，对经济活动的记录、计量的单位逐步由实物单位过渡到以货币单位为主。到了资本主义阶段，由于商品生产的高度发展，一切商品的价值都必须以货币来表示，从而使货币单位作为会计计量的统一标准尺度。我国是社会主义市场经济，在会计工作中，利用货币作为统一计量尺度，是市场经济的需要。

2. 货币计量的规定

在我国，要求企业选用一种货币作为基准，称为记账本位币。记账本位币以外的货币则称为外币。在确定货币计量假设时，必须同时确立币值稳定假设。

《会计法》第十二条规定：“会计核算以人民币为记账本位币。业务收支以人民币以外的货币为主的单位，可以选定其中一种货币作为记账本位币，但是编报的财务会计报告应当折算为人民币。”《会计基础工作规范》第四十条规定：“境外单位向国内有关部门编报的会计报表，应当折算为人民币反映。”上述规定的主要原因是：

（1）在我国，由于人民币是国家的法定货币，在我国境内具有广泛的流通性，因此规定我国的会计核算以人民币为记账本位币，企业的生产经营活动一律通过人民币进行核算。

（2）随着我国对外开放政策的实施和深化，外商投资企业在我国不断增多，对外贸易和合作发展迅速，人民币以外的其他币种在一些单位的日常会计核算中明显增多，有的占据了支付主导地位，如果要求这些单位平时的每笔外币核算业务都折算为人民币计算，不仅会加大会计工作量，也会影响其交易或事项的往来。为适应企业的业务特点和管理需要，《会计法》允许选用人民币以外的货币作为记账本位币。但选用时，必须遵守“业务收支以人民币以外的货币为主”的原则，而且记账本位币一经确定，不得随意变动。

（3）以人民币以外的货币为记账本位币的单位，在编制财务会计报告时，应依据国家统一的会计制度规定，按照一定的外汇汇率折算为人民币反映，便于财务会计报告使用者阅读和使用，也便于税务、工商等部门通过财务会计报告计算应缴税款和进行工商年检。这是我国宏观经济管理和人民生活的客观要求，也是一国地位的体现。

（4）对于我国在境外设立的企业，其日常会计核算通常是用当地的币种作为记账本位币。为了便于国内有关部门了解企业财务状况和经营成果，在向国内报送财务报表时，应当折算为人民币，以人民币为单位反映企业情况。

3. 货币计量的意义

（1）以货币为计量单位对交易或事项进行计量，可以克服实物计量单位的差异性和劳动计量单位的复杂性，才能获得综合性的价值指标。如反映权益类的实收资本，反映负债类的银行借款，反映资产类的固定资产、材料、产成品、现金、银行存款，生产经营过程的费用或成本，生产经营成果的利润或亏损，执行预算收入与支出结果的结余或超支等。

（2）依据上述价值指标，才能全面地反映资金运动及其各个方面的规模、速度和比例；才能计算资金的耗费、收回与财务结果；才能监督资金运动，管好用好资金，节约、合理地使用资金；才能总结、考核和分析完成国家计划或执行国家预算的情况；才能为编制计划提供全面、正确的资料。以货币计量单位进行计量而得到的价值指标，具有综合性和可比性的优点，实际使用比较广泛。

以货币作为计量单位是会计核算的前提，也是会计核算的特点，但是为适应会计核算和管理的需要，也要结合使用实物计量单位和劳动计量单位。如加强固定资金和储备资金的管理，在对固定资产和材料进行价值核算的同时要进行实物量的核算；在计算职工劳动报酬时，要利用劳动量度（实际工作小时或工作日）计算应支付职工的工资等。

4. 货币计量的要求

（1）内容要真实。货币计价所反映的内容要真实，要反映客观存在的事实，没有歪曲、夸大或缩小。真实的东西，是客观存在在一定时间、地点和条件下的具体东西。作为会计上货币计价的客观事物要有真凭实据，即要有借以证明客观事物存在的书面凭证，证明事物发生的时间、地点、条件和经办人员；要有证明人员或齐全的实物验收及按规定的其他经办手续。内容是真实的，不仅要求每一件事实是真实的，而且要求全部事实都是真实的；还要求它符合党和国家的方针、政策、法律、法规和制度。

（2）计算要正确。依据客观存在的事实进行货币计价，在计算上应是正确的。为了计算正确，关键在于规定的计算方法要科学，如对固定资产、材料、产成品等的计价方法，提取固定资产折旧费用等的方法，预提、待摊和分配费用等的方法。计价方法科学，才能正确地反映客观存在的事实。当然，也要注意计算时的操作技术，计算的结果要核对无误。

（3）标准要统一。企业、事业、机关和其他单位在进行货币计价时的标准要统一。这主要包括：

①计价的货币单位要统一。我国的会计核算以人民币的“元”为货币计价单位，与外国的经济往来，凡按外币计算的都要按规定将外币换算为人民币进行核算。

②计价的价格依据要统一。如对固定资产、材料、产品或商品、在产品等的计价的价格依据，是由国家物价部门、有关主管部门和企业等制定的现行价格。

③计价的期间要统一。如对一定时期或一定时点的有关事项进行计价应是统一的，月终对材料或商品的盘点要有统一规定的日期。货币计价做到标准统一，才能在各单位、各部门和各地区之间进行比较和进行统一核算。

5. 货币计量的基础

在我国，会计的货币计量的基础是实际价（实际成本）。采用实际价对固定资产、材料、产品或商品等进行估价，要求在计价时以当期的价格水平为依据。这是因为：我国是生产资料公有制为基础的社会主义国家，国民经济要实行宏观调控，物价是可以控制的；按一定时期的实际价格进行计价，与当期收益和费用据以计算的价格水平一致，才能正确地反映当期的财务结果，也才能正确地反映某一时期的历史的估价水平；按实际价进行估价，与不同时期的价值指标进行对比时，才能揭示价格变动对收益和费用的影响；按实际价进行计价也比较简化。

综上所述，会计假设虽然是人为确定的，但完全是出于客观的需要，有充分的客观必然性。否则，会计核算工作就无法进行。这四项假设缺一不可，既有联系也有区别，共同为会计核算工作的开展奠定了基础。

第二节　会计核算基础

由于会计分期的存在，涉及发生的交易或事项应确认为哪一个会计期间的问题。如12月10日销售的商品符合收入确认的条件，但款项于下年的1月收回。那么该项收入是作为本年的收入确认，还是作为下年的收入确认呢？该项收入的确认有两种方法：一种是作为本年的收入确认，其依据是该项经营活动是本年完成的；一种是作为下年的收入确认，其依据是款项在下年收回。与此相适应，会计的记账基础分为权责发生制原则和收付实现制原则。

一、权责发生制

所谓权责发生制，就是对于收入和费用，不论是否有款项的收付，按其是否影响各会计期间经营成果的收益情况，确认其归属期。就是说，凡属本期的收入，不管其款项是否收到，都应作为本期收入；凡属本期应当负担的费用，不管其款项是否付出，都应作为本期费用。反之，凡不归属本期的收入，即使款项已经收妥，也不能作为本期收入；凡不应归属本期的费用，即使款项已经付出，也不能作为本期费用。由于权责发生制确定本期收入和费用是以“应收应付”作为确认标准，而不问款项的收付，所以又称为“应计制”或“应收应付制”。

二、收付实现制

所谓收付实现制是指以实际收到或付出款项的日期确定其归属期。就是说，凡属本期收到的收入和支付的费用，不管其是否应归属于本期，都作为本期的收入和费用；反之，凡本期未收到的收入和未支付的费用，即使应归属本期，也不能作为本期的收入和费用。由于收付实现制确定本期收入和费用是以现金收付为准，所以又称为“现金制”或“实收实付制”。《基本准则》明确规定：“企业应当以权责发生制为基础进行会计确认、计量和报告。”

权责发生制是与收付实现制相对应的一种会计基础，是确定收入和费用的两种截然不同的原则与方法。后者在确认收入和费用时一律以实际的款项收付为标志。按权责发生制确认收入和费用，比较符合交易或事项的经济实质，有利于准确地反映企业的经营成果和财务状况。正确地应用权责发生制是会计核算中非常重要的一条规范。我国《企业会计准则——基本准则》规定，企业应当以权责发生制为基础进行会计确认、计量和报告。

第三节　会计信息质量要求

会计信息具有狭义与广义之分。狭义的会计信息是指某一会计主体，如某一企业所提供的财务状况、经营成果和现金流量等方面的信息。这类会计信息是由企业会计人员通过编制有关的财务报表，如资产负债表、利润表和现金流量表等对外提供的会计信息。广义的会计信息除以上信息外，还包括处于企业加工整理过程中的会计信息，如在会计记录环节生成的、呈现于会计凭证和会计账簿等载体中的信息等。本书重点介绍的是企业对外提供的财务会计信息。

会计作为一项管理活动，其主要目的之一是向企业的利益相关者提供反映经营者受托责任和供投资者决策有用的会计信息。要达到这个目的，就必须要求会计信息具有一定的质量特征。企业的会计信息质量要求是指对企业在对外财务报告中所提供的会计信息质量的基本要求，是使财务报告所提供的会计信息对包括投资者在内的各类使用者的经济决策相关应具备的基本特征。因而，会计信息质量要求也称为会计信息质量特征、会计信息质量标准。

会计信息质量要求是财务会计理论的构成内容之一，也是各国企业会计准则应予规范的重点内容。但每个国家所规定的会计信息质量要求的内容多寡及排列顺序等都有所不同。我国《企业会计准则——基本准则》规定，会计信息质量特征包括以下八项：可靠性、相关性、可理解性、可比性、实质重于形式、重要性、谨慎性和及时性。这些质量特征要求会计人员在处理会计业务、提供会计信息时，遵循这些会计信息的质量要求，以便更好地为企业的利益相关者服务。

一、可靠性

可靠性也称客观性、真实性，是对会计信息质量的一项基本要求。《企业会计准则——基本准则》第十二条规定：“企业应当以实际发生的交易或者事项为依据进行会计确认、计量和报告，如实反映符合确认和计量要求的各项会计要素及其他相关信息，保证会计信息真实可靠，内容完整。”

会计所提供的会计信息是投资者、债权人、政府及有关部门和社会公众的决策依据，如果会计数据不能客观、真实地反映企业经济活动的实际情况，势必无法满足各有关方面了解企业财务状况和经营成果以进行决策的需要，甚至可能导致错误的决策。可靠性要求会计核算的各个阶段，包括会计确认、计量、记录和报告，必须力求真实客观，必须以实际发生的经济活动及表明交易或事项发生的合法凭证为依据。

在会计实务中，有些数据只能根据会计人员的经验或对未来的预计予以计算。例如，固定资产的折旧年限，对制造费用分配方法的选择等，都会受到一定程度的个人主观意志的影响。不同会计人员对同一交易或事项的处理出现不同的计量结果是在所难免的。但是，会计人员应在统一标准的条件下将可能发生的误差降低到最低程度，以保证会计核算提供的会计资料真实可靠。

二、相关性

相关性原则，又称有用性原则，是会计信息质量的一项基本要求，是指会计核算所提供的会计信息应当有助于信息使用者作出决策，也就是信息要与决策相关联。这条原则所表明的含义就是我们通常所说的会计目标。《企业会计准则——基本准则》第十三条规定：“企业提供的会计信息应当与财务会计报告使用者的经济决策需要相关，有助于财务会计报告使用者对企业过去、现在或者未来的情况作出评价或者预测。”

信息要成为有用的，就必须与使用者的决策需要相关。当信息通过帮助使用者评估过去、现在或者未来的事项或者通过确证或纠正使用者过去的评价，影响到使用者的经济决策时，信息就具有相关性。这就要求信息具有预测价值和确证价值（亦称反馈价值）。

信息的预测价值和确证价值是可以统一的。比如，关于企业拥有资产的数量和结构的信息，对使用者来说，既可以用来预测企业利用现有机遇和应付不利形势的能力，也可以证明过去对企业资产数量和结构以及计划经营活动的预测与结果的一致性。同时，预测未来的财务状况和经营业绩以及股利和工资的支付、证券价格的变动等使用者关心的其他事宜，常常以关于财务状况和过去经营业绩的信息为基础。

三、可理解性

可理解性，也称明晰性，是对会计信息质量的一项重要要求。《企业会计准则——基本准则》第十四条规定：“企业提供的会计信息应当清晰明了，便于财务会计报告使用者理解和使用。”

提供会计信息的目的在于使用，要使用就必须了解会计信息的内涵，明确会计信息的内容。如果无法做到这一点，就谈不上对决策有用。信息是否被使用者所理解，取决于信息本身是否易懂，也取决于使用者理解信息的能力。可理解性是决策者与决策有用性的连接点。如信息不能被决策者所理解，那么这种信息毫无用处。因此，可理解性不仅是信息的一种质量标准，也是一个与信息使用者有关的质量标准。会计人员应尽可能传递表达易被人理解的会计信息，而使用者也应设法提高自身的综合素养，以增强理解会计信息的能力。

四、可比性

可比性原则是指会计核算应当按照规定的会计处理方法进行，会计指标应当口径一致，相互可比。《企业会计准则——基本准则》第十五条规定：“企业提供的会计信息应当具有可比性。”

为了明确企业财务状况和经营业绩的变化趋势，使用者必须能够比较企业不同时期的财务报表。为了评估不同企业相对的财务状况、经营业绩和现金流量，使用者还必须能够比较不同企业的财务报表。因此，对整个企业及其不同时点以及对不同企业而言，同类交易或其他事项的计量和报告，都必须采用一致的方法。

可比性也是会计信息质量的一项重要要求。它包括两个方面的含义，即同一企业在不同时期的纵向可比，不同企业在同一时期的横向可比。要做到这两个方面的可比，就必须做到：同一企业不同时期发生的相同或者相似的交易或者事项，应当采用一致的会计政策，不得随意变更。确须变更的，应当在附注中说明。不同企业发生的相同或者相似的交易或者事项，应当采用规定的会计政策，确保会计信息口径一致、相互可比。

五、实质重于形式

实质重于形式原则就是要求在对会计要素进行确认和计量时，应重视交易的实质，而不管其采用何种形式。《企业会计准则——基本准则》第十六条规定：“企业应当按照交易或者事项的经济实质进行会计确认、计量和报告，不应仅以交易或者事项的法律形式为依据。”

如果要真实地反映所拟反映的交易或其他事项，那就必须根据它们的实质和经济现实，而不是仅仅根据它们的法律形式进行核算和反映。交易或其他事项的实质，并非与它们的法律形式的外在形式相一致。实质重于形式就是要求在对会计要素进行确认和计量时，应重视交易的实质，而不管其采用何种形式。

经济实质与其法律形式构成了交易或事项相辅相成的两个方面。一般而言，企业发生的交易或事项的经济实质与法律形式是统一的。如企业用自有资金购入的材料和设备等，其经济性质属于能够预期为企业带来经济利益的资产；从法律形式来看，企业对其具有所有权、使用权和处置权。在这种情况下，交易或事项的经济实质与法律形式是一致的。但在有些情况下，交易或事项的经济性质和法律形式会产生一定的分离。在这一方面，最典型的例子当数对融资租入固定资产的确认和计量。从形式上看，该项固定资产的所有权在出租方，企业只是拥有使用权和控制权。也就是说，该项固定资产并不是企业购入的固定资产。因此，不能将其作为企业的固定资产加以核算。但是，由于融资租入固定资产的租赁期限一般都超过了固定资产可使用期限，而且到期企业可以以一定的价格购买该项固定资产，因此，为了正确地反映企业的资产和负债状况，对于融资租入的固定资产一方面应作为企业的自有固定资产加以核算，另一方面应作为企业的一项长期应付款加以反映。

六、重要性

重要性原则是指财务报告在全面反映企业的财务状况和经营成果的同时，应当区别交易或事项的重要程度，采用不同的会计处理程序和方法。具体来说，对于重要的交易或事项，应单独核算、分项反映，力求准确，并在财务报告中做重点说明；对于不重要的交易或事项，在不影响会计信息真实性的情况下，可适当简化会计核算或合并反映，以便集中精力抓好关键。《企业会计准则——基本准则》第十七条规定："企业提供的会计信息应当反映与企业财务状况、经营成果和现金流量等有关的所有重要交易或者事项。"

重要性的意义在于：对会计信息使用者来说，对经营决策有重要影响的会计信息是最需要的，如果会计信息不分主次，反而会有碍于使用，甚至影响决策。而且，对不重要的交易或事项简化核算或合并反映，可以节省人力、物力和财力，符合成本效益原则。

需要明确的是，重要性具有相对性，并不是同样的业务对不同的企业都是重要或不重要的事项。对某项会计事项判断其重要性，在很大程度上取决于会计人员的职业判断。一般来说，重要性可以从质和量两个方面进行判断。从性质方面来说，如果某会计事项的发生可能对决策产生重大影响，则该事项属于具有重要性的事项；从数量方面来说，如果某会计事项的发生达到一定数量或比例可能对决策产生重大影响，则该事项属于具有重要性的事项。

七、谨慎性

谨慎性，又称稳健性，是指在处理不确定性交易或事项时，应持谨慎态度，如果一项交易或事项有多种处理方法可供选择时，应选择不导致夸大资产、虚增利润的方法。在进行会计核算时，应当合理预计可能发生的损失和费用，而不应预计可能发生的收入和过高估计资产的价值。《企业会计准则——基本准则》第十八条规定："企业对交易或者事项进行会计确认、计量和报告应当保持应有的谨慎，不应高估资产或者收益、低估负债或者费用。"

谨慎性的要求体现于会计核算的全过程，在会计上的应用是多方面的。例如，对应收账款提取坏账准备，就是对预计不能收回的货款先行作为本期费用，计入当期损益，以后确实无法收回时冲销坏账准备；固定资产采用加速折旧法等。

遵循谨慎性，对于企业存在的经营风险加以合理估计，对防范风险起到预警作用，有利于企业做出正确的经营决策，有利于保护投资者和债权人的利益，有利于提高企业在市场上的竞争能力。但是，企业在运用谨慎性时，不能滥用，不能以谨慎性原则为由任意计提各种准备，即秘密准备。例如，企业计提坏账准备、存货跌价准备等减值准备，待后一年度再予以转回。这种行为属于滥用谨慎性，计提秘密准备，是会计准则所不允许的。

八、及时性

及时性原则是指会计核算要讲求时效，要求会计处理及时进行，以便于会计信息的及时利用。及时性的要求表现在：对会计信息及时搜集、及时加工处理和及时传递。《企业会计准则——基本准则》第十九条规定："企业对于已经发生的交易或者事项，应当及时进行会计确认、计量和报告，不得提前或者延后。"

信息的报告如果不适当地拖延，就可能失去其相关性。当然，及时提供可能会损坏可靠性。企业可能需要权衡及时报告与提供可靠信息的优缺点。为了在及时的基础上提供信息，在了解某一交易或其他事项的所有方面之前，就可能有必要做出报告，这就会损害可靠性。相反，如果推迟到了解所有方面之后再报告，信息可能极为可靠，但是对于必须在事中决策的使用者，用处可能很小。要在相关性和可靠性之间达到平衡，决定性的问题是如何最佳地满足使用者的经济决策需要。

上述八项会计信息的质量特征，在实务中，常常需要在各特征之间权衡或取舍。其目的一般是为了达到质量特征之间的适当平衡，以便实现财务报告的目标。质量特征在不同情况下的相对重要性，属于会计人员的职业判断问题。

第四节　会计核算的基本程序

为了实现会计目标，会计在行使其核算职能时就必须遵照一定的程序，采用相应的核算方法，才能保证会计目标的实现，而会计目标反过来又会促进会计核算的基本程序和核算方法的完善和发展。所谓会计核算的基本程序，是指会计数据处理与会计信息加工的程序，也就是对会计要素进行确认、计量、记录和报告的过程。

一、会计核算的基本程序

（一）会计确认

会计确认是指确定过去的交易或者事项是否涉及会计要素，如果涉及会计要素，应作为什么会计要素加以记录和如何进行报告的过程。

确认主要解决如交易或者事项应否确认为会计要素，如何确认和何时确认的问题，包括在会计记录中的初始确认和最终确认。

1. 应否确认及如何确认

应否确认和如何确认的关键是确定会计要素的确认条件，符合确认条件的就应当确认；不符合确认条件的，就不予以确认。符合哪个会计要素的确认条件，就确认为哪个会计要素。

（1）初始确认。

初始确认是指对已经发生的交易或者事项，按照资产、负债、所有者权益、收入、费用、利润的定义和确认条件进行的确认。

初始确认应满足下列条件：

①必须符合会计要素定义。

②有关经济利益很可能流入或流出企业。这里的“很可能”表示经济利益流入或流出的可能性在50%以上。

③经济利益的流入、流出额或成本、价值额能够可靠地计量。

同时满足上述三个条件的，确认为某一要素，否则不予确认。

（2）最终确认。

最终确认是指对已经记入会计账簿的交易或者事项，在会计期末，编制财务报告前，通过期末账项调整、资产清查、对账、结账等一系列会计手段，对资产、负债、收入、费用，根据其定义和确认条件进行的再次确认。最终确认主要是如何进行报告的确认，除了对资产、负债、收入、费用的定义和条件的重新确认，还包括对其金额的确认，以便作为编制财务报告的依据。

2. 何时确认

确认会计要素的时间基础分为以下两种情况：

（1）以交易或者事项实际发生的会计期间为确认的时间基础。资产、负债和所有者权益一般都是以此为确认的时间基础。

（2）以收取款项的权利或支付款项的责任应当发生的会计期间为确认的时间基础，通常称为权责发生制。收入、费用和利润就是以权责发生制为确认的时间基础。

（二）会计计量

会计计量是指将符合确认条件的会计要素登记入账并列报于财务报表及其附注而确定其金额的过程。会计计量主要是货币计量，也不排除以实物量度或劳动量度作为辅助量度。在进行会计计量时，应当按照规定的计量属性进行计量，确定其金额。计量属性是指所予计量的某一要素的特性方面，如桌子的长度、铁矿的重量、楼房的面积等。从会计角度来看，是指会计要素金额的确定基础。例如，一台机器可以按原来取得时的实际价格（历史成本）作为其金额，还可以按现在购买同样机器的价格（重置成本）作为其金额，还可以按现在出售它的售价（可变现净值）作为其金额等。这些都可以作为该台机器（固定资产）金额的确定基础。会计的计量属性反映的是会计要素金额的确定基础。

1. 会计计量属性

基本准则规定的会计计量属性主要包括历史成本、重置成本、可变现净值、现值和公允价值。

（1）历史成本。

历史成本，又称实际成本，就是取得或制造某项资产时所实际支付的现金或现金等价物，或负债发生时承担现时义务的金额。

在历史成本计量下，资产按照其购置时支付的现金或者现金等价物的金额，或者按照购置资产时所付出的对价的公允价值计量。负债按照其因承担现时义务而实际收到的款项或者资产的金额，或者承担现时义务的合同金额，或者按照日常活动中为偿还负债预期需要支付的现金或者现金等价物的金额计量。

（2）重置成本。

重置成本又称现实成本，是指按照当前市场条件，重新取得同样一项资产所需支付的现金或现金等价物金额。

在重置成本计量下，资产按照现在购买相同或者相似资产所需支付的现金或者现金等价物的金额计量。负债按照现在偿付该项债务所需支付的现金或者现金等价物的金额计量。在实务中，重置成本多应用于盘盈固定资产的计量等。

（3）可变现净值。

可变现净值是指在正常生产经营过程中，以预计售价减去进一步加工成本和预计销售费用以及相关税费后的净值。

在可变现净值计量下，资产按照其正常对外销售所能收到现金或者现金等价物的金额扣减该资产至完工时估计将要发生的成本、估计的销售费用以及相关税费后的金额计量。可变现净值通常应用于存货资产减值情况下的后续计量。

（4）现值。

现值是指对未来现金流量以恰当的折现率进行折现后的价值，是考虑货币时间价值的一种属性。

在现值计量下，资产按照预计从其持续使用和最终处置中所产生的未来净现金流入量的折现金额计量。负债按照预计期限内需要偿还的未来净现金流出量的折现金额计量。现值通常用于非流动资产可收回金额和以摊余成本计量的金融资产价值的确定等。

（5）公允价值。

公允价值是指在公平交易中，熟悉情况的交易双方自愿进行资产交换或者债务清偿的金额。

在公允价值计量下，资产和负债按照在公平交易中熟悉情况的交易双方自愿进行资产交换或者债务清偿的金额计量。公允价值主要应用于交易性金融资产、可供出售金额资产的计量等。

2. 会计计量属性的选择

《企业会计准则——基本准则》第四十三条规定："企业在对会计要素进行计量时，一般应当采用历史成本，采用重置成本、可变现净值、现值、公允价值计量的，应当保证所确定的会计要素金额能够取得并可靠计量。"这是对会计计量属性选择的一种限定性条件，一般应当用历史成本，如果要用其他计量属性，必须保证金额能够取得并可靠计量。

（三）会计记录

会计记录就是在对过去的交易或者事项进行确认、计量的基础上，将涉及的全部会计要素，进一步细分为会计科目，按复式记账的要求，填制和审核会计凭证、登记账簿的过程。

《基本准则》只规范了会计确认、计量和报告的内容，没有规范会计记录，给会计记录以一定的灵活性。例如，《企业会计准则——应用指南》根据《基本准则》规定了156个会计科目及主要财务处理，但不是规范企业必须运用这156个会计科目进行财务处理，而是要求企业在不违反《基本准则》中确认、计量和报告规定的前提下，可以根据本单位的实际情况，自行增设、分拆、合并会计科目。企业不存在的交易或者事项，可不设置相关会计科目。

（四）财务报告

财务报告，是指企业对外提供的反映企业某一特定日期的财务状况和某一会计期间的经营成果、现金流量等会计信息的文件。

其中，财务状况是指企业某一特定日期的资产总额及构成，负债总额及构成，所有者权益总额及构成。经营成果是指企业某一会计期间的利润（亏损）总额及构成情况。现金流量是指企业某一会计期间现金和现金等价物流入和流出的情况。

财务报告包括财务报表及其附注和其他应当在财务报告中披露的相关信息和资料。

1. 财务报表

财务报表至少应当包括资产负债表、利润表、现金流量表等报表。

（1）资产负债表是反映企业在某一特定日期的财务状况的财务报表。

（2）利润表是反映企业在一定会计期间的经营成果的财务报表。

（3）现金流量表是反映企业在一定会计期间的现金和现金等价物流入和流出的财务报表。

2. 财务报表附注

财务报表附注是对财务报表中列示项目所作的进一步说明，以及对未能在这些报表中列示项目的说明等。

3. 其他应当披露的相关信息和资料

该内容具体可以根据有关法律法规的规定和外部报告使用者的信息需求而定。如企业可以在财务报告中披露其承担的社会责任、对社会的贡献、可持续发展能力等信息。

会计核算的四个基本程序可用图 3－1 表示。

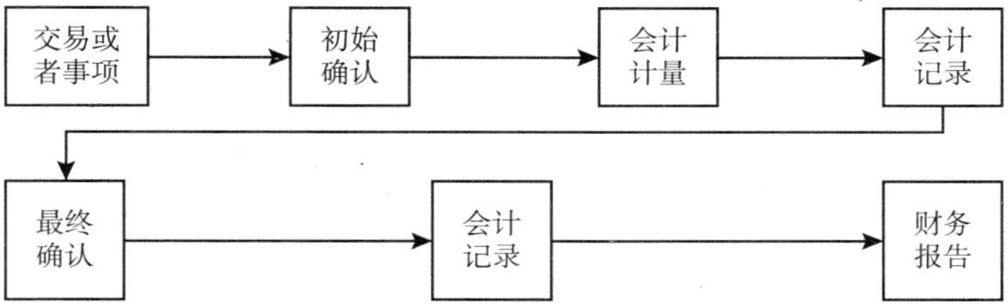

图 3－1　会计核算基本程序之间的关系

值得注意的是，在会计处理中，为了保证会计记录的真实、可靠，在会计记录之前必须先进行初始确认和会计计量，才能进行会计记录。为了保证财务报告的决策有用性，在编制财务报告之前也必须进行最终确认和会计记录，才能据以编制财务报告。《基本准则》特别强调，在编制财务报告时，对那些符合资产、负债、收入、费用定义，但不符合确认条件的事项，不能列入财务报告。可见，最终确认和会计记录也是会计核算程序不可或缺的内容。

因此，会计核算的四个基本程序，都体现在记录和报告的过程之中。由会计记录和会计报告的定义可知，记录和报告两个基本程序是通过设置会计科目、复式记账、填制审核凭证、登记账簿、编制财务报告来完成的。

会计计量单位与会计计量属性的组合是实施会计计量的重要条件。对于同一经济信息进行会计确认与计量，如果采用不同的计量单位和计量基础，会产生不同的计量结果。通常将计量单位与计量属性的不同组合，称为计量模式，如历史成本/名义货币、历史成本/不变购买力、重置成本/名义货币、重置成本/不变购买力等计量模式。不同的计量模式表现出不同程度的相关性和可靠性，具体取决于会计报告的要求。

一般情况下，将以一定的价值表现特定时点上的资产、负债项目的价值及其变动结果，称为计价。例如，资产的计价实际上就是以货币为尺度，衡量、计算和确定资产的价值；负债的计价是以货币为尺度，衡量、计算和确定负债的偿还价值。以统一的货币计量企业在经营过程中的收入、费用，并将其收入费用进行比较，最后确定盈亏的过程，称之为收益确定。

二、会计要素确认与计量的要求

会计信息的载体是财务报告，财务报告由会计要素组成，对会计要素进行报告之前必须进行会计要素的确认与计量。对会计要素进行确认与计量不仅要符合一定的条件，而且还要在确认与计量过程中遵循以下要求：划分收益性支出与资本性支出、收入与费用配比、历史成本计量。

（一）划分收益性支出与资本性支出

会计核算应当合理划分收益性支出和资本性支出。凡支出的效益仅与本会计年度（或一个营业周期）相关的，应当作为收益性支出；凡支出的效益与几个会计年度（或几个营业周期）相关的，应当作为资本性支出。

划分收益性支出和资本性支出的目的在于正确确定企业的当期（一般指一个会计年度）损益。具体来说，收益性支出是为取得本期收益而发生的支出，应当作为本期费用，计入当期损益，列于利润表中。例如，已销售商品的成本、期间费用、所得税等；资本性支出是为形成生产经营能力，为以后各期取得收益而发生的各种支出，应当作为资产反映，列于资产负债表中。例如，购置固定资产和无形资产的支出等。

如果一项收益性支出按资本性支出处理，就会造成少计费用而多计资产，出现当期利润虚增而资产价值偏高的现象；如果一项资本性支出按收益性支出处理，则会出现多计费用而少计资产，以致当期利润虚减而资产价值偏低的结果。

（二）收入与费用配比

正确确定一个会计期间的收入和与其相关的成本、费用，以便计算当期的损益，这是配比的要求。

收入与费用配比包括两方面的配比问题：一是收入和费用在因果联系上的配比，即取得一定的收入时发生了一定的支出，而发生这些支出的目的就是为了取得这些收入；二是收入和费用在时间上的配比，即一定会计期间的收入和费用的配比。

（三）历史成本原则

历史成本计量，又称实际成本计量或原始成本计量，是指企业的各项财产物资应当按取得或购置时发生的实际支出进行计价。物价变动时，除国家另有规定者外，不得调整账面价值。

以历史成本进行计量有助于对各项资产、负债项目的确认和对计量结果的验证和控制；同时，避免企业随意改动资产价格造成经营成果虚假或任意操纵企业的经营业绩。

用历史成本计价比较客观，有原始凭证作为证明，可以随时查证和防止随意更改。但这样做是建立在币值稳定假设基础之上的。如果发生物价变动导致币值出现不稳定情况，则需要研究、使用其他的计价基础，如现行成本、重置成本等。

【本章小结】

会计假设是会计核算的前提条件，包括会计主体、持续经营、会计分期和货币计量；会计信息质量要求是对企业所提供的会计信息质量的基本要求，是使会计信息对其使用者决策有用所应具备的基本特征，主要包括：可靠性、相关性、可理解性、可比性、实质重于形式、重要性、谨慎性和及时性等；《企业会计准则——基本准则》规定，企业应当以权责发生制为基础进行会计确认、计量和报告；企业在将符合确认条件的会计要素登记入账并列报于财务报表及其附注时，应当按照规定的会计计量属性进行计量，确定其金额。会计计量属性主要包括历史成本、重置成本、可变现净值、现值和公允价值。

【思考与分析】

1. 学校附近个人经营的商店是会计主体还是法律主体？说明理由。

2. 小吕投资成立的 AB 公司，为工作方便买了一辆小汽车，预计使用寿命 8 年，并采用直线折旧的方法，将其成本按照 8 年进行分摊。这种核算方法是基于哪个会计基本前提的？

3. 雅佳数码器材公司 2008 年年末因全球性的金融危机影响，公司销售萎缩，无法实现年初确定的销售收入目标，但考虑到市场已趋缓慢复苏，公司销售可能会出现较大幅度增长，公司为此提前预计商品的销售业绩，在 2008 年年末制作了若干虚假的商品出库凭证，并确认销售收入的实现，这种行为正确吗？为什么？

4. 雅佳数码器材公司因发生水灾，损失了部分存货。为了多获得保险公司赔款，有人士提议高额估计损失。此建议正确吗？为什么？

5. 如何理解会计计量属性？

6. 某企业 20××年 1 月份发生下列部分交易或者事项（假设销售商品均不考虑增值税）：

（1）企业于 1 月 2 日销售商品一批，款项为 117 000 元，于 1 月 7 日收到，存入银行。

（2）企业于 1 月 8 日销售商品一批，款项为 58 500 元，将于 7 月 8 日收回。

（3）企业与 1 月 9 日预收 A 单位购货款 100 000 元，存入银行，按合同规定 2 月份交付商品。

（4）企业上月销售商品 70 200 元，于 1 月 10 日收到存入银行。

（5）企业于 1 月 11 日以银行存款 48 000 元预付全年财产保险费。

（6）企业于 1 月 13 日购办公用品 6 200 元，已交付使用，款项将于 2 月支付。

（7）企业于 1 月 15 日用银行存款 8 000 元支付本月水电费。

（8）企业于 1 月 16 日以银行存款 36 000 元支付上年 10～12 月份短期借款利息。

要求：分别按权责发生制和收付实现制确认 1 月份的收入和费用。

文章阅读

我国著名会计学家：杨纪琬、娄尔行、葛家澍和阎达五

杨纪琬先生是上海松江人（1917年11月～1999年2月），1935年考入当时的国立上海商学院（现上海财经大学）会计系，1939年毕业留校任教，并成为攻读中英庚款基金会的在职研究生，1939～1949年间，先后担任过上海商学院、东吴大学等数所大学的会计学助教、教师和教授。新中国成立后，杨纪琬先生于1949年调入财政部会计制度司工作，先后任副处长、处长、副司长、司长、顾问。

杨纪琬先生是新中国会计界公认的一代名师、我国当代卓越的会计理论家、教育家、社会活动家，中国会计制度的奠基人之一。他曾经在著有《社会主义会计理论建设》，主编《成本管理大辞典》、《中国现代会计手册》。为我国会计制度和会计准则的建设、会计理论和会计教育事业的发展，作出了巨大的贡献。杨纪琬先生先后参与、组织、领导了新中国成立初期统一会计制度的制定，改革开放后会计法规制度的恢复和完善，我国会计改革及注册会计师体制建立的各项工作。在会计理论研究中，他发起并主编新中国第一本会计杂志《新会计》，发起设立了中国会计学会并主编《会计研究》，与阎达五教授合作创立了“管理活动学派”。

在会计法规建设中，他组织领导并亲自起草了新中国第一部会计法和多项会计制度。在注册会计师事业发展中，杨纪琬先生提倡并推动了我国注册会计师制度的恢复和发展，亲自主持制定了《注册会计师职业道德守则》。2002年起设立有中国会计领域的第一个奖学金—杨纪琬奖学金。

娄尔行先生是浙江绍兴人。1937年毕业于国立上海商学院会计系，同年赴美国密歇根大学企业管理研究生院深造，1939年毕业，获企业管理硕士学位。1978年调入复旦大学任教授。1980年调回上海财经学院任教授、博士生导师、会计系主任等职。娄尔行先生是新会计学科体系的主要创始人。1984年他主编出版《资本主义企业财务会计》，通过传播西方的会计理论和实务，对我国会计学的发展产生了重要影响。同年，主编出版的《基础会计》一书中对我国以往受苏联影响的传统会计原理和教材体系作出了重大改革。娄尔行先生积极倡导和参与会计教学改革。1981年起，他提出了“扩大知识面，培养广博而专精的人才”的指导思想，重新设置会计课程体系。他在上海财经大学会计系进行了一系列教学改革，1988年由国家教委批准确定为全国重点会计学科点，成为国际会计界了解中国会计的一个窗口。

娄尔行先生的会计理论体系，集中体现在《会计审计理论探索》一书中。娄尔行先生两次出席“联合国国际会计和报告准则政府间专家工作组会议”，为促进中国会计的国际交流、树立中国会计的国际地位作出了贡献。

葛家澍先生是江苏兴化人，1940年就读于江苏学院，1942年转学厦门大学，1945年厦门大学会计学系毕业，获厦门大学商学学士学位。大学毕业后留校曾任助教、讲师、副教授和教授。1982年厦门大学成立经济学院，被任命为首任学院院长。葛家澍先生由于

在会计学领域有较深的造诣，他的会计思想和观念被会计学术界，也被国家教委誉为“独树一帜”。

葛家澍先生在会计理论和财务会计领域的学术成就，享誉海内外。我国台湾一家著名的会计刊物《会计研究月刊》在介绍葛家澍先生时称他为“大陆会计界的翘楚”。他承担的全国“七五”规划期间重点课题《市场经济下会计基本理论与方法研究》一书出版以后，得到各方面很高的评价。

葛家澍先生关于会计对象的“资金运动”学术观点，关于会计本质的“信息系统论”观点，已成为我国会计学的主流学派。他在1978年发表了“必须替接待记账法恢复名誉”一文。该文被誉为“打响了会计界拨乱反正的第一炮”。他在1980年发表的“论会计理论继承性”曾被多种刊物转载，对学习、利用西方财务和会计理论起了重要的促进作用。20世纪90年代以来，他致力于西方财务会计概念框架和会计准则的研究，写下了一系列有关的研究论文。他是会计理论界促进并参与我国企业会计准则制定的一位非常有影响力的人物。

阎达五教授是山西祁县人，1949年3月肄业于北平私立华北文法学院经济系，1954年毕业于中国人民大学夜大学。从1950年10月一直在中国人民大学工作，历任讲师、副教授、教授。

阎达五教授早在20世纪50年代，因为苏联经验与中国实际相结合，率先编写第一本中国化会计教材而闻名于中国会计界，80年代作为“管理活动论”会计学派创始人之一，对发展中国的会计理论与实务作出了重要贡献。作为会计管理活动论学派的奠基人之一，1980年在中国会计学会成立大会上与杨纪琬教授合作发表了题为“开展我国会计理论研究的几点意见——兼论会计学的科学属性”的学术论文，首次提出了“会计管理”概念，视会计为一种管理活动；并于1985年和1987年分别出版了《会计理论专题》和《责任会计的理论和实践》两本专著，标志着会计管理理论初步形成。

阎达五教授对学术界的另一贡献是关于会计准则的研究。1985年，在《经济效果专题》一书中比较系统地介绍了西方会计准则，同时提出中国的会计准则既存在概括性会计准则，也存在具体会计准则，这一观点已被我国进行的会计改革所证实。后来阎达五教授相继发表了一系列关于制定中国会计准则的文章，如《制定我国会计原则若干问题的研究》等。

经济越发展，会计越重要。

第四章　账户与复式记账

☞【学习目标】

本章重点介绍会计核算的两种基本方法——设置账户、复式记账。初学者应了解会计核算上所采用的两种核心方法。通过学习应掌握本课程所涉及的会计科目的目录；掌握会计科目的分类；了解有关账户的知识，熟悉账户的基本含义及其结构；熟悉借贷记账法的基本内容，掌握和运用借贷记账法；了解总分类账户和明细分类账户的设置方式；理解总分类账户和明细分类账户之间平行登记的基本方法；掌握平行登记的方法；熟练编制会计分录。

☞【中英文关键词】

会计科目：title of account　　账户：account

会计科目表：chart of accounts　　“T”字形账户：T-account

复式记账：double-entry　　试算平衡：trial balancing

借方：debtor（Dr）　　贷方：creditor（Cr）

借贷记账法：debit-credit bookkeeping　　会计分录：accounting entry

期初余额：beginning balance　　期末余额：closing balance

总分类账户：general ledger account　　明细分类账户：subsidiary account

☞【引导案例】

试算平衡表不是万能的

小民从某财经大学会计系毕业，刚刚被聘任为银海企业的会计员。今天是他来上班的第一天。会计科里同事们忙得不可开交，一问才知道，大家正在忙于月末结账。“我能做些什么？”会计科长看他那急于投入工作的表情，也想检验一下他的工作能力，就问“试算平衡表的编制方法在学校学过了吧？”

“学过。”小民很自然地回答。

“那好吧，趁大家忙别的事情的时候，你先编一下这个月的试算平衡表。”科长帮他找到了本公司所有的总账账簿。不到一个小时，小民就将“总分类账户发生额及余额试算平衡表”完整地编制出来了。看到表格上那相互平衡的三组数字，小民兴冲冲地向科长交了差。

“呀，昨天车间领材料的单据还没记到账上去呢，这也是这个月的业务啊！”会计员小李说道。

还没等小民缓过神来，会计员小张手里又拿着一些会计凭证凑了过来，对科长说：“这笔账我核对过了，应当记入‘原材料’和‘生产成本’科目的是10 000元，而不是9 000元。已经入账的那部分数字还得改一下。”

问题：1. 试算平衡表已经平衡了，怎么还有错账？

2. 有哪些错误是不能通过试算平衡来发现的？

第一节 会计科目

一、设置会计科目的意义

在企业的生产经营过程中，会经常发生各种各样的交易或事项，这些业务的发生必然会引起各项会计要素发生增减变化，而这些变化或者涉及会计要素之间发生变化，或涉及会计要素各内部项目发生变化。这些变化是如何进行的，就需要会计来记录，提供变化过程和结果的信息。但是，如果只按六大会计要素作为会计数据的归类标准，就过于笼统、概括，不能完整提供管理上所需资料。因此，还必须在会计要素的基础上进一步分类，即设置会计科目。

会计科目是指对会计对象的具体内容进行分类核算的项目。设置会计科目，就是根据会计对象的具体内容和经济管理的要求，事先规定分类核算的项目或标准的一种专门的方法。通过设置会计科目，可以对纷繁复杂、性质不同的交易或事项进行科学的分类，可以将复杂的经济信息变成有规律的、易识别的经济信息，并将其转换为会计信息准备条件。在设置会计科目时，需要将会计对象中具体内容相同的归为一类，设立一个会计科目，凡是具备这类信息特征的交易或事项，都应该在该科目下进行核算。从信息分类的角度来看，设置会计科目是将性质相同的信息给予约定的代码。例如，根据资产这一会计要素的特征以及经济管理的要求，可以设置“固定资产”、“无形资产”、“库存现金”、“银行存款”、“原材料”等会计科目，这样才能够对资产这一会计要素的具体内容进行核算。设置会计科目时，要为每一具体的类别规定一个科目名称，并且限定该科目名称下包括的内容。例如，企业的货币资金是一种资产，但是它的保管及收付方式不一样，因此可以将其划分成两个类别：银行存款和库存现金。相应地也就设置两个会计科目，其中“银行存款”科目核算企业在银行的存款的存入、支取及结存情况。而“库存现金”科目则核算企业的库存现金的收付与结存情况。可见，会计科目就是对会计要素的具体内容分类的标志，在每一个会计科目名称的项目下，都要有明确的含义、核算范围。通过设置会计科目，对会计要素的具体内容进行了科学的分类，可以为会计信息的使用者提供科学的、详细的分类指标体系。在会计核算的各种方法中，设置会计科目占有主要位置。它决定着账户的开设、报表结构的设计，是一种基本的会计核算方法。

二、会计科目的设置原则

会计科目作为分类信息的项目或标志，必须根据一定的原则来设定。分类是管理的一种形式，分类的正确与否决定着会计信息的科学性、系统性，从而决定管理的科学性。设置会计科目时，应该遵循以下原则。

1. 会计科目必须结合会计对象的特点

会计对象的特点反映了不同单位交易或事项的特点，应从全面核算其交易或事项的全过程及结果的目的来确定应该设置哪些会计科目。结合会计对象的特点包括不同的行业特点和企业的特点，其中行业特点是基础。例如，工业企业是制造产品的行业，因此工业企业的会计科目首先应该反映产品的生产过程，在此前提下再根据企业生产产品的特点及规模大小决定各个会计科目的具体设置，如设置“生产成本”、“制造费用”等会计科目。

2. 会计科目必须符合经济管理的要求

会计科目要符合经济管理的要求是指：

（1）符合国家宏观经济管理的要求，根据国家宏观经济管理要求来划分交易或事项的类别，设定分类的标识。

（2）符合企业自身经济管理的要求，为企业的经营预测、决策及管理提供会计信息设置分类的项目。

（3）符合包括投资者在内的有关各方面对企业生产经营情况的要求。例如，为了反映企业实有资本的情况，可以设置“实收资本”账户来反映企业实际收入资本金额数；为了反映企业的债务情况，可以设置“短期借款”和“长期借款”账户来反映企业的债务结构及债务款项。

3. 会计科目要将统一性与灵活性结合起来

由于企业的交易或事项千差万别，在分类核算会计要素的增减变动时，需要将统一性与灵活性相结合。所谓统一性，是在设置会计科目时，要根据《企业会计准则》及其应用指南的要求对一些主要会计科目的设置进行统一规定，包括计算标准、口径、核算内容等的统一。所谓灵活性，是在能够提供统一核算指标的前提下，各个单位根据自己的具体情况及投资者的要求，设置或者增补会计科目。贯彻统一性与灵活性相结合的原则设置会计科目，实际上就是保证会计信息的有用性。

4. 会计科目的名称要简单明确，字义相符，通俗易懂

会计科目作为分类核算的标识，必须简单明确，字义相符，这样才能避免误解和混乱。简单明确是指根据企业交易或事项的特点尽可能简洁明确地规定科目名称；字义相符是指按照中文习惯，能够望文生义，不致产生误解；通俗易懂是指要尽量避免使用晦涩难懂的文字，以便于大多数人正确理解。会计科目的名称除了要求简单明确、字义相符、通俗易懂外，还要尽量采用在经济生活中习惯性的名称，以避免不必要的误解。

5. 会计科目要保持相对稳定性

为了在不同时期分析比较会计核算指标和在一定范围内汇总核算指标，应保持会计科目相对稳定，不能经常变动会计科目的名称、内容、数量，使核算指标保持可比性。

三、会计科目的设置

设置会计科目是进行交易或事项处理的前提，是企业组织财务会计工作的重要内容之一。一般而言，企业会计部门应根据本企业交易或事项的经济性质划分会计要素，并在此基础上设置会计科目，以便为会计账户的设立提供依据。但在国外的会计准则中，一般没有会计科目设置方面的规范内容。这是由于准则的制定机构认为会计科目的设置属于企业自身的事情，应由企业根据其交易或事项的处理要求自行确定，而无须准则制定机构加以规范。在我国，考虑到国情与现实情况，也为了使不同企业提供的会计信息口径统一、相互可比，财政部颁发的《企业会计准则——应用指南》对各类企业的会计科目作出了统一规范要求，为企业进行会计科目设置提供了依据。一般企业应设置的主要会计科目如表4－1所示。

表4－1　　《企业会计准则——应用指南》统一规范的一般企业部分会计科目

编号	名称	编号	名称
一、资产类		2203	预收账款
1001	库存现金	2211	应付职工薪酬
1002	银行存款	2221	应交税费
1015	其他货币资金	2231	应付利息
1101	交易性金融资产	2232	应付股利
1121	应收票据	2241	其他应付款
1122	应收账款	2501	长期借款
1123	预付账款	2502	应付债券
1131	应收股利	2801	长期应付款
1132	应收利息		
1221	其他应收款	**三、所有者权益类**	
1131	坏账准备	4001	实收资本
1401	材料采购	4002	资本公积
1402	在途物资	4101	盈余公积
1403	原材料	4103	本年利润
1404	材料成本差异	4104	利润分配
1405	库存商品		
1471	存货跌价准备	**四、成本类**	
1511	长期股权投资	5001	生产成本
1512	长期股权投资减值准备	5101	制造费用
1601	固定资产	**五、损益类**	
1602	累计折旧	6001	主营业务收入
1603	固定资产减值准备	6051	其他业务收入
1604	在建工程	6111	投资收益
1605	工程物资	6301	营业外收入
1606	固定资产清理	6401	主营业务成本
1701	无形资产	6402	其他业务成本
1702	累计摊销	6403	营业税金及附加
1703	无形资产减值准备	6601	销售费用
1801	长期待摊费用	6602	管理费用
1901	待处理财产损溢	6603	财务费用
二、负债类		6701	资产减值损失
2001	短期借款	6711	营业外支出
2201	应付票据	6801	所得税费用
2202	应付账款	6901	以前年度损益调整

第二节　会 计 账 户

一、设置账户的意义

账户是根据规定的会计科目开设的，用来记录各会计科目所反映的交易或事项的内容的格式。设置会计科目，只解决了分类核算的项目或标准问题。要把发生的业务连续、系统地记录下来以取得有用的会计信息，还必须根据规定的会计科目开设一系列反映不同交易或事项的账户，用来对各项交易或事项进行分类记录。会计科目就是账户的名称。

会计科目与账户都是用来分门别类地反映会计对象的具体内容，即都要对交易或事项进行分类，都说明一定的交易或事项的内容。但会计科目只是账户的名称。它只能表明某项交易或事项；而账户除名称外，还具有一定的结构和格式，并记录交易或事项的增减变化及结果。

二、账户的基本结构

作为会计核算对象的会计要素，是随着交易或事项的发生在数量上进行增减变化，并相应产生变化结果。因此，用来分类记录交易或事项的账户必须确定结构：增加的数量记在哪里，减少的数量记在哪里，增减变动后的结果记在哪里。

采用不同的记账方法，账户的结构是不同的，即使采用同一种记账方法，不同性质的账户结构也是不同的。但是不管采用何种记账方法，也不论是任何性质的账户，其基本结果总是相同的。从企业来讲，各交易或事项的发生，引起会计要素变动不外乎是增加和减少两种情况。因此，账户的基本结构通常就划分为左、右两方，一方用来记录增加，另一方用来记录减少。每一方再根据实际需要分成若干栏次，用来分类登记交易或事项及其会计要素的增加与减少以及增减变动的结果（如表 4 –2 所示）。账户的格式设计一般包括以下内容：

表 4 –2　　　　**会计科目名称**

日期	凭证	摘要	增加（借方）	减少（贷方）	余额

（1）账户的名称，即会计科目。通过会计科目可以了解该账户记录的是哪一类交易或事项。

（2）日期，即登记账簿的时间。将账户的日期与实际发生的交易或事项的日期进行核对，可以分析会计处理是否及时。

（3）凭证号数，即账户记录的来源和依据。通过凭证号数可以查找相应的会计凭证。

（4）摘要，即简要说明交易或事项的内容。将摘要与账户中相关内容进行核对，可以分析会计处理的正确性。

（5）增加、减少的金额以及余额。这是账户中的主要内容，是将实际发生的交易或事项转换为会计语言的标志。通过金额可以再现过去的交易或事项。

账户的金额栏中记录的主要内容是：期初余额、本期增加额、本期减少额及期末余额。

本期增加额和减少额是指在一定的会计期间内（月、季或年），账户在增加和减少栏分别登记的增加额合计数和减少额合计数，又可以将其称为本期增加发生额和本期减少发生额。本期增加发生额和本期减少发生额相抵后的差额，就是本期的期末余额。如果将本期的期末余额转入下一期，就是下一期的期初余额。上述四项金额的关系可以用如下公式表示：

本期期末余额 = 本期期初余额 + 本期增加发生额 − 本期减少发生额

为了教学方便，在教科书中经常简化格式用丁字账来说明账户结构。这时，账户就省略了有关栏次。如图 4－1 所示。

账户名称（会计科目）

借方	贷方

图 4－1　账户基本结构的简化形式：丁字式账户

例：

库存现金

借方	贷方
期初余额	
增加额	减少额
本期增加发生额	本期减少发生额
期末余额	

三、账户的功能

账户的主要功能是提供一系列有用的信息数据，这些数据主要是以价值形式体现出来的（在会计实务中，有些账户还可以提供实物量方面的信息数据），包括期初余额、本期增加发生额合计、本期减少发生额合计和期末余额。账户的特点可以归纳为以下几个方面。

（1）账户左右两方按相反方向来记录增加额和减少额。也就是说，如果规定在左方记录增加额，就应该在右方记录减少额；反之，如果在右方记录增加额，就应该在左方记录减少额。在具体账户的左、右两方中究竟规定哪一方记录增加额，哪一方记录减少额，取决于各账户所记录的经济内容和所采用的记账方法。这一特点可以推广到“资产 = 负债 + 所有者权益”的等式上，此时资产与负债和所有者权益也应按相反方向记录。如果规定在左方记录资产，就应该在右方记录负债、所有者权益；反之亦然；推广到“收入－费用＝利润”的等式上，在等号的另一边，如果符号不同，应在相反方向记录。

（2）账户金额之间的“平衡”关系。也就是说，账户金额之间的关系应满足“本期期末余额＝本期期初余额＋本期增加发生额－本期减少发生额”。同样，这一特点可以推广到“资产＝负债＋所有者权益”的等式上，此时资产类账户的余额与负债、所有者权益类账户的余额应相等；推广到“收入－费用＝利润”的等式上，收入类账户的发生额与费用类账户的发生额差额应等于利润账户的当期发生额。

（3）账户的余额一般和记录的增加额在同一方，本期的期末余额为下期的期初余额。期末余额基本计算公式为：

期末余额＝期初余额＋本期增加发生额合计－本期减少发生额合计

四、会计账户的分类

每一个账户只能记录企业交易或事项的某一个方面，不可能对企业的全部交易或事项加以记录。而企业的交易或事项作为一个整体，是需要一个相互联系的账户体系加以反映的。账户的分类就是研究这个账户体系中各账户之间存在的共性，寻求其规律，探明每一账户在账户体系中的地位和作用，以便加深对账户的认识，更好地运用账户对企业的交易或事项进行反映。科学地进行账户的分类有助于科学地进行管理。按不同的标准对账户分类，可以从不同的角度认识账户，并把全部账户划分为各种类别。由于账户是根据会计科目开设的，因此，账户的分类同样适用于会计科目的分类。

（一）按会计要素分类

账户按会计要素分类，一般为资产类、负债类、所有者权益类、损益类和成本费用类五大类。其结构如下：

（1）反映资产的账户（见图4－2）。按照资产的流动性和经营管理核算的需要，又分为反映流动资产、非流动资产的账户。反映资产的流动性的账户，按照各项资产的流动性和在生产经营过程中所起的作用，又可分为：反映货币资金的账户，如“库存现金”、“银行存款”等；反映结算债权的账户，有“应收账款”、“其他应收款”等；反映存货的账户，有“原材料”、“库存商品”等。反映非流动资产的账户，有“固定资产”、“无形资产”等。

借方	资产类账户		贷方
期初余额：	×××		
本期增加发生额：	×××	本期减少发生额：	×××
	×××		×××
	×××		×××
发生额合计：	×××	发生额合计：	×××
期末余额：	×××		

图4－2 资产类账户

（2）反映负债的账户（见图4－3）。按照形成负债的原因划分，又分为反映由于生产经营活动形成的负债账户和反映由于经营成果形成的负债账户。反映由于生产经营活动形成的负债账户，有“应付账款”、“短期借款”等；反映由于经营成果形成的负债账户，有“应交税费”、“应付利润”等。

借方	负债类账户		贷方
		期初余额：	×××
本期减少发生额：	×××	本期增加发生额：	×××
	×××		×××
	×××		×××
发生额合计：	×××	发生额合计：	×××
		期末余额：	×××

图4－3　负债类账户

（3）反映所有者权益的账户（见图4－4）。按照权益的划分，又分为反映投入资本的账户、反映从利润中提取资金的账户和反映未分配利润的账户。反映投入资本的账户，有“实收资本”等；反映从利润中提取资金的账户，有“盈余公积”等；反映未分配利润的账户有“利润分配”、“本年利润”等。

借方	所有者权益类账户		贷方
		期初余额：	×××
本期减少发生额：	×××	本期增加发生额：	×××
	×××		×××
	×××		×××
发生额合计：	×××	发生额合计：	×××
		期末余额：	×××

图4－4　所有者权益类账户

（4）反映损益的账户（见图4－5）。按照收入与企业的生产经营活动是否有关，又分为营业性收入账户和非营业性收入账户以及营业性费用账户等。反映营业性收入的账户，有“主营业务收入”等；反映非营业性收入的账户，有“营业外收入”等。反映营业性费用的账户，有“主营业务成本”、“管理费用”等。

（5）反映成本费用的账户（见图4－6）。按照成本费用与企业的生产经营活动是否有关，又分为营业性成本费用账户和非营业性成本费用账户。反映营业性成本费用的账户按照生产经营过程中各个阶段所发生的成本费用，可以分为反映购进过程的成本费用账户、反映生产过程的成本费用账户和反映销售过程的成本费用账户。反映生产过程的成本费用账户，有“生产成本”、“制造费用”等；反映采购过程的成本费用账户，有“材料采购”等。

借方	收入类账户		贷方
本期减少发生额：	××× ××× ×××	本期增加发生额：	××× ××× ×××
发生额合计：	×××	发生额合计： 期末余额：	××× 0

图4－5　收入类账户

借方	费用、成本类账户		贷方
本期增加发生额：	××× ××× ×××	本期减少发生额：	××× ××× ×××
发生额合计： 期末余额：	××× 0	发生额合计：	×××

图4－6　费用、成本类账户

账户按会计要素的分类，主要在于理解和掌握如何设置账户以及提供核算指标的规律性，以便正确地运用账户，为经济管理提供一套完整的会计核算指标体系。

（二）按提供指标详细程度分类

在企业经营管理中作出正确的分析和判断，就需要既掌握企业有关方面的总括资料。如通过“原材料”账户核算，提供有关材料增减变动及结存情况的总括资料；通过“应收账款”账户核算，提供企业全部应收款项的形成、收回及结果的总括资料。同时，会计核算资料又需要掌握各种详细、具体的资料及一些详细的指标。如通过对材料的核算，提供某一类材料、某一种材料的增减变动及结存情况；通过对应收账款的核算，提供具体应收账款的单位或个人及应收金额的信息。同时，上述各类账户还可进一步细分，形成不同层次的账户，提供各类交易或事项的详细资料。所以，对于会计核算来讲，为满足各方面的管理要求，就应同时设置总分类账户和明细分类账户。

1. 总分类科目与明细分类科目

总分类科目亦称为一级科目，它是对会计要素的具体内容进行总括分类的账户名称，是进行总分类核算的依据，所提供的是总括指标。明细分类科目是对总分类科目所含内容再作详细分类的会计科目。它所提供的是更加详细、具体的指标。例如，在“应付账款”总分类科目下再按具体单位分设明细科目，具体反映应付哪个单位的货款。当总分类科目下设置的明细科目太多时，可在总分类科目与明细科目之间增设二级科目（也称子目）。二级科目所提供指标的详细程度介于总分类科目和明细分类科目之间。例如，在“原材料”总分类科目下，可按材料的类别设置二级科目：“原料及主要材料”、“辅助材料”、“燃料”等。

如上所述，会计科目按提供指标详细程度，一般地讲分为三级，一级科目（总分类科目）、二级科目（子目）、三级科目（明细科目，也称细目）。总分类科目统辖下属若干个明细分类科目。

2. 总分类核算与明细分类核算

在实际工作中，为满足会计信息使用者的不同要求，各会计主体应分别按总分类科目开设总分类账户，按明细分类科目开设明细分类账户。总分类账户是按照会计科目分别开设的，提供某一具体内容的总括核算指标，且一般只用货币计量。如："固定资产"、"原材料"、"库存现金"等账户。为了保证会计核算指标口径规范一致并具有可比性，保证会计核算资料能在一个部门、一个行业、一个地区乃至全国范围内综合汇总、分析，以及为了便于企业编制会计凭证、汇总资料和编制会计报告，总分类账户的名称、核算内容及使用方法通常是统一制定的。每一个企业都要根据本企业业务的特点和统一制定的账户名称，设置若干个总分类账户。

明细分类账户是对企业某一交易或事项进行明细核算的账户，它能够提供某一具体交易或事项的明细核算指标，因而除用货币量度外，有的还用实物量度（如吨、千克、件、台等）。在实际工作中，除少数总分类账户，如"累计折旧"、"本年利润"不必设置明细账户外，大多数总分类中都需要设置明细分类账账户，如在"原材料"总分类账户下，按照材料的类别、品种或规格设置明细分类账户；在"应收账款"总分类账户下，按照购买单位的名称设置明细分类账户。明细分类账户是根据某个总分类账户核算的内容，按照更加详细分类来设置的，提供某一具体交易或事项的明细核算指标。在设置明细分类账户时，应根据各个总分类账户核算的经济内容，按不同的标准设置。

对交易或事项通过总分类账户进行的核算，称为总分类核算；通过有关明细分类账户进行的核算，称为明细分类核算。

第三节　复式记账原理

一、复式记账

复式记账是相对于单式记账而言，并且从单式记账发展而来。所谓复式记账，就是对于发生的每一笔交易或事项，都以相等的金额在两个或两个以上相互联系的账户中进行登记，以反映会计要素的增减变化的记账方法。

单式记账只在一个账户中记录某一笔交易或事项，一般只记录现金的收付和往来账项。例如，用现金支付某费用 100 元，单式记账只登记现金减少 100 元，至于费用的发生则不予反映；又如，购买材料而货款未付，只登记债务的增加，不登记材料的增加。单式记账有时也记实物账，但仍是各记各的，账户之间的记录没有直接联系，账户记录也没有相互平衡的概念。由此可见，单式记账是一种比较简单的、不完整的记账方法。

同样是用现金支付某费用 100 元，采用复式记账一方面在现金账户登记减少 100 元，另一方面又在某费用账户登记增加 100 元。对于购买材料货款未付的业务，则在登记应付账款增加的同时登记材料的增加。同单式记账相比，复式记账有两个主要的优点和特点：

（1）因为复式记账对发生的交易或事项，都要按规定的会计科目，同时在两个或两个以上有相互联系的账户中进行分类记录，因此能完整地反映企业资金的来龙去脉。

（2）采用复式记账，可以使资产总额和权益总额始终保持平衡，因此采用这种方法可以对记录的结果进行试算平衡，从而检查记录的正确性。

复式记账法具有单式记账法所无可比拟的优势，因而它也是世界各国公认的一种科学的记账方法。目前，我国的企业和行政、事业单位采用的记账方法都是复式记账法。

二、复式借贷记账法

借贷记账法大约起源于13、14世纪的资本主义萌芽的意大利。当时，它主要是从借贷资本家（即经营银钱业）的角度来解释的。当时借贷资本家的业务是吸收存款，付出放款。因此，在吸收存款时，称为“贷”，记入贷主名下，表示欠人（债务）；付出放款时，称为“借”，记入借主名下，表示人欠（债权）。所以，当时的借贷二字分别表示债权、债务的变化。

以后，随着商品货币经济的发展和经济活动的复杂，原来所记录的存、放款业务，已经不能满足经济活动的需要，借贷资本家不仅要记录存、放款业务，而且还要记录它所经营的商品、现金、经营损益和经营资本等的变化。这些非银钱业务，也需要借、贷二字来记录，以保持账簿记录的统一。这样，借、贷二字逐渐失去它原来的含义，而转化为纯粹的记账符号，用来记录会计要素增减变动情况，成为会计上的专门术语和国际商业语言。

复式记账法从其发展历史看，曾经有“借贷记账法”、“增减记账法”、“收付记账法”等。过去，我国常用的复式记账法有这三种。1992年财政部发布的《企业会计准则》中，统一了企业会计记账方法，规定所有企业单位一律采用借贷记账法，从1998年1月1日起行政事业单位也采用了借贷记账法。一方面，借贷记账法经过多年的实践已被全世界的会计工作者普遍接受，是一种比较成熟、完善的记账方法；另一方面，从会计实务角度看，统一记账方法会对企业、单位之间横向经济联系和对加强国际交往等都带来极大的方便，并且对会计核算工作的规范和更好地发挥会计的作用具有重要意义。在我国统一记账方法，也符合了国际会计惯例。

第四节　借贷记账法

借贷记账法是以“借”和“贷”作为记账符号的一种复式记账方法。到15世纪，借贷记账法已逐渐完备，被用来反映资本的存在形态和所有者权益的增减变化。与此同时，西方国家的会计学者提出了借贷记账法的理论依据，即所谓“资产 = 负债 + 所有者权益”的平衡公式（亦称会计方程式），并根据这个理论确立了借贷的记账规则，从而使借贷记账法日臻完善，为世界各国所普遍采用。

一、借贷记账法的记账符号

记账符号是会计核算中采用的一种抽象标记，表示交易或事项的增减变动和记账方向。如前所述，借贷记账法以“借”和“贷”作为记账符号，“借”（英文简写为Dr），表示记入账户的借方；“贷”（英文简写为 Cr），表示记入账户的贷方。

在借贷记账法下，“借”、“贷”两个符号对会计等式两边的会计要素规定了相反的含义，即抽象地看，无论是“借”还是“贷”都既表示增加，又表示减少。具体地看，“借”对会计等式左边的账户，即资产、费用类账户表示增加，对会计等式右边的账户，即负债、所有者权益、收入和利润类账户则表示减少；“贷”对会计的左边的资产、费用类账户表示减少，对会计等式右边的负债、所有者权益、收入和利润类账户则表示增加。

二、借贷记账法的账户结构

在借贷记账下，任何账户的基本结构都分为借方和贷方两个部分，通常规定左方为“借方”，右方为“贷方”；并且规定，所有账户的借方和贷方都要按相反的方向记录，即如果一个账户借方登记增加额，则贷方登记减少额；反之，贷方登记减少额，借方登记增加额。至于哪一方登记增加，哪一方登记减少，则取于账户所反映的经济内容或账户的性质。

另外，在一定时期内，企业还要将账户所登记的数额进行汇总，结出本期发生额。在借贷记账法下，账户的本期发生额是指：在一定时期内记入某个账户借方或贷方的数额合计。本期发生额是反映各资产、或负债、或所有者权益在一定时期内增减变动的情况（即动态）。

从账户的结构来讲，可以根据每个账户的期初余额、本期借方发生额和本期贷方发生额，计算出账户的期末余额。期末余额主要是反映各项资产、负债和所有者权益在一定时期内增减变动的结果。

为了保证记账的科学性和简明性，按惯例，对借贷记账下的账户结构作了如下的规定：

1. 资产类账户的结构

借方记录资产的增加，贷方记录资产的减少，余额一般在借方，表示期末资产的结余数。期末余额计算公式为：

资产类账户期末借方余额 = 期初借方余额 + 本期借方发生额 − 本期贷方发生额

资产类账户的简化结构见图 4 − 2。

2. 负债及所有者权益类账户的结构

由会计等式所决定，负债及所有者权益类账户的结构，与资产类账户结构相反，贷方记录负债及所有者权益的增加，借方记负债及所有者权益的减少，余额一般在贷方。期末余额计算公式为：

负债及所有者权益类账户期末贷方余额 = 期初贷方余额 + 本期贷方发生额 − 本期借方发生额

负债及所有者权益类账户的简化结构见图 4 − 3、图 4 − 4。

3. 收入类账户的结构

企业通过销售一方面要售出产品，另一方面就会获取收入，最终形成企业的利润。这些收入、利润按规定除一部分退出企业外，大部分要重新进入企业，留在企业中形成负债或所有者权益。因此，收入和利润实质上是企业内部处于转化或形成过程中的负债和所有者权益。所以，收入类账户的结构与负债、所有者权益类账户的结构相同。即贷方登记增加数，借方登记减少（转销）数，贷方登记的收入增加额一般要通过借方转出，所以这类账户通常没有期末余额。收入类账户的简化结构见图4－5。

4. 费用类账户的结构

企业在生产经营中所发生的各种耗费，大多由资产转化而来，所以费用在抵消收入之前，可将其视为一种特殊资产，因此费用类账户的结果与资产类账户基本相同，账户的借方登记费用的增加额，贷方登记费用的减少（转销）额；由于借方登记的费用增加额一般都通过贷方转出，所以该类账户通常没有期末余额。费用类账户的简化结构见图4－6。

5. 利润类账户的结构

利润类账户的结构也与负债及所有者权益类账户的大致相同，账户的贷方登记利润的增加额，借方登记利润的减少额，期末如有余额则余额在贷方。利润类账户的简化结构，如图4－7所示。

借方　　　　利润类账户　　　　贷方

		期初余额	×××
减少额	×××	增加额	×××
本期发生额	×××	本期发生额	×××
		期末余额	×××

图4－7　利润类账户结构

根据上述内容，可将借贷记账法各类账户的结果，归纳如表4－3所示。

表4－3　　借贷记账法下各类账户结构

账户类别	借方	贷方	余额方向
资产类	增加	减少	借方
负债类	减少	增加	贷方
所有者权益类	减少	增加	贷方
收入类	减少（转销）	增加	无余额
费用类	增加	减少（转销）	无余额
利润类	减少	增加	一般在贷方

由此可见，借贷记账法下各类账户的期末余额都在记录增加额的一方，即资产类账户的期末余额在借方，负债及所有者权益类账户的期末余额在贷方。基于此，我们可以得出一个结论：根据账户余额所在的方向，也可判断账户的性质，即账户若是借方余额，则为资产（包括有余额的费用）类账户；账户若是贷方余额，则为负债或所有者权益（利润）类账户。借贷记账法的这一特点，也决定了它可以设置双重性质账户。

所谓双重性质账户，是指既可以用来核算资产、费用，又可以用来核算负债、所有者权益和收入的账户，如“其他往来”、“待处理财产损溢”、“投资收益”等。由于任何一个双重性质账户都是把原来的两个有关账户合并在一起，并具有合并前两个账户的功能，所以设置双重性质账户，有利于简化会计核算手续。

三、借贷记账法的记账规则

按照复式记账的原理，任何交易或事项都要以相等的金额，在两个或两个以上相互联系的账户中进行记录。那么，在借贷记账法下，如何记录交易或事项呢？现以某企业10月份的交易或事项为例，说明借贷记账法的具体运用。

【例4－1】 用银行存款10 000元购买材料。（不考虑税费，下同）

该业务涉及“银行存款”和“原材料”两个资产类账户，“原材料”账户增加10 000元，“银行存款”账户减少10 000元。根据资产类账户的增加记借方，减少记贷方，该业务应记入“材料”账户的借方10 000元和“银行存款”账户的贷方10 000元。该笔业务登账结果如下：

借	银行存款		贷
期初余额	610 000		
		（1）	10 000

借	原材料		贷
期初余额	5 600		
（1）	10 000		

【例4－2】 向银行借款20 000元直接偿还前欠AB公司的货款。

该业务涉及“短期借款”和“应付账款”两个权益类账户，“短期借款”账户增加20 000元，“应付账款”账户减少20 000元。根据权益类账户的增加记贷方，减少记借方，应记入“应付账款”账户的借方20 000元和“短期借款”账户的贷方20 000元。该笔业务登账结果如下：

借	短期借款		贷
		期初余额	40 000
		（2）	20 000

借	应付账款		贷
		期初余额	2 600
（2）	20 000		

【例4－3】 向AB公司购买材料3 000元，料入库，款暂欠。

该业务涉及资产类“原材料”账户和权益类“应付账款”账户，“原材料”账户增加3 000元，“应付账款”账户也增加3 000元。根据资产类账户的增加记借方，权益类账户的增加记贷方，该业务应记入“材料”账户的借方3 000元和“应付账款”账户的贷方3 000元。该笔业务登账结果如下：

借	原材料		贷
期初余额	5 600		
（3）	3 000		

借	应付账款		贷
		期初余额	2 600
		（3）	3 000

【例 4－4】 用银行存款 40 000 元偿还银行短期借款。

该业务涉及资产类“银行存款”账户和权益类“短期借款”账户，“短期借款”账户减少 40 000 元，“银行存款”账户也减少 40 000 元。根据资产类账户减少记贷方，权益类账户减少记借方，该业务应记入“短期借款”账户的借方 40 000 元和“银行存款”账户的贷方 40 000 元。该笔业务登账结果如下：

借 银行存款	贷
期初余额 610 000	
	（4） 40 000

借 短期借款	贷
	期初余额 40 000
（4）40 000	

从以上所举的几个例子可以看出：采用借贷记账法，每一交易或事项发生，运用借贷记账法进行账务处理，不论是涉及何类账户，还是涉及几个以上的账户，都必须同时记入一个账户的借方和另一个账户的贷方，或者同时记入一个账户的借方和几个账户的贷方，或者同时记入几个账户的借方和一个账户的贷方（即：一借一贷、一借多贷、多贷一借），而且记入账户借方的金额和记入账户贷方的金额必须相等。因此，我们可以总结出借贷记账法的记账规则是：有借必有贷，借贷必相等。

四、账户对应关系和会计分录

根据借贷记账法的记账规则在账户中登记每一笔交易或事项后，在有关账户之间形成的应借应贷的相互关系，叫做账户的对应关系。存在着对应关系的账户，叫做对应账户。由于账户对应关系反映了每项交易或事项的内容，以及由此而引起的资金运动的来龙去脉，因此在采用借贷记账法登记某项交易或事项时，应先通过编制会计分录来确定其所涉及的账户及其对应关系，从而保证账户记录的正确性。所谓会计分录（简称分录）就是标明某项交易或事项应借应贷账户名称及其金额的一种记录。包括账户名称、记账方向及记账金额三要素。会计分录是会计语言的表达方式。

编制会计分录是会计工作的初始阶段，在实际工作中，这项工作一般是通过编制记账凭证或登记日记账来完成的。编制会计分录，就意味着对交易或事项做会计确认，为交易或事项的数据记入账户提供依据，所以为了确保账户记录的真实性，必须严格把好会计分录这一关。

【例 4－1】～【例 4－4】四笔交易或事项应编制的会计分录如下：

（1）借：原材料　　10 000
　　　贷：银行存款　　10 000

（2）借：应付账款　　20 000
　　　贷：短期借款　　20 000

（3）借：原材料　　3 000
　　　贷：应付账款　　3 000

（4）借：短期借款　　40 000

贷：银行存款　40 000

上述（1）~（4）笔会计分录，是一借一贷的分录，称为简单分录。如果是一借多贷或多借一贷的会计分录，则称为复合分录，复合分录可以分解成为几个简单分录。例如：

【例 4-5】 银海企业购进原材料 30 000 元，其中 20 000 元货款已用银行存款付讫，其余 10 000 元货款尚未支付。

这项交易或事项一方面使企业资产原材料增加，应记入“原材料”账户的借方；另一方面使企业的资产银行存款减少，以及企业的负债应付账款增加，应记入“银行存款”和“应付账款”账户的贷方。编制其会计分录为：

借：原材料　30 000
　贷：银行存款　20 000
　　应付账款　10 000

【例 4-6】 银海企业以银行存款 60 000 元，偿还银行短期借款 40 000 元和前欠某单位货款 20 000 元。

这项交易或事项一方面使企业资产银行存款减少，应记入“银行存款”账户的贷方；另一方面使企业的负债短期借款以及企业的负债应付账款减少，应记入“短期借款”和“应付账款”账户的借方。编制其会计分录为：

借：短期借款　40 000
　应付账款　20 000
　贷：银行存款　60 000

应该指出，为了使账户对应关系一目了然，在借贷记账法下，只应编制一借一贷、一借多贷和一贷多借的会计分录，而一般不编制多借多贷的会计分录。这是因为，多借多贷的会计分录容易使账户之间的对应关系模糊不清，难以据此分析交易或事项的实际情况。因而，在实际工作中，为了使账户的对应关系明确，一般不将几项交易或事项合并编制多借多贷的会计分录。编制会计分录还应注意以下事项：

1. 会计分录的编制步骤

（1）分析发生的交易或事项所涉及的账户及其性质。

（2）分析业务的内容，确定所涉及会计要素数量变化的方向及金额。

（3）确定业务应记入相应账户的方向。

（4）确定应记入账户的金额。

2. 会计分录的格式

借贷记账法作为一种国际会计语言，很大程度体现在分录的书写格式上，即使去掉记账符号仍能明确账户的对应关系。

（1）上借下贷。

（2）上下错开一个或两个字。

五、借贷记账法的试算平衡

所谓试算平衡，就是根据“资金来龙 = 资金去脉”和“资产 = 权益”的平衡关系，利用记账规则在账户中记录交易或事项所必然出现的借贷平衡，通过计算其是否平衡来检查账户记录是否正确、完整的一种验证方法。包括：

（1）发生额的平衡。每一笔交易或事项按照借贷记账法的记账规则记账时，借贷两方的金额是相等的。当一定会计期间的全部业务记入相关账户后，所有账户的借方发生额和贷方发生额的合计数也必然相等。因此有公式：

全部账户借方发生额合计 = 全部账户贷方发生额合计

（2）余额的平衡。资产类账户都表现为借方余额，所有的借方余额合计即为资产总额；权益类账户都表现为贷方余额，所有的贷方余额合计即为权益总额。当“资产 = 权益”时，就有余额的试算平衡公式：

全部账户借方余额合计 = 全部账户贷方余额合计

（3）试算平衡表的编制。通常在每一会计期间结束时，在已结出各个账户本期发生额和期末余额的基础上，通过编制“本期发生额及余额试算平衡表”（见表4－4）来完成试算平衡工作。

表4－4　　本期发生额及余额试算平衡表

会计科目	期初余额		本期贷方发生额		期末余额	
	借方	贷方	借方	贷方	借方	贷方
现金	1 000				1 000	
银行存款	90 000		60 000	130 000	20 000	
应收账款	70 000			60 000	10 000	
材料	50 000		80 000		130 000	
固定资产	200 000				200 000	
短期借款		60 000	70 000	20 000		10 000
应付账款		58 000	50 000	20 000		28 000
其他应付款		12 000				12 000
实收资本		220 000		30 000		250 000
资本公积		61 000				61 000
合计	411 000	411 000	260 000	260 000	361 000	361 000

第五节　总分类账户和明细分类账户

一、总分类账户和明细分类账户的设置

在会计核算工作中，为了适应经济管理上的需要，对于一切交易或事项都要在有关账户中进行登记，既要提供总括的核算资料，又要提供详细的核算资料。各会计主体日常使用的账户，按其提供资料的详细程度不同，可以分为总分类账户和明细分类账户两种。

总分类账户（亦称一级账户），是按照总分类科目设置，仅以货币计量单位进行登记，用来提供总括核算指标资料的账户。前面例子中的账户，都是总分类账户。通过总分类账户提供的各种总括核算资料，可以概括地了解一个会计主体各项资产、负债及所有者

权益等会计要素增减变动的情况和结果。但是，总分类账户并不能提供关于各项要素增减变动过程及其结果的详细资料，也就难以满足经济管理上的具体需要。因此，各会计主体在设置总分类账户的同时，还应根据实际需要，在某些总分类账户的统驭下，分别设置若干明细分类账户。

明细分类账户，是按照明细分类科目设置，用来提供详细核算资料的账户。例如：原材料、库存商品，一般可按每一种实物品名、规格来设立；各种结算账户，按单位或个人设立。

除了总分类账户和明细分类账户以外，各会计主体还可以根据实际需要增设二级账户。二级账户是介于总分类账户和明细分类账户之间的账户。它提供的资料比总分类账户更详细、具体，但比明细分类账户概括、综合。例如企业的材料类别、品种较多，为便于控制，可在“原材料”总分类账户下，按材料的类别设置“原材料及主要材料”、“燃料”、“辅助材料”等二级账户，在二级账户下再按材料的品种设置“圆钢”、“碳钢”、“角钢”等明细分类账户。

设置二级账户后，总分类账户可以把它作为中间环节来控制所属明细分类账户，这对于加强经营管理有一定的作用，但企业明细账设置过多，又会加大企业核算工作量。因此，二级账户一般不宜多设，必要时也可不设。在不设置二级账户的情况下，所需数据可根据有关明细分类账户的记录汇总求得。即，企业究竟哪些总分类账户应设置明细分类账户，哪些不设明细分类账，主要取决于经营管理要求，同时，也是考虑简化核算手续的需要。

二、总分类账户与明细分类账户的平行登记

账户按提供指标详细程度的分类，有利于把握不同层次账户提供指标的规律性，以便于准确地运用各级账户，提供全方位的核算指标，满足经营管理的不同需要。在会计核算中，总分类账户和明细分类账户记录的是同一交易或事项的内容，它们之间的关系是整体与局部的关系。总分类账户提供综合概括的资料，一律用货币计量单位进行核算；明细分类账户提供详细具体的资料，除采用货币计量单位外，还采用实物计量单位进行核算。总分类账户对其所属明细分类账户起着控制和统驭的作用；明细分类账户从属于总分类账户，对总分类账户起着详细说明和补充作用。根据总分类账户与所属明细分类账户之间的上述关系，决定了它们在处理交易或事项时，必须采取平行登记法来进行。

（1）同依据（内容）登记。对发生的每一项交易或事项，应根据同一记账凭证，一方面记入有关的总分类账户，另一方面要记入同期总分类账户所属的有关明细分类账户。

（2）同方向登记。每一笔交易或事项在记入总分类账户和所属的明细分类账户时其方向必须保持一致。

（3）同金额登记。记入其一总分类账户的金额，应与记入它所属明细分类账户的金额之和应相等。

采用平行登记法处理交易或事项后，其平行登记的结果，必然使总分类账户与所属明细分类账户之间形成相等的数量关系，其公式如下：

总分类账户本期发生额＝该总分类账所属明细分类账户本期发生额之和

总分类账户期末余额＝该总分类账户所属明细分类账户期末余额之和

利用上述相等的数量关系，可以检查核对总分类账户和明细分类账户记录的完整性和

正确性。

【例4－7】 银海企业20××年8月初“原材料”总分类账户余额为56 000元，其所属明细分类账户子、丑材料月初余额分别为30 000元和26 000元。账户记录见表4－5总分类账户、表4－6原材料明细分类账户、表4－7原材料明细分类账户。

（1）8月5日，购入子材料2 000千克，单价11元；购入丑材料1 000千克，单价25元。货款与增值税额均以银行存款支付，材料如数运到并验收入库。

（2）8月8日，产品生产领用子材料3 800千克，每千克单位成本10.40元；领用丑材料1 600千克，每千克单位成本25.50元。

根据上述会计分录，对“原材料”总分类账户及所属“子材料”、“丑材料”明细分类账户进行平行登记，其账户记录如表4－5、表4－6、表4－7所示。

表4－5　　总分类账户

会计科目：原材料

20××年		摘要	借方	贷方	借或贷	余额
月	日					
8	1	月初余额			借	56 000
	5	购进	47 000		借	103 000
	8	生产领用		80 320	借	22 680
	31	本月合计	47 000	80 320	借	22 680

表4－6　　原材料明细分类账户

名称：子材料　　计量单位：千克

编号：101　　储存地点：1号库

20××年		摘要	收入			发出			结存		
月	日		数量	单价	金额	数量	单价	金额	数量	单价	金额
8	1	月初余额							3 000	10	30 000
	5	购进	2 000	11	22 000				5 000	10.40	52 000
	8	生产领用				3 800	10.40	39 520	1 200	10.40	12 480
	31	本月合计	2 000	11	22 000	3 800	10.40	39 520	1 200	10.40	12 480

表4－7　　原材料明细分类账户

名称：丑材料　　计量单位：千克

编号：102　　储存地点：2号库

20××年		摘要	收入			发出			结存		
月	日		数量	单价	金额	数量	单价	金额	数量	单价	金额
8	1	月初余额							1 000	26	26 000
	5	购进	1 000	25	25 000				2 000	25.50	51 000
	8	生产领用				1 600	25.50	40 800	400	25.50	10 200
	31	本月合计	1 000	25	25 000	1 600	25.50	40 800	400	25.50	10 200

由“原材料”账户与“子材料”、“丑材料”明细分类账户平行登记的结果，我们发现有如下关系式：

	“原材料”		“子材料”		“丑材料”
期初余额	56 000	=	30 000	+	26 000
本期购进	47 000	=	22 000	+	25 000
本期发出	80 320	=	39 520	+	40 800
期末结存	22 680	=	12 480	+	10 200

通过上述平衡关系的试算，可以检查总分类账户与明细分类账户平行登记的正确性和完整性。

【本章小结】

本章重点介绍了账户设置和复式记账两种会计核算方法。会计账户与会计科目有着密切联系。会计科目是对会计要素进行分类形成的具体项目。设置会计科目并在此基础上设置会计账户是会计核算的一种专门方法。设置会计科目应遵循相关原则；按会计科目提供会计指标信息的详细程度，可分为总分类科目，也称一级会计科目或总账科目和明细分类科目；会计账户是根据会计科目设置的，具有一定格式；会计账户的基本结构可分为左右两方的T形账户形式。利用账户可以获取一系列的指标信息，其基本的计算公式为：期末余额=期初余额+本期增加发生额-本期减少发生额；对会计要素的增减变化需要采用一定的记账方法在有关的账户中进行登记。复式记账就是指对任何一项交易或事项都必须用相等的金额在两个或两个以上的账户中相互联系地进行登记，借以反映会计对象具体内容增减变化的记账方法；借贷记账法是以“借”和“贷”作为记账符号，记录交易或事项的发生和完成情况的一种复式记账方法。会计分录分为是简单会计分录和复合（复杂）会计分录，复合会计分录可以分解为简单会计分录；试算平衡是指根据会计等式的平衡原理，按照记账规则的要求，通过汇总计算和比较，检查账户记录的正确性、完整性而采用的一种技术方法。借贷记账法的试算平衡有发生额平衡法和余额平衡法两种。在会计核算过程中，对于发生的交易或事项不仅要按照复式记账的要求登记在两个或两个以上的总分类账户中，凡是在总分类账户下设有明细分类账户的，还要记入各总分类账户所属的明细分类账户。这种做法叫做平行登记。

【思考与分析】

账户与会计科目的关系如何？账户结构是否与不同的记账方法有关系？对于同一账户来说，期末余额是不是永远固定在一方？每个账户是不是都反映一种具体的交易或事项？

文章阅读

官厅会计与民间会计

官厅会计与民间会计同是构成一个国家或地区全部会计内容的重要组成部分。

1. 官厅会计

官厅会计是古代奴隶制与封建制的国家由中央政权和各级地方政权组织进行的以国家的财产物资和经济活动为对象的会计工作。官厅会计适应着国家的出现而产生，伴随着国家财政经济的发展而完善，经历了漫长的历史时期，不断发展，逐步形成独立完整的官厅会计体系。

20 世纪 20 ~ 30 年代，伴随着中国引进和推广西方会计的进程，根据“Govermental Accounting”或“Municipal Accounting”汉译称谓，改以“政府会计”取代了“官厅会计”的传统用法。政府会计是世界上资本主义国家和 20 世纪初期由中央政权和各级地方政权组织进行的以国家的财产物资和经济活动为对象的会计工作。

政府会计依据政府不同机关经管对象和执行业务的差异，可划分为不同的类别，如职司岁入业务的政府机关的会计，即税收会计；职司岁出业务的政府机关的会计，即经费会计；职司现金收支业务的政府机关的会计，即收支会计；职司会计主管机关的会计，即综合会计。广义的政府会计还包括适用于非营利性质的公益事业单位会计和社会团体会计。

中华人民共和国成立后，“政府会计”的称谓已成为历史范畴，其意义由现代“预算会计”的概念所取代。预算会计是社会主义国家中央和各级地方政府以及事业行政单位的会计。

2. 民间会计

民间会计是历史上由民间手工业、商业、金融业及其他行业组织进行的以该行业的财产物资和经济活动为对象的会计工作。民间会计适应着家庭、私有制的出现和民间工商经济的发展而产生，伴随着民间工商经济的发展而完善，经历了漫长的历史时期，不断发展，逐步形成独立完整的民间会计体系。民间会计范围广泛，主要形式有由私人或合伙开设经营的手工作坊、商肆、钱庄、票号、当铺和庄园、寺院、教堂以及其他非官方设置机构所适用的会计，从而形成对象和方法不一的如汇兑会计、票号会计、钱庄会计、典当会计、庄园会计、寺院会计等专业或行业性会计。其中，汇兑会计是以经营汇兑业务为主的金融机构组织进行的会计工作；票号会计是主要经营汇兑业务的金融机构组织的会计工作；钱庄会计是主要经营存款、放款和汇兑业务的金融机构组织进行的会计工作；典当会计是主要经营收取衣物等动产为抵押物、发放高利贷业务的当铺机构组织进行的会计工作；庄园会计是奴隶主、封建地主所有的庄园组织进行的会计工作；寺院会计是由社会宗教团体所设庙宇或修道院组织进行的会计工作。

什么是不简单？能够把简单的事千百遍都做对，就是不简单；什么是不容易？把大家公认的非常容易的事情认真地做好，就是不容易。

第五章　一般企业主要经营过程核算

☞【学习目标】

本章在前述几章内容的基础上，运用会计基本理论和会计方法知识，对一般企业主要交易或事项的账务处理方法进行探讨学习，以进一步加深对所学会计理论和会计方法的理解。通过本章的学习，要求了解一般企业主要交易或事项的内容；掌握借贷记账法的应用，包括资金筹集业务、生产准备业务、产品生产业务、产品销售业务、财务成果形成与分配业务的核算；掌握材料采购成本的计算和生产成本的计算；熟悉供应过程、生产过程、销售过程、财务成果形成和其他业务的内容。

☞【中英文关键词】

短期借款：short-term borrowing

长期借款：long-term borrowing

固定资产：fixed assets

生产成本：production cost

所得税：income tax

材料采购：material purchase

原材料：raw material

在途物资：materials in transit

制造费用：manufacturing expenses

应付账款：accounts payable

应付票据：notes payable

应交税费：tax payable

销售成本：cost of selling goods

应付职工薪酬：payroll payable

管理费用：administrative expenses

销售费用：selling expenses

财务费用：financial expenses

营业收入：operating receipt

销售收入：sales

实收资本：paid-in capital

本年利润：profit for current year

应付股利：dividends payable

投资收益（损失）：income (loss) from investment

留存收益：retained earning

利润分配：profit appropriation

利润：profits

净利润：net profit

损失：loss

利得：gain

☞【引导案例】

当今一些跨国公司成功的原因之一，在于善于从会计出身的拔尖人才中挑选总裁。你想成为这样的拔尖人才吗？万丈高楼平地起，任何事情都是从小到大，逐渐积累知识和经验而后成功。会计工作也是如此。

1. 银海企业负责总账工作的会计小王发现：这个月公司有一大笔资金到账，既有投资者投入的，又有本公司从银行借入的，并且借款期限有长有短。小王知道这是企业筹集资金的两个主要渠道，对企业产生的影响是不一样的。问题是：按照企业会计制度有关规定该如何进行核算呢？

2. 小刘本月接手了材料会计工作，进行本企业存货业务的核算。办完会计交接后，小刘发现存货业务非常复杂，既有进货业务，又有发货业务。根据单位核算材料要求，小刘该如何去做呢？

3. 小侯在银海企业负责产品成本核算工作。银海企业生产甲、乙两种产品，其生产经营过程不断发生各种人力、物力和财力的耗费。月末，财务科长要求小侯尽快把10月份生产车间生产的甲、乙两种产品的成本计算出来，问题是：根据车间发生的料、工、费业务，小侯该如何计算甲、乙产品的生产成本呢？

4. 成本会计小侯在核算本企业产品成本时发现，企业除了发生计入产品生产成本的费用外，还会发生一些与生产产品无关的经济利益流出，即企业的期间费用。作为成本会计，小侯不仅要计算成本，还要核算期间费用。企业怎样核算期间费用呢？

5. 企业在生产经营过程中发生的各种耗费会使经济利益流出企业，同时，也会有经济利益不断流入企业。例如，销售商品时收回的货款和增值税、接受捐赠的货币资金、发工资时从职工工资中代扣的水电费等。问题是：如何判断哪些才是企业实现的收入呢？

6. 到了年底，企业通过一年的生产经营活动，该是计算企业盈亏、考核赔赚的时候了。企业利润有哪些呢？计算出企业的利润后，哪些损益类账户该轧平呢？

第一节　一般企业主要经营过程核算概述

一、一般企业的概念与其组织性质

一般企业是指以从事产品生产和销售，或只从事商品销售以及提供劳务为主要经营活动内容的企业。包括组织产品生产和销售的工业企业（也称制造业）、组织商品流通的商业企业，以及以提供劳务为主要经营活动内容的劳务性企业。

一般企业是以营利为主要经营目的的经济组织。企业通过对生产经营活动、商品流通活动和劳务提供活动的有效组织和管理，力争创造更多的盈利，一方面可以提升企业的经营业绩，壮大企业的发展实力，为企业的可持续发展提供强有力的支持；另一方面也可以影响和带动所在地区经济的发展和更多地缴纳税费，承担企业所应担负的社会责任，为促进社会的和谐发展做出应有的贡献。

工业企业，是以制造和销售一定的产品为主要活动内容的经济组织，与商业性企业、服务性企业相比，其业务活动内容更为纷繁复杂，所发生的交易或事项更为丰富多样。因而也决定了生产性企业与其他一般企业在交易或事项的会计处理上存在多方面的差别。本章主要以从事产品生产的工业企业为对象展开探讨。

二、工业企业主要交易或事项内容

工业企业也称制造业企业，是适应社会主义市场的要求自主经营、自负盈亏、独立核算的商品生产和经营单位。其会计对象就是社会在生产过程中主要以货币表现的交易或事项，也就是社会在生产过程中的资金运动。而不论是交易或事项，还是资金运动，都是伴随着企业的资金筹集过程—供应过程—生产过程—销售过程—利润形成和分配过程来完成的。其中，资金筹集过程就是资金的投入，利润分配过程标志着一部分资金退出。即工业企业的资金运动过程可分为资金投入，资金循环与周转和资金退出三个基本环节。其实物运动和资金运动过程详见图 5 - 1。

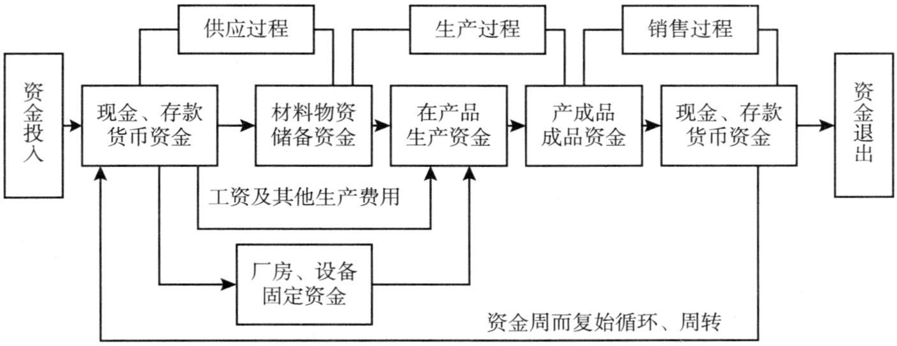

图 5 - 1 产品制造业资金运动过程

同时，工业企业的交易或事项主要包括经营活动、筹资活动、投资活动三大活动。其经营活动过程是以产品生产为主要交易或事项的生产资料购置、产品生产和产品销售过程的统一。其基本任务是生产产品，满足社会各方的需要，通过开展生产经营活动取得利润，为社会创造更多的财富。

1. 筹资活动交易或事项

筹资活动是指导致企业资本及债务规模和构成发生变化的活动，是企业获取经营资金，保证企业经营活动正常进行的必不可少的一种活动，也是开展经营活动、投资活动的前提。

现代企业中，企业获取经营资金的渠道主要有两条：一是吸引投资者向企业投入资本，二是通过借款或发行企业债券等举债方式吸引社会投资。筹资过程主要核算和监督企业资金的形成过程及其增减变动情况。

2. 投资活动交易或事项

投资活动是指企业长期资产的构建和不包括在现金等价物范围内的投资及其处置活动。不同企业由于行业特点不同，对投资活动的认定也存在差异。就工业企业而言，长期资产是指固定资产、无形资产、在建工程和其他资产等持有期限在一年或一个营业周期以上的资产。工业企业将筹集到的资金投入到一定的用途中，建造厂房、购买机器设备，为生产经营活动准备必要的条件。这一过程主要核算和监督货币资金转化为长期资金的过程，计算确定各种固定资产的成本。

3. 经营活动交易或事项

经营活动是指企业筹资活动和投资活动以外的活动，也是企业的主要业务活动。各类企业由于行业特点不同，对经营活动的认定存在一定差异。对于工业企业而言，经营活动主要包括销售商品、提供劳务、购买商品、接收劳务和支付税费等交易或事项。即在资金投入和生产条件具备后，工业企业生产经营需要经历供应、生产、销售三个过程。供应过程主要核算和监督货币资金转化为储备资金的过程，计算确定各种材料的采购成本；生产过程主要核算和监督储备资金转化为生产资金、货币资金转化为生产资金以及固定资产以折旧的形式转化为生产资金，生产资金转化为成品资金的过程，计算确定产品的生产成本；销售过程主要核算和监督成品资金转化为货币资金的过程，计算确定产品的销售成本。

企业通过对产品生产和销售活动的组织，力争创造更多的经济效益，为社会的生产和人们的生活提供丰富的生产资料和生活资料。在工业企业进行产品生产和销售的过程中，还需要进行必要的材料物资准备。在产品销售以后，须与客户结算货款。这些构成了工业企业经营活动的基本内容。

4. 经营成果的形成与分配交易或事项

工业企业生产经营的目的是为了获得利润。企业通过对筹资活动、经营活动和投资活动的组织，取得一定的经营成果。按照会计分期的要求，企业应对其经营成果定期进行计算确定。在这一过程中，还应按照规定计算和缴纳所得税等。在经营成果确定之后，应按照法律和公司章程等规定对经营成果进行分配。因此这一过程主要核算和监督一定时期企业利润的形成和分配情况。

第二节　筹资活动交易或事项及其核算

一、筹资活动交易或事项的主要内容

筹资活动，是指导致企业资本及债务规模和构成发生变化的活动。这一活动既是企业生产经营活动的前提，又是企业再生产顺利进行的保证。工业企业为了从事正常的生产经营活动，必须拥有一定数量的资金。而对于任何一个企业而言，形成其资产的资金来源主要有两条渠道：一是投资者的投资及其增值，形成投资者的权益，该部分业务可以称为所有者权益资金筹集业务；二是向债权人借入的资金，形成债权人的权益，该部分业务可以称为负债资金筹集业务。即工业企业筹资的来源渠道主要有两条：一是接受投资人投入的资本，二是从企业债权人处借入的资金。

我国法律规定，设立企业法人必须有投资者的投入。投资者的投入资本也即注册资本。投资者将资金投入企业进而对企业资产所形成的要求权为企业的所有者权益。在会计上一般表现为实收资本或股本，是所有者权益的主体。企业接受投资者的投入，既可以按投资主体不同分为国家资本金、企业资本金、个人资本金和外商资本金。又可以按接受投入资本所表现的资产的形式不同分为货币资金投资、实物资产投资和无形资产投资等。

同时为了满足企业生产经营的资金需要，企业还可以向银行或其他金融机构取得各种借款，或经批准后向社会发行企业债券借入资金等。债权人将资金借给企业进而对企业资产所形成的要求权为企业的负债。在会计上表现为短期借款、长期借款、应付债券等。借入的资本到期必须偿还，并支付利息。

二、筹资活动业务核算

（一）投入资本的核算

所有者投入企业的资本按投资形式不同，可分为货币资金投资、实物资产投资（如以设备、材料投资）和无形资产投资（如以知识产权、专利权和土地使用权投资）；按投资主体不同，可分为国家资本金、法人资本金、个人资本金和外商资本金等四种。分别是指由国家、法人单位、个人和国外（境外）的投资者向企业的投资。

1. 主要账户的设置

为了核算企业实际收到的投入资本增减变动情况及其结果，应设置的主要账户是“实收资本”（在股份有限公司设“股本”）、“资本公积”账户；同时为了反映企业实际收到的投入资本所形成资产的增减变动情况及其结果，还应设置“银行存款”、“库存现金”、“固定资产”、“无形资产”等账户。

（1）“实收资本”（或股本）账户。

本账户是所有者权益类账户，用来核算按照企业章程的规定，企业接受投资者投入的实收资本（股份公司为股本），即企业的注册资金。该账户的贷方登记按投资者在股本（注册资本）中所占份额确定的投入资本和由资本公积转增的资本金；借方登记企业按法定规定程序批准后减少注册的资本和归还投资者的投资等。期末贷方余额反映企业股本（实收资本）的总额。企业收到所有者投资超过在其股本（或注册资本）中所占份额的部分，作为股本（或实收资本）溢价，在“资本公积”账户核算。该账户应按投资者设置明细账，进行明细核算（见图5－2）。

借方　　　　实收资本	贷方
经批准减少注册资本金或者归还投资者的金额	企业实际收到的投资者投入的资本
	余额：期末投资者投入企业的资本总额

图5－2　“实收资本”账户结构

（2）“资本公积”账户。

本账户是所有者权益类账户，用来核算企业收到投资者出资额超出其在注册资本或股本中所占份额的部分以及法定财产重估增值等内容。该账户的贷方登记企业各种资本公积增加的数额，如股本（或资本）溢价等；借方登记资本公积的使用数，如转增资本等。期末贷方余额表示企业资本公积金的实际结存数额。本科目应当按“资本溢价（股本溢价）”、“其他资本公积”进行明细核算（见图5－3）。

借方　　　　资本公积	贷方
资本公积的减少数	资本公积的增加数
	余额：期末资本公积的结存数额

图5－3　“资本公积”账户结构

（3）“银行存款”账户。

本账户是资产类账户，用来核算企业存入银行或其他金融机构的各种存款。该账户的借方登记投资人货币资金投资的款项或企业存放在银行或其他金融机构的各种存款，贷方登记提取或支出的存款。期末借方余额表示企业存在银行或其他金融机构的款项（见图5－4）。

借方	银行存款　　　　　　贷方
银行存款的增加数	银行存款的减少数
余额：期末企业存在银行或其他金融机构的各种款项	

图5－4　“银行存款”账户结构

（4）“库存现金”账户。

本账户属于资产类账户。核算存放于企业财会部门、由出纳人员经管的货币。借方反映库存现金的增加数，贷方反映库存现金的减少数，期末余额为借方余额，反映期末企业持有的库存现金。有外币现金的企业，应当本别人民币和各种外币设置“库存现金日记账”进行明细分类核算（见图5－5）。

借方	库存现金　　　　　　贷方
库存现金的增加数	库存现金的减少数
余额：期末持有的库存现金	

图5－5　“库存现金”账户结构

（5）“固定资产”账户。

本账户是资产类账户，用来核算企业持有的固定资产原价。该账户的借方登记不需要经过建造、安装即可使用的固定资产增加的账面原值，贷方登记因出售、报废、毁损而减少的固定资产的账面原值。期末借方余额表示企业结存的固定资产的账面原值。该账户可按固定资产的类别和项目设置明细账（见图5－6）。

借方	固定资产　　　　　　贷方
固定资产原价的增加数	固定资产原价的减少数
余额：期末固定资产的账面原价	

图5－6　“固定资产”账户结构

（6）“无形资产”账户。

本账户是资产类账户，用来核算企业持有的无形资产成本，包括专利权、非专利技术、商标权、著作权、土地使用权等。该账户的借方登记无形资产的增加，贷方登记无形资产的减少。期末借方余额表示企业无形资产的成本。该账户可按无形资产的类别设置明细账（见图5－7）。

借方	无形资产　　　　　贷方
取得无形资产的成本	无形资产成本的减少数
余额：期末无形资产的成本	

图 5－7　“无形资产”账户结构

【提示说明】对某一类交易或事项账务处理上的账户设置应从整体上把握，设置的主要账户应是掌握的重点，也应注意掌握与这些账户所对应的其他账户。只有从账户之间相互联系的角度去认识每一个账户，才有利于建立起账户体系的完整概念，也才有利于对账户核算内容、结构的理解记忆及熟练应用。

2. 主要交易或事项会计记录举例

【例 5－1】 10 月 1 日银海公司获得源华公司的投资 100 000 元，存入开户银行。

企业收到其他公司投入资本，法人资本金增加应记入“实收资本”账户的贷方，同时存入银行的款项增加应记入“银行存款”账户的借方。其会计分录如下：

借：银行存款　　　　100 000
　　贷：实收资本——源华公司　　　　100 000

【例 5－2】 10 月 2 日银海公司按法定程序减少注册资本 20 000 元，用银行存款向所有者支付。

企业注册资本的减少应记入“实收资本”账户的借方，同时银行存款支付后减少应记入“银行存款”账户的贷方。其会计分录如下：

借：实收资本　　　　20 000
　　贷：银行存款　　　　20 000

【例 5－3】 10 月 5 日经批准将银海公司的盈余公积 20 000 元转增为实收资本。

企业盈余公积转增为实收资本，盈余公积的减少应记入“盈余公积”账户的借方，同时实收资本的增加应记入“实收资本”账户的贷方。其会计分录如下：

借：盈余公积　　　　20 000
　　贷：实收资本　　　　20 000

【例 5－4】 10 月 7 日为扩大经营规模，银海公司收到鑫金公司的追加投资共计 1 000 000 元。其中：货币资金 300 000 元，款项已存入银行；全新固定资产 350 000 元，材料 250 000 元，专利权价值 100 000 元。

企业收到追加投资，法人资本金增加应记入“实收资本”账户的贷方，同时存入银行的款项增加应记入“银行存款”账户的借方，全新的固定资产增加应记入“固定资产”账户的借方，材料的增加应记入“原材料”账户的借方，专利权的增加应记入“无形资产”账户的借方。其会计分录如下：

借：银行存款　　　　300 000
　　固定资产　　　　350 000
　　原材料　　　　250 000
　　无形资产　　　　100 000
　　贷：实收资本——鑫金公司　　　　1 000 000

【提示说明】企业接受捐赠财物时，应直接计入营业外收入。例如：银海公司接受Y公司捐赠设备一台，市场评估价值10万元；捐赠支票一张，全额8万元。按照现行会计准则，应编制会计分录为：

借：银行存款　　80 000

　　固定资产　　100 000

　　贷：营业外收入——捐赠利得　　180 000

【例5-5】 10月15日银海公司接受投资者的投资1 000 000元，其中700 000元作为实收资本，另300 000元作为资本公积，银海公司收到投资者的投资后存入银行。其他手续已办妥。

该交易或事项的发生，一方面使企业的银行存款增加1 000 000元；另一方面使企业收到的注册资本也相应增加700 000元，超过注册资本的300 000元作为企业的资本公积。因而，这项业务的发生涉及“银行存款”、“实收资本”、“资本公积”三个账户。银行存款增加时资产增加，应当记入“银行存款”账户的借方；企业的注册资本和资本公积的增加是所有者权益的增加，应当记入“实收资本”和“资本公积”账户的贷方。该项业务编制的会计分录如下：

借：银行存款　　1 000 000

　　贷：实收资本　　700 000

　　　　资本公积——资本溢价　　300 000

（二）借入资金的核算

企业筹资来源除了投资者投入的资金以外，还可以通过借款、发行债券等方式筹集资金。

（1）银行借款。按借款的偿还期长短分为短期借款和长期借款两种。其中，短期借款主要用于企业在生产经营过程中现金不足时的临时周转需要；长期借款主要用于企业为扩大经营规模等而进行的工程项目建设等方面。

（2）债券发行。企业发行债券是其筹集经营资金的做法之一。企业发行债券一般应有发行期限，在债券发行期间，应按规定的利率向债券持有人支付利息；待发行期满后，应按债券面值将本金归还给债券购买者。以上这部分资金内容形成了企业的负债。借入的资金到期要归还本金和利息。

1. 主要账户的设置

（1）“短期借款”账户。

本账户是负债类账户，用来核算企业向银行或其他金融机构等借入的期限在1年以下（含1年）的各种借款及其变动情况。该账户的贷方登记借入各种短期借款的实际金额，借方登记偿还的实际金额。期末贷方余额表示尚未偿还的借款金额。该账户可按借款种类和债权人设置明细账（见图5-8）。

借方　　　　短期借款	贷方
偿还的各种短期借款的本金数额	企业取得的各种短期借款的本金数额
	余额：期末尚未偿还的短期借款本金

图5-8　“短期借款”账户结构

（2）“长期借款”账户。

本账户是负债类账户，用来核算企业向银行或其他金融机构等借入的期限在 1 年以上（不含 1 年）的各种借款及其变动情况。该账户的贷方登记借入各种长期借款数（包括本金和利息），借方登记偿还借款的实际金额。如果利息是分次支付的，则计提的利息不计入本账户，而记入“应付利息”账户。期末该账户贷方余额表示尚未偿还的借款金额。该账户可按贷款单位和贷款种类，分“本金”、“利息调整”等进行明细核算（见图 5－9）。

借方　　长期借款	贷方
长期借款本金和利息的减少数	长期借款的本金和利息的增加数
	余额：期末尚未偿还的长期借款本息

图 5－9　“长期借款”账户结构

（3）“应付债券”账户。

本账户是负债类账户，用来核算企业为筹集（长期）资金而发行债券的本金和应付利息。该账户的贷方登记发行债券而形成的债务成本以及计提债券利息而形成的应付利息，借方登记债券的兑付金额，即到期归还的债券本息。期末贷方余额表示企业尚未偿还的长期债券本息。本科目可按“面值”、“利息调整”、“应计利息”等进行明细核算（见图 5－10）。

借方　　应付债券	贷方
债券的兑付金额	发行债券的债务成本以及应付利息
	余额：期末尚未偿还的长期债券本息

图 5－10　“应付债券”账户结构

（4）“财务费用”账户。

本账户是损益类账户，用来核算企业为筹集生产经营所需资金等而发生的筹资费用，包括利息支出（减利息收入）、汇兑损益以及相关的手续费、企业发生的现金折扣或收到的现金折扣等。该账户借方登记本期发生的财务费用，贷方登记企业发生的应冲减财务费用的利息收入、汇兑收益以及期末结转到“本年利润”账户的财务费用，结转后无余额。本科目可按费用项目进行明细核算（见图 5－11）。

借方　　财务费用	贷方
发生的各种财务费用	利息收入
利息支出	汇兑收益
金融机构手续费	期末转入“本年利润”账户
汇兑损失	

图 5－11　“财务费用”账户结构

2. 主要交易或事项会计记录举例

【例5-6】10月2日，由于生产经营的需要，银海公司临时向银行借入100 000元，存入银行，借款期限为9个月。

企业向银行临时借入资金，引起资产类的银行存款增加，应记入“银行存款”账户借方，同时引起负债类的短期借款增加，应记入“短期借款”账户贷方。其会计分录为：

借：银行存款　　100 000

　　贷：短期借款　　100 000

【例5-7】10月2日，银海公司因购置生产流水线需要，向银行借入81 900元，借款期为2年。

企业因购置生产流水线而向银行借入长期借款，一方面使企业的银行存款增加81 900元，另一方面使企业的长期借款相应增加81 900元。因而，这项业务的发生涉及“银行存款”和“长期借款”两个账户。其会计分录为：

借：银行存款　　81 900

　　贷：长期借款　　81 900

【例5-8】10月2日，银海公司从银行取得生产经营用借款60 000元，期限为3个月，所得借款已存入开户银行；若取得的该借款年利率为6%，根据与银行签署的借款协议，该项借款的利息分月计提，按季支付，本金于到期后一次归还。经计算10月份应负担的利息为300元。

该交易或事项的发生一方面使企业的银行存款增加60 000元，短期借款增加60 000元；另一方面企业的借款利息属于企业的筹资费用，应由本月负担，形成企业的一项费用（财务费用），但由于利息是按季支付，并未在本月支付，形成企业的一项负债（应付利息）。因而，该项业务的发生涉及“财务费用”、“应付利息”账户。财务费用的增加是费用的增加，应当借记“财务费用”账户；企业应付未付利息的增加负债的增加，应当贷记“应付利息”账户。编制会计分录如下：

借：银行存款　　60 000

　　贷：短期借款　　60 000

借：财务费用　　300

　　贷：应付利息　　300

11月份、12月份计提利息的会计处理同。

【例5-9】承【例5-8】，银海公司于本年12月31日偿还到期的短期借款本金60 000元和利息900元。

该交易或事项的发生，使企业的短期借款相应减少60 000元，应付未付的利息减少900元，因而，这项业务的发生涉及“银行存款”、“短期借款”、“应付利息”3个账户。“银行存款”减少，应贷记；企业短期借款和应付利息的减少是负债的减少，应当借记。编制会计分录如下：

借：短期借款　　60 000

　　应付利息　　900

　　贷：银行存款　　60 900

【例5－10】银海公司按面值100元发行2年期、年利率为10%的债券5 000张，共获得债券发行款500 000元，已存入在银行开立的存款户。

该交易或事项的发生，使企业的银行存款增加500 000元，应付债券增加500 000元，因而，这项业务的发生涉及“银行存款”、“应付债券”账户。“银行存款”增加，应借记；企业应付债券是负债的增加，应当贷记。编制会计分录如下：

借：银行存款　　500 000

　　贷：应付债券　　500 000

第三节　经营活动交易或事项及其核算

经营活动是企业最重要，也是内容最复杂的活动。主要体现为企业将筹集到的资金用于其基本业务经营活动的组织与管理，并最终创造经济效益。工业企业的主要生产经营过程是以生产过程为中心，实现供应过程、生产过程和销售过程三者的统一。为了保证生产过程的进行，应采购原材料，并将其投入到生产过程中去，即供应过程；生产过程中，利用劳动资料对劳动对象进行加工，生产出产品来；将产品销售出去，实现的收入以补偿生产耗费。企业生产经营过程的正常运行需要有现金、银行存款、原材料、固定资产等，这些资产的来源主要是债权人提供和投资者投资。企业利用投资通过购建形成某些资产，如原材料等，并将其投入生产，生产出来的产品又通过销售转化为货币，形成销售收入。收入抵补各项费用后形成经营成果。经营成果如果表现为利润，应进行分配；如果表现为亏损，应进行弥补。即企业的主要经营活动过程为：资金筹集过程—供应过程—生产过程—销售过程—利润形成和分配过程。同时，在购销过程中又可能形成各种债权、债务结算关系。这些构成了工业企业的主要交易或事项。按各类业务的特点，可分为购进业务、生产业务、销售业务、经营成果形成及其分配业务、其他业务等。

一、供应过程交易或事项及其核算

（一）供应过程交易或事项的主要内容

工业企业要进行正常的生产经营活动，就必须采购一定种类和数量的材料。材料供应过程又称为采购过程，是指从供应单位订货开始、经过运输、装卸等步骤直到材料验收入库的全过程，其实质是通过材料采购形成企业存货。这一过程也是工业企业生产经营过程的第一个阶段。在采购时，企业要支付采购材料的货款和运输费、装卸费、保险费各项采购费用，并与供应单位等发生货款的结算关系。材料运到企业后验收入库并结转材料的采购成本，就成为企业可供生产的原材料。因此供应过程核算的主要内容为：材料货款的结算、采购费用的支付、材料采购成本的计算以及材料验收入库等。

（二）供应过程业务核算的具体内容

供应过程（也即生产准备阶段）是为产品生产做必要准备的过程。主要是进行材料物资等劳动对象的准备，即用筹集的资金购买原料和主要材料，与材料物资的供应方进行货款结算，支付材料物资的价款和缴纳税费。

1. 材料的买价

材料的买价是指企业购入各种材料时，供货单位开出的发票上所列示的购货价格材料的买价是购成材料成本的主要组成部分。

$$\text{材料的买价} = \text{购买数量} \times \text{单价}$$

2. 材料的采购费用

材料采购费是指企业在采购材料过程中发生的，除购买价、进项税额之外所需支付的各项费用，包括购入材料的运输费、包装费、保险费、检验费、装卸费以及入库前的整理挑选费用等，它是材料采购成本的组成内容。

采购费用可分为直接采购费用和共同采购费用两种。直接采购费用是指发生时能直接确认应由某种材料负担的费用，该种费用发生后直接计入各种材料的采购成本。共同采购费用是指应由多种材料共同负担的采购费用，该种费用发生后应按一定标准分配计入各种材料的采购成本，分配标准主要有采购数量、价格等。

共同采购费用的分配方法和步骤是：

第一步：计算分配率：

$$\text{分配率} = \frac{\text{待分配的共同采购费用}}{\text{分配标准（数量或价格）之和}}$$

第二步：计算某材料应负担共同采购费用：

$$\text{某材料应负担共同采购费用} = \text{该材料分配标准（数量或价格）} \times \text{分配率}$$

而材料的采购成本是指企业购入材料的购买价与采购费用之和。所以：

$$\text{某种材料的采购总成本} = \text{该种材料的买价} + \text{该种材料的采购费用}$$

$$\text{某种材料的采购单位成本} = \text{该种材料的采购总成本} / \text{该种材料的采购数量}$$

3. 增值税进项税额

增值税进项税额是企业购进材料时应支付给供货方的增值税税额。

$$\text{增值税进项税额} = \text{买价} \times \text{增值税税率（增值税的一般纳税人的增值税税率为 17\%）}$$

一般情况下买价为不含税价，若为含税价时应换算为不含税价：

$$\text{不含税价} = \frac{\text{含税价}}{1 + \text{增值税税率}}$$

因为增值税是价外税，所以企业购进材料而收到的增值税专用发票上注明的增值税税额，不应计入采购成本中，而应记入“应交税费——应交增值税（进项税额）”账户中单独反映。

【提示说明】 存货，是企业在人才活动中持有以备出售的产成品或商品、处在生产过程中的在产品、在生产过程或提供劳务过程中耗用的材料、物料等。

4. 发出材料的计价方法

企业采购阶段，由于每次购进原材料的买价、运杂费都不尽相同，从而产生了发出原材料和结存原材料如何计价的问题。日常工作中，企业发出的存货，可以按实际成本核算，也可以按计划成本核算。如采用计划成本核算，会计期末应调整为实际成本。而在实务中，发出材料成本的计算是一个比较复杂的问题，主要是由于企业发出的某一种材料不一定是同一个批次购入的，购入的时间和地点可能也会有所不同，因而，即使是同一种购入材料，其单位购买成本也往往是不一样的。我国现行《企业会计准则》规定了发出存货（包括发出材料和库存商品等）的计价方法。这些计价方法包括先进先出法、加权平均法（具体又有全月一次加权平均法和移动加权平均法两种）和个别计价法三种。企业应当根据各种材料的实物流转方式、企业管理的要求、原材料的性质等实际情况，合理地确定发出原材料成本的计算方法，以及当期发出原材料的实际成本。对于性质和用途相同的原材料，应当采用相同的成本计算方法确定发出原材料的成本。

（三）供应过程交易或事项主要账户的设置

为了反映和监督材料采购及相关业务，一般应设置的主要账户有“在途物资”（实际成本法）、“原材料”、“材料采购”（计划成本法）、“材料成本差异”（计划成本法）、“应交税费——应交增值税”、“应付账款”、“预付账款”和“应付票据”等。

（1）“在途物资”账户。

资产类账户也是材料采购成本的计算账户。用以核算并归集企业外购各种材料的买价和采购费用，以及材料验收入库的实际成本。该账户的借方登记购入材料的实际成本（包括买价和采购费用）；贷方登记已经验收入库材料的实际成本。该账户期末为借方余额，反映期末尚未运达企业，或虽已运达企业但尚未办理验收入库手续的在途材料的实际成本（见图5－12）。

借方　　　　在途物资	贷方
购入原材料等在途物资的实际成本	入库的原材料等在途物资的实际成本
余额：在途物资的实际成本	

图5－12　“在途物资”账户结构

（2）“原材料”账户。

资产类账户。用以核算企业库存材料实际成本的增减变动情况。该账户的借方登记购入材料的实际成本；贷方登记发出材料的实际成本。该账户期末为借方余额，反映企业期末各种库存材料的实际成本（见图5－13）。

借方　　　　原材料	贷方
入库材料的实际成本（或计划成本）	发出材料的实际成本（或计划成本）
余额：期末库存材料的实际成本（或计划成本）	

图5－13　“原材料”账户结构

（3）“材料采购”账户（计划成本法）。

该账户的性质是资产类账户，用来核算机会成本法下企业购入材料的实际成本和结转入库材料的计划成本，并据以计算、确认购入材料成本差异额。其借方登记购入材料的实际成本和结转入库材料实际成本小于计划成本的节约差异，贷方登记入库材料的计划成本和结转入库材料的实际成本大于计划成本的超支差异。期末余额在借方，表示在途材料的实际成本。该账户应按照材料的种类设置明细账户，进行明细分类核算（见图5－14）。

借方	材料采购 贷方
购入材料的实际成本 结转入库材料的节约差异额	结转入库材料的计划成本 结转入库材料的超支差异额
余额：表示在途材料的实际成本	

图 5－14 “材料采购”账户结构

（4）“材料成本差异”账户。

该账户的性质是资产类（比较特殊）账户，用来核算企业库存材料实际成本与计划成本之间的超支或节约差异额的增减变动及其结余情况。其借方登记结转入库材料的超支差异额和结转发出材料应负担的节约差异额（实际成本小于计划成本的差异），贷方登记结转入库材料的节约差异额和结转发出材料应负担的超支差异额（实际成本大于计划成本的差异额）。期末余额如果在借方，表示库存材料的超支差异额，如果在贷方，表示库存材料的节约差异额（见图 5－15）。

借方	材料成本差异 贷方
结转入库材料的超支差异额 结转发出材料应负担的节约差异额	结转入库材料的节约差异额 结转发出材料负担的超支差异额
期末余额：库存材料的超支差异额	期末余额：库存材料的节约差异额

图 5－15 “材料成本差异”账户结构

（5）“应交税费”账户。

负债类账户。用以核算企业按照税法规定的除印花税以外的应缴纳的各种税费。包括增值税、消费税、营业税、所得税、城市维护建设税、土地使用税、教育费附加和矿产资源补偿费等。该账户的贷方登记按规定计算出来的各种应缴纳税费；借方登记已经缴纳的各种税费（含进项税额）。期末为贷方余额时，反映企业未缴纳的税费；如果为借方余额，反映企业多缴纳或尚未抵扣的进项税额等（见图 5－16）。

借方	应交税费 贷方
实际缴纳的各种税费	应该缴纳的各种税费
余额：期末多缴或尚未抵扣的税费	余额：期末尚未缴纳的税费

图 5－16 “应交税费”账户结构

其中：“应交税费——应交增值税”账户记录内容较为复杂（见图 5－17），包括：企业在材料采购过程中按照规定随同买价一并支付给供应商的增值税进项税额，以及企业在产品销售以后计算确定的应缴纳的增值税销项税额等。应分别“进项税额”、“销项税额”、“进项税额转出”、“已交税金”等设置专栏进行明细分类核算。该账户的贷方登记企业计算出来的应缴税费数；借方登记企业实际缴纳的税费数（含已经先行支付的进项税额）。该账户期末余额方向具有不确定性，贷方余额反映企业欠缴税费数；借方余额反映企业多缴纳税费数（或已缴纳的进项税额）。期末一般应为贷方余额，反映企业尚未缴纳的税费。在企业只发生了进项税额而暂时没有贷方销项税额发生额的情况下，该账户会产生借方余额。

借方　　应交税费——应交增值税	贷方
进项税额	销项税额
已缴税金	进项税额转出
期末转出未缴的增值税	期末转出多缴的增值税
余额：尚未抵扣的增值税	

图5－17　“应交税费——应交增值税”账户结构

（6）“应付账款”账户。

负债类账户。该账户是为企业采用赊购方式采购材料和设备而设置的账户。用以核算企业因购买材料和设备而产生的应付给供应商的款项及其偿还情况。贷方登记应偿还但暂未付款的应付账款；借方登记已经偿还的应付账款。期末为贷方余额，反映企业期末尚未偿还的应付款项（见图5－18）。

借方　　应付账款	贷方
偿还供应单位的应付账款	尚未支付给供应单位的应付账款
	余额：期末尚未支付的应付账款

图5－18　“应付账款”账户结构

（7）“应付票据”账户。

负债类账户。用以核算企业因购买材料而开出并承兑的商业汇票（包括银行承兑汇票和商业承兑汇票）。账户的贷方登记企业已经开出、承兑的商业汇票的票面额；借方登记汇票到期实际支付的全部款项。期末为贷方余额，反映企业尚未到期的应付票据面额（见图5－19）。

借方　　应付票据	贷方
到期应付票据的减少	应付票据的增加
	余额：期末尚未到期的应付票据

图5－19　“应付票据”账户结构

（8）“预付账款”账户。

资产类账户。该账户是企业采用预付款结算方式采购材料、设备等应设置的账户，用以核算企业按照购销合同规定预先付给供应商的款项及其结算情况。该账户的借方登记预先支付给供应商的货款和补付的货款等；贷方登记收到购入材料抵扣预付货款数和供应商退回的多预付货款。该账户期末一般为借方余额，反映企业期末预付账款的结余额；如为贷方余额，反映企业期末尚应补付的款项（即供应商实际供货超过企业原预付款的差额）（见图5-20）。

借方	预付账款　　　　贷方
企业预付给交易方的款项	冲销的预付账款
企业补付给交易方的款项	收到交易方退回的企业多付款项
余额：企业已经预付的款项	余额：期末企业尚未补付给交易方的款项

图5-20　“预付账款”账户结构

（四）供应过程主要交易或事项会计记录举例

1. 按实际成本计价核算会计记录举例

【例5-11】10月3日，银海公司向星河公司购入A材料一批，对方开具的增值税专用发票载明：数量2 500千克，单价20元/千克，价款50 000元，增值税税额8 500元，价税共计58 500元，货款暂欠，材料尚未运达企业。

该笔业务发生后，对银海公司而言，一方面资产类A材料增加50 000元，但材料尚未到达，按规定记入“在途物资”账户借方，增值税税款8 500元（按一般纳税人含税价计算所得）是购买A材料时发生的进项税额，记入“应交税费——应交增值税”账户的借方；另一方面引起应付未付的款项增加58 500元，应记入“应付账款”账户贷方。编制会计分录为：

借：在途物资——A材料　　50 000
　　应交税费——应交增值税（进项税额）　　8 500
　　贷：应付账款——星河公司　　58 500

【例5-12】10月4日购货所欠的应付账款30 000元到期，银海公司向银行借入9个月的借款30 000元直接用于归还前欠货款。

该笔业务发生后，一方面引起资产类银行存款增加30 000元，按规定记入“银行存款”账户借方；另一方面引起短期借款增加30 000元，应记入“短期借款”账户贷方。由于短期借款直接用于归还前欠货款，因而一方面引起资产类银行存款减少30 000元，按规定记入“银行存款”账户贷方；另一方面引起企业对供货单位债务的减少，应记入“应付账款”账户的借方。编制会计分录为：

借：银行存款　　30 000
　　贷：短期借款　　30 000
借：应付账款　　30 000
　　贷：银行存款　　30 000

【例5-13】10月6日，本月3日所购的A材料到达入库。

该笔业务发生后，表明A材料采购过程完成，材料采购成本已经计算确定，结转其实际采购成本，应从“在途物资”账户的贷方转入“原材料”账户的借方。编制会计分录为：

借：原材料——A材料　　50 000

贷：在途物资——A 材料　50 000

【例 5-14】10 月 6 日，银海公司购入 B 材料一批，对方开具的增值税专用发票载明：数量 2 000 千克，单价 30 元/千克，价款 60 000 元，增值税税额 10 200 元，价税共计 70 200 元。以银行存款支付 30 000 元，余款尚未支付，材料尚未到达企业。

该笔业务发生后，一方面企业的资产类 B 材料增加 50 000 元，但材料尚未到达，按规定记入"在途物资"账户借方，增值税税款 10 200 元（按一般纳税人含税价计算所得）是购买 B 材料时发生的进项税额，记入"应交税费——应交增值税"账户的借方；另一方面企业的银行存款减少了 30 000 元，应记入"银行存款"账户贷方。同时引起应付未付的款项增加 40 200 元，应记入"应付账款"账户贷方。编制会计分录为：

借：在途物资——B 材料　60 000
　　应交税费——应交增值税（进项税额）　10 200
　　贷：银行存款　30 000
　　　　应付账款　40 200

【例 5-15】10 月 8 日，6 日购入的 B 材料达到并入库。

该笔业务发生后，表明 B 材料采购过程完成，材料采购成本已经计算确定，结转其实际采购成本，应从"在途物资"账户的贷方转入"原材料"账户的借方。编制会计分录为：

借：原材料——B 材料　60 000
　　贷：在途物资——B 材料　60 000

【例 5-16】10 月 9 日，银海公司购进 A 材料 400 千克，单价 60 元/千克；B 材料 600 千克，单价 80 元/千克；C 材料 1 000 千克，单价 100 元/千克；上述材料的增值税额共计 29 240 元。对方代垫运费 5 000 元，材料均已验收入库，并按材料的重量分摊运杂费。银海公司开出本单位承兑的商业汇票一张抵付。

该笔业务发生后对方代垫的运费为 5 000 元，应由 A、B、C 三种材料共同负担，需要按一定的标准在它们之间进行分配。一般按其重量为标准进行分配。

按重量分摊共同运杂费如下所示：

$$\text{运杂费分配率} = \frac{5\ 000}{400 + 600 + 1\ 000} = 2.5\ (\text{元/千克})$$

A 材料应分摊的运杂费 = 2.5 × 400 = 1 000（元）

B 材料应分摊的运杂费 = 2.5 × 600 = 1 500（元）

C 材料应分摊的运杂费 = 2.5 × 1 000 = 2 500（元）

采购费用经过分配后，A、B 和 C 三种材料各自负担的采购费用均构成各自的材料成本，记入"原材料"账户借方；同时增值税税款 29 240 元是购买三种材料时发生的进项税额，应记入"应交税费——应交增值税"账户借方。另一方面由于企业开出商业汇票，因此应付票据的金额增加了 206 240 元，应记入"应付票据"账户贷方。编制会计分录为：

借：原材料——A 材料　25 000
　　　　　——B 材料　49 500

——C 材料　　102 500

应交税费——应交增值税（进项税额）　　29 240

贷：应付票据　　206 240

【**例 5－17**】10 月 10 日，银海公司以银行存款 20 000 元预付光华公司材料款项。

该笔业务发生后，企业银行存款减少了 20 000 元，应记入“银行存款”账户的贷方。同时，引起了企业对供货单位——光华公司的一项债权的增加，预付账款增加了 20 000 元，应记入“预付账款”账户的借方。编制会计分录为：

借：预付账款——光华公司　　20 000

贷：银行存款　　20 000

【**例 5－18**】10 月 12 日，光华公司按合同发来 B 材料 100 千克，单价 80 元/千克，增值税税额 1 360 元，并退回余款，银海企业收到并转入存款户。B 材料已验收入库。

该笔业务发生后，B 材料的购买价 8 000 元，应记入“原材料”账户借方；增值税税额 1 360 元是购买 B 材料时发生的进项税额，记入“应交税费——应交增值税”账户的借方；由于材料的买价及进项税额少于预付款，因此对方单位退回余款又存入银行，使企业银行存款增加了 10 640 元，应记入“银行存款”账户借方。同时企业得以预付款抵付以上全部款项，引起预付账款减少了 20 000 元，应记入“预付账款”账户贷方。编制会计分录为：

借：原材料——B 材料　　8 000

应交税费——应交增值税（进项税额）　　1 360

银行存款　　10 640

贷：预付账款——光华公司　　20 000

【**例 5－19**】10 月 13 日，银海公司以银行存款支付所欠购材料款 58 500 元。

该笔业务发生后，一方面企业的银行存款减少 58 500 元，应记入“银行存款”账户贷方；另一方面企业对供货单位应付未付款项减少，应记入“应付账款”账户借方。编制会计分录为：

借：应付账款——星河公司　　58 500

贷：银行存款　　58 500

【**例 5－20**】银海公司从乙公司采购 B 材料一批，本月 26 日收到并验收入库，但至月底仍未收到发票账单等结算单据，根据收料单所列合同价格 72 000 元，暂估入账。

该笔业务是由于企业材料已到而单据尚未收到的情况，处理方法为：材料的价格按照合同价格或同类材料的价格暂估入账，下月初用红字作同样的分录，予以冲销，待收到有关单据后，再按正常购入材料处理。即月末估计入账时，借记“原材料”账户，贷记“应付账款”账户。编制会计分录为：

借：原材料——B 材料　　72 000

贷：应付账款——乙公司　　72 000

下月月初用红字冲销原暂估价。

借：原材料——B 材料　　[72 000]

贷：应付账款——乙公司　72 000

【例 5-21】11 月 3 日，收到【例 5-20】发票账单等，实际价款 75 000 元，增值税 12 750 元，运杂费 1 200 元，价款由银行付出。

借：原材料——B 材料　76 200

　　应交税费——应交增值税（进项税额）　12 750

　　贷：银行存款　88 950

简要供应过程总分类核算如图 5-21 所示。

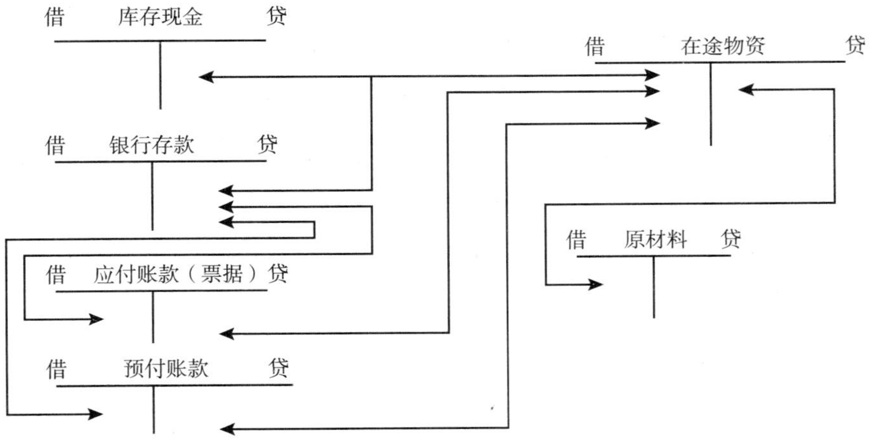

图 5-21　简要供应过程总分类核算过程

2. 供应过程材料按计划成本计价的核算

（1）原材料计划成本法。

前面我们已经对原材料按实际成本计价核算的内容作了比较全面的介绍。材料按照实际成本进行计价核算，能够比较全面、完整地反映材料资金的实际占用情况，可以准确地计算出生产过程所生产产品的成本中的材料费用额。但是，当企业材料的种类比较多、收发次数又比较频繁的情况下，其核算的工作量就比较大，而且也不便于考核材料采购业务成果，分析材料采购计划的完成情况。所以在我国一些大、中型制造业企业里，材料就可以按照计划成本计价组织收、发核算。材料按计划成本计价进行核算，就是材料的收、发凭证按计划成本计价，材料总账及明细账均按计划成本登记（可理解为在制定材料采购计划时确定的成本，与实际采购成本之间往往有差异），通过增设“材料成本差异”账户来核算材料实际成本与计划成本之间的差异额，并在会计期末对计划成本进行调整，以确定库存材料的实际成本和发出材料应负担的差异额，进而确定发出材料的实际成本。

具体地说，材料按计划成本组织收、发核算的基本程序如下：

首先，企业应结合各种原材料的特点、实际采购成本等资料确定原材料的计划单位成本，计划单位成本一经确定，在年度内一般不进行调整。

其次，平时购入或以其他方式取得原材料，按其计划成本和计划成本与实际成本之间的差异额分别在有关账户中进行分类登记。

最后，平时发出的材料按计划成本核算，月末再将本月发出材料应负担的差异额进行分摊，随同本月发出材料的计划成本记入有关账户，其目的就在于将不同用途消耗的原材料的计划成本调整为实际成本。发出材料应负担的差异额必须按月分摊，不得在季末或年末一次分摊。另外，《企业会计制度》规定，对于发出材料应负担的成本差异，除委托外部加工物资而发出的材料可按上月（即月初）差异率计算外，都应使用当月的差异率，除非当月差异率与上月差异率相差不大。计算方法一经确定，不得随意变更。

（2）按计划成本计价核算会计记录举例。

【例5－22】银海公司用银行存款购入甲材料3 000千克，发票注明其价款120 000元，增值税税额20 400元。同时支付3 600元该批甲材料的运杂费。

这项交易或事项的发生，一方面使银海公司的材料采购支出增加123 600元（其中买价120 000元、采购费用3 600元），增值税进项税额增加20 400元；另一方面使公司的银行存款减少144 000元，因此该项交易或事项涉及“材料采购”、“应交税费”和“银行存款”三个账户。材料采购支出的增加是资产的增加，应记入“材料采购”账户的借方，增值税进项税额的增加是负债的减少，应记入“应交税费——应交增值税”账户的借方，银行存款的减少是资产的减少，应记入“银行存款”账户的贷方。所编制的会计分录如下：

借：材料采购——甲材料	123 600	
应交税费——应交增值税（进项税额）	20 400	
贷：银行存款		144 000

【例5－23】承【例5－22】，上述甲材料验收入库，其计划成本为120 000元，结转该批甲材料的计划成本和差异额。

由于该批甲材料的实际成本为123 000元，计划成本为120 000元，因而可以确定甲材料成本的超支差异额为3 000元（123 000－120 000）。结转验收入库材料的计划成本时，公司的材料采购支出（计划成本）减少120 000元，库存材料计划成本增加120 000元；结转入库材料成本超支差异额，库存材料成本超支差异额增加3 000元，材料采购支出减少3 000元。因此，该项交易或事项涉及“原材料”、“材料采购”和“材料成本差异”三个账户，库存材料成本的增加是资产的增加，应记入“原材料”账户的借方；材料采购成本的结转是资产的减少，应记入“材料采购”账户的贷方。该项交易或事项应编制如下两笔会计分录：

（1）借：原材料——甲材料	120 000	
贷：材料采购——甲材料		120 000
（2）借：材料成本差异	3 000	
贷：材料采购——甲材料		3 000

假如本例中甲材料的计划成本为125 000元，则可以确定甲材料成本的节约差异额为2 000元（125 000－123 000），其会计分录为：

借：原材料——甲材料	125 000	
贷：材料采购——甲材料		125 000
借：材料采购——甲材料	2 000	

贷：材料成本差异　2 000

或者将上述两笔分录合并为：

借：原材料——甲材料　125 000

贷：材料采购——甲材料　123 000

材料成本差异　2 000

【例 5-24】银海公司本月生产产品领用甲材料计划成本总额为 150 000 元（领用材料的会计分录略）。月末计算确定发出甲材料应负担的差异额，并予以结转。假设期初库存甲材料计划成本为 300 000 元，成本差异额为超支差异 5 400 元。

为了计算产品的实际生产成本，在会计期末需要将计划成本调整为实际成本，其方法是运用差异率对计划成本进行调整，以求得实际成本。材料成本差异率的计算方法有两种，即：

$$\text{月初材料成本差异率}=\frac{\text{月初库存材料成本差异额}}{\text{月初库存材料的计划成本}}\times 100\%$$

$$\text{本月材料成本差异率}=\frac{\text{月初库存材料差异额}+\text{本月购入材料差异额}}{\text{月初库存材料计划成本}+\text{本月入库材料计划成本}}\times 100\%$$

$$\text{发出材料应负担的差异额}=\text{成本差异率}\times\text{发出材料的计划成本}$$

根据本例资料，采用本月差异率，计算如下：

$$\text{本月材料成本差异率}=\frac{5\ 400+3\ 000}{300\ 000+120\ 000}\times 100\%=\frac{8\ 400}{420\ 000}\times 100\%=2\%$$

发出材料应负担的差异额 $=150\ 000\times 2\%=3\ 000$（元）

结转发出材料应负担的差异额时，一方面应记入“生产成本”等账户的借方（超支用蓝字，节约用红字）；另一方面应记入“材料成本差异”账户的贷方（超支用蓝字，节约用红字）。本例编制的会计分录如下：

借：生产成本　3 000

贷：材料成本差异　3 000

材料按计划成本计价的核算过程如图 5-22 所示。

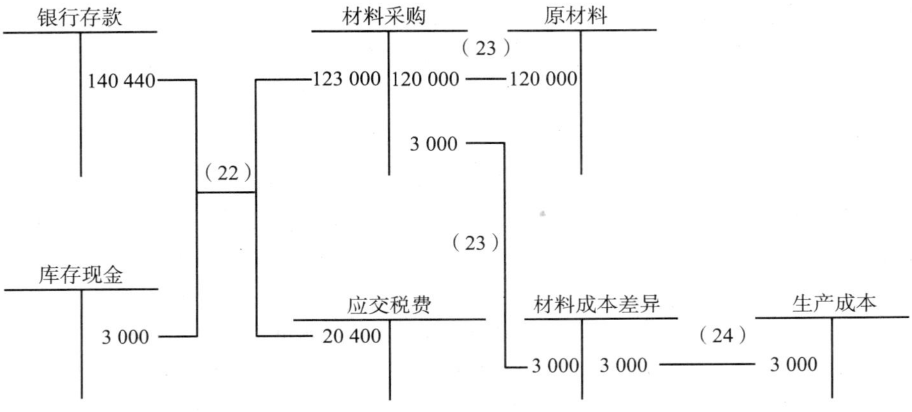

图 5-22　按计划成本计价的核算过程

（五）供应过程交易或事项原材料发出的核算

企业供应过程常见的发出原材料的计价方法有一次加权平均法、移动加权平均法、先进先出法、个别计价法。下面分别介绍这几种方法。

资料：某企业2010年5月的某材料的收发存情况如表5－1所示。

表5－1　　某企业2010年5月的某材料的收发存情况

摘要	收入			发出			结存		
	数量	单价	金额（元）	数量	单价	金额（元）	数量	单价	金额（元）
5.1 结存							300	2.00	600
5.5 购入	200	2.20	440				500		
5.15 领用				400			100		
5.18 购入	300	2.30	690				400		
5.20 领用				200			200		
5.31 购入	200	2.50	500				400		
5.31 合计	700		1 630	600			400		

1. 一次加权平均法

一次加权平均法，又称全月一次平均法，就是以材料期初结存数量和本月收入的数量为权数，计算平均单位成本的一种方法。计算公式为：

$$材料平均单价=\frac{期初结存材料成本+本期收入材料成本}{期初结存材料数量+本期收入材料数量}$$

$$发出原材料的实际成本=材料平均单价\times发出原材料的数量$$

以表5－1资料为例，采用一次加权平均法时：

加权平均单价＝(600＋1 630)÷(300＋700)＝2.23（元/件）

本期发出原材料成本＝600×2.23＝1 338（元）

期末结存材料成本＝400×2.23＝892（元）

采用加权平均法，对发出原材料的单价只在月末计算一次，可以大大简化平时的核算工作，但平时账面不能反映材料的发出金额和结存金额，不利于材料的日常管理。而且由于发出原材料的凭证计价和明细金额登记工作集中在月末进行，影响材料核算工作的均衡性和及时性。

2. 移动平均加权法

移动平均加权法是本批收入材料数量与本批前结存材料的数量之和作为权数去除本批收入材料的金额与本批前结存材料金额之和，求出以数量为权数的材料平均单价，作为发出原材料的单价，从而计算发出原材料的成本。其计算公式为：

$$材料移动平均单价=\frac{本批前结存材料金额+本批收入材料金额}{本批前结存材料数量+本批收入材料数量}$$

$$发出原材料的实际成本=材料移动平均单价\times发出原材料数量$$

以表5－1资料为例，采用移动加权平均法计算每批购进材料的平均单价、本期发出原材料成本和期末结存材料成本（见表5－2）。

第一批购材料平均单价 =(600 +440) ÷(300 +200) =2.08 (元/件)

第二批购材料平均单价 =(208 +690) ÷(100 +300) =2.245 (元/件)

第三批购材料平均单价 =(449 +500) ÷(200 +200) =2.37 (元/件)

发出原材料的实际成本 =2.08 ×400 +2.245 ×200 =832 +449 =1 281 (元)

期末结存材料成本 =400 ×2.37 =948 (元)

表 5 -2　　采用移动加权平均法计算

摘要	收入			发出			结存		
	数量	单价	金额（元）	数量	单价	金额（元）	数量	单价	金额（元）
5.1 结存							300	2.00	600
5.5 购入	200	2.2	440				500	2.08	1 040
5.15 领用				400	2.08	832	100	2.08	208
5.18 购入	300	2.30	690				400	2.245	898
5.20 领用				200	2.245	449	200	2.245	449
5.31 购入	200	2.5	500				400	2.37	949
合计	700		1 630	600		1 281	400		949

采用这种方法，在发出原材料时就可以对发出的每批材料计价，并在明细账上登记发出原材料的数量和金额，能够均衡核算工作。但在材料收入较多的情况下，每进一批材料就要计算一次单价，核算工作量较大。

3. 先进先出法

先进先出法是以先入库的材料先发出这种实物流转假设为前提，对发出原材料进行计价的一种方法。采用这种方法，在发出原材料时，应按仓库收入材料的顺序来计算发出原材料的成本。以图表资料为例，采用先进先出法时数据见表 5 -3。

表 5 -3　　采用先进先出法计算

摘要	收入			发出			结存		
	数量	单价	金额（元）	数量	单价	金额（元）	数量	单价	金额（元）
5.1 结存							300	2.00	600
5.5 购入	200	2.20	440				300 200	2.00 2.20	600 440
5.15 领用				300 100	2.00 2.20	600 220	100	2.20	220
5.18 购入	300	2.30	690				100 300	2.20 2.30	220 690
5.20 领用				100 100	2.20 2.30	220 230	200	2.30	460
5.31 购入	200	2.50	500				200 200	2.30 2.50	460 500
5.31 合计	700		1 630	600		1 270	200 200	2.30 2.50	460 500

发出原材料的实际成本 = 600 + 220 + 220 + 230 = 1 270（元）

期末结存材料成本 = 200 × 2.30 + 200 × 2.50 = 960（元）是按最近入库的材料成本计价的，比较接近现行的市价，能较真实地反映企业期末拥有存货的实际价值。缺点是核算工作量较大，特别是材料收发频繁的企业更是如此。而且当物价持续上涨时，发出原材料的价值偏低，高估了当期的利润；反之在物价持续下跌时，结果正相反。

4. 个别计价法

个别计价法，也称分批计价法，是指对发出的每一特定材料的个别单价加以认定的一种计价方法。采用这种方法，要按照所发材料逐一辨认其购进的批次，分别按其购进时所确定的单位成本作为计算发出原材料和期末结存材料成本。它的使用条件是：一是材料项目必须是可以辨认的；二是必须有详细的记录，以便了解每一购进材料的具体情况。

个别计价法的优点是计算发出原材料和结存材料的成本比较合理、准确，缺点是工作量大，很难区别每批存货的个别单位成本，特别是在一次发出包括几批不同单价的材料时，核算工作更加复杂。

上述发出原材料计价的四种方法，各有优缺点，按照实际成本计价进行材料日常核算的企业可以根据实际情况选择采用。但计价方法一经确定，不能随意变更，以保证各期核算资料的可比性。

二、生产过程交易或事项及其核算

（一）生产过程交易或事项的主要内容

产品生产是工业企业生产经营活动的中心环节，是工业企业生产经营活动的第二个阶段。这一阶段是人们借助于劳动资料，作用于劳动对象，创造出新产品的过程。可见，生产过程既是企业新产品的生产过程，也是活劳动和物化劳动的消耗过程。企业为生产产品所发生的各项耗费，最终都要归集分配到具体的产品成本计算对象上去。所以，产品生产过程核算的内容，概括而言，就是生产费用的归集与分配和产品生产成本的计算。

1. 生产费用和生产成本

生产费用与生产成本是两个不同的概念，掌握产品生产活动的业务核算应首先理解这两个概念的区别，以及生产费用计入生产成本的方式。

（1）生产费用。

企业在一定时期的生产经营活动中发生的各项耗费统称为费用。费用按是否构成产品的生产成本（或按经济用途）划分，可分为生产费用和期间费用。

①生产费用是指企业组织产品生产过程中发生的各种资产消耗。具体包括：有关劳动对象消耗的费用，如原材料等的耗费；有关劳动资料消耗的费用，如房屋、机器设备等的耗费；有关人力资源的耗费等，如支付给职工的工资及提取的职工福利费等；其他有关耗费，如办公费、水电费、差旅费、租金支出、书报费等。以上各项耗费统称为生产费用。生产费用有的能够直接计入产品的生产成本，有的需要分配后才能计入产品的生产成本。能够直接计入产品生产成本的生产费用称为直接生产费用，需要分配后才能计入产品生产

成本的生产费用称为间接生产费用，间接生产费用也称为制造费用。生产费用主要由三部分构成：

- 直接材料是指企业在产品生产过程中消耗并构成产品实体的原料、主要材料以及有助于产品形成的辅助材料、设备配件和外购的半成品等。
- 直接人工是指企业支付给直接参加产品生产工人的工资、津贴、奖金以及福利费等。
- 制造费用是指与产品密切相关但在发生后不便于直接计入产品成本，须在会计期末采用分配的方法计入产品生产成本的费用，如企业的产品生产部门管理人员的工资及福利费、固定资产的折旧费和修理费、物料消耗、办公费、保险费和劳动保护费等。

需要说明的是，生产费用与会计要素中的费用有本质区别。生产费用只表明企业在产品生产过程中对资产的消耗，在产品生产完工以后，这些耗费构成产成品成本，形成企业新的资产，而不是转化为能够导致经济利益流出企业的费用。只有当这些产品销售以后，才会转化为销售期间的费用，形成与企业实现的产品销售收入存在密切配比关系的费用。

②期间费用是指与产品生产无直接关系、属于某一期间耗费的费用，即企业在日常活动中发生的不能计入有关成本而直接计入所发生会计期间费用的各种耗费，包括管理费用、财务费用、销售费用。

- 管理费用是指企业为组织和管理整个企业的生产经营活动而发生的费用，包括企业在筹建期间发生的开办费、董事会和行政管理部门在企业的经营管理中发生的或应由企业统一负担的公司经费（包括行政管理人员工资和福利费、物料消耗、办公费和差旅费等）、工会经费、董事会费（包括董事会成员津贴、会议费和差旅费等）、聘请中介机构费、咨询费（含顾问费）、诉讼费、业务招待费、房产税、车船税、土地使用税、印花税、技术转让费、矿产资源补偿费、研究费用和排污费等。这些费用发生后，按月汇集，月末直接转入当期损益。
- 财务费用是指企业为筹集生产经营所需资金等而发生的费用。包括借款利息支出（减利息收入）、汇兑损益以及相关手续费等。这些费用发生后，按月汇集，月末直接转入当期损益。
- 销售费用是指企业在销售商品、提供劳务等日常活动中发生的各项费用。包括企业专设销售机构人员的工资及福利费，为推销产品发生的广告费和展销费等。

（2）生产成本。

生产成本亦称制造成本，一般是指已经计入一定产品成本的那部分生产费用。即将生产费用按照一定的产品成本计算对象进行归集分配，便形成该产品的生产成本。由此可见，生产费用的发生是产品生产成本产生的基础和前提，生产成本是生产费用计入一定产品之后的结果，简言之，生产成本就是对象化的生产费用。

（3）生产费用计入生产成本的方式。

①直接计入。

直接材料费是指为生产某种产品直接消耗的各种原材料、燃料和辅助材料的价值；直接人工费是指支付给直接参与产品生产的生产工人工资以及按规定的比例提取的职工福利费。一般而言，直接材料和直接人工由于可以直接分清所计入产品的生产成本，发生时就能判明属于哪种产品负担，为此，这两项生产费用被称为直接费用。

②间接计入。

也称分配计入。生产费用中的制造费用是指企业生产车间为组织和管理生产活动而发生的各项间接生产费用。包括车间管理人员的工资、福利费；车间一般消耗的材料费用；车间机器设备等固定资产折旧费、修理费；车间发生的办公费、水电费、劳动保护费等。这些费用内容比较复杂，通常不能直接认定应由哪种产品负担，因而需要采用分配的方法计入产品生产成本。基本做法是：企业平时按月归集、汇总，月末再按一定标准分配计入各种产品成本中去。分配的主要标准有生产工人的工资、生产工时等。

直接材料费、直接人工费和制造费用往往称为生产成本的基本项目。直接材料费、直接人工费和制造费用这三项成本项目又简称为料、工、费。

在会计核算过程中，必须按照划分收益性支出和资本性支出、历史成本和权责发生制核算基础的要求对各项费用的发生额及其应归属的期间加以确认和计量，并按照各项费用的构成内容和经济用途正确地进行反映。因此，产品生产过程中费用的发生、归集和分配以及产品成本的形成，就构成了产品生产业务核算的主要内容。

2. 生产业务核算的具体内容

从上面分析可以看出，制造业生产业务核算的具体内容应包括以下 5 项。

（1）材料费用。

产品制造企业通过供应过程采购的各种原材料，经过验收入库之后，就形成了生产产品的物资储备，生产产品及其他方面领用时，就形成了材料费用。材料费用是产品生产、管理部门、专设销售机构消耗的原料及主要材料、燃料、辅助材料等。在确定材料费用时，应在根据领料凭证区分车间、部门和不同用途后，按照确定的结果将发出材料的成本分别记入“生产成本”、“制造费用”、“管理费用”等账户和产品生产成本明细账。当原材料存货按实际成本计价核算时，发出材料的成本计算常用的方法有：个别计价法、先进先出法、加权平均法、移动加权平均法等。对于直接用于某种产品生产的材料费，应直接计入产品生产成本明细账中的直接材料费项目；对于由几种产品共同耗用，应由这些产品共同负担的材料费，应选择适当的标准在各种产品之间进行分配之后，计入各有关成本计算对象；对于为创造生产条件等需要而间接消耗的各种材料费，应先在“制造费用”账户中进行归集，然后再同其他间接费用一起分配计入有关产品成本中。总而言之，材料是构成产品实体的一个重要组成部分，对材料费的归集与分配的核算是生产过程核算非常重要的一部分内容。

（2）人工费用。

职工为企业劳动，理应从企业获得一定的报酬，也就是企业应向职工支付一定的薪酬。

人工费用是指工资及福利费。工资是根据规定，按照劳动者为企业提供劳动的数量和质量支付给职工的劳动报酬，它是成本、费用的构成内容。《企业会计准则第 9 号——职工薪酬》（简称职工薪酬准则）中规定“企业为获得职工提供的服务而给予各种形式的报酬以及其他相关支出”。即，凡是企业为获得职工提供的服务给予或付出的各种形式的对价，都构成职工薪酬，作为一种耗费构成人工成本，与这些服务产生的经济利益相匹配，与此同时，企业与职工之间因职工提供服务形成的关系，大多数构成企业的现实义务，将导致企业未来经济利益的流出，从而形成企业的一项负债。

职工薪酬准则所称的“职工”具体包括以下三类人员：

①与企业订立劳动合同的所有人员，含全职、兼职和临时工，即与企业订立了固定期限、无固定期限和以完成一定的工作量作为期限的劳动合同的所有人员。

②未与企业订立劳动合同但由企业正式任命的人员，如董事会成员、监事会成员等。

③在企业的计划和控制下，虽未与企业订立劳动合同或未由其正式任命，但为其提供与职工类似服务的人员，也属于职工薪酬准则所称的“职工”。如企业与有关中介机构签订劳务用工合同所涉及的相关劳务人员。

职工薪酬准则所确定的职工薪酬主要包括以下几项内容：职工工资、奖金、津贴和补贴；职工福利；社会保险费；住房公积金；工会经费和职工教育经费；其他。职工薪酬具体范围包括：在职和离职后提供给职工的所有货币性和非货币性薪酬；能够量化给职工本人和提供给职工集体享有的福利；提供给职工本人、配偶、子女或其他赡养人的福利；以商业保险形式提供给职工的保险待遇等。

（3）制造费用。

制造费用是产品制造企业为了生产产品和提供劳务而发生的各种间接费用。其主要内容是企业的生产部门（包括基本生产车间和辅助生产车间）为组织和管理生产活动以及为生产活动服务而发生的费用。如车间管理人员的工资及福利费，车间生产使用的照明费、取暖费、运输费、劳动保护费等。制造费用是产品生产成本的构成项目。在生产多种产品的企业里，制造费用在发生时一般无法直接判定其应归属的成本核算对象，因而不能直接计入所生产的产品成本中，必须将上述各种费用按照发生的不同空间范围在“制造费用”账户中予以归集、汇总，然后选用一定的标准（如生产工人工资、生产工时等），在各种产品之间进行合理的分配，以便于准确地确定各种产品应负担的制造费用额。计算公式如下：

$$\text{制造费用分配率}=\frac{\text{本月应分配的制造费用总额}}{\text{分配标准（生产工人工资或生产工时等）之和}}$$

$$\begin{matrix}\text{某种产品应分配}\\\text{的制造费用}\end{matrix}=\begin{matrix}\text{该产品生产工人工资}\\\text{（或生产工时等）}\end{matrix}\times\begin{matrix}\text{制造费用}\\\text{分配率}\end{matrix}$$

应注意的是：当企业只生产一种产品时，制造费用在月末汇总后直接转入该种产品的成本中去，不存在分配问题。

（4）固定资产折旧费用。

为考虑固定资产的原始投资规模，固定资产管理要求原价与实物口径相一致，即固定资产在使用过程中保持原有的实物形态，而固定资产的价值则随着固定资产的损耗而逐渐地、部分地转移到产品成本或费用中去，成为产品成本或企业费用的构成内容。这部分因固定资产损耗而转移的价值称为固定资产折旧，其价值量称为折旧额。固定资产的折旧应该作为折旧费用计入产品成本和期间费用，这样做不仅是为了使企业在将来有能力重置固定资产，更主要的是为了实现期间收入与费用的正确配比。计算固定资产折旧，通常是根据期初固定资产的原价和规定的折旧率按月计算提取的。固定资产原值减去累计折旧的差额称为固定资产净值。

（5）完工产品生产成本。

制造费用分配由各种产品成本负担之后，为了对完工验收入库的产成品提供计价依据，需要计算产品的生产成本。成本计算是会计核算的主要内容之一。产品生产成本的计算，就是按照所生产产品的品种、类别等（即成本计算对象）进行归集和分配，以便计算各种产品的总成本和单位成本。计算产品生产成本既为入库产成品提供了计价的依据，又是确定各会计期间盈亏的需要。

企业对完工产品成本的计算方法有：品种法、分步法、分批法。在以产品品种为成本计算对象的企业或车间，如果只生产一种产品，计算产品成本时，对所发生的生产费用全部都是直接计入费用，不存在在各成本计算对象之间分配费用的问题；如果生产的产品不止一种，就应按照产品品种计入该种产品成本费用。制造费用或几种产品共同耗用的某种原材料费用、生产工人的计时工资等，则应采取适当的分配方法在各成本计算对象之间进行分配。

如果月末某种产品全部完工，该种产品生产成本所归集的费用总额，就是该种完工产品的总成本，用完工产品总成本除以该种产品的完工总产量即可计算出该种产品的单位成本。如果月末某种产品全部未完工，该种产品生产成本所归集的费用总额就是该种产品在产品的总成本。如果月末某种产品一部分完工、一部分未完工，这时归集在产品成本的费用总额还要采取适当的分配方法在完工产品和在产品之间进行分配，以计算出完工产品的总成本和单位成本。品种法的计算公式为：

$$\text{完工产品的总成本} = \text{期初在产品成本} + \text{本期发生的生产费用} - \text{期末在产品成本}$$

$$\text{本月发生生产费用} = \text{直接材料费用} + \text{直接人工费用} + \text{分配的制造费用}$$

$$\text{完工产品单位成本} = \frac{\text{完工产品总成本}}{\text{完工产品数量}}$$

企业生产的产品经过各道工序的加工之后，就成为企业的完工产成品。所谓产成品是指已经完成全部生产过程并已验收入库、符合标准规格和技术条件，可以按照合同规定的条件送交订货单位，或可以作为商品对外销售的产品。

根据生产业务核算内容的分析，生产过程中各项费用发生后的归集与分配及结转见图 5-23。

（二）生产过程主要交易或事项及其核算

1. 主要账户的设置

制造业为了进行生产费用的归集与分配和产品生产成本的计算，应设置的主要账户除“生产成本”、“制造费用”两个专门的账户外，还需设置“累计折旧”、“库存商品”、“应付职工薪酬”、“管理费用”、“销售费用”等账户。另外“财务费用”账户在本章第二节已经设置，在此不再重复设置。

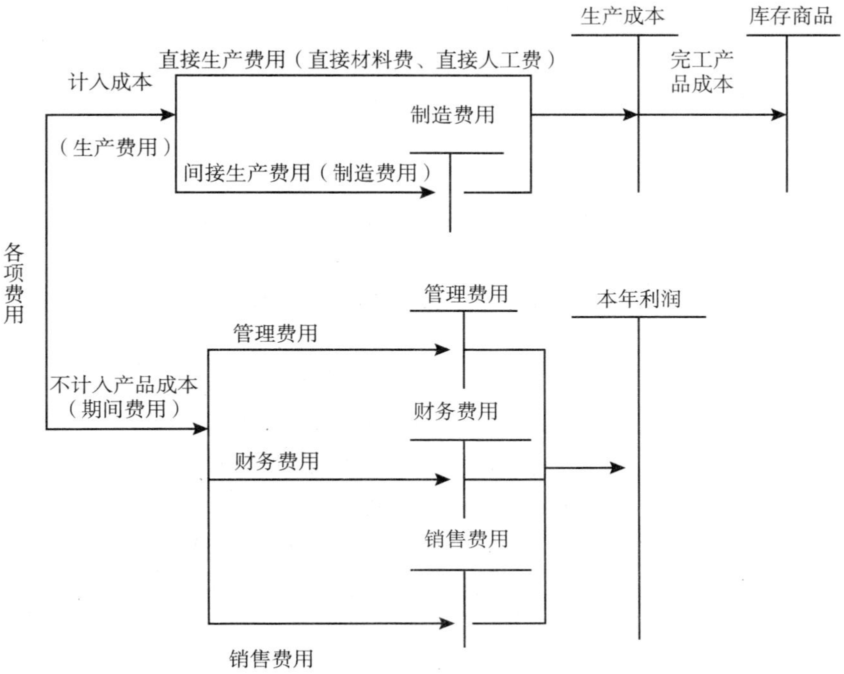

图 5-23　各项费用的归集、分配与结转

（1）“生产成本”账户。

资产类账户，也是产品生产成本的计算账户。用以核算企业在产品生产过程中发生的各种费用，以及完工产品成本的结转情况。该账户的借方登记由于进行产品生产而发生的直接材料、直接人工和制造费用；贷方登记结转的已完工产品的实际成本。该账户期末为借方余额，反映企业期末未完工产品（在产品）的实际成本。账户应按产品品种类或产品类别设置明细账户（见图 5-24）。

借方　　生产成本	贷方
发生的生产费用 直接材料 直接人工 结转来的制造费用	期末结转的完工产品的实际生产成本
余额：月末尚未完工产品的生产成本	

图 5-24　“生产成本”账户结构

（2）“制造费用”账户。

资产类账户，也是产品生产成本的计算账户。用以核算企业在产品生产过程中发生的为归集和分配企业生产车间范围内为组织和管理产品的生产活动而发生的各项间接生产费用，包括车间范围内发生的管理人员的薪酬、折旧费、修理费、办公费、水电费、机物料消耗等。该账户的借方登记日常发生的各种制造费用；贷方登记按照一定的方法分配计入产品生产成本的制造费用。一般情况下，一定会计期间内该账户贷方的分配数与其借方的实际发生数相等，期末一般没有余额。账户应按不同车间设置明细账户，按照费用项目设置专栏进行明细分类核算（见图5－25）。

借方 制造费用	贷方
车间（部门）为生产产品和提供劳务而发生的制造费用	期末结转到“生产成本”账户的制造费用

图5－25 “制造费用”账户结构

（3）“应付职工薪酬”账户。

负债类账户。用以核算企业应付职工（包括生产职工、生产单位管理人员和企业管理人员等）的各种薪酬总额与实际发放情况，并反映和监督企业与职工薪酬结算情况。该账户贷方登记本月计算的应付职工薪酬总额，包括各种工资、奖金、津贴和福利费等，同时应付的职工薪酬应被作为一项费用按其经济用途分配记入有关的成本、费用账户；借方登记本月实际支付的职工薪酬数。月末如为贷方余额，表示本月应付职工薪酬大于实付职工薪酬的数额，即应付未付的职工薪酬。“应付职工薪酬”账户可以按照“工资”、“职工福利”、“社会保险费”、“住房公积金”等进行明细分类核算（见图5－26）。

借方 应付职工薪酬	贷方
实际支付给职工的各种薪酬的数额	应付给职工的各种薪酬
	余额：应付未付的职工薪酬

图5－26 “应付职工薪酬”账户结构

（4）“管理费用”账户。

损益类账户。用以核算企业行政管理部门为组织和管理生产经营活动而发生的各项费用。本账户的借方反映企业发生的各种管理费用；贷方反映企业期末结转到“本年利润”账户的管理费用；结转后本账户没有余额。账户可按管理费用的费用项目设置明细账，进行明细分类核算（见图5－27）。

借方 管理费用	贷方
本期发生的各项管理费用	期末转入“本年利润”账户的管理费用

图5－27 “管理费用”账户结构

（5）“累计折旧”账户。

资产调整账户。用来核算企业固定资产在使用过程中已提折旧的累计情况。其贷方登记按月提取的折旧额，即累计折旧的增加，借方登记因减少固定资产而减少的累计折旧。期末余额在贷方，表示企业期末已提折旧的累计额（见图5－28）。

借方	累计折旧　　　　贷方
折旧的减少额	折旧的增加额
	余额：现有固定资产期末累计已计提的折旧额

图 5－28　“累计折旧”账户结构

（6）“累计摊销”账户。

资产调整账户。用来核算企业无形资产在使用过程中已提摊销额的累计情况。其贷方登记按月提取的摊销额，即累计摊销的增加，借方登记因减少无形资产而减少的累计摊销。期末余额在贷方，表示企业期末已提折旧的累计额（见图 5－29）。

借方	累计摊销　　　　贷方
摊销的减少额	摊销的增加额
	余额：现有无形资产期末累计已计提的摊销额

图 5－29　“累计摊销”账户结构

（7）“库存商品”账户。

资产类账户。用以核算企业库存各种商品成本的增减变动及其结存情况。在制造业企业，该账户的借方登记已验收入库的完工产品的实际成本；贷方登记发出商品（如销售或本企业有关部门领用）的实际成本。该账户期末为借方余额，反映企业期末结存的各种商品的实际成本。“库存商品”账户可按商品的种类、品种和规格等设置明细账，进行明细分类核算（见图 5－30）。

借方	库存商品　　　　贷方
验收入库的商品成本的增加	库存商品的减少
余额：期末库存商品的成本	

图 5－30　“库存商品”账户结构

2. 生产过程主要交易或事项会计记录举例

【例 5－25】 10 月 2 日，银海公司以银行存款支付本季度财产保险费 27 000 元。

按照权责发生制原则，企业应按支出的义务是否属于本期来确认费用的入账时间。用银行存款支付本季度的财产保险费，款项虽然在本期支付，但其付款的义务显然不是全部在本月发生，而是在本季度三个月产生责任，所以本笔业务付款时，应将其作为一种预付费用处理。因此，这项交易或事项的发生，一方面预付费用增加，属于资产增加，应记入“预付账款”账户的借方，另一方面用银行存款支付款项，意味着银行存款资产的减少，应记入“银行存款”账户的贷方。编制会计分录为：

借：预付账款——保险费　　　　27 000

　　贷：银行存款　　　　27 000

【例 5－26】 10 月 10 日，银海公司各部门从仓库领用原材料各一批，价值 222 300

元。用以生产甲产品，乙产品和其他一般耗用，领料汇总表见表 5 –4。

表 5 –4　　领料汇总表

用　途	A 材料		B 材料		C 材料		金额合计（元）
	数量（kg）	金额（元）	数量（kg）	金额（元）	数量（kg）	金额（元）	
制造甲产品耗用	200	14 040	400	37 440	200	222 300	74 880
制造乙产品耗用	100	7 020	400	37 440	600	70 200	114 660
小计	300	21 060	800	74 880	800	93 600	189 540
制造部门一般耗用	200	14 040					14 040
管理部门领用			200	18 720			18 720
合计	500	35 100	1 000	93 600	800	93 600	222 300

该笔业务发生后，企业成本和费用增加，原材料同时减少。原材料减少 222 300 元，记入“原材料”账户贷方。本月领用的材料按用途和领用部门进行归集分配，记入有关的成本、费用账户，其中直接用于甲产品生产的 74 880 元和乙产品生产的 114 660 元属直接材料，记入“生产成本”及所属明细账户的借方；车间一般耗用的 14 040 元，属制造费用，记入“制造费用”账户的借方；行政管理部门领用的 18 720 元，属管理费用，记入“管理费用”账户借方。编制会计分录为：

借：生产成本——甲产品　　74 880
　　　　　　——乙产品　　114 660
　　制造费用　　14 040
　　管理费用　　18 720
　　贷：原材料——A 材料　　35 100
　　　　　　　——B 材料　　93 600
　　　　　　　——C 材料　　93 600

【例 5 –27】 10 月 15 日，以现金购买行政管理部门办公用品 360 元，购买车间办公用品 280 元。

该笔业务发生后，一方面引起库存现金减少 640 元，记入“库存现金”账户贷方。另一方面车间负担的办公用品属于间接生产费用，应记入“制造费用”账户借方；管理部门负担的办公用品作为期间费用，记入“管理费用”账户借方。编制会计分录为：

借：制造费用　　280
　　管理费用　　360
　　贷：库存现金　　640

【例 5 –28】 根据考勤记录，结算本月份应付职工薪酬 108 000 元，其中：制造甲产品的工人工资 35 000 元，制造乙产品的工人工资 42 000 元，制造部门管理人员工资 21 000 元，行政管理人员工资 10 000 元。工资及福利费分配见表 5 –5。

表 5－5　　**工资及福利费分配表**　　单位：元

应借科目		应付工资		
总库科目	明细科目	生产工人	管理人员	小计
生产成本	甲产品	35 000		35 000
	乙产品	42 000		42 000
	小计	77 000		77 000
制造费用			21 000	21 000
管理费用			10 000	10 000
合计		77 000	31 000	108 000

该笔业务发生后，本月应付工资增加 108 999 元，记入“应付职工薪酬——工资”账户贷方。另一方面工资费用增加了 108 000 元，应按用途和部门归集分配并记入有关的成本、费用账户。其中生产工人的工资记入“生产成本”账户借方，车间管理人员的工资记入“制造费用”账户的借方，行政管理人员的工资应记入“管理费用”账户借方。编制会计分录为：

借：生产成本——甲产品　　35 000
　　　　　　——乙产品　　42 000
　　制造费用　　21 000
　　管理费用　　10 000
　　贷：应付职工薪酬——工资　　108 000

【例 5－29】 开出现金支票一张从银行提取现金 108 000 元，以备发放本月工资。

该笔业务发生后，一方面银行存款减少 108 000 元，记入“银行存款”账户贷方。另一方面库存现金增加，应记入“库存现金”账户借方。编制会计分录为：

借：库存现金　　108 000
　　贷：银行存款　　108 000

【例 5－30】 用现金发放 108 000 元发放职工工资。

该笔业务发生后，一方面应付工资减少 108 000 元，记入“应付职工薪酬——工资”账户借方。另一方面库存现金减少，应记入“库存现金”账户贷方。编制会计分录为：

借：应付职工薪酬——工资　　108 000
　　贷：库存现金　　108 000

【例 5－31】 本月以现金支付车间生产 A 产品工人困难补助费 4 000 元及行政人员住院补助费 980 元。

该笔业务发生后，应分为两笔分录来确认完成。首先应计提职工福利费，而后使用计提的职工福利费。计提时，生产成本增加，管理费用增加，同时应付职工薪酬——福利费增加，分别记入“生产成本”账户、“管理费用”账户借方和“应付职工薪酬——福利费”账户贷方。同时，应付福利费使用了 4 980 元，记入“应付职工薪酬——福利费”账户借方，库存现金减少，记入“库存现金”账户贷方。编制会计分录为：

借：生产成本——A 产品　　4 000

管理费用 980

贷：应付职工薪酬——福利费 4 980

借：应付职工薪酬——福利费 4 980

贷：库存现金 4 980

【提示说明】根据财政部《关于实施修订后的〈企业财务通则〉有关问题的通知》（财企［2007］48号）、《关于企业新旧财务制度衔接有关问题的通知》（财企［2008］34号）和《关于企业加强职工福利费财务管理的通知》（财企［2009］242号），自2007年开始，财政部对职工福利费的会计处理进行了调整。财政部要求2007年起企业不再按照工资总额以及职工福利费，2007年已经计提的职工福利费应当予以冲回。原应付福利费按照职工工资总额的14%计提，使用时从应付福利费中列支，未使用的部分形成对职工的负债，余额以后使用。新的规定不再计提使用，而是实际使用发生时列支，直接在应付职工薪酬中核算。原制度强调预提扣除，新制度则强调实际使用。

【例5－32】本月，银海公司以银行存款支付集团行政管理部门的办公用品23 000元。

该笔业务发生后，一方面银行存款减少了23 000元，记入“银行存款”账户贷方。另一方面管理部门负担的办公用品作为期间费用应记入“管理费用”账户借方。编制会计分录为：

借：管理费用 23 000

贷：银行存款 23 000

【例5－33】本月，通过开户银行为本月在册员工，发放交通补贴和通信补贴共15 120元。其中，为生产甲产品的工人发放4 900元，为生产乙产品的工人发放5 880元，为车间管理人员发放2 940元，为行政管理人员发放1 400元。

按照《关于企业加强职工福利费财务管理的通知》（财企［2009］242号），为员工发放的交通补贴和通信补贴应当纳入职工工资总额。为了正确核算当期的工资费用，需要按所属的部门，借记“生产成本”、“制造费用”、“管理费用”、“销售费用”等科目，贷记“应付职工薪酬——工资”科目。然后在发放时，借记“应付职工薪酬——工资”科目，贷记“库存现金”或者“银行存款”等科目。

该笔业务发生后，首先，应按应发金额，一方面记入“应付职工薪酬——工资”账户贷方。另一方面引起成本、费用增加15 120元，其中，为生产工人发放的属直接人工费10 780元，直接记入“生产成本”及所属明细账借方；为车间管理人员发放提的2 940元，应记入“制造费用”账户借方；按行政人员工资发放的1 400元，应记入“管理费用”账户借方。编制会计分录为：

借：生产成本——甲产品 4 900

——乙产品 5 880

制造费用 2 940

管理费用 1 400

贷：应付职工薪酬——工资 15 120

发放时：

借：应付职工薪酬——工资 15 120

贷：银行存款　15 120

注意：上述两个分录不能合并成一个分录，因为企业所得税法要求提供职工工资数额，作为福利费、职工教育经费等的扣除依据，如果合并成一个分录，那么，账面上应付职工薪酬——工资就会少计 15 120 元，这样缴纳所得税前扣除福利费等的计算基数就少了，相应地会增加企业税负。

【例 5－34】 银海公司以银行存款支付 10 月份车间水电费共为 6 600 元，行政管理部门办公费、水电费 2 600 元。

该笔业务发生后，一方面引起银行存款减少了 9 200 元，应记入“银行存款”账户贷方。另一方面负担的水电费属于间接生产费用，应记入“制造费用”账户借方；管理部门负担的水电费作为期间费用，记入“管理费用”账户借方。编制会计分录为：

借：制造费用　6 600

　　管理费用　2 600

　　贷：库存现金　9 200

【例 5－35】 月末，以银行存款支付应由本期财务费用负担的短期借款利息 1 300 元。

该笔业务发生后，一方面引起银行存款减少了 1 300 元，应记入“银行存款”账户贷方；另一方面短期借款利息属于间接费用中的财务费用，应记入“财务费用”账户借方。编制会计分录为：

借：财务费用　1 300

　　贷：银行存款　1 300

【例 5－36】 月末，摊销应由本月负担的无形资产 8 000 元。

该笔业务发生后，一方面引起企业无形资产的减少，记入“累计摊销”账户贷方；另一方面增加了管理费用 8 000 元，应记入“管理费用”账户借方。编制会计分录为：

借：管理费用　8 000

　　贷：累计摊销　8 000

【例 5－37】 月末，按照规定的固定资产折旧率，计提本月固定资产折旧 10 200 元，其中：制造部门固定资产折旧 6 800 元，行政管理部门固定资产折旧 3 400 元。

该笔业务发生后，一方面引起固定资产折旧额增加了 10 200 元，应记入“累计折旧”账户贷方。另一方面引起折旧费用增加，应按用途分别记入有关的成本、费用账户。其中制造部门用固定资产计提的折旧额 6 800 元，由于无法分清具体与生产哪种产品相关，应作为间接生产费用先记入“制造费用”账户借方；行政管理部门用固定资产计提的折旧费 3 400 元，属于管理费用，应记入“管理费用”账户借方。编制会计分录为：

借：制造费用　6 800

　　管理费用　3 400

　　贷：累计折旧　10 200

【例 5－38】 月末，摊销应由本月负担的本月月初已付款的本季度车间用设备财产保险费，见【例 5－30】。

10 月 2 日，以银行存款支付了本季度财产保险费 27 000 元。这项交易或事项实际上是一笔权责发生制核算基础应用的业务。财产保险费的承担责任本月应为 9 000 元，应将其作为本期的费用入账。所以，该笔业务一方面使得车间保险费制造费用增加 9 000 元，应记入“制造费用”账户；另一方面，月初已预付的费用减少 9 000 元，应记入“预付账款”账户的贷方，编制会计分录为：

借：制造费用　　9 000

　　贷：预付账款　　9 000

【例 5－39】 月末，摊销应由本月负担的年初已付款的报刊费 800 元、车间用的房租 2 700 元。

这项交易或事项是一笔权责发生制核算基础应用的业务。题中报刊费、车间的房租款项前期已支付，而责任却在本期产生，因而均应将之视为费用，分别应记入“管理费用”账户和“制造费用”账户借方；同时，该项交易或事项以前期预付的费用相应摊销减少，应记入“预付账款”账户的贷方。编制会计分录为：

借：管理费用　　800

　　制造费用　　2 700

　　贷：预付账款　　3 500

【例 5－40】 月末，银海公司月末结转本月制造费用。根据甲产品、乙产品的生产工时比例分配制造费用，甲、乙产品的生产工时分别为 30 000 和 20 000，综合【例 5－31】至【例 5－44】。

该笔业务发生后，本月制造费用为 63 360（14 040＋280＋21 000＋2 940＋6 600＋6 800＋9 000＋2 700）元，应结转到甲、乙两种产品的生产成本中去，需要按一定的标准在它们之间进行分配。现按生产工时为标准进行分配：

$$\text{制造费用分配率}=\frac{14\ 040+280+21\ 000+2\ 940+6\ 600+6\ 800+9\ 000+2\ 700}{30\ 000+20\ 000}$$

$$=\frac{63\ 360}{50\ 000}=1.2672\text{（元/生产工时）}$$

甲产品应分摊的制造费用＝1.2672×30 000＝38 016（元）

乙产品应分摊的制造费用＝1.2672×20 000＝25 344（元）

制造费用经过结转后，一方面引起甲、乙产品生产成本的增加，应记入“生产成本”总账及所属明细账借方；另一方面引起制造费用减少，应记入“制造费用”账户贷方。编制会计分录为：

借：生产成本——甲产品　　38 016

　　　　　　——乙产品　　25 344

　　贷：制造费用　　63 360

【例 5－41】 月末，本月甲产品 150 台全部制造完工，并已验收入库，按其实际生产成本 152 796 元转账。另外本月乙产品 500 件也全部制造完工，并已验收入库，按其实际生产成本 187 884 元转账。

结转完工产品的成本，一方面引起库存的产成品增加，其中甲产品 150 台，实际成本 152 796 元，乙产品 500 件，实际成本 187 884 元，应记入“库存商品”账户借方；另一方面完工产品成本从生产成本中转出后，引起生产成本的减少，记入“生产成本”账户贷方。编制会计分录为：

借：库存商品——甲产品　152 796

　　　　　　——乙产品　187 884

　贷：生产成本——甲产品　152 796

　　　　　　　——乙产品　187 884

简要生产过程总分类核算如图 5－31 所示。

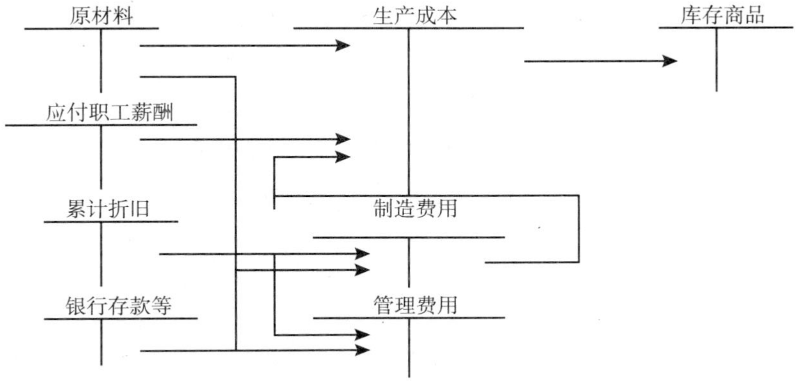

图 5－31　简要生产过程总分类核算

三、产品销售、其他销售交易或事项及其核算

（一）销售过程交易或事项的主要内容

销售过程是从企业生产过程制造完成产成品验收入库开始到销售给购买方为止的过程，是企业生产经营过程的第三阶段，也是企业生产经营过程的最后一个阶段。销售过程，是产品价值的实现过程。在这一过程中，一方面，企业将生产出来的符合标准的产品，按照合同规定的条件发送给订货单位，以满足社会消费的需要；另一方面，按照销售价格和结算制度的规定，向购货方办理结算手续，及时收取货款或形成债权，使企业的生产耗费得到补偿。

企业通常把销货款称做销售收入。同时在销售过程中结转商品销售成本，以及发生的运输、包装、广告等销售费用，按照国家税法的规定计算缴纳的各种销售税金等都应该从销售收入中得到补偿，补偿之后的差额即为企业销售商品的业务成果即利润或亏损。企业在销售过程中除了发生销售商品、自制半成品以及提供劳务等主要业务外，还可能发生一些其他业务，如销售材料、出租包装物、出租固定资产等，本节中主要介绍企业主营业务和其他营业活动的核算内容。

1. 主营业务收支的核算内容

制造业企业的主营业务范围包括销售商品、自制半成品、代制品、代修品以及提供工业性劳务等。主营业务核算的主要内容就是主营业务收入的确认与计量、主营业务成本的计算与结转、销售费用的发生与归集、各种税金及附加，如应缴纳的增值税、消费税、城市维护建设税、教育费附加的计算与缴纳以及货款的收回等。

（1）主营业务收入。

主营业务收入是指企业在主要的经营活动中所获得的经济利益的总流入。对于产品生产企业而言，就是指其在产品的销售过程中实现的收入。企业进行产品销售是获取营业收入的主要渠道，产品销售收入在企业全部收入中占有比较大的比重，是影响企业经营成果的最重要因素。主营业务收入总额是销售量与单位售价的乘积。

（2）主营业务成本。

主营业务成本是指企业在确认销售产品收入时应结转的成本。对产品生产企业而言，主营业务成本就是指企业已经销售的那部分商品的成本。生产企业销售的商品都是其在生产过程中制造出来的，已经发生了材料、设备和人工等方面的消耗，将由此产生的费用按照一定的成本计算对象进行归集分配，就构成所生产产品的成本。

【提示说明】 主营业务成本属于企业的主要费用内容。追根溯源，该成本是产品在生产过程中发生的生产成本。我国《企业会计准则》规定，企业为生产产品发生的可归属于产品成本的费用，应当在确认产品销售收入时，将已销售产品的成本计入当期损益，即计入当期主营业务成本。因而，主营业务成本已经不是简单意义上的生产费用（或成本），而是一种与所实现的收入密切相关的费用，是企业为实现营业收入而付出的代价。

（3）应缴纳的增值税。

当期应缴纳的增值税 = 当期的销项税额 − 当期的进项税额

销项税额是指企业在销售商品时向购货方收取的增值税税额。

销项税额 = 销售额 × 增值税税率

销售额为不含税的销售额，若为含税的销售额应换算成不含税的销售额。

一般纳税人的增值税税率为17%。进项税额前已有述，有关增值税的其他规定在此略。

【提示说明】“应交税费”账户在产品销售过程账务处理中主要是记录企业已经缴纳的增值税中的“销项税额”。销项税额是销售企业在销售商品时随同货款一并向购货方收取并应上缴税务部门的税款。因而，企业在收到销项税额时不能确认为企业的收入，而应记入该账户的贷方，反映应交税费增加；实际缴纳时，记入该账户的借方。在实务中，企业在会计期末所缴纳的增值税税额一般是根据“销项税额”与“进项税额”的差额确定的，这种做法称为增值税的抵扣。

（4）销售费用。

在商品的销售中还会发生一些与商品销售有关的费用，如商品展销费和广告费等。销售费用属于企业开展日常经营活动而发生的费用，在实务中不计入营业成本，而是设立专门账户单独进行会计处理。销售费用包括保险费、包装费、展览费和广告费、商品维修费、预计产品质量保证损失、运输费和装卸费等，以及为销售本企业商品而专设的销售机构（含销售网点、售后服务网点等）的职工薪酬、业务费和折旧费等经营费用。

【提示说明】 根据我国《企业会计准则》规定，企业在销售商品过程中发生的销售费用直接计入当期损益(“销售费用”账户)，不计入商品的销售成本。反过来看，在销售费用中也不包括销售商品本身的成本，商品的销售成本也属于费用性质，但应在“主营业务成本”账户核算。因此，可以将销售费用理解为企业在销售产品的交易或事项中发生的商品本身成本以外的其他所有费用。

（5）营业税金及附加。

企业实现销售收入后，还应按照税法的规定缴纳增值税以外的其他有关税费，如城市维护建设税和教育费附加等。营业税金及附加在实务中也不计入营业成本，而是设立专门账户单独进行会计处理。营业税金及附加包括以下内容：消费税、营业税、资源税、城市维护建设税、教育费附加等。

①消费税，指企业生产和销售政府不鼓励消费的产品（如烟酒和高档化妆品等）而应缴纳的税金。即消费税是生产销售应税消费品应缴纳的税金。

应缴纳消费税 = 销售额 × 适用税率

或　应纳消费税额 = 销售量 × 单位税额

②营业税，指企业提供应税劳务、转让无形资产或销售不动产时按取得的营业额计算确定的应纳税金。

应缴纳的营业税 = 营业额 × 适用税率

③资源税，指企业经营活动因使用国家资源而应按销售额计算缴纳的税金。

应缴纳的资源税 = 营业额 × 适用税率

④城建税，即城市维护建设税。是企业为进行城市公共设施的维护和建设而缴纳的税金。以应缴纳的增值税、消费税、营业税为计税依据。

应缴纳的城建税 =（当期应缴纳的增值税 + 消费税 + 营业税）× 适用税率（5% ~7%）

⑤教育费附加，是企业为支持教育事业发展而缴纳的一种附加费。教育费附加也是以应缴纳的增值税、消费税、营业税为依据。

教育费附加 =（当期应缴纳的增值税 + 消费税 + 营业税）× 附加率（3%）

2. 其他销售业务核算的内容

企业在经营过程中，除了要发生主营业务之外，还会发生一些非经常性的、具有兼营性的其他业务。其他业务（也称附营业务）是指企业在经营过程中发生的除主营业务以外的其他销售业务，包括销售材料、出租包装物、出租固定资产、出租无形资产、出租商品、用材料进行非货币性交换或债务重组等活动。对于不同的企业而言，主营业务和其他业务的内容划分并不是绝对的，一个企业的主营业务可能是另一个企业的其他业务，即便在一个企业里，不同期间的主营业务和其他业务的内容也不是固定不变的。由于其他业务不属于企业主要的经营业务范围，按照重要性的要求，对其他业务的核算采取比较简单的方法。其他业务收入和支出的确认原则和计量方法与主营业务基本相同，但相对而言，没有主营业务的要求严格。

（1）其他业务收入。

其他业务收入是指企业确认的其他经营活动实现的收入。包括销售原材料、出租包装物、转让无形资产使用权、出租固定资产等取得的收入。其他业务收入不一定在每个企业都产生，即使存在其他业务收入，其在企业全部收入中所占的比重一般也较小。

（2）其他业务成本。

其他业务成本是指企业确认的其他经营活动所发生的支出。包括出租固定资产的折旧额、出租无形资产和包装物的摊销额，以及所销材料本身的成本等。

（二）销售过程主要业务核算

1. 主要账户的设置

为了反映和监督企业的销售业务，应设置“主营业务收入”、“主营业务成本”、“营业税金及附加”、“应收账款”、“预收账款”、“应交税费”、“其他业务收入”和“其他业务成本”、“销售费用”等账户。

（1）“主营业务收入”账户。

收入（损益）类账户。用以核算企业因销售商品等主营业务产生的收入。该账户的贷方登记企业实现的主营业务收入；借方登记发生的销售退回和在会计期末结转入“本年利润”账户的收入。该账户期末应为贷方余额，反映企业已实现的收入。会计期末将余额结转入“本年利润”账户后，该账户应无余额。“主营业务收入”应按照主营业务的种类设置明细账，进行明细分类核算（见图5－32）。

借方　　主营业务收入	贷方
期末转入“本年利润”账户的金额	企业发生的各项主营业务收入

图5－32　“主营业务收入”账户结构

（2）“主营业务成本”账户。

费用（损益）类账户。用以核算企业在确认销售商品等主营业务收入时应结转的成本。对销售产品而言，所结转的就是商品的销售成本。对销售产品而言，其所结转的是该商品的销售成本。该账户的借方登记在确认产品销售成本后结转的销售成本；贷方登记退货商品的成本以及在会计期末结转入“本年利润”账户的商品销售成本。期末结转后该账户应无余额。“主营业务成本”应按照主营业务的种类设置明细账，进行明细分类核算（见图5－33）。

借方　　主营业务成本	贷方
已售商品、提供劳务等应结转的主营业务成本	销售退回的商品成本 期末转入“本年利润”账户的当期销售产品成本

图5－33　“主营业务成本”账户结构

（3）“营业税金及附加”账户。

费用类账户。用以核算企业根据营业收入等计算确定的增值税以外的其他流转税费及其结转情况。该账户的借方登记按照规定计算出来的应由企业负担的营业税金及附加；贷方登记在会计期末结转入“本年利润”账户的营业税金及附加。期末结转后，该账户应无余额（见图5－34）。

借方　　营业税金及附加	贷方
企业按规定计算确定的与经营活动相关的税费	期末转入“本年利润”账户中的当期营业税金及附加

图5－34　“营业税金及附加”账户结构

（4）“销售费用”账户。

费用（损益）类账户。用以核算企业因销售商品而发生的各种费用及其结转情况。该账户的借方登记各种销售费用的发生数；贷方登记在会计期末结转入“本年利润”账户的销售费用数。期末结转后，该账户应无余额。“销售费用”账户可按费用项目设置明细账，进行明细分类核算（见图5－35）。

借方　　销售费用	贷方
企业发生的各种销售费用	期末转入“本年利润”账户的销售费用

图5－35　“销售费用”账户结构

（5）“其他业务收入”账户。

收入（损益）类账户。用以核算企业确认的主营业务活动以外的其他经营活动实现的收入。该账户的贷方登记企业获得的各项其他业务收入；借方登记会计期末结转入“本年利润”账户的已经实现的其他业务收入。期末结转后，该账户应无余额（见图5－36）。

借方　　其他业务收入	贷方
期末转入“本年利润”账户的金额	企业实现的各项其他业务收入

图5－36　“其他业务收入”账户结构

（6）“其他业务成本”账户。

费用（损益）类账户。用以核算企业确认的主营业务活动以外的其他经营活动所发生的支出。该账户的借方登记企业为获得各项其他业务收入而产生的相关成本；贷方登记在会计期末时结转入“本年利润”账户的其他业务成本。期末结转后，该账户应无余额（见图5－37）。

借方　　其他业务成本	贷方
企业发生的其他业务成本	期末转入“本年利润”账户的金额

图5－37　“其他业务成本”账户结构

（7）“应收账款”账户。

资产类账户。用以核算企业因销售商品、提供劳务而应向客户收取的款项。该账户的借方登记各种应收款项；贷方登记实际收回的应收款项。该账户期末为借方余额，反映企业应收但尚未收回的款项。应该注意的是，其他业务产生的应收款项应在“其他应收款”账户记录，不能记入“应收账款”账户。“其他应收款”账户的结构与“应收账款”账户相同。“应收账款”账户应按不同的购货单位或接受劳务单位设置明细账，进行明细分类核算（见图5－38）。

借方	应收账款　　　贷方
企业发生的应收账款的增加额	收回的应收账款及确认的坏账损失额
余额：尚未收回的应收账款	余额：预收的账款大于应收账款的差额

图5－38　“应收账款”账户结构

（8）“应收票据”账户。

资产类账户。用以核算企业因销售商品而收到的商业汇票。该账户的借方登记企业应收票据本息；贷方登记票据到期时收回的票据本息。该账户期末为借方余额，反映尚未到期暂未收回的应收票据金额（见图5－39）。

借方	应收票据　　　贷方
企业收到的应收票据	票据到期收回的票面金额和持未到期票据向银行贴现的票面金额

图5－39　“应收票据”账户结构

（9）“预收账款”账户。

负债类账户。用以核算企业按照合同的规定向购货方预收的款项。该账户的贷方登记预收客户的款项；借方登记向客户发出商品抵扣的预收款。该账户期末一般为贷方余额，反映预收购货单位的款项余款。“预收账款”账户应按购货单位设置明细账，进行明细分类核算（见图5－40）。

借方	预收账款　　　贷方
冲销的预收账款数额 企业退还给交易方多付的款项	企业预收交易方的款项 收到交易方补付的款项
余额：应由交易方补付给本企业的款项	余额：企业向购货单位预付的款项

图5－40　“预收账款”账户结构

此外，在营业收入与营业成本交易或事项的处理过程中，还会用到前面已讲述的“库存商品”等账户。

2. 主要交易或事项会计记录举例

【例5－42】 10月16日，银海公司行政管理人员王政出差，借支差旅费1 200元，以现金支付。

该笔交易或事项发生后，一方面引起库存现金减少1 200元，记入“库存现金”账户贷方；另一方面行政管理人员出差所借支差旅费应记入“其他应收款”账户借方。编制会计分录为：

借：其他应收款——王政　1 200

　　贷：库存现金　1 200

【例5-43】10月20日，王政出差回到公司报销差旅费900元，交回现金300元。

该交易或事项发生后，一方面引起管理费用增加900元，记入“管理费用”账户借方，同时交回的现金300元记入“库存现金”账户借方；另一方面其他应收款减少，应记入“其他应收款”账户贷方。编制会计分录为：

借：管理费用　900

　　库存现金　300

　　贷：其他应收款——王政　1 200

【例5-44】10月21日，银海公司向忆人公司销售甲产品，数量200台，单价2 000元，增值税为68 000元，货已发出。现已收到忆人公司的货款468 000元存入银行。

该交易或事项发生后，一方面实现收入400 000元，引起主营业务收入增加，应记入“主营业务收入”账户贷方、销项税额为68 000元，应记入“应交税费——应交增值税”账户贷方；另一方面价款和税款共计468 000元已收到，引起银行存款增加，应记入“银行存款”账户借方。编制会计分录为：

借：银行存款　468 000

　　贷：主营业务收入　400 000

　　　　应交税费——应交增值税（销项税额）　68 000

【例5-45】10月23日，银海公司向达宁公司销售甲产品，数量300台，单价2 000元；增值税为102 000元，货已发出。达宁公司的购货款尚未收到。

该交易或事项发生后，一方面实现收入600 000元，引起主营业务收入增加，应记入“主营业务收入”账户贷方、销项税额为102 000元，应记入“应交税费——应交增值税”账户贷方；另一方面价款和税款共计702 000元尚未收到，引起应收账款增加，应记入“应收账款”账户借方。编制会计分录为：

借：应收账款——达宁公司　702 000

　　贷：主营业务收入　600 000

　　　　应交税费——应交增值税（销项税额）　102 000

【例5-46】10月23日，银海公司以银行存款支付销售产品的广告费13 000元。

该交易或事项发生后，一方面银行存款减少13 000元，应记入“银行存款”账户贷方；另一方面广告费用作为期间费用增加，应记入“销售费用”账户借方。编制会计分录为：

借：销售费用　13 000

　　贷：银行存款　13 000

【例5-47】10月24日，银海公司对外销售A材料200千克，取得收入18 000元，增值税为3 060元，款项存入银行。

该交易或事项发生后，一方面企业实现收入18 000元，引起其他业务收入增加，应记入“其他业务收入”账户贷方，销项税额为3 060元，应记入“应交税费——应交增值税”账户贷方；另一方面价款和税款共计 21 060 元已收到，引起银行存款增加，应记入“银行存款”账户借方。编制会计分录为：

借：银行存款　　21 060

　　贷：其他业务收入　　18 000

　　　　应交税费——应交增值税（销项税额）　　3 060

【例 5－48】10 月 24 日，银海公司按照合同规定预收正大公司订购乙产品 280 000 元，存入银行。

该交易或事项发生后，一方面企业的银行存款增加 280 000 元；另一方面企业的预收账款增加 280 000 元，因此该项交易或事项涉及“银行存款”和“预收账款”两个账户。银行存款的增加是资产的增加，应记入“银行存款”账户的借方，预收账款的增加是负债的增加，应记入“预收账款”账户的贷方。编制会计分录为：

借：银行存款　　280 000

　　贷：预收账款　　280 000

【例 5－49】10 月 25 日，银海公司出租包装物一批，收到租用方支付的租金 20 000 元，增值税税款 3 400 元，款项已存入银行。

出租包装物的租金收入属于让渡资产的使用权收入，应列入其他业务收入。由于租金中含增值税税额，因此应进行分离。该交易或事项的发生，一方面企业其他业务收入增加 23 400 元，应缴增值税增加 3 400 元；另一方面公司的银行存款增加 20 000 元，因此该项交易或事项涉及“其他业务收入”、“应交税费——应交增值税”和“银行存款”三个账户。银行存款的增加是资产的增加，应记入“银行存款”账户的借方，其他业务收入的增加是收入的增加，应记入“其他业务收入”账户的贷方，增值税销项税额的增加是负债的增加，应记入“应交税费——应交增值税”账户贷方。编制会计分录为：

借：银行存款　　23 400

　　贷：其他业务收入　　20 000

　　　　应交税费——应交增值税　　3 400

【例 5－50】10 月 27 日，银海公司向华龙公司销售乙产品，数量 600 件，单价 600 元/件，增值税为 61 200 元，货已发出。现已收到华龙公司开出的用于购货的银行承兑汇票一张。

该交易或事项发生后，一方面企业实现收入 360 000 元，引起主营业务收入增加，应记入“主营业务收入”账户贷方，销项税额为 61 200 元，应记入“应交税费——应交增值税”账户贷方；另一方面价款和税款共计 421 200 元尚未收到，引起应收票据增加，应记入“应收票据”账户借方。编制会计分录为：

借：应收票据——华龙公司　　421 200

　　贷：主营业务收入　　360 000

　　　　应交税费——应交增值税（销项税额）　　61 200

【例 5－51】10 月 29 日，银海公司向正大公司销售乙产品，数量 400 件，单价 600 元/件，增值税为 40 800 元，货已发出。原预收款 280 000 元不足，其差额部分当即收到并存入银行。

企业原预收正大公司的货款 280 000 元，而现在发货的价税款为 280 800 元（240 000 +

40 800），不足款项的差额为 800 元（280 800 − 280 000）。该交易或事项的发生，一方面企业的预收账款减少 280 000 元，银行存款增加 800 元；另一方面企业商品销售收入增加 240 000 元，增值税销项税额增加 40 800 元，因此该项交易或事项涉及“预收账款”、“银行存款”、“主营业务收入”和“应缴税费——应交增值税”四个账户。预收账款的减少是负债的减少，应记入“预收账款”账户的借方，银行存款的增加是资产的增加，应记入“银行存款”账户的借方，商品销售收入的增加是收入的增加，应记入“主营业务收入”账户的贷方，增值税销项税额的增加是负债的增加，应记入“应缴税费——应交增值税”账户的贷方。编制会计分录为：

借：预收账款——正大公司　280 000
　　银行存款　800
　　贷：主营业务收入　240 000
　　　　应交税费——应交增值税（销项税额）　40 800

【例 5－52】计算已销甲产品和乙产品的应交消费税，按销售收入的 10% 计算，税金为 160 000 元。计算已销甲产品和乙产品的应交城市维护建设税，税金为 6 400 元。

该交易或事项发生后，已销甲产品和乙产品应缴纳的消费税和城市维护建设税按规定记入“营业税金及附加”账户借方，同时应缴纳的消费税和城市维护建设税在未缴纳之前引起企业的负债增加，应分别记入“应交税费”账户贷方。编制会计分录为：

借：营业税金及附加　166 400
　　贷：应交税费——应交消费税　160 000
　　　　　　　　——应交城市维护建设税　6 400

【例 5－53】月末计算已销 A 材料的应交消费税为 1 800 元，应交城市维护建设税为 72 元。

该交易或事项发生后，一方面已销 A 材料应缴纳的消费税按规定记入“营业税金及附加”账户借方；另一方面，应缴纳的消费税和城市维护建设税在未缴纳之前引起企业的负债增加，应分别记入“应交税费”账户贷方。编制会计分录为：

借：营业税金及附加　1 872
　　贷：应交税费——应交消费税　1 800
　　　　应交税费——应交城市维护建设税　72

【例 5－54】月末，计算应结转甲产品 500 台的销售成本 509 320 元，计算应结转乙产品 1 000 件的销售成本 375 768 元。

该交易或事项发生后，一方面主营业务成本增加 885 088 元，按规定应记入“主营业务成本”账户借方；另一方面库存商品减少 885 088 元，应记入“库存商品”账户贷方。编制会计分录为：

借：主营业务成本——甲产品　509 320
　　　　　　　　——乙产品　375 768
　　贷：库存商品——甲产品　509 320
　　　　　　　　——乙产品　375 768

【例 5－55】月末，计算应结转的已出售 A 材料的实际成本 14 040 元。

该交易或事项发生后，一方面其他业务成本增加 14 040 元，按规定应记入“其他业务成本”账户借方；另一方面原材料减少 14 040 元，应记入“原材料”账户贷方。编制会计分录为：

借：其他业务成本——A 材料　　14 040

　　贷：原材料——A 材料　　14 040

【例 5－56】 月末，确认并结转 10 月 25 日银海公司出租包装物本月应摊销成本 12 000 元。企业出租包装物的成本属于其他业务成本的内容。这项交易或事项的发生，一方面企业其他业务成本增加 12 000 元，另一方面公司的库存包装物成本减少 12 000 元，因此该项交易或事项涉及“其他业务成本”和“周转材料”两个账户。包装物成本的摊销是费用支出的增加，应记入“其他业务成本”账户的借方，库存包装物成本的减少是资产的减少，应记入“周转材料”账户的贷方。编制会计分录为：

借：其他业务成本——包装物　　12 000

　　贷：周转材料　　12 000

【提示说明】 周转材料包括包装物（用来包装商品的包装箱和包装袋等）和低值易耗品（劳动工具和劳保用品），可通过“周转材料”账户进行核算。

【例 5－57】 月末，以银行存款缴纳消费税 161 800 元和城市维护建设费 6 472 元。

该笔交易或事项发生后，一方面企业银行存款减少 168 272 元，应记入“银行存款”账户贷方；另一方面缴纳的消费税和城建税减少了应交税费，应记入“应交税费”账户借方。编制会计分录为：

借：应交税费——应交消费税　　161 800

　　应交税费——应交城市维护建设税　　6 472

　　贷：银行存款　　168 272

简要的销售过程总分类核算见图 5－41。

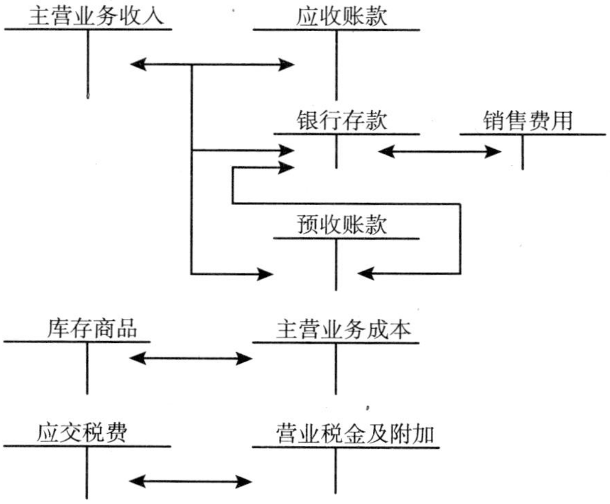

图 5－41　简要销售过程总分类核算

第四节 投资活动交易或事项及其核算

一、投资活动交易或事项的主要内容

我国《企业会计准则》规定，投资活动是指企业长期资产的购建和不包括在现金等价物范围的投资及其处置活动。

企业的长期资产是指可以长期（指持有期限在1年或一个营业周期以上）持续使用的资产：如固定资产、在建工程、无形资产。固定资产是指企业利用自有资金或其他方式取得的房屋、设备等资产；在建工程是指企业兴工动料所进行的项目建设工程。在建工程可以是处于建造过程中的房屋和建筑物等建筑工程，也可以是处于安装过程中的设备安装工程。一般来说，在建工程完工以后，能够转化为企业的固定资产，为企业的经营活动提供劳动资料。而企业的无形资产包括企业用现金购买专利权、非专利技术、商标权、著作权、土地使用权等，或组织力量进行无形资产的研究与开发。其他资产是指固定资产、无形资产和在建工程以外的长期资产，如“长期待摊费用”账户，用于核算企业已经支出，但摊销期限在1年以上（不含1年）的各项费用，包括固定资产修理支出、租入固定资产的改良支出以及摊销期限在1年以上的其他待摊费用。

企业的投资主要是为了增加财富，或为了谋求其他利益，可分为短期投资和长期投资。由上所述，可见企业的投资可以分为两类：一是对内投资，如购置固定资产、无形资产等；二是对外投资，如权益性投资、债权性投资等。

二、投资活动业务核算

（一）对内投资的核算

对内投资是指企业长期资产的购建。工业企业为了开展生产经营活动，不仅需要将筹集到的资金用于购买原材料，还必须将部分资金投入到一定的用途中，如建造厂房、购买机器设备，为生产经营准备必要的条件。同时，企业为了提高竞争力，越来越多的企业将注意力放在无形资产的投资上，如研发新产品、开发专利和非专利技术等。

1. 主要账户的设置

对内投资活动应设置“在建工程”、“固定资产”、“无形资产”（“固定资产”、“无形资产”账户在本章第二节已设置）等账户。

（1）“在建工程”账户。

本账户是资产（成本）类账户，用来核算企业进行设备安装工程（包括已投入安装的需要安装设备的购买价值）、建造固定资产的建筑工程等发生的实际支出。该账户的借方登记进行设备安装或建筑工程的施工所发生的全部支出；贷方登记安装或建筑工程完成后结转入“固定资产”账户的工程实际成本。该账户期末为借方余额，反映企业期末尚未完工的建筑工程所发生的各项实际支出。账户可按“建筑工程”、“安装工程”以及单项工程等进行明细核算（见图5－42）。

借方	在建工程 贷方
各项在建工程的实际支出	完工工程转出的成本
余额：尚未达到预定可使用状态的在建工程的成本	

图 5－42 “在建工程”账户结构

（2）“工程物资”账户。

本账户是资产类账户，用来核算企业为在建工程准备的各种物资的成本。包括工程用材料、尚未投入安装的设备以及为生产准备的工器具等的成本。该账户的借方登记企业购入为在建工程项目准备的工程物资；贷方登记领用的工程物资。该账户期末为借方余额，反映企业为在建工程准备的各种工程物资的成本。账户可按“专用材料”、“专用设备”和“工器具”等设置明细账户（见图 5－43）。

借方	工程物资 贷方
企业购入的为在建工程项目准备的各种工程物资	领用的工程物资
余额：各种工程物资的成本	

图 5－43 “工程物资”账户结构

（3）“固定资产清理”账户。

本账户是资产类账户，用来核算企业因出售、报废和毁损等原因转入清理的固定资产价值以及在清理过程中所发生的清理费用和清理收入等。企业因出售、报废和毁损等处置固定资产时，按该固定资产的账面净额记入该账户的借方，按其账面余额，记入“固定资产”账户的贷方；收回出售固定资产的价款、残料价值和变现收入时，应冲减清理支出。按实际收回价款和收回材料的价值记入“银行存款”、“原材料”等账户的借方，同时记入“固定资产清理”账户的贷方。清理过程中产生的损益，记入“营业外支出”账户的借方或“营业外收入”账户的贷方（见图 5－44）。

借方	固定资产清理 贷方
固定资产转入清理的净值、清理过程中发生的费用及清理完毕后净收益转入“营业外收入”账户的数额	收回出售固定资产的价款、残料价值和变价收入及清理完毕后净损失转入“营业外支出”账户的数额
余额：清理后的净损失	余额：清理后的净收益

图 5－44 “固定资产清理”账户结构

（4）“累计摊销”账户。

本账户是资产类账户，核算企业对使用寿命有限的无形资产计提的累计摊销。该账户的贷方登记企业按月计提的无形资产摊销额；借方登记处置无形资产时结转的累计摊销。该账户期末为贷方余额，反映企业无形资产的累计摊销额（见图 5－45）。

借方	累计摊销　　贷方
累计摊销的减少数额	无形资产已计提的累计摊销
	余额：企业无形资产累计摊销额

图 5－45　“累计摊销”账户结构

【**提示说明**】“累计摊销”账户也是一个结构特殊的资产类账户，结构与“累计折旧”账户相同。反映的内容实质上是无形资产价值的减少，该账户余额与“无形资产”账户余额比较后，可确定企业无形资产的净值。

2. 主要交易或事项会计记录举例

【**例 5－58**】银海公司用银行存款 80 000 元购入生产用机器设备一台，销售方开具的增值税专用发票上注明的增值税税额 13 600 元。以上款项已全部用银行存款支付（假定运输费用涉及的增值税不予以考虑，下同）。

这项交易或事项的发生一方面使企业的固定资产增加 80 000 元，增值税进项税额增加 13 600 元；另一方面使企业的银行存款减少 93 600 元。因而，这项业务的发生涉及“固定资产”、“应交税费”、“银行存款”三个账户。固定资产的增加是资产的增加，应当借记“固定资产”账户；增值税进项税额的增加，会导致应交税费的减少，应借记“应交税费”账户；企业银行存款的减少是资产的减少，应贷记“银行存款”账户。该项业务编制的会计分录如下：

借：固定资产　　80 000
　　应交税费——应交增值税（进项税额）　　13 600
　　贷：银行存款　　93 600

【**例 5－59**】银海公司拟自营建造办公楼一幢。购入工程用材料一批，买价 225 000 元，销售方开具的增值税专用发票上注明增值税税额 38 250 元，发生运输费 5 750 元。以上款项已全部用银行存款支付。

这项交易或事项的发生一方面使企业的专用工程用材料增加 269 000 元（225 000 + 38 250 + 5 750）；另一方面使企业的银行存款减少 269 000 元。因而，这项业务的发生涉及“工程物资——专用材料”和“银行存款”两个账户。工程物资的增加是资产的增加，应当借记“工程物资”账户；企业银行存款的减少是资产的减少，应贷记“银行存款”账户。该项业务编制的会计分录如下：

借：工程物资——专用材料　　269 000
　　贷：银行存款　　269 000

【**提示说明**】根据我国 2008 年修订的《增值税暂行条例》的规定，2009 年全国实施增值税转型改革后，房屋、建筑物等和以前一样，仍不纳入增值税的抵扣范围。因此，这类固定资产发生进项税额应计入所建造固定资产的成本，而不在“应交税费”账户核算。

【**例 5－60**】银海公司自营建造办公楼，领用工程专用材料 269 000 元，发生人工费 136 000 元。

这项交易或事项的发生一方面使企业的专用工程用材料减少 269 000 元、应付工程人工费用增加 135 000 元，另一方面使企业办公楼在建工程增加 405 000 元。因而，这项业务的发生涉及“在建工程”、“工程物资——专用材料”和“应付职工薪酬”三个账户。在建工程是资产的增加，应当借记“在建工程”账户；工程物资的减少，应当贷记“工程物资”账户；应付工程人工费用是负债的增加，应贷记“应付职工薪酬”账户。该项业务编制的会计分录如下：

借：在建工程——办公楼工程　　405 000
　　贷：工程物资——专用材料　　269 000
　　　　应付职工薪酬　　136 000

【例5－61】银海公司自营建造办公楼项目，用银行存款支付租用施工机械费25 000元。

这项交易或事项的发生，使办公楼工程成本增加，借记“在建工程”账户，租用费用以银行存款支付，贷记“银行存款”账户。编制会计分录如下：

借：在建工程——办公楼工程　　25 000
　　贷：银行存款　　25 000

【例5－62】银海公司自营建造的办公楼完工，已办理竣工结算并交付使用，实际成本430 000元。

办公楼完工，达到预定可使用状态，并已办理竣工结算并交付使用，意味着该项目由正在建造的过程变成了可以投入使用的固定资产。完工的在建工程成本即为固定资产的价值，应借记“固定资产”账户，贷记“在建工程”账户。编制会计分录为：

借：固定资产　　430 000
　　贷：在建工程——办公楼工程　　430 000

【例5－63】银海公司购入需要安装的机器设备一台，买价为10 000元，增值税税率为17%，包装及运杂费等900元，全部价款以银行存款支付。

企业购入需要安装的固定资产，按实际支付的买价、包装费、运输费、安装成本等作为入账价值，并应先通过“在建工程”账户汇集购入和安装过程中所发生的实际支出，安装完毕交付使用时，再结转工程成本，转入“固定资产”账户。因此，该笔业务发生后，一方面引起资产类的在建工程增加，应借记入“在建工程”账户，增值税进项税额增加10 000×17%＝1 700（元），应借记入“应交税费”账户；另一方面引起资产类银行存款的减少，应贷记入“银行存款”账户。其会计分录为：

借：在建工程　　10 900
　　应交税费——应交增值税（进项税额）　　1 700
　　贷：银行存款　　12 600

【例5－64】接【例5－63】，银海公司购入的设备发生安装费用1 200元，用银行存款支付。

该笔业务发生后，一方面引起资产类的在建工程增加，应记入“在建工程”账户的借方；另一方面引起资产类银行存款的减少，应记入“银行存款”账户的贷方。其会计分录为：

借：在建工程　　1 200
　　贷：银行存款　　1 200

【例5－65】接【例5－63】，银海公司购入的设备安装完毕，达到预定可使用状态，并经验收合格交付使用。

设备安装完毕，达到预定可使用状态，并经验收合格交付使用，意味着该设备由正在建造的过程变成了可以投入使用的固定资产，此时，应将在建工程的全部支出 12 100 元（10 900 + 1 200），转入固定资产的入账价值。这项交易或事项的发生，一方面使企业的固定资产增加 12 100 元，另一方面使企业的在建工程成本减少 12 100 元。因而，这项业务的发生涉及“固定资产”和“在建工程”两个账户。固定资产增加应当借记“固定资产”账户；企业在建工程的减少是资产的减少，应当贷记“在建工程”账户。其会计分录为：

借：固定资产　　12 100

　　贷：在建工程　　12 100

【例 5－66】 银海公司的 A 设备使用寿命期满，转入报废清理。“固定资产”账户中记录的该设备原始价值为 100 000 元，“累计折旧”账户中记录的该设备已提折旧额为 96 000 元。

企业设备的报废等应转入固定资产的报废清理，原设备全额转出涉及“固定资产清理”账户、“固定资产”账户和“累计折旧”账户，为：借记“固定资产清理”账户，借记“累计折旧”账户和贷记“固定资产”账户。编制会计分录为：

借：固定资产清理　　4 000

　　累计折旧　　96 000

　　贷：固定资产　　100 000

【例 5－67】 银海公司进行 A 设备的报废清理，发生清理费用 700 元，用库存现金支付。

该交易或事项的报废清理费用，涉及“固定资产清理”账户和“库存现金”账户，为借记“固定资产清理”账户，贷记“库存现金”账户。编制会计分录为：

借：固定资产清理　　700

　　贷：库存现金　　700

【例 5－68】 银海公司对 A 设备在清理过程中收回的废旧残料进行处理，已收入 6 500 元并存入银行。

固定资产清理中废料的残值收入应冲减固定资产清理的成本，该交易或事项涉及“银行存款”账户和“固定资产清理”账户，为借记“银行存款”账户，贷记“固定资产清理”账户。编制会计分录为：

借：银行存款　　6 500

　　贷：固定资产清理　　6 500

【例 5－69】 银海公司将清理的 A 设备产生的净收入 1 800 元（6 500 － 4 000 － 700）转为营业外收入。

企业固定资产清理完毕后应进行固定资产净损益的结转。涉及“固定资产清理”账户和“营业外收入”账户，为借记“固定资产清理”账户，贷记“营业外收入”账户。其会计分录为：

借：固定资产清理　　1 800

贷：库存现金 1 800

【例 5－70】 银海公司购得一项专利权，价款 200 000 元，款项已用银行存款支付。

该交易或事项发生后，一方面引起资产类的无形资产增加，应记入“无形资产”账户的借方；另一方面引起资产类银行存款的减少，应记入“银行存款”账户的贷方。其会计分录为：

借：无形资产 200 000

贷：银行存款 200 000

【例 5－71】 银海公司本月应摊销无形资产使用费 5 000 元，其中，4 000 元应计入管理费用，1 000 元计入其他业务成本。

无形资产的摊销涉及“累计摊销”账户。该交易或事项一方面增加了“管理费用”账户、“其他业务成本”账户；另一方面也增加了“累计摊销”账户。编制会计分录为：

借：管理费用 4 000

其他业务成本 1 000

贷：累计摊销 5 000

【例 5－72】 银海公司将一项专利技术出租给 A 企业使用，出租合同规定，本月承租方应支付专利技术使用费 20 000 元，款项暂未收到。

无形资产的出租收入应记入“其他业务收入”账户。该交易或事项涉及“其他应收款”账户、“其他业务收入”账户。编制会计分录为：

借：其他应收款 20 000

贷：其他业务收入 20 000

【例 5－73】 银海公司出租给 A 企业使用的【例 5－72】中的专利技术，本月应摊销额为 15 000 元。

无形资产的摊销涉及“累计摊销”账户。该交易或事项还涉及“其他业务成本”账户。编制会计分录为：

借：其他业务成本 15 000

贷：累计摊销 15 000

【例 5－74】 银海公司的某项非专利技术因不再使用予以报废，其账面余额为 300 000 元，已计累计摊销额为 280 000 元。假定该非专利技术的残值为 0。

无形资产的报废业务涉及“累计摊销”、“无形资产”账户，其损益记入营业外收支账户中。编制会计分录为：

借：累计摊销 280 000

营业外支出 20 000

贷：无形资产——非专利技术 300 000

（二）对外投资的核算

对外投资是指企业出于不同目的而对企业外部的投资活动。工业企业对外投资的活动，一般可以按照持有期限和持有目的、是否能取得公允价值等，划分成为“交易性金融资产”、“持有至到期投资”、“可供出售金融资产”和“长期股权投资”四种。

1. 主要账户的设置

对外投资活动主要设置“交易性金融资产”、“长期股权投资”、“投资收益”、“应收股利”和“应收利息”等账户。

(1)“交易性金融资产”账户。

本账户是资产类账户。用来核算企业为交易目的所持有的债券投资、股票投资、基金投资等交易性金融资产的公允价值。企业持有的直接指定为以公允价值计量且其变动计入当期损益的金融资产，也在本科目核算。该账户的借方登记取得的交易性金融资产时的公允价值（发生的交易费用借记“投资收益”账户）；贷方登记处置交易性金融资产时的账面成本。期末借方余额表示企业持有的交易性金融资产的公允价值。该账户可按交易性金融资产的类别和品种进行明细核算（见图5－46）。

借方　　交易性金融资产	贷方
交易性金融资产的取得成本 资产负债表日其公允价值高于账面余额的差额	出售交易性金融资产时结转的成本 资产负债表日其公允价值低于账面余额的差额
期末余额：企业持有的交易性金融资产的公允价值	

图5－46　“交易性金融资产”账户结构

(2)“长期股权投资”账户。

本账户是资产类账户。用来核算企业持有的企业合并形成或以支付现金、非现金资产等其他方式形成的各种股权性质的投资。该账户的借方登记各种长期股权投资的价值。贷方登记实际收回长期股权投资的价值。期末借方余额表示企业长期股权投资的价值。该账户可按被投资单位进行明细核算（见图5－47）。

借方　　长期股权投资	贷方
长期股权投资的价值	实际收回长期股权投资的价值
期末余额：企业长期股权投资的价值	

图5－47　“长期股权投资”账户结构

(3)“投资收益”账户。

本账户属于收入（损益）类账户。用来核算企业对外投资所取得的收益或发生的损失。该账户的贷方登记取得的投资收益、投资净损失的结转；借方登记发生的投资损失和投资净收益的结转。期末余额转入“本年利润”账户后，该账户无余额。该账户可按投资项目进行明细核算（见图5－48）。

借方　　投资收益	贷方
企业发生的投资损失 期末转入“本年利润”的投资净收益	企业取得的投资收益 期末转入“本年利润”的投资净损失

图5－48　“投资收益”账户结构

【提示说明】"投资收益"账户是一个双重性质账户，其双重性是由该账户所核算的内容具有双重性决定的，即该账户既用来核算投资收益，也用来核算投资损失。当该账户期末有余额时，其余额方向具有不确定性，这正是双重性质账户的显著特征。

（4）"应收股利"账户。

本账户属于资产类账户。用以核算企业应从被投资方分享的现金股利。该账户的借方登记被投资单位宣告发放的归本企业享有的现金股利；贷方登记企业实际收到的现金股利。该账户期末为借方余额，反映企业尚未收回的现金股利（见图 5 -49）。

借方　　　　应收股利	贷方
被投资单位宣告发放的归本企业享有的现金股利	登记企业实际收到的现金股利
期末余额：企业尚未收回的现金股利	

图 5 -49 "应收股利"账户结构

（5）"应收利息"账户。

本账户属于资产类账户。用以核算企业应从债券发行方收取的债券利息。该账户的借方登记按债券利率计算确定的本企业应获取的债券利息；贷方登记企业实际收到的债券利息。该账户期末为借方余额，反映企业尚未收回的债券利息（见图 5 -50）。

借方　　　　应收利息	贷方
按债券利率计算确定的本企业应获取的债券利息	登记企业实际收到的债券利息
期末余额：企业尚未收回的债券利息	

图 5 -50 "应收利息"账户结构

2. 主要交易或事项会计记录举例

【例 5 -75】10 月 11 日，银海公司以银行存款购入清新公司到期还本付息的 1 年期债券 20 张，面值为 1 000 元，年利率为 6%。

企业对外进行债权性投资，引起交易性金融资产的增加，应记入"交易性金融资产"账户借方，同时引起银行存款的减少，应记入"银行存款"账户贷方。其会计分录为：

借：交易性金融资产——清新公司　　20 000

　　贷：银行存款　　20 000

【例 5 -76】接上题。如果 1 个月后按照公允价值 21 200 元将清新公司的债权售出，并存入银行。

企业对外进行的债权性投资的收回，引起交易性金融资产的减少，应记入"交易性金融资产"账户贷方，售价高于投资成本的差额为投资利得，应记入"投资收益"账户贷方。同时引起银行存款的增加，应记入"银行存款"账户借方。其会计分录为：

借：银行存款　　21 200

　　贷：交易性金融资产——清新公司　　20 000

　　　　投资收益　　1 200

【例 5 -77】10 月 12 日，银海公司购入华美公司每股面值 1 元的股票 80 000 股作为交易性金融资产，另支付交易费用2 000元，已用银行存款支付。

该笔交易或事项发生后，一方面引起资产类的经营性金融资产增加，应记入“交易性金融资产”账户的借方，发生的交易费用借记“投资收益”；另一方面引起资产类银行存款的减少，应记入“银行存款”账户的贷方。其会计分录为：

借：交易性金融资产——华美公司　　80 000
　　投资收益　　2 000
　　贷：银行存款　　82 000

【例5－78】10月20日，银海公司处置从华美公司购入的股票80 000股，获利20 000元，款项已存入银行。

该笔交易或事项发生后，一方面引起资产类的银行存款增加，应记入“银行存款”账户的借方；另一方面引起资产类交易性金融资产的减少，应记入“交易性金融资产”账户的贷方，同时，该笔业务产生了收益，应贷记“投资收益”。其会计分录为：

借：银行存款　　82 000
　　贷：交易性金融资产——清新公司　　80 000
　　　　投资收益　　2 000

【例5－79】上月，银海公司投资的荣盛公司宣告发放现金股利，银海公司应分得现金股利8 100元，款项暂未支付。

该笔交易或事项发生后，一方面引起资产类的应收股利增加，应记入“应收股利”账户的借方；另一方面引起损益类投资收益的增加，产生了收益，应贷记“投资收益”。其会计分录为：

借：应收利息——荣盛公司　　8 100
　　贷：投资收益　　8 100

【例5－80】银海公司按诚信公司规定的债券计息日及票面利率计算本期应收利息为3 500元。

该笔交易或事项发生后，一方面引起资产类的应收利息增加，应记入“应收利息”账户的借方；另一方面引起损益类投资收益的增加，产生了收益，应贷记“投资收益”。其会计分录为：

借：应收利息——诚信公司　　3 500
　　贷：投资收益　　3 500

【例5－81】月末，银海公司收到荣盛公司支付的现金股利8 100元，款入银行。

该笔交易或事项发生后，一方面引起资产类的银行存款增加，应记入“银行存款”账户的借方；另一方面引起资产类应收股利的减少，该笔交易或事项结束，应贷记“应收股利”。其会计分录为：

借：银行存款　　8 100
　　贷：应收股利——荣盛公司　　8 100

【例5－82】月末，银海公司收到诚信公司支付的债券利息3 500元，款入银行。

该笔交易或事项发生后，一方面引起资产类的银行存款增加，应记入“银行存款”账户的借方；另一方面引起资产类应收利息的减少，该笔交易或事项结束，应贷记“应收利息”。其会计分录为：

借：银行存款 3 500

贷：应收利息——诚信公司 3 500

【例 5-83】 10 月 31 日，银海公司以银行存款购入申唐公司股份 200 000 股，占申唐公司有表决权资本的 2%，并准备长期持有。每股价格为 1 元，另支付相关税费 600 元。

企业对外进行长期权益性投资，引起长期股权投资的增加，应记入“长期股权投资”账户借方，同时引起银行存款的减少，应记入“银行存款”账户贷方。其会计分录为：

借：长期股权投资——申唐公司 200 600

贷：银行存款 200 600

第五节 经营成果的形成与分配及其核算

一、经营成果形成的主要内容

所谓经营成果是指企业在一定会计期间进行经营、投资活动等的最终成果。按照配比的要求，将一定时期内存在因果关系的收入与费用进行配比，如果当期实现的收益大于相关的成本费用为实现利润，反之则为发生亏损。根据我国现行《企业会计准则》的规定，企业当期产生的利得（营业外收入）和发生的损失（营业外支出）也应直接计入所发生会计期间的利润。其中，利得会增加当期利润，而损失则会减少当期利润。

经营成果是企业通过经营活动的组织和管理而形成的。但究竟实现了多少利润，或发生了多少亏损，需要在会计上采用一定的方法加以确认。企业确认的最终财务成果指标是企业的净利润（或净亏损）。利润是综合反映企业在一定时期生产经营成果的重要指标。企业各方面的情况，诸如劳动生产率的高低、产品是否适销对路、产品成本和期间费用的节约与否，都会通过利润指标得到综合反映。因此，获取利润就成为企业生产经营的主要目的之一。一个企业的获利与否，不仅关系到企业的稳定发展和职工生活水平的提高问题，而且也会影响到社会的积累与发展。

（一）净利润的形成

1. 利润形成业务核算的内容

企业在一定会计时期的净利润，是以营业利润和利润总额为基础计算出来的。净利润的计算是一个循序渐进的过程。

从构成来看，企业的利润既有通过生产经营活动获得的，也有通过投资活动获得的，还有那些与生产经营无直接关系的事项所引起的盈亏。根据我国企业会计准则规定，企业的利润总额一般包括营业利润、营业外收支净额和补贴收入等部分。

（1）营业利润。

营业利润是指企业组织日常营业活动所获得的利润，基本计算为：

营业利润 = 营业收入 − 营业成本 − 营业税金及附加 − 期间费用 ± 投资收益

营业收入 = 主营业务收入 + 其他业务收入

营业成本 = 主营业务成本 + 其他业务成本

【提示说明】“营业收入”项目的金额应为“主营业务收入”与“其他业务收入”

两项金额之和；“营业成本”项目的金额为“主营业务成本”与“其他业务成本”两项金额之和。此外，如果企业有资产减值损失时，也应作为减项列于营业利润的计算公式。“投资收益”项如果为投资净收益应相加，如果为投资净损失应相减。

【提示说明】投资净收益。企业为了合理有效地使用资金以获得更多的经济利益，除了进行正常的生产经营活动外，还可以将资金投放于债券、股票或其他财产等，形成企业的对外投资。投资净收益是企业对外投资所取得的收益减去发生的投资损失后的净额。投资收益的实现或投资损失的发生都会影响企业当期的经营成果。投资收益包括股票投资分得的股利、债券投资取得的利息、其他投资分得的利润以及转让投资的收回款项大于投出款项的差额；投资损失主要包括因被投资企业发生亏损而应由投资企业承担的份额、转让投资的收回款项小于投出款项的差额等。

【例5－84】银海公司2010年10月在经营活动和投资活动中发生的与经营成果计算有关的交易或事项在总分类账中的记录情况如图5－51所示。

主营业务收入

	（44）400 000
	（45）600 000
	（50）360 000
	（51）240 000
	合计 1 600 000

其他业务收入

	（47）18 000
	（49）20 000
	（72）20 000
	合计 58 000

主营业务成本

（59）509 320	
（59）375 768	
合计　885 088	

其他业务成本

（55）　14 040	
（56）　12 000	
（71）　1 000	
（73）　15 000	
合计 42 040	

营业税金及附加

（57）166 400	
（58）　1 872	
合计　168 272	

销售费用

（51）　13 000	
合计 13 000	

管理费用

（26）　18 720	
（27）　360	
（28）　10 000	
（31）　980	
（32）　23 000	
（33）　1 400	
（34）　2 600	
（36）　8 000	
（37）　3 400	
（39）　800	
（43）　900	
（71）　4 000	
合计　74 160	

财务费用

（8）　300	
（40）　1 300	
合计 1 600	

投资收益

（77）　2 000	（76）　1 200
	（78）　2 000
	（79）　8 100
	（80）　3 500
合计　2 000	合计　14 800
	净收益　12 800

图5－51　与经营成果结果计算相关的账户

营业外收入

借方	贷方
	（4） 18 000
	（88） 38 000

营业外支出

借方	贷方
（74） 20 000	
（89） 800	
（90） 30 000	
合计 50 800	

续图 5－51　与经营成果结果计算相关的账户

要求：根据有关账户提供的资料，计算银海公司 2010 年 10 月实现的营业利润。

根据以上有关账户提供的资料，计算出银海公司 2010 年 10 月实现的营业利润为：

（主营业务收入＋其他业务收入）－（主营业务成本＋其他业务成本）－营业税金及附加－期间费用＋投资净收益＝(1 600 000＋58 000)－(885 088＋42 040)－168 272－74 160－13 000－1 600＋12 800＝486 640（元）

（2）利润总额。

利润总额也称税前利润，是企业在营业利润的基础上加营业外收入，减营业外支出而求得的。即

利润（或亏损）总额＝营业利润＋营业外收入－营业外支出

【例 5－85】 银海公司 2010 年 10 月份实现的营业利润为 486 640 元，营业外收入和营业外支出的资料如【例 5－84】有关总分类账户的记录。

要求：根据【例 5－84】有关总分类账户资料计算银海企业 2010 年 10 月份实现的利润总额。

根据【例 5－84】有关账户资料计算银海公司 2010 年 10 月份实现的利润总额为：

营业利润＋营业外收入－营业外支出＝486 640＋56 000－50 800＝491 840（元）

2. 净利润形成业务核算的内容

净利润一般是在企业实现利润总额的基础上减去所得税费用计算求得的。

（1）所得税费用。

所得税费用是企业按照国家税法的有关规定，对企业某一经营年度实现的经营所得和其他所得，按照规定的所得税税率计算缴纳给国家的一种税金款。所得税费用是企业使用政府所提供的各种服务而向政府应尽的义务。

所得税费用从本质上说是以在分配领域内产生的各项收益额为课税对象的一个通行税种，也就是说，不论是企业还是个人，只要有收益就应该缴纳所得税。由于税收具有自动改变和累进的功能，它随着课征客体收益的大小而随时作出调整，所以这种累进的所得税对国家经济起着自动调节的作用，是国家经济的内在稳定器。而对于一个经营实体而言，向国家缴纳了所得税，意味着其资源的流出、经济利益的减少，而且税收又具有强制性和无偿性，所以应将所得税作为经营实体的一种费用看待，这不仅符合费用要素的定义，也符合配比原则的要求。

应缴纳的所得税费用额按下列公式计算：

应纳所得税费用额＝应纳税所得额×适用税率

应纳税所得额＝利润总额±所得税前利润中予以调整的项目

式中，“应纳税所得额”是计算企业应缴纳所得税费用额的基数，这个数据一般是在

企业按照会计方法计算出来的“利润总额”的基础上，按照税法的有关规定进行一定的调整而得到的。所得税前利润中的调整项目包括纳税调整增加项目和纳税调整减少项目两部分。为了简化核算，一般假定对应纳税所得额不需要进行调整，而是以企业实现的利润总额为基数直接计算。适用的税率假定为25%。各期预缴所得税的计算公式为：

当前累计应缴所得税费用额 = 当前累计应纳税所得额 × 适用税率

当前应缴所得税费用额 = 当前累计应缴所得税费用额 － 上期累计已缴所得税

（2）净利润。

净利润也称税后利润，是指企业的利润总额减去所得税费用后的金额。其计算可用公式表示为：

净利润 = 利润总额 － 所得税费用

【例5－86】银海公司本月实现的利润总额为491 840元（假定不再进行调整），按规定的税率25%计算应纳税所得额。要求：计算应纳所得税费用额和净利润。

银海公司应纳所得税费用额为：

491 840 × 25% = 122 960（元）

银海公司净利润为：

491 840 － 122 960 = 368 880（元）

（二）经营成果的形成

企业在会计期末，将当期实现的收入和发生的相关费用进行有关账户之间的结转，确定当期经营成果。在实务中，这个过程是通过将有关收入类账户和费用类账户（以上两类账户统称为损益类账户）的发生额，以及“营业外收入”和“营业外支出”账户的发生额向“本年利润”账户进行结转并经过有关数据的对比而完成的。

根据有关收入类账户和费用类账户发生额结转时间的不同，其结转入“本年利润”账户的方法（即企业计算确定本期利润总额、净利润和本年累计利润总额、累计净利润的具体方法）可分为以下两种：“账结法”和“表结法”。所谓“账结法”就是企业在年中每个月的月末进行结转，通过结转在“本年利润”账户中确定当月实现的利润额，采用这种方法结转时，收入类账户和费用类账户月末应无余额；所谓“表结法”，就是企业在年中每个月的月末不进行结转，而是在年末一次性进行结转。每月实现的利润是通过编制“利润表”计算的。采用这种方法进行利润计算时，收入类账户和费用类账户各月的发生额无须向“本年利润”账户结转，只需将它们的发生额抄入“利润表”有关项目的“本期余额”栏即可。在这种情况下，收入类账户和费用类账户在每年1～11月各月末应有余额，年终结转后这两类账户应无余额。

“本年利润”账户集中反映了全年累计净利润的实现或亏损的发生情况。

二、经营成果的分配

经营成果分配是指企业在实现利润的情况下对净利润按规定的程序和办法在有关方面所进行的分配。利润分配的内容主要包括：企业按规定提取公积金留存企业和向投资者分配等。

可供企业当年分配的利润主要由两部分组成：一部分是本年度实现的净利润；另一部

分是企业在以前年度实现但未在以前年度分配完，留待后续年度分配的利润。对本年度而言，企业上一年度的未分配利润就是本年度的年初未分配利润。因此，可供企业本年分配的利润应为：

本年可供分配的利润 = 本年实现的净利润 + 年初未分配利润

企业如果有年初未分配利润，其余额应体现在“利润分配——未分配利润”明细账户的贷方。

企业实现的净利润，根据我国有关法规的规定，首先是弥补以前年度尚未弥补的亏损，然后按下列顺序进行分配：

①提取法定盈余公积；

②提取任意盈余公积；

③向投资者分配利润。

根据我国《公司法》第 167 条规定，公司分配当年税后利润时，应当提取利润的 10% 列入公司法定盈余公积金。公司法定公积金累计额为公司注册资本的 50% 以上的，可以不再提取。公司的法定公积金不足以弥补以前年度亏损的，在依照前款规定提取法定公积金之前，应当先用当年利润弥补亏损。公司从税后利润中提取法定公积金后，经股东会或者股东大会决议，还可以从税后利润中提取任意公积金。

经过上述环节的分配后，剩余的为未分配利润，可以留待以后年度进行分配。

三、经营成果形成与分配主要业务核算

（一）利润形成业务的核算

1. 主要账户的设置

除前面设置的损益类账户“主营业务收入”、“主营业务成本”、“营业税金及附加”、“其他业务收入”、“其他业务成本”、“销售费用”、“管理费用”、“财务费用”和“投资收益”外，还应设置的账户有“营业外收入”、“营业外支出”、“所得税费用”和“本年利润”等账户。

（1）“营业外收入”账户。

收入（损益）类账户。核算企业在非日常活动中形成的利得，包括处置非流动资产利得、非货币性资产交换利得、罚没利得、政府补助利得、确实无法支付而按规定程序经批准后转作营业外收入的应付款项等。贷方反映企业发生的各项营业外收入；借方反映期末转入“本年利润”账户的营业外收入；结转后本账户无余额。本账户应当按照营业外收入项目设置明细账，进行明细分类核算（见图 5 – 52）。

借方　　　　营业外收入	贷方
期末转入“本年利润”账户的金额	企业发生的各项营业外收入

图 5 – 52　“营业外收入”账户结构

（2）“营业外支出”账户。

费用支出（损益）类账户。核算企业在非日常活动中发生的各项损失，包括处置非流动资产损失、非货币资产交换损失、债务重组损失、罚款支出非常损失等。借方反映企业发生的各项营业外支出；贷方反映期末转入“本年利润”账户的营业外支出；结转后本账户无余额。本账户应当按照营业外支出的项目设置明细账，进行明细分类核算（见图5－53）。

借方　营业外支出	贷方
企业发生的各项营业外支出	期末转入“本年利润”账户的金额

图5－53　“营业外支出”账户结构

（3）“所得税费用”账户。

费用（损益类）账户。用以核算企业确认的应从当期利润总额中扣除的所得税费用。该账户的借方登记企业按照税法规定应缴纳的所得税费用额；贷方登记期末时结转入“本年利润”账户的所得税费用数。期末结转后，该账户应无余额（见图5－54）。

借方　所得税费用	贷方
按税法规定计算出的本期应缴所得税费用	期末转入“本年利润”账户的所得税费用额

图5－54　“所得税费用”账户结构

（4）“本年利润”账户。

利润（所有者权益）类账户。用以核算企业实现的净利润（或发生的净亏损）。贷方登记期末时从有关收入类账户结转来的发生额；借方登记期末时从有关费用类账户结转来的发生额，以及在年度终了时结转入“利润分配——未分配利润”账户的净利润。年终结转后，该账户应无余额（见图5－55）。

借方　本年利润	贷方
期末转入的各项费用： 主营业务成本 营业税金及附加 其他业务成本 销售费用 管理费用 财务费用 营业外支出 投资收益（投资净损失） 所得税费用	期末转入“本年利润”账户的金额 主营业务收入 其他业务收入 营业外收入 投资收益（投资净收益）
年末结转本年实现的净利润	年末结转本年发生的净亏损

图5－55　“本年利润”账户结构

【提示说明】期末结转的费用类账户并不是指所有带“费用”字样的账户，而是指反映的经济内容具有费用性质。例如，“主营业务成本”、“营业税金及附加”、“管理费用”和“其他业务成本”等账户具有费用的性质，期末都应转入“本年利润”账户；而“制造费用”账户反映的经济内容是企业的资产（或成本），不具有费用性质，期末就不能转入“本年利润”账户。

2. 利润形成主要交易或事项会计记录举例

【例5-87】10月23日，银海公司收到京连公司的违约罚款38 000元，存入银行。

该笔业务发生后，一方面企业银行存款增加38 000元；另一方面企业的营业外收入增加38 000元，因此该项交易或事项涉及“银行存款”和“营业外收入”两个账户。银行存款的增加是资产的增加，应记入“银行存款”账户的借方，营业外收入的增加是收益的增加，应记入“营业外收入”账户贷方。编制会计分录为：

借：银行存款　　38 000

　　贷：营业外收入　　38 000

【例5-88】10月23日，以现金支付某赔偿金800元。

该笔业务发生后，一方面库存现金减少，按规定记入“库存现金”账户的贷方，另一方面引起营业外支出增加，应记入“营业外支出”账户借方。编制会计分录为：

借：营业外支出　　800

　　贷：库存现金　　800

【例5-89】10月25日，银海公司以30 000元支付一项公益性捐赠。

企业的公益性捐赠属于营业外支出。这些交易或事项的发生，一方面公司的银行存款减少30 000元，另一方面公司的营业外支出增加30 000元，因此该项交易或事项涉及“营业外支出”和“银行存款”两个账户。营业外支出的增加是费用支出的增加，应记入“营业外支出”账户的借方，银行存款的减少是资产的减少，应记入“银行存款”账户的贷方。编制会计分录为：

借：营业外支出　　30 000

　　贷：银行存款　　30 000

【例5-90】10月31日，银海公司有关损益类账户结账前余额如表5-6所示。计算并结转本月净利润额。并将本月各损益账户余额转入“本年利润”账户。

表5-6　　损益类账户结账前余额　　单位：元

收入类账户	结账前余额	费用类账户	结账前余额
主营业务收入	1 600 000	主营业务成本	885 088
其他业务收入	58 000	其他业务成本	42 040
营业外收入	56 000	营业税金及附加	168 272
投资收益	12 800	销售费用	13 000
		管理费用	74 160
		财务费用	1 600
		营业外支出	50 800

会计期末，企业未结转各种损益类账户之前，本期实现的各项收入以及与之相配比的成本费用是分散反映在不同的损益类账户上的，为了遵循配比的要求，使本期的收支相抵减，以便确定本期经营成果，就需要编制结账分录，结清各损益类账户。这项交易或事项的发生，一方面使得公司的有关损益类账户所记录的各种收入减少，使得公司的利润额增加，因此交易或事项涉及“主营业务收入”、“其他业务收入”、“投资收益”、“营业外收入”和“本年利润”五个账户。各项收入的结转是收入的减少，应记入“主营业务收入”、“其他业务收入”、“投资收益”、“营业外收入”账户的借方，利润的增加是所有者权益的增加，应记入“本年利润”账户的贷方；另一方面，该项交易或事项需要将记录在有关损益类账户中的各项费用予以转销，结转费用会使得公司的利润减少，因此交易或事项涉及“本年利润”、“主营业务成本”、“营业税金及附加”、“其他业务成本”、“管理费用”、“财务费用”、“销售费用”和“营业外支出”八个账户。各项支出的结转是费用支出的减少，应记入“主营业务成本”、“营业税金及附加”、“其他业务成本”、“管理费用”、“财务费用”、“销售费用”和“营业外支出”账户的贷方，利润的减少是所有者权益的减少，应记入“本年利润”账户的借方。编制会计分录为：

借：主营业务收入	1 600 000	
其他业务收入	58 000	
营业外收入	56 000	
投资收益	12 800	
贷：本年利润		1 72 680
借：本年利润	1 234 960	
贷：主营业务成本		885 088
营业税金及附加		168 272
其他业务成本		42 040
营业外支出		50 800
销售费用		13 000
管理费用		74 160
财务费用		1 600

【例 5－91】 10 月 31 日，按税前利润 491 840 元计算应缴所得税费用（所得税税率为 25%）。

经计算本期应缴所得税为 491 840 × 25% = 122 960（元）。所得税计算出来以后，一般在当期并不实际缴纳，所以在形成所得税费用的同时也产生了企业的一项负债。这项交易或事项的发生，一方面使得企业的所得税费用增加了 122 960 元；另一方面使得公司的应缴税费增加 122 960 元，因此该项交易或事项涉及“所得税费用”和“应交税费——应交所得税”两个账户。所得税费用的增加是费用的增加，应记入“所得税费用”账户的借方，应交费用的增加是负债的增加，应记入“应交税费——应交所得税”账户的贷方。编制会计分录为：

借：所得税费用	122 960	
贷：应交税费——应交所得税		122 960

【例 5 -92】 结转本期所得税费用到“本年利润”账户。

该笔业务发生后，一方面本年利润所有者权益减少，按规定记入“本年利润”账户的借方，另一方面所得税费用减少，应记入“所得税费用”账户贷方。编制会计分录为：

借：本年利润 122 960

　　贷：所得税费用 122 960

（二）利润分配业务的核算

1. 主要账户的设置

为了反映和监督企业净利润的分配，包括法定盈余公积金、法定公益金的提取情况以及向投资者分配利润等情况，应设置“利润分配”、“盈余公积”、“应付股利”等账户。

（1）“利润分配”账户。

利润（所有者权益）类账户。核算企业利润的分配（或亏损的弥补）和历年分配（或弥补）后的积存余额。该账户的借方登记按规定实际分配的利润数，或年终时从“本年利润”账户的贷方转来的当年亏损总额；贷方登记年终时从“本年利润”账户借方转来的当年实现的净利润总额；年终贷方余额表示历年积存的未分配利润，如为借方余额，则表示历年积存的未弥补亏损。本科目应当分别按“提取法定盈余公积”、“应付现金股利或利润”和“未分配利润”等进行明细核算。

①“利润分配——提取法定盈余公积”。该明细分类账户用以核算企业法定盈余公积金的提取和年末结转情况。借方登记年度中按规定提取的法定盈余公积数额；贷方登记年终时结转入“利润分配——未分配利润”明细分类账户的已提取的法定盈余公积数额。该明细分类账户平时应为借方余额，反映企业已经提取的法定盈余公积数额。年终结转时，该账户应无余额。

②“利润分配——应付利润”。该明细分类账户用以核算企业应付投资者利润的分配与年末结转情况。借方登记按规定在年度当中已分配给投资者的利润数额；贷方登记年终时结转入“利润分配——未分配利润”明细分类账户的已经分配给投资者的利润数额。该明细分类账户平时应为借方余额，反映企业已经分配给投资者的利润数额。年终结转时，该账户应无余额。

③“利润分配——未分配利润”。该明细分类账户用以核算企业未分配利润情况。利润分配——未分配利润”账户只在企业进行年终决算时登记。贷方登记年终从“本年利润”账户结转的本年实现的净利润数；借方登记年终从“利润分配——提取法定盈余公积”和“利润分配——应付利润”等明细分类账户结转过来的数额。年终结转后，该账户应为贷方余额，反映企业历年积存的未分配利润。

在企业进行年终决算时，“利润分配”账户的有关明细账户的发生额要相互结转，即一项交易或事项要同时在“利润分配”这个总分类账户的借贷双方同时进行登记（见图 5 -56 ）。

（2）“盈余公积”账户。

所有者权益类账户。核算企业从净利润中提取的盈余公积。该账户的贷方登记提取的盈余公积数；借方登记盈余公积的支出数，包括弥补亏损、转增资本、分配股利等；期末贷方余额，反映企业提取的盈余公积余额（见图 5 -57）。

借方　利润分配	贷方
提取的盈余公积金、应付现金股利和利润 年终从“本年利润”账户的贷方转来的全年亏损金额	盈余公积补亏数 年终从“本年利润”账户的借方转来的全年实现的净利润总额
期末余额：历年积存的未弥补亏损	期末余额：历年积存的未分配利润

图 5－56　“利润分配”账户结构

借方　盈余公积	贷方
企业使用的盈余公积金	企业从利润中提取的盈余公积
	期末余额：企业提取的盈余公积余额

图 5－57　“盈余公积”账户结构

（3）“应付股利”账户。

负债类账户。核算应分配给投资者的现金股利或利润。该账户贷方登记企业决定应付给投资者的利润；借方登记实际支付的利润。期末贷方余额表示企业应付未付的利润（见图 5－58）。

借方　应付股利	贷方
实际支付的现金股利或利润	应支付的现金股利或利润
	期末余额：企业尚未支付的现金股利或利润

图 5－58　“盈余公积”账户结构

2. 利润分配主要交易或事项会计记录举例

【例 5－93】年末，银海公司将税后利润 5 362 600 元转入“利润分配”账户后，“本年利润”账户无余额。

借：本年利润	5 362 600	
贷：利润分配——未分配利润		5 362 600

【例 5－94】年末，银海公司按税后利润 5 362 600 元的 10% 提取法定盈余公积。

借：利润分配——提取盈余公积	536 260	
贷：盈余公积——法定盈余公积		536 260

【例 5－95】年末，银海公司根据协议规定，用税后利润向投资者分配现金股利 170 000 元。并以银行存款支付。

借：利润分配——应付现金股利	170 000	
贷：应付股利		170 000
借：应付股利	170 000	
贷：银行存款		170 000

【例 5－96】年末，银海公司结转全年已分配利润 706 260 元。

借：利润分配——未分配利润	706 260	
贷：利润分配——提取盈余公积		536 260

——应付现金股利 170 000

“利润分配——未分配利润”账户运用方法及其与“本年利润”账户、“利润分配”所属的其他明细账户的关系，如图5－59所示。

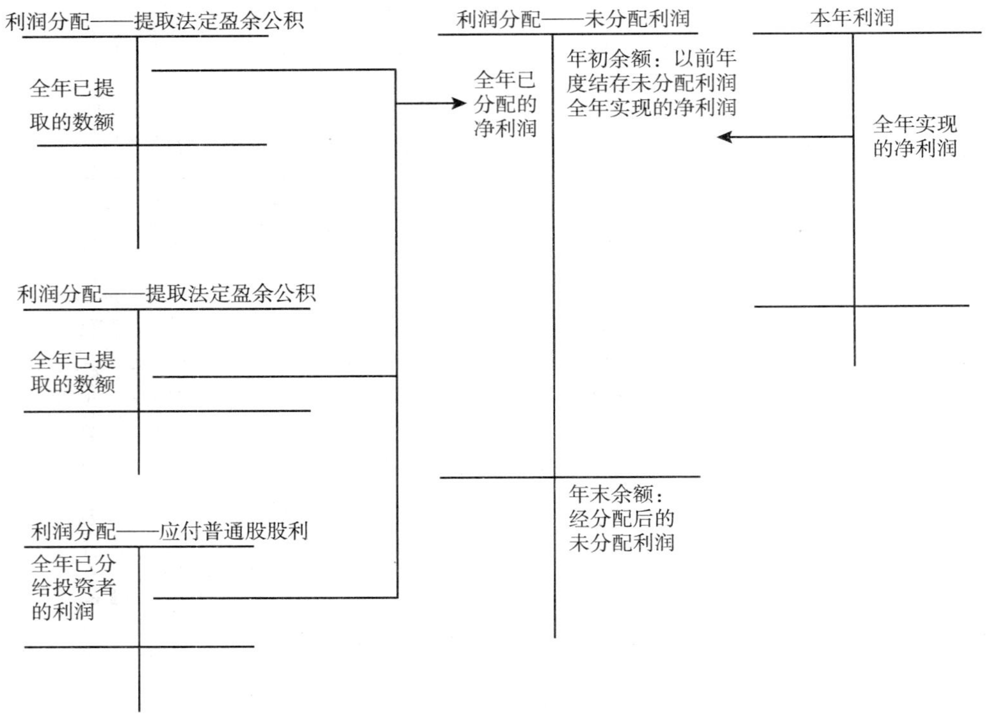

图5－59 “利润分配——未分配利润”账户运用方法及其与“本年利润”账户、“利润分配”其他明细账户的关系

【本章小结】

一般企业的主要交易或事项包括筹资活动交易或事项、投资活动交易或事项、经营活动交易或事项和经营成果的形成与分配交易或事项。所以一般企业的主要交易或事项包括资金筹集业务、投资活动业务、生产准备业务、产品生产业务、产品销售业务、经营成果形成与分配业务。资金筹集业务核算主要包括接受投资者的投资和向债权人借入各种款项的核算；投资业务核算主要包括企业固定资产等投入业务的核算和短期投资；生产准备业务的核算主要包括材料采购业务的核算和材料采购成本的计算；产品生产业务中费用的发生、归集和分配，以及产品成本的计算，构成了产品生产业务核算的主要内容；销售过程中企业确认销售收入的实现，办理结算，收回销货款，计算并结转销售成本，计算销售税金，支付销售费用，确定销售业务成果，就构成了销售业务核算的内容；经营成果业务核算的主要内容是确定企业实现的利润及对利润的分配。为了进行上述业务的核算，需要设置“在途物资”、“生产成本”、“主营业务收入”、“本年利润”和“利润分配”等等许多账户。

【思考与分析】

1. 企业按计划成本法核算原材料，编制以下交易或事项的会计分录：（1）企业购入一批原材料，增值税专用发票上注明的价款为100 000元，增值税进项税额为17 000元。货款已通过银行转账支付，材料也已验收入库。该批原材料的计划成本为105 000元。（2）企业购买原材料，增值税专用发票上注明的材料价款为250 000元，增值税进项税额为42 500元，开出一张商业汇票抵付。材料验收入库。该批原材料的计划成本为243 000元。

2. 2008年2月20日，甲公司购入一台机器设备并投入使用，取得的增值税专用发票上注明的设备价款为100 000元，增值税税额为17 000元。因产品转型，2010年2月28日，该固定资产已提取折旧19 400元。同时，甲公司将该机器设备出售给乙公司，开具的增值税专用发票上注明的价款为82 000元，增值税税额为13 940元。假定不考虑其他相关税费，该设备未提取过减值准备。编制以下相关会计分录：（1）2008年2月20日；（2）2010年2月28日；（3）出售固定资产；（4）结转固定资产净损益。

3. 2010年3月20日，甲公司购入在上海证券交易所上市的A公司股票100 000股，每股市价10元，另支付相关交易费用2 100元，甲公司将其规划分为交易性金融资产进行核算。2010年4月16日，甲公司售出其持有的A公司股票，每股售价12元，另支付相关交易费用4 900元，编制购入A公司股票和售出A公司股票业务的会计分录。

4. 银河公司2010年有关损益类账户的结账前年末余额如表5－7所示。

表5－7　损益类账户余额表　单位：元

科目名称	结账前余额
主营业务收入	3 000 000（贷）
其他业务收入	350 000（贷）
投资收益	300 000（贷）
营业外收入	25 000（贷）
主营业务成本	2 300 000（借）
其他业务成本	200 000（借）
营业税金及附加	40 000（借）
销售费用	250 000（借）
管理费用	300 000（借）
财务费用	50 000（借）
营业外支出	100 000（借）

要求：根据企业以上资料编制会计分录：（1）结转各项收入、利得类账户；（2）结转各项费用、损失类账户；（3）核算本年利润账户，计算并结转所得税费用（25%税率）。

文章阅读

会计核算规范的六关系

在会计工作中，依据会计规范组织会计核算，会形成以下六种重要关系。这些关系对于审计查账，具有重要的启示。

1. 对应关系

企业会计核算中使用的记账方法是复式记账法。复式记账法的基本原理，就是用相互关联的两个或两个以上账户，记录交易或事项的来龙去脉，反映资金的增减变化。在审计查账中，依据对应关系，也就产生了账户分析法。在记账凭证审计中，根据会计科目之间的对应关系是否正常合理，可以分析寻找审计疑点，决定应否进一步追踪审查。在账簿审计中，对某一账户业务处理的疑问，有时可以通过了解其对应账户的情况而得到证实和解释。甚至可以运用账户分析法，发现利用转账手段进行作弊的问题。

2. 钩稽关系

钩稽关系，是指在一种会计资料内部以及在不同的会计资料之间，它们的数据具有相互核对关系。按照会计规范的要求——使用统一的记账方法和记账程序，在会计资料上就会有这样的表现：

（1）原始凭证上的数量与单价之积和金额栏数字相等，各明细项目金额之和与总金额相等。

（2）各原始凭证金额之和与其汇总原始凭证金额相等。

（3）原始凭证（汇总原始凭证）金额与记账凭证金额相等。

（4）记账凭证金额与账簿金额相等。

在审计查账中，审计人员可以运用钩稽关系，采用核对法，检查证证、账证、账账、账表和表表之间是否相符，以便从中发现错账、漏账、重账之误和揭露弄虚作假、营私舞弊行为，进而证实财务报表反映的财务状况和经营成果是否真实可靠。

3. 借贷关系

企业的资金运动存在着一定的规律，企业物质的流转也具有一定的方向性。因此，在使用借贷记账法的会计核算中，它就表现为具有以下借贷关系：在会计期末，一些账户只有借方余额，而另一些账户只有贷方余额。例如，在正常情况下，企业的资产类、成本费用类账户有借方余额，负债类、所有者权益类账户有贷方余额；损益类中的收入账户有贷方发生额，成本费用账户有借方发生额。根据会计账户发生额与期末余额具有方向性这一特点，在账簿审查中，可以从有关账簿借方余额或贷方余额、借方发生额或贷方发生额是否正常来确定有无疑点，有无追踪审查的必要。

4. 映射关系

会计核算是以凭证、账簿和报表等形式，对企业已经发生的交易或事项、企业的实有资产和负债及其经营成果的反映。因此，会计资料与实际交易或事项之间，与企业实有资产之间，具有相互映照、佐证的关系。会计资料是对实际交易或事项的记录，实际交易或事项是会计资料产生的根据和基础。即有一定的业务发生，才有真实反映这一业务的会计记录的产生：有一定的资产存在，就应有一定的资产账簿记录。二者相互依存，相互制约，相互印证。由于具体的交易或事项是以特定的时间、地点、规模和条件等为发生依据，因此，这种账实映射关系，又可以表现为以下几种具体形式：

（1）实有资产与账簿的映射关系。拥有一定数量和价值的资产，是企业从事生产经营活动的客观基础。企业经济活动的过程，也正是企业资产不断变化，从一种形式的资产变成另外一种形式的资产的过程，从而也就在其相关账簿上，银行存款—原材料—生产成本—产成品—产品销售成本等，留下其发生的轨迹。基于这一规律的存在，在检查企业有无虚报资产，有无账外销售活动等情况时，就可以运用资产盘点、账实核对的方法，通过检查实际库存资产的数量情况，对比分析账簿记录来进行查证。在检查有无贪污挪用公款、企业有无“小金库”等问题时，也主要是通过盘点货币资产，运用账实核对的方法，通过检查实有库存现金与现金日记账是否相符、银行存款日记账与对账单是否相符来进行查证的。

（2）账簿记录金额与实际业务发生额的映射关系。在以货币价值形式反映企业实际发生的交易或事项时，有时会产生这样一些特点：一是企业生产经营活动中发生的收支、投入等业务的金额，在有些业务发生中常常是以整数金额、甚至是大整数金额出现，在有些业务发生中其金额又多以非整数金额出现。二是在正常情况下，反映某一方面经济活动的货币价值存在着一定的变化范围。

（3）会计凭证要素、附件与实际业务情况的映射关系。一项真实业务的发生，可能会有多种凭证并存、凭证要素齐备等特点。如提货制下的采购业务，不仅有购货发票，而且还会有运输单据。一张真实的工资结算单，其应具有基础工资、职务工资、津贴、有关补贴以及代扣款等项目。因此，一张项目简单的工资结算单，一笔从外地购入只有发货票而无运输单据的会计记录等，可能就是虚构业务的产物。

（4）账簿记录时间与实际业务发生时间的映射关系。会计核算是对已发生的经济活动的反映。每项具体经济活动都有其特定的发生时间。因此，实际发生的经济活动与反映其活动的会计凭证、账簿之间在时间上就具有相互关联、相互一致的关系。根据这一关系，在查账工作中，就可以从经济活动实际可能发生的时间和反映经济活动的原始凭证上的特定时间之间的矛盾中发现问题。

诚信为本，操守为重，遵循准则，不做假账。

第六章　会计账户分类

☞【学习目标】

企业主要交易或事项涉及大量账户，本章分别从经济内容和用途、结构两个方面对账户进行分类，以便了解各类账户在提供会计信息方面的规律。通过学习，要求了解会计账户的共性及其内在联系，理解账户的经济内容和账户的结构与用途的含义；掌握账户按经济内容进一步分类的小类名称；掌握账户按用途和结构进一步分类的小类名称；对每一类账户，要能正确地用以登记交易或事项，包括借方和贷方发生额，结出期末余额。

本章的重点难点在于账户分类的主要标志、账户按经济内容的分类、账户按用途和结构的分类。

☞【中英文关键词】

盘存账户：inventory account
资本账户：capital account
附加账户：adjunct account
成本计算账户：costing account
集合分配账户：clearing accounts
实账户：real account
结算账户：settlement account
调整账户：adjustment account
备抵账户：provision account
损益计算账户：gain and loss account
虚账户：nominal account

☞【引导案例】

假设在第三章开篇的引导案例中，小刚投资的AB电脑公司购买的两台办公用电脑的原始价值是10 000元，预计可以用5年，5年后预计残值为500元。那么，AB电脑公司该如何反映这5年中预计发生的电脑价值的减少呢？应该用什么账户来反映各期期末时这两台电脑价值的变动情况和账面净值呢？应该如何在报表里列示呢？

每一个账户只能反映企业活动某一个方面的内容，为了全面核算企业生产、经营过程，需要设置一套完整的账户体系，通过运用这些相互联系的账户，来全面核算企业的生产经营过程，并且取得企业经营管理所必需的各项资料、数据和指标。账户体系中的每个账户，都有其具体内容，它们相互联系又相互区别。为了更好地掌握账户的设置和运用，有必要对各种账户进行适当分类，也就是把一个完整的账户体系按照一定的标准分成几大类，每一类都有其各自的特点和作用。了解账户的分类，以便于全面认识各账户在整个账户体系中的作用，正确地设置和运用账户，建立完善的账户体系，从而提供核算指标的规律性。

账户的分类方法主要有按经济内容分类、按经济用途和结构分类，除此之外，还可以按期末有无余额分类。

第一节　账户按经济内容分类

账户按经济内容分类是账户最基本的分类方法。所谓账户的经济内容，就是账户所核算与监督的会计对象的具体内容。由于账户反映的经济内容是六大会计要素，为了在会计上对各种会计要素的增减变动及其结果进行核算，就需要按照会计要素的组成内容，分别为每一类会计要素设置若干个账户。因此，账户按经济内容就可相应分为六大类，分别是资产类账户、负债类账户、所有者权益类账户、收入类账户、费用类账户和利润类账户。从满足企业经营管理和会计信息使用者需要的角度考虑，账户按其经济内容又可以分为资产类账户、负债类账户、共同类账户、所有者权益类账户、成本类账户和损益类账户等六类。由于一般的工商业企业中，共同类账户基本用不到，因此，大多数时候，我们将账户按照经济内容分类为资产类账户、负债类账户、所有者权益类账户、成本类账户和损益类账户等五类，这样分类便于从账户中取得需要的核算指标，明确每个账户的核算内容。制造企业由于其生产经营活动的复杂性，产品的成本核算至关重要，成本类账户则专门用于生产费用的归集和产品成本的确定。

账户按经济内容的分类，一方面可以区分不同类别账户所反映和监督的不同内容，了解每个账户的经济性质，以满足经营和管理的需要；另一方面还能为财务报告的编制提供资料，这是因为资产类、负债类和所有者权益类账户是构成资产负债表的主要项目内容，而损益类账户则为编制利润表提供必要的数据。

一、资产类账户

资产类账户是用来反映资产增加、减少和期末余额的账户。按照流动性和变现能力的强弱，可以将资产类账户分成两大类，分别是流动资产类账户和非流动资产类账户。流动资产类账户包括库存现金、银行存款、应收账款、原材料、库存商品等账户；非流动资产类账户包括长期股权投资、固定资产、无形资产等账户。

二、负债类账户

负债类账户是用来反映负债增加、减少和期末余额的账户。按照偿还期限的长短，可以将负债类账户分成两大类，分别是流动负债类账户和长期负债类账户。流动负债类账户包括短期借款、应付账款、应付利息等账户；长期负债类账户包括长期借款、长期应付款等账户。

三、共同类账户

共同类账户是各企业涉及衍生工具、套期保值业务所设定的，其性质最终需要根据其期末余额的方向归属为资产类或负债类。共同类账户包括清算资金往来、货币兑换、衍生工具等账户。

四、所有者权益类账户

所有者权益类账户是反映企业所有者权益的增减变动及其实际拥有情况的账户。按其形成方式，又可分为投入资本账户和留存收益账户两类。其中投入资本账户反映投资人对企业的原始投资，以及投资本身引起的增值，包括实收资本（或股本）和资本公积账户；留存收益账户反映企业在经营过程中实现利润而增加的盈余公积和未分配利润，包括盈余公积、本年利润、利润分配账户。

五、成本类账户

成本类账户反映企业为生产产品、提供劳务而发生的经济利益的流出。它针对一定成本计算对象（如某产品、某类产品、某批产品、某生产步骤等），表明了由此发生的企业经济资源的耗费。成本类账户按照是否需要分配可以再分为直接计入类成本账户和分配计入类成本账户。直接计入类成本账户主要有生产成本等账户；分配计入类成本账户主要有制造费用等账户。

六、损益类账户

损益类账户反映某一会计期间的一切经营活动和非经营活动的所有损益内容，它既包括来自生产经营方面已实现的各项收入、已耗费需要在本期配比的各项成本、费用，也包括来自其他方面的业务收支，以及本期发生的各项营业外收支等。一般来说，该类账户可以划分为收入类账户和费用类账户两大类。其中，收入类账户反映企业在销售商品、提供劳务及让渡资产使用权等日常活动中所形成的经济利益的总流入，包括主营业务收入、其他业务收入、营业外收入等账户；费用类账户反映企业为销售商品、提供劳务及日常活动所发生的经济利益的流出，包括营业费用、销售费用、财务费用、营业外支出等账户。另一方面，该类账户也可以按照利润构成划分为反映营业损益的账户、反映营业外收支的账户以及反映扣减利润总额的账户三大类。其中，反映营业损益的账户主要包括营业收入、营业成本、营业税金及附加以及三个期间费用等账户；反映营业外收支的账户包括营业外收入和营业外支出两个账户；反映扣减利润总额的账户主要是所得税费用账户。

工业企业的主要账户按上述经济内容的分类见图 6－1。

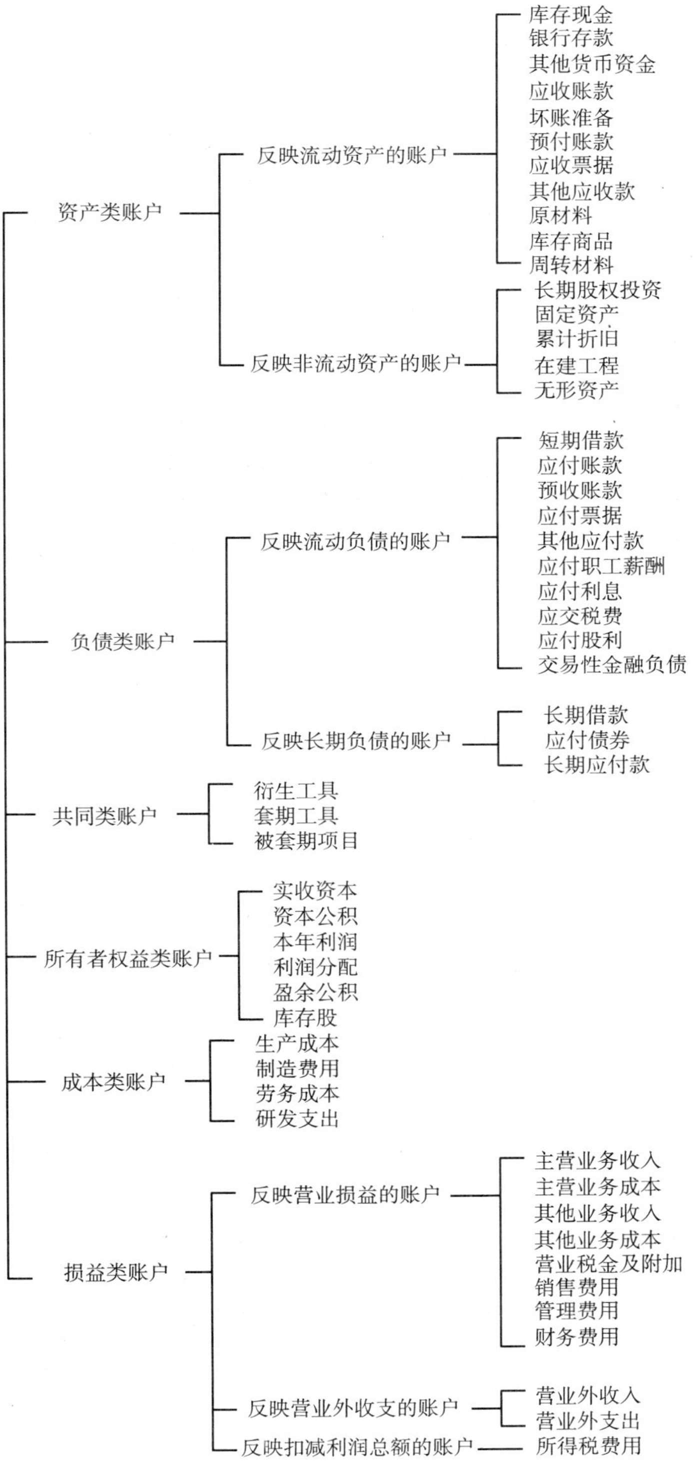

图 6－1　工业企业账户按经济内容分类

第二节　账户按用途和结构分类

账户按用途和结构的分类，是在账户按经济内容分类的基础上，对用途和结构基本相同的账户进行的适当归类。所谓账户的用途，是指设置和运用账户的目的，通过账户的记录能够提供什么核算资料。例如，设置“固定资产”、“原材料”、“库存商品”等账户的目的，就是为了反映相应的实物资产，利用这些账户能够提供相应实物资产的增减变动及其余额等方面的资料。所谓账户的结构，是指在账户中如何提供核算资料，借方登记什么，贷方登记什么，怎样进行登记，其余额反映什么内容。

按账户的用途和结构分类，可以使我们明确各个账户不同的使用方法和各个账户的具体作用，以便正确地使用不同的账户，为企业的经营管理提供准确有用的资料，为会计信息的使用者提供预测、决策的依据。具体来说，主要有如下几方面：

（1）有利于了解各类账户的基本用途和结构。在一般情况下，反映经济内容相同的账户，其用途和结构也是相同的。但反映经济内容相同的账户，也可能具有不同的用途和结构。例如，“固定资产”和“累计折旧”账户，在按账户反映的经济内容分类方法下同属于资产类账户，但这两个账户却有着截然相反的结构。而“累计折旧”和“利润分配”等账户，一个是核算资产要素的资产类账户，一个是核算利润要素的利润类账户，虽然它们反映的经济内容不同，但却有着相同的用途和类似的结构。因此，对账户按经济内容分类并不能代替账户按用途和结构进行分类，账户按用途和结构进行分类是对账户按经济内容分类的必要补充。

（2）有利于掌握账户提供核算指标的规律性。反映经济内容相同的账户，之所以可能具有与其他同类账户不同的结构，在很大程度上是由于这些账户在会计核算中具有比较特殊的用途。如“累计折旧”账户与“固定资产”账户反映的经济内容相同，但账户的结构相反，就是由于在会计核算中要求“固定资产”账户必须保持固定资产原始价值，这样就需要设置一个专门的账户“累计折旧”来反映固定资产的减少。这样设置账户还有一个作用，那就是通过“固定资产”和“累计折旧”账户余额的比较，可以获得会计核算上所需要的“固定资产净值”这个重要指标。为了进行这两个账户余额上的比较，“累计折旧”账户就设计成了与“固定资产”账户完全相反的结构。可见，账户在提供信息指标上是有一定的规律可遵循的。按账户用途和结构进行分类，有利于掌握账户在提供核算指标方面的规律性。

账户按用途和结构划分，可以分为基本账户、调整账户、业务账户三大类。其中基本账户又可分为盘存账户、结算账户和资本账户三类；调整账户可以分为备抵账户、附加账户和备抵附加账户三种；业务账户可分为集合分配账户、成本计算账户、损益计算账户和财务成果计算账户等四类。

一、基本账户

基本账户是用来核算和监督资产、负债和所有者权益的增减变动和实有数情况的账户。由于这类账户所反映的内容都是经济活动的基础内容，因而称其为基本账户。基本账户一般都有余额，期末应分别列入资产负债表的资产、负债和所有者权益方。

基本账户可分为盘存账户、结算账户和资本账户三类。

（一）盘存账户

盘存账户是用来核算和监督可以进行实物盘点的各种财产、物资和货币资金增减变动及其实有数额的账户。这类账户包括企业主要的资产账户，例如“库存现金”、“银行存款”、“原材料”、“库存商品”、“固定资产”等账户，除货币资金账户外，其他可通过设置和运用明细账，在期末进行盘点核对，并提供数量和金额两项指标。盘存账户结构的特点是：借方登记各种货币资金和财产物资的增加数；贷方登记各种货币资金和财产物资的减少数；余额都在借方，表示各种财产物资和货币资金的实有数。“生产成本”账户的期初、期末余额表示在产品，也具有盘存账户的性质。

盘存类账户的结构如图6－2所示。

借方	贷方
期初余额：财产物资、货币资金的期初余额 本期发生额：财产物资、货币资金的本期增加额	本期发生额： 财产物资、货币资金的本期减少额
期末余额：财产物资、货币资金的期末结存额	

图6－2　盘存类账户结构

（二）结算账户

结算账户是用来核算和监督企业同其他单位或个人以及企业内部各单位之间债权（应收）、债务（应付）结算关系的账户。这类账户一般要按照结算业务的对方单位或个人设置明细账户，且只提供价值指标。结算账户按照结算的性质，又可分为资产结算账户、负债结算账户和资产负债结算账户三类。

1. 资产结算账户

资产结算账户是用来核算企业的债权增减变动及实有数的账户，如“应收账款”、“其他应收款”等都属于资产结算账户。这类账户结构的特点是：借方登记债权的增加额；贷方登记债权的减少额；余额在借方，表示债权的实有数额。资产结算账户的结构如图6－3所示。

借方	贷方
期初余额：债权的期初余额 本期发生额：债权的本期增加额	本期发生额： 债权的本期减少额
期末余额：债权的期末结存额	

图6－3　资产结算类账户结构

2. 负债结算账户

负债结算账户是用来核算企业的债务增减变动后实有数的账户。如“应付账款”、“其他应付款”、“应交税费”等账户都是负债结算账户。这类账户结构的特点是：贷方登记债务的增加额，借方登记债务的减少额，余额在贷方，表示债务实有数额。负债结算账户的结构，如图6－4所示。

借方	贷方
本期发生额： 债务的本期减少额	期初余额：债务的期初余额 本期发生额：债务的本期增加额
	期末余额：债务的期末结存额

图6－4 负债结算类账户结构

3. 资产负债结算账户

资产负债结算账户也称往来结算账户、债权债务结算账户，是用来核算企业与其他单位或个人以及企业内部之间的一般款项往来结算情况的账户，因为相互之间的往来结算的性质会经常变动，有时是企业的债权，有时则是企业的债务。如会计制度规定，预付货款情况不多的企业，也可以将预付货款直接记入“应付账款”账户的借方，这样“应付账款”账户同时核算和监督企业应付账款和预付货款的增减变动情况，从而成为一个债权债务结算账户。同样，预收货款不多的企业也可将预收货款直接记入“应收账款”账户的贷方。有的企业为了简化手续，设置“其他往来”等资产负债双重性质的账户，通过该账户来反映企业的其他应收款和其他应付款的增减变动和结存情况。2006年财政部制定的《企业会计准则》也设置了共同类账户如“清算资金往来”等。

资产负债结算账户的结构为：借方登记债权增加数或债务减少数，贷方登记债务增加数或债权减少数。期末余额有时在借方，有时在贷方。需要注意的是，具有双重性质的债权债务账户的期末余额，无论是期末借方余额还是期末贷方余额，只是表示债权和债务相抵后的差额，而不一定表示企业债权或债务的实际金额。具体而言，其借方余额表示尚未收回的债权大于尚未偿付的债务和差额；贷方金额表示尚未偿付的债务大于尚未收回的债权的差额。资产负债结算账户的结构，如图6－5所示。

借方	贷方
期初余额：债权净额 本期发生额：债权的增加额； 债务的减少数	期初余额：债务净额 本期发生额：债权的减少数； 债务的增加数
期末余额：债权净额	期末余额：债务净额

图6－5 债权债务结算账户

（三）资本账户

资本账户是用来核算和监督企业资本金的所有者权益账户。如“实收资本”、“资本公积”、“盈余公积”和“利润分配”等。资本账户结构的特点是：贷方登记各项资本金的增加额；借方登记各项资本金的减少额；余额在贷方，表示各项资本金的实有数。

资本账户的结构，如图 6－6 所示。

借方	贷方
发生额：资本金的减少额	期初余额：期初结存的各项资本金实存额 发生额：资本金的增加额
	期末余额：资本金期末的结存额

图 6－6 资本账户结构

二、调整账户

调整账户是用来调整有关账户的账面余额而设置的账户。在会计核算中，由于管理上的需要或其他原因，对于某些资产或负债，有的需要用两种不同的数字，开设两个账户来进行记录反映。其中一个账户用来记录反映资产、负债的原始数字，另一个账户用来记录反映对原始数字的调整数字。记录反映原始数字的账户称为被调整账户；记录反映调整数字的账户称为调整账户。将原始数字同调整数字相加或相减，就可以求得某项指标的现有实存数字。由调整账户和被调整账户相互配合，既能全面、完整地反映同一个会计对象，又能满足管理上对不同指标的需要。

调整账户按其调整方式的不同，可以分为备抵账户、附加账户和备抵附加账户三种。

（一）备抵账户

备抵账户是用来抵减被调整账户的余额以求得被调整账户实际余额的账户。“累计折旧”账户、“固定资产减值准备”账户就是“固定资产”账户的备抵账户，“累计摊销”账户是“无形资产”账户的备抵账户，“坏账准备”账户则是“应收账款”账户的备抵账户。备抵账户的调整方式为：

被调整账户的期末余额－备抵账户的期末余额＝被调整账户实际数额

备抵账户的特点是：调整账户与被调整账户的性质正好相反，两个账户的余额方向也一定相反。例如：“应收账款”账户的期末借方余额，表示应收账款的原始价值，“坏账准备”账户期末贷方余额则表示应收账款可能发生的坏账损失，两者相抵，即可求得应收账款的净值，两者的关系如图 6－7 所示。

被调整账户

借方	应收账款	贷方
期末余额	600 000	

调整账户

借方	坏账准备	贷方
	期末余额	50 000

图 6－7 备抵账户结构

调整结果为：

600 000 - 50 000 = 550 000（元）（应收账款净值）

其他“长期股权投资减值准备”、“存货跌价准备”等账户也都属于这类性质的账户。

（二）附加账户

附加账户与备抵账户的调整作用正好相反，是用来增加被调整账户的余额，以求得被调整账户实际余额的账户。附加账户的调整方式为：

被调整账户的期末余额 + 附加账户的期末余额 = 被调整账户的实际余额

附加账户的特点是被调整账户的性质和期末余额方向与调整账户一致。即，如果被调整账户的余额在借方，附加账户的余额一定也在借方；如果被调整账户的余额在贷方，附加账户的余额一定也在贷方。在我国目前的会计核算中，基本没有设置附加账户的实例。附加账户与被调整账户的附加方式如图 6 - 8 所示。

（三）备抵附加账户

备抵附加账户是同时具备备抵和附加两种调整职能的账户。如“商品进销差价”、“材料成本差异”都是备抵附加账户，当其余额与被调整账户的余额方向相同时，调整的方式与附加账户相同；当其余额与被调整账户的余额方向相反时，调整的方式与备抵账户相同。

借方	被调整账户	贷方
余额：某项经济活动的原始数额		

借方	附加账户	贷方
余额：某项经济活动的附加数额		

或者：

借方	被调整账户	贷方
		余额：某项经济活动的原始数额

借方	附加账户	贷方
		余额：某项经济活动的附加数额

图 6 - 8　附加账户结构

如果企业的材料核算采用计划成本方式，就必须设置“材料采购”、“材料成本差异”、“原材料”等三个账户，分别计算材料的实际采购成本和计划成本，以及实际采购成本同计划成本的差异额。通过“材料采购”账户，将材料采购大于计划成本的差额登记“材料成本差异”账户的借方（即超支额），将材料采购低于计划成本的差额登记“材料成本差异”账户的贷方（即节约额）。当月末编制财务报表时，需将“原材料”账户反映的计划成本调整为实际成本。这时“材料成本差异”账户的期末余额如在借方，则与“原材料”账户的期末借方余额相加；如果“材料成本差异”账户的期末余额在贷方，则与“原材料”账户的期末借方余额相减，即可将材料计划成本调整为实际成本。其关系如图 6 - 9、图 6 - 10 所示。

被调整账户

借方	原材料	贷方
期末余额	600 000	

调整账户

借方	材料成本差异	贷方
期末余额	5 000	

图 6 - 9　备抵附加账户结构（1）

调整结果为：

600 000（计划成本）+5 000（超支数）=605 000（元）（原材料实际成本）

被调整账户

借方	原材料	贷方
期末余额	600 000	

调整账户

借方	材料成本差异	贷方
	期末余额	5 000

图 6－10　备抵附加账户结构（2）

调整结果为：

600 000（计划成本）－5 000（节约数）=595 000（元）（原材料实际成本）

三、业务账户

业务账户是用来核算和监督企业在供应、生产、销售过程中业务活动的账户。其特点是能及时考核企业账务和成本计划的完成情况，对企业经济效益作全面评价。

业务账户可分为集合分配账户、成本计算账户、损益计算账户和财务成果计算账户等四类。

（一）集合分配账户

集合分配账户是用来汇集和分配经营过程中某一阶段所发生的有关生产费用，借以核算与监督有关生产费用计划的执行及分配情况的账户。设置这类账户是便于将这些费用进行分配。例如“制造费用”就属于此类账户。由于企业在生产经营过程中会发生应由各个成本计算对象共同负担的间接费用，所以需要通过集合分配账户来将这些间接费用归集起来，然后再按照一定标准分配计入各个成本计算对象。

集合分配账户的特点是：借方登记费用的发生额，贷方登记费用的分配额。这类账户具有明显的过渡性质，期末一般无余额。其账户结构如图 6－11 所示。

借方	贷方
本期发生额： 本期某种费用的发生额	本期发生额： 本期某种费用的分配额

图 6－11　集合分配账户结构

（三）成本计算账户

成本计算账户是用来归集经营过程中某一阶段所发生的全部费用，并据以计算、确定各个成本计算对象的实际成本的账户。“生产成本”、“材料采购”和“在建工程”账户均属于成本计算账户。这类账户结构的特点是：借方登记应计入成本的全部费用，贷方登记结转已完工的在产品、工程项目或已入库材料的实际成本，期末余额一般在借方，表示尚未完工的在产品、工程项目或尚未入库材料的实际成本。

成本计算账户的结构，如图 6－12 所示。

借方	贷方
期初余额： 尚未完成的成本计算对象的实际成本 本期发生额： 生产经营过程所发生的全部费用	本期发生额： 结转成本计算对象的实际成本
期末余额： 尚未完成的成本计算对象的实际成本	

图6－12　成本计算类账户结构

（三）损益计算账户

损益计算账户是用来汇集经营过程中所取得的收入和发生的成本、费用和营业外收入和营业外支出，借以在期末进行配合比较，计算确定经营期内的财务成果的账户。属于收入账户的有“主营业务收入”、“投资收益”、“其他业务收入”、“营业外收入”。这类账户结构的特点是：借方登记收入的减少额，或期末结转“本年利润”账户贷方的数额，贷方登记收入的增加额。属于支出账户的有“主营业务成本”、“营业税金及附加”、“其他业务成本”、“营业外支出”以及期间费用等。这类账户结构的特点是：借方登记支出的增加额，贷方登记支出的减少额或期末结转“本年利润”账户借方的数额。所有企业的收入和支出账户余额都在期末结转“本年利润”账户，结转后期末没有余额。

期间费用是企业行政管理部门为组织和管理生产经营活动而发生的管理费用和财务费用以及从事销售的销售费用，在期末直接计入当期损益。期间费用的特点是：借方登记费用的发生额，贷方转入本年利润，期末无余额。

损益计算账户的结构，如图6－13所示。

损益计算类账户（收入账户）

借方	贷方
本期发生额： 收入或收益的减少数； 期末结转到“本年利润”账户的收入或收益数	本期发生额： 收入或收益的增加数

损益计算类账户（费用支出账户）

借方	贷方
本期发生额： 本期费用、成本、支出的增加额	本期发生额： 本期费用、成本、支出的减少额； 期末转入“本年利润”账户的数额

图6－13　损益计算类账户结构

（四）财务成果计算账户

财务成果计算账户是用来核算和监督企业在一定时期内财务成果的形成，计算最终成果的账户。“本年利润”是财务成果计算的典型账户。该账户结构的特点是：贷方登记一定时期内的销售收入、其他业务收入和营业外收入，借方登记一定时期内的销售成本、期间费用、其他业务支出、销售税金及附加、营业外支出和所得税。期末将借方发生额与贷方发生额进行比较，就可以得出本计算期的最终财务成果，如为贷方余额表示实现的利润，如为借方余额则表示发生的亏损。财务成果计算账户的结构，如图 6－14 所示。

借方　　　　本年利润	贷方
本期发生额： 应计入本期损益的各项费用、成本、支出	本期发生额： 本期实现的各项收入和收益数
期末余额：发生的亏损总额	期末余额：实现的净利润额

图 6－14　财务成果类账户

最后说明两点：

一是，账户按内容和结构分类不是绝对的，有些账户有双重性质，例如“生产成本”、“在建工程”、“在途物资”等账户，既有盘存账户性质，又是成本计算账户，又如“本年利润”既是财务成果计算账户，又具有配比账户性质，供分类参考。

二是，财产清查中会用到“待处理财产损溢”账户，用以核算企业在财产盘盈、盘亏未处理前，应先暂记入此账户，待批准后再转入各有关账户，是一个过渡账户，制度规定要在期末结账前处理完毕，结清余额，故未列入账户分类内容。

账户按用途和结构的分类汇总如图 6－15 所示。

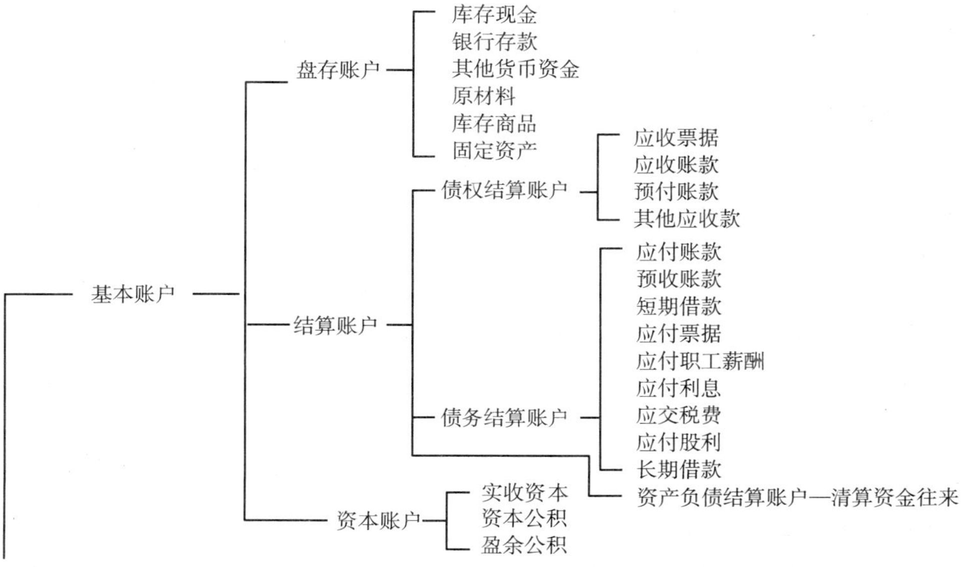

图 6－15　账户按用途和结构分类

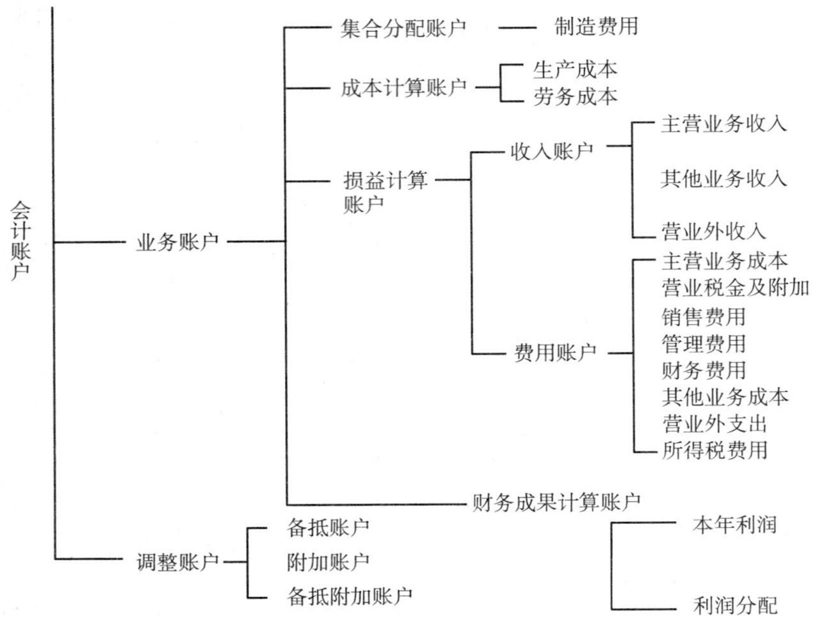

续图 6-15 账户按用途和结构分类

第三节 实账户与虚账户

除了上述各种分类方法外，账户还可以按照有无期末余额来进行分类。研究账户按期末余额分类的目的，在于把握账户期末余额代表的内容及期末结转的规律性，以便正确地组织会计核算。按照有无期末余额，可将账户分成实账户和虚账户两类。

一、实账户

实账户是指期末有余额的账户。例如，资产类账户、负债类账户和所有者权益类账户。其中资产类账户的借方登记资产的增加，贷方登记资产的减少，余额一般在借方，表示资产的实有数额。负债类和所有者权益类账户的借方登记负债、所有者权益的减少，贷方登记负债、所有者权益的增加，余额一般在贷方，表示负债、所有者权益的实有数额。由于实账户的期末余额代表着企业的资产、负债和所有者权益的实有数额，所以在会计期末，应采用一定的填列方法，将这些账户的余额填入“资产负债表”的有关项目的期末数栏。

二、虚账户

虚账户是指期末无余额的账户。例如，收入类账户、费用类账户。收入类账户的贷方登记收入的增加，在会计期末，需要将收入类账户的本期发生额结转到“本年利润”的账户的贷方，所以收入类账户的期末余额为零。费用类账户的借方登记费用的增加，在会计期末，需要将费用类账户的本期发生额结转到“本年利润”账户的借方，所以费用类账户的期末余额为零。由于虚账户的发生额反映企业的损益情况，所以企业应根据虚账户的本期发生额来编制损益表。

【本章小结】

账户分类就是将账户按照不同的标准进行归纳，从理论上揭示不同账户的本质特征和内在联系，以便于更好地认识、掌握和运用账户。

账户可以按经济内容分类，也可以按账户的用途结构分类，还可以按账户与财务报表的关系分类。账户按经济内容分类是账户分类的基础；账户按用途结构分类的目的在于设置和运用账户以及在账户中取得各种指标；账户按其与财务报表的关系分类则着眼于编制财务报表的资料来源。账户按经济内容分类就是按账户反映的会计对象的具体内容分类，即按会计要素分类。可以分为五类：资产类账户、负债类账户、所有者权益类账户、收入类账户、费用类账户和利润账户类。账户按用途和结构划分，可以分为基本账户、调整账户、业务账户三大类。其中基本账户又可分为盘存账户、结算账户和资本账户三类；调整账户可以分为备抵账户、附加账户和备抵附加账户三种；业务账户可分为集合分配账户、成本计算账户、损益计算账户和财务成果计算账户等四类。按账户有无期末余额，可将账户分成实账户和虚账户两类。

【思考及分析】

1. 账户按经济内容分类可分为哪几类？分类的作用是什么？
2. 账户按用途和结构分类可分为哪几类？分类的作用是什么？
3. 什么是备抵附加账户？有什么特点？举例说明。
4. 什么是集合分配账户？有什么特点？举例说明。
5. 什么是损益计算账户？有什么特点？举例说明。
6. 什么是财务成果计算账户？有什么特点？举例说明。
7. 什么是虚账户？什么是实账户？有什么特点？各包括哪些账户？

文章阅读

会计研究方法的简单回顾

一般认为，20 世纪 60 年代末期以前，会计理论研究是规范会计研究占统治地位的时期。规范会计研究主要以定性的文字描述为主，十分注意会计理论之间的内在逻辑，这一扫 19 世纪末期以前会计理论研究混乱、无目的的状况，在其大力推动下，会计理论体系于 19 世纪末 20 世纪初方告初步形成。规范会计学派的倡导者是澳大利亚著名会计学家钱伯斯、演绎法的典型代表佩顿和极为推崇归纳法的井尻雄士和利特尔顿等。但从 60 年代开始，西方经济学主要流派的研究方法已不再满足于定性的演绎或者归纳推理，而是逐步转向实证分析。受其影响，更确切地说，是在财务学研究方法的影响下，一大批年轻的会计学者逐步竖起实证会计研究这面大旗，重视对既有的会计理论研究成果的检验，并形成了别具特色的实证会计研究方法，给会计理论研究带来了巨大的影响和震撼：①1968 年，鲍尔和布朗的“会计收益数据的经验性评价”一文标志着实证会计研究初露端倪；②70 年代中期“罗切斯特学派”代表人物简森的“关于会计研究现状及会计管制的评论”一文可视为是向规范会计研究挑战的宣言；③瓦茨和齐默尔曼 1978 年“决定会计准则的实证理论导论”、1979 年“实证会计研究的供需：一个借口市场”两篇论文的发表及 1986 年《实证会计理论》一书的出版，标志着实证会计研究已逐渐与规范会计研究分庭抗礼。经过 30 多年的迅速发展，实证会计理论已经逐渐成为西方会计界的主流学派，以至于当今美国多数顶尖学术刊物非实证研究论文不予发表。在实证会计理论的发展过程中，瓦茨和齐默尔曼作出了不朽贡献。

要做到实事求是，有两点很重要：其一是能不能实事求是，即思维方式的改变问题；其二是敢不敢实事求是，即思想境界的提高问题。

第七章　会计凭证

☞【学习目标】

本章阐述了会计凭证的意义和种类、原始凭证和记账凭证的填制与审核、会计凭证的传递与保管。

通过本章的学习，应正确认识和理解会计凭证的意义和种类，熟悉原始凭证和记账凭证的填制要求和审核内容，掌握填制原始凭证和记账凭证的会计方法。

☞【中英文关键词】

会计凭证：accounting documents　　原始凭证：original evidence
记账凭证：voucher　　发票：invoice
收款凭证：receipt voucher　　付款凭证：payment voucher
转账凭证：transfer voucher

☞【引导案例】

20×9年9月18日收到供应单位海天公司开具的发票1张，开列：甲材料1 000千克，单价15元/千克，价款15 000元；随发票寄来甲材料运单开列运费200元。9月20日收到材料并验收入库，价款及运费于9月20日转账支付。

你认为，在这笔采购业务中，有几张原始凭证？应编制哪些记账凭证？

第一节　填制和审核会计凭证的意义

前面章节已经讲到，会计的基本职能是核算和监督。在会计核算工作中，所有的会计记录都要有真实合法的依据。因此，在对交易或事项进行会计处理时，必须由执行、完成该项交易或事项的经办人员，从单位外部取得或者自行填制有关凭证，以书面形式记录和证明所发生交易或事项的性质、内容、数量、金额等，并在凭证上签名或者盖章，以对交易或事项的合法性和凭证的真实性、正确性负责。会计部门对取得的凭证审核无误后，方可作为记账的依据。

我们将这些记录交易或事项、明确经济责任、按一定格式编制的据以进行会计处理的书面证明，叫做会计凭证。购买材料要有供货单位开给的发票，收到现金要填写收据等。一切会计凭证都要经过有关人员的审核，只有经过审核无误的会计凭证才能作为记账的依据，因此，填写和取得会计凭证是会计工作的最初阶段和基本环节。填制和审核会计凭证是会计核算方法之一，也是会计核算区别于统计和业务核算的重要特点之一。

从交易或事项发生到编制报表的基本步骤如图7－1所示：

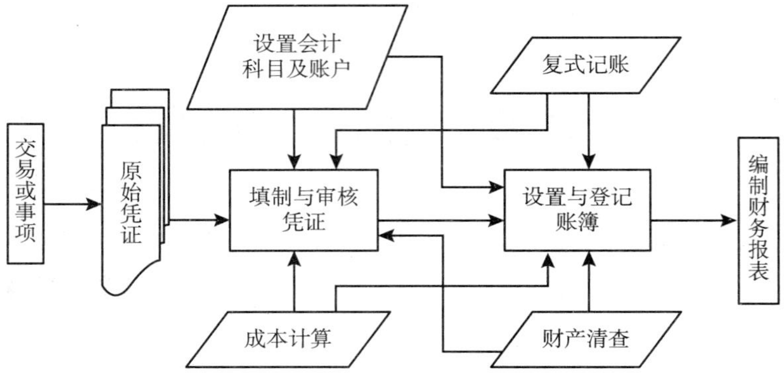

图 7－1　会计核算基本程序

会计凭证的准确填写和严格审核，对于完成会计工作任务、实现会计职能和充分发挥会计的作用，具有重大的意义，具体来讲有以下三方面：

1. 可以正确地、及时地反映各项交易或事项的执行和完成情况

认真填制和严格审核会计凭证，可以为记账、算账提供真实、可靠的数据资料，从而保证会计核算的准确性。

任何交易或事项的发生都要填制会计凭证和取得会计凭证，将交易或事项如实记录下来。会计凭证上记录着交易或事项活动发生的时间、内容（包括数量、金额及完成情况）。经过严格的审核，保证交易或事项如实地反映在会计凭证上，并为账簿记录提供真实、可靠的依据，使账簿记录与实际情况相符。这样就能把日常发生的各种各样的交易或事项通过会计凭证正确地、及时地反映出来，从而为登记账簿提供可靠的依据。然后根据审核无误的会计凭证登记账簿。因此，会计凭证对交易或事项的发生起着证明的作用，并且为分析、检查经济活动和财务收支情况提供确切可靠的原始资料。

2. 可以对交易或事项的合理、合法性进行监督、检查

认真填制和严格审核会计凭证，可以检查和监督交易或事项活动的合理性、合法性，充分发挥会计的监督作用。

交易或事项是否真实、正确、合理、合法，在记账前都要根据会计凭证进行逐笔审核。由于会计凭证是交易或事项的记录，因此，通过审核凭证可以检查该项业务是否符合有关政策、法令、制度等的规定，有无违法乱纪或铺张浪费等行为，从而发挥会计的监督和保护企事业单位财产的安全完整的作用。

3. 可以加强经营管理上的责任制

认真填制和审核凭证，可以明确有关部门、有关人员在办理交易或事项中的责任，从而加强经济责任制。

由于每一项交易或事项都要由经办部门的有关人员办理凭证手续并在凭证上签名盖章。对交易或事项的真实性和合法性负完全责任，根据凭证可以明确哪些人应该对哪项业务负责，各负什么责任。这样就可以促使经办业务的部门和人员加强责任感，使其严格按规定办事，一旦发现了问题，也能根据凭证查清责任。同时通过凭证审核还可以及时发现经营管理上的薄弱环节，也可以总结经验教训以便采取措施，改进工作。

第二节　会计凭证的种类

企业发生的交易或事项内容非常复杂，用以记录、监督交易或事项的会计凭证也必然是五花八门、名目繁多。为了具体地认识、掌握和运用会计凭证，首先要对会计凭证加以分类。会计凭证按照不同的标准，有不同的分类结果。一般地，按照凭证的填制程序和用途的不同，将会计凭证分为原始凭证和记账凭证两类。

一、原始凭证

原始凭证又称单据，是在交易或事项发生或完成时取得或填制的，用以记录或证明交易或事项已经发生、执行或完成，明确经济责任，具有法律效力的书面证明。它是组织会计核算的原始资料和重要依据，如出差乘坐的车船票、采购材料的发货票、到仓库领料的领料单等，只有这些可以用来证明交易或事项已经实际发生的单据才能叫原始凭证，并作为会计核算的原始材料。原始凭证是在交易或事项发生的过程中直接产生的，是交易或事项发生的最初证明，在法律上具有证明效力，所以也可叫做“证明凭证”。

原始凭证有多种分类方法。

（一）按取得的来源分类

原始凭证按其取得的来源不同，可以分为自制原始凭证和外来原始凭证两类。

1. 自制原始凭证

自制原始凭证是指在交易或事项发生、执行或完成时，由本单位的经办人员自行填制的原始凭证。例如：由仓库管理人员在验收材料时填制的收料单（见表 7－1）；由车间或其他用料部门领用材料时填制的领料单（见表 7－2）；产品完工入库时填写的产品入库单（见表 7－3）；产品销售时填写的销售发票（见表 7－4）、存根联和记账联等。

表 7－1　　**收料单**

供货单位：　　年　月　日　　收料单编号：

发票号码：　　收料仓库：

编号	材料名称	规格	计量单位	数量		买价	
				应收	实收	单价	金额
备注：						合计	

第　联

采购员　　检验员　　记账员　　保管员

表 7－2

领料单

领料部门： 年 月 日 领料单编号：

用途： 领料仓库：

材料编号	材料名称	规格	计量单位	数量		价格	
				请领	实领	单价	金额
备注：						合计	

第 联

记账 发料 审批 领料

表 7－3

产品入库单

交库单位： 年 月 日 入库单编号：

产品仓库：

产品编号	产品名称	规格	计量单位	交付数量	检验结果		实收数量	价格	
					合格	不合格		单价	金额
备注：								合计	

第 联

记账 检验 仓库 经手

表 7－4

销售发票

顾客名称： 年 月 日 发票号码：

品名规格	计量单位	数量	单价	金额
合计金额（大写）			合计	

第 联

开票人 收款人 企业名称（盖章）

2. 外来原始凭证

外来原始凭证，是指在同外单位发生经济往来关系时，从外单位取得的凭证。外来原始凭证都是一次凭证。如企业购买材料、商品时，从供货单位取得的普通销售发票（表 7－4）、增值税专用发票（表 7－5），各运输部门提供的机票、火车票、公共汽车票，以及对外付款时的取得的收据（表 7－6）就是外来原始凭证。

表 7－5　　**× ×省增值税专用发票**　　No.

发票联　　开票日期

<table>
<tr><td rowspan="4">购货单位</td><td colspan="7">名称</td><td rowspan="4">密码区</td><td rowspan="4"></td></tr>
<tr><td colspan="7">纳税人识别号</td></tr>
<tr><td colspan="7">地址、电话</td></tr>
<tr><td colspan="7">开户行及账号</td></tr>
<tr><td colspan="2">货物或应税劳务名称

合计</td><td>规格型号</td><td>单位</td><td>数量</td><td>单价</td><td colspan="2">金额</td><td>税率</td><td>税额</td></tr>
<tr><td colspan="2">价税合计（大写）</td><td colspan="8">（小写）</td></tr>
<tr><td rowspan="4">销货单位</td><td colspan="7">名称</td><td rowspan="4">备注</td><td rowspan="4"></td></tr>
<tr><td colspan="7">纳税人识别号</td></tr>
<tr><td colspan="7">地址、电话</td></tr>
<tr><td colspan="7">开户行及账号</td></tr>
</table>

收款人　　复核　　开票人

注：增值税专用发票是由国家税务总局监制设计印制的，只限于增值税一般纳税人领购使用的，增值税小规模纳税人和非增值税纳税人不得领购使用。增值税专用发票既作为纳税人反映经济活动中的重要会计凭证，又是兼记销货方纳税义务和购货方进项税额的合法证明，是增值税计算和管理中重要的决定性的合法的专用发票。

增值税专用发票一般一式四联，第一联，蓝色，存根联，销货方留存备查；第二联，棕色，发票联，购货单位作付款的记账凭证；第三联，绿色，抵扣联，购货方作扣税凭证；第四联，黑色，记账联，销货方作销售的记账凭证。

表 7－6　　**× ×市× × ×有限公司**

地址：× × × × × × × × × × ×　电话传真：× × × × － × × × × × × × ×　№：

客户：　　**收款收据**　　开票日期：

<table>
<tr><td rowspan="2">品名规格</td><td rowspan="2">单位</td><td rowspan="2">数量</td><td rowspan="2">单价</td><td colspan="8">金额</td><td>备注</td></tr>
<tr><td>拾</td><td>万</td><td>仟</td><td>佰</td><td>拾</td><td>元</td><td>角</td><td>分</td><td></td></tr>
<tr><td></td><td></td><td></td><td></td><td></td><td></td><td></td><td></td><td></td><td></td><td></td><td></td><td></td></tr>
<tr><td></td><td></td><td></td><td></td><td></td><td></td><td></td><td></td><td></td><td></td><td></td><td></td><td></td></tr>
<tr><td></td><td></td><td></td><td></td><td></td><td></td><td></td><td></td><td></td><td></td><td></td><td></td><td></td></tr>
<tr><td colspan="4">合计</td><td colspan="6"></td><td colspan="2">元</td><td></td></tr>
</table>

金额人民币（大写）		拾		万		仟		佰		拾		元		角		分

开票人：　　收款人：　　收款单位（盖章）：

（二）按填制手续分类

原始凭证按其填制手续不同，又可分为一次凭证、累计凭证、汇总原始凭证和记账编制凭证四种。

1. 一次凭证

一次凭证，是指只反映一项交易或事项，或者同时反映若干项同类性质的交易或事项，其填制手续是一次完成的会计凭证。所有的外来原始凭证和绝大多数的自制原始凭证都是属于一次性原始凭证。如企业购进材料验收入库，由仓库保管员填制的“收料单”；车间或班组向仓库领用材料时填制的“领料单”；以及报销人员填制的、出纳人员据以付款的“报销凭单”（表7－7）等，都是一次凭证。一次原始凭证是一次有效的凭证。

表7－7 差旅费报销凭证

记账日期		
记账顺序号		
分类账	页	
	号	

报账日期：

<table>
<tr><td rowspan="2">部门</td><td rowspan="2"></td><td rowspan="2">姓名</td><td rowspan="2"></td><td>职务</td><td></td><td rowspan="2">出差人数</td><td rowspan="2"></td><td rowspan="2">事由</td><td rowspan="2"></td></tr>
<tr><td>级别</td><td></td></tr>
<tr><td>出差日期</td><td>从</td><td></td><td>至</td><td></td><td>共</td><td></td><td>天</td><td>起止地点</td><td></td></tr>
<tr><td>开支项目</td><td>金额</td><td>单据张数</td><td>核准金额</td><td colspan="6">伙食补助费</td></tr>
<tr><td></td><td></td><td></td><td></td><td>项目</td><td>人数</td><td>天数</td><td>标准</td><td>报销金额</td><td>核准金额</td></tr>
<tr><td></td><td></td><td></td><td></td><td></td><td></td><td></td><td></td><td></td><td></td></tr>
<tr><td></td><td></td><td></td><td></td><td></td><td></td><td></td><td></td><td></td><td></td></tr>
<tr><td></td><td></td><td></td><td></td><td></td><td></td><td></td><td></td><td></td><td></td></tr>
<tr><td></td><td></td><td></td><td></td><td></td><td></td><td></td><td></td><td></td><td></td></tr>
<tr><td>小计</td><td></td><td></td><td></td><td>小计</td><td></td><td></td><td></td><td></td><td></td></tr>
<tr><td>合计金额（大写）</td><td colspan="4">元整</td><td colspan="2">核准金额（大写）</td><td colspan="3">元整</td></tr>
<tr><td colspan="9">偿还　月　日　第　号　单，预借款　元，结算后　应退还现金</td><td>元</td></tr>
</table>

负责人　　　审核人　　　报领人

2. 累计凭证

累计凭证是指在一定期间内，连续多次记载若干不断重复发生的同类交易或事项，直到期末，凭证填制手续才算完成，以期末累计数作为记账依据的原始凭证。累计原始凭证是随着交易或事项的发生而分次登记使用的，可以减少凭证张数，简化填制手续；同时，也可以随着计算累计发生数，以便同计划或定额数量进行比较，反映交易或事项执行或完成的情况，能对材料消耗、成本管理起事先控制作用，是企业进行计划管理的手段之一。如工业企业常用的限额领料单就是一种具有代表性的累计原始凭证（表7－8）。

表 7－8　　　　**限额领料单**

领料部门：　　　　年　　月　　日　　　　发票凭证：

用途：　　　　　　　　　　　　　　　　　发料仓库：

材料编号	材料名称规格	计量单位	计划投产量	单位消耗定额	领用限额	实发		
						数量	单价	金额

日期	请领		实发			退回			限额结余
	数量	领料单位负责人	数量	发料人	领料人	数量	收料人	发料人	数量

生产计划部门负责人　　　　供应部门负责人　　　　仓库负责人

3. 汇总原始凭证

汇总原始凭证，又称原始凭证汇总表，是指在会计核算工作中，为简化记账凭证的编制工作，将一定时期内若干份记录同类交易或事项的原始凭证，按照一定的管理要求汇总编制一张汇总凭证，用以集中反映某项交易或事项总括发生情况的会计凭证，如“发出材料汇总表”（表 7－9）、“收进材料汇总表”、“现金收入汇总表”等都是汇总原始凭证。

表 7－9　　　　**发出材料汇总表**

年　　月　　　　　　单位：

会计科目		领料部门	原料及主要材料	辅助材料	燃料	周转材料	合计
生产成本	基本生产车间	一车间					
		二车间					
		小计					
	辅助生产车间	供水车间					
		供电车间					
		小计					
制造费用		一车间					
		二车间					
		小计					
管理费用		管理部门					
销售费用		销售部门					
在建工程		工程部门					
合计							

会计负责人　　　　复核　　　　制表

汇总原始凭证只能将同类内容的交易或事项汇总填列在一张汇总凭证中。在一张汇总凭证中，不能将两类或两类以上的交易或事项汇总填列。汇总原始凭证在大中型企业中使用得非常广泛，因为它可以简化核算手续，提高核算工作效率；能够使核算资料更为系统化，使核算过程更为条理化；能够直接为管理提供某些综合指标。

4. 记账编制凭证

记账编制凭证是根据账簿记录的结果和其他有关资料，按照交易或事项的需要，对某些特定事项进行归类、整理而编制的一种自制原始凭证。例如在计算产品成本时，编制的“制造费用分配表”（表7－10）就是根据制造费用明细账记录的数字按费用的用途填制的。此外还有月末计提折旧时，编制的“固定资产折旧计算表”（表7－11）等。

表7－10 制造费用分配表

年 月

产品名称	分配标准	分配率	分配额（元）
合计			

制表 审核

表7－11 固定资产折旧计算表

使用部门： 年 月 日 单位：元

固定资产类别	月初应计提折旧的固定资产原值	月综合折旧率	月折旧额
合计			

会计主管 复核 审核

（三）按用途分类

原始凭证按照其用途不同，可以分为通知凭证、执行凭证和计算凭证三种。

1. 通知凭证

通知凭证，是指通知、要求、指示或命令企业进行某项交易或事项的原始凭证。如“缴款通知书”、“付款通知书”、“罚款通知书”、“银行进账单”（表7－12）等。

表 7－12 ××银行进账单（回单）

年 月 日

<table>
<tr><td rowspan="3">出票人</td><td>全称</td><td colspan="3"></td><td rowspan="3">收款人</td><td>全称</td><td colspan="11"></td></tr>
<tr><td>账号</td><td colspan="3"></td><td>账号</td><td colspan="11"></td></tr>
<tr><td>开户银行</td><td colspan="3"></td><td>开户银行</td><td colspan="11"></td></tr>
<tr><td rowspan="2">金额</td><td colspan="5" rowspan="2">人民币（大写）</td><td>亿</td><td>千</td><td>百</td><td>十</td><td>万</td><td>千</td><td>百</td><td>十</td><td>元</td><td>角</td><td>分</td></tr>
<tr><td></td><td></td><td></td><td></td><td></td><td></td><td></td><td></td><td></td><td></td><td></td></tr>
<tr><td colspan="2">票据种类</td><td></td><td>票据张数</td><td colspan="2"></td><td colspan="11" rowspan="3">开户银行签章</td></tr>
<tr><td colspan="2">票据号码</td><td colspan="4"></td></tr>
<tr><td colspan="6">复核 记账</td></tr>
</table>

2. 执行凭证

执行凭证，是用来证明某项交易或事项已经发生或已执行完毕的凭证，又称为证明凭证。如“发货单”、“领料单”等。

3. 计算凭证

它是指根据其他原始凭证和有关会计核算资料进行相关计算而编制的原始凭证，又称为计算凭证。编制计算凭证的目的，是为了进一步获得会计核算和管理需要的有关资料。这类凭证有“制造费用分配表”、“产品成本计算单”、“工资计算表”等。

（四）按格式分类

原始凭证按照格式不同，可以分为通用凭证和专用凭证两种。

1. 通用凭证

通用凭证是指由有关部门统一负责印制，在一定范围内使用的具有统一格式和使用方法的原始凭证。这里的一定范围，既可以是全国范围，也可以是某省、某市、某地区或某系统。如全国统一使用的“支票”（见图 7－2）、“银行汇票”、“增值税专用发票”等。

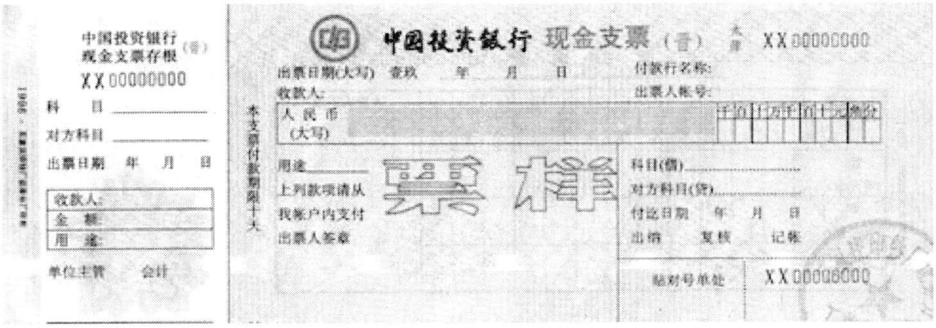

图 7－2 现金支票票样

2. 专用凭证

专用凭证是指由单位自行印制，仅在本单位内部使用的原始凭证。如“领料单”，“差旅费报销单”等。

以上是按不同的标准对原始凭证所作的分类。它们之间是相互依存、密切联系的。如一式四联的增值税专用发票，其记账联对卖方来说是自制原始凭证，发票联对买方来说就是外来原始凭证；同时，它既是一次凭证，又是执行凭证，也是通用凭证。

根据以上对原始凭证的介绍，我们可以作如下归纳，如图7－3所示。

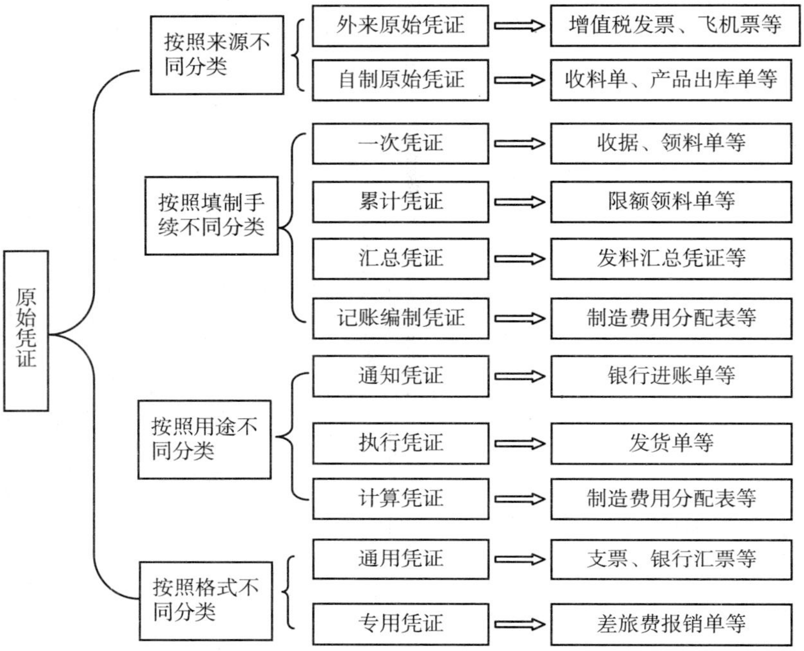

图7－3　原始凭证分类

二、记账凭证

所谓记账凭证，就是会计人员根据审核无误的原始凭证或汇总原始凭证，用来确定交易或事项应借、应贷的会计科目和金额而填制的，作为登记账簿直接依据的会计凭证。在前面的章节中曾指出，在登记账簿之前，应按实际发生交易或事项的内容编制会计分录，然后据以登记账簿，在实际工作中，会计分录是通过填制记账凭证来完成的。

由于原始凭证来自不同的单位，种类繁多，数量庞大，格式不一，不能清楚地表明应记入的会计科目的名称和方向。为了便于登记账簿，需要根据原始凭证反映的不同交易或事项，加以归类和整理，填制具有统一格式的记账凭证，确定会计分录，并将相关的原始凭证附在后面。这样不仅可以简化记账工作、减少差错，而且有利于原始凭证的保管，便于对账和查账，提高会计工作质量。

记账凭证可以按不同的标志进行分类。

（一）按适用的交易或事项

记账凭证按适用的交易或事项，分为专用记账凭证和通用记账凭证两类。

1. 专用记账凭证

专用记账凭证是用来专门记录某一类交易或事项的记账凭证。专用凭证按其所记录的交易或事项是否与现金和银行存款的收付有无关系，又分为收款凭证、付款凭证和转账凭证三种。

（1）收款凭证。收款凭证是用来记录现金和银行存款等货币资金收款业务的凭证，它是根据现金和银行存款收款业务的原始凭证填制的。

【例 7－1】 20×9 年 9 月 17 日，雄镇公司销售 A 产品 10 件，每件 10 000 元，增值税税率为 17%，款项已经全部收到存入银行，根据销售发票和银行结算凭证编制收款凭证，如表 7－13 所示。

表 7－13　　**收款凭证**

借方科目：银行存款　　20×9 年 9 月 17 日　　收字 19 号

摘要	贷方科目		金额	记账符号
	一级科目	明细科目		
销售 A 产品	主营业务收入	A 产品	100 000	
	应交税费	应交增值税（销项税额）	17 000	
附件贰张		合计	¥117 000	

会计主管：　记账：　出纳：　复核：　填制：

（2）付款凭证。付款凭证是用来记录现金和银行存款等货币资金付款业务的凭证，它是根据现金和银行存款付款业务的原始凭证填制的。

【例 7－2】 外购甲材料一批，9 月 21 日收到供应商开来的发票，价款 80 000 元，增值税税率 17%，当日通过开户银行转账支付了货款，但是材料尚未收到。根据发票和银行结算凭证编制付款凭证，如表 7－14 所示。

表 7－14　　**付款凭证**

贷方科目：银行存款　　20×9 年 9 月 21 日　　付字 36 号

摘要	借方科目		金额	记账符号
	一级科目	明细科目		
采购甲材料	在途物资	甲材料	80 000	
	应交税费	应交增值税（进项税额）	13 600	
附件贰张		合计	¥93 600	

会计主管：　记账：　出纳：　复核：　填制：

【例 7－3】 雄镇公司 9 月 22 日以现金支付业务招待费 678 元，根据餐饮服务业务专用发票编制付款凭证，如表 7－15 所示。

表 7－15 **付款凭证**

贷方科目：库存现金　　20×9 年 9 月 22 日　　付字 37 号

摘要	借方科目		金额	记账符号
	一级科目	明细科目		
支付业务招待费	管理费用	业务招待费	678	
附件壹张		合计	¥678	

会计主管：　记账：　出纳：　复核：　填制：

收款凭证和付款凭证是用来记录货币收付业务的凭证。既是登记现金日记账、银行存款日记账、明细分类账及总分类账等账簿的依据，也是出纳人员收、付款项的依据。出纳人员不能依据现金、银行存款收付业务的原始凭证收付款项，必须根据会计主管人员或指定人员审核批准的收款凭证和付款凭证收付款项，以加强对货币资金的管理，有效地监督货币资金的使用。

对于涉及库存现金和银行存款之间相互划转的交易或事项，如从银行提取现金，或将现金送存银行，在编制记账凭证时，一般只需要编制付款凭证，而不编制收款凭证，这样既可避免重复过账，又可加强对付款的审核与检查。

【例 7－4】雄镇公司 9 月 23 日，签发现金支票从开户银行提取现金 1 000 元。根据支票存根编制付款凭证，如表 7－16 所示。

表 7－16 **付款凭证**

贷方科目：银行存款　　20×9 年 9 月 23 日　　付字 38 号

摘要	借方科目		金额	记账符号
	一级科目	明细科目		
提现	库存现金		1 000	
附件壹张		合计	¥1 000	

会计主管：　记账：　出纳：　复核：　填制：

（3）转账凭证。转账凭证是用来记录与库存现金、银行存款等货币资金收付款业务无关的转账业务（即在交易或事项发生时不需要收付现金和银行存款的各项业务）的凭证，它是根据有关转账业务的原始凭证填制的。

转账凭证是登记总分类账及有关明细分类账的依据。

【例 7－5】9 月 24 日，收到【例 7－2】中的外购甲材料，并已经验收入库，结转其实际采购成本。根据收料单，编制转账凭证，如表 7－17 所示。

表 7 – 17

转账凭证

20×9 年 9 月 24 日　　转字 101 号

摘要	总账科目	明细科目	借方金额	贷方金额	记账符号	
结转入库材料成本	原材料	甲材料	80 000			
	在途物资	甲材料		80 000		
附件壹张	合计		¥80 000	¥80 000		

会计主管：　　记账：　　复核：　　制证：

使用专用记账凭证，有利于对不同交易或事项进行分类管理，有利于交易或事项的检查，但工作量较大，适用于规模较大、收付款业务较多的单位。在实际工作中，为了便于识别及减少差错，往往采用不同颜色分别印刷。

2. 通用记账凭证

通用记账凭证是指凭证格式具有通用性，不再分为收款凭证、付款凭证和转账凭证，而是以一种格式记录各种交易或事项的记账凭证。这种凭证适用于规模小、交易或事项较简单、收付款业务较少的经济单位。

通用记账凭证的格式和上述的转账凭证格式基本相同。

【例 7 – 6】 9 月 26 日，海天公司以银行存款向电视台支付广告费 20 000 元。

根据广告业专用发票和银行结算凭证编制通用记账凭证，如表 7 – 18 所示。

表 7 – 18

通用凭证

20×9 年 9 月 26 日　　第 5 号

摘要	总账科目	明细科目	借方金额	贷方金额	记账符号	
支付广告费	销售费用	广告费	20 000			
	银行存款			20 000		
附件贰张	合计		¥20 000	¥20 000		

会计主管：　　记账：　　复核：　　制证：

（二）按填制方式分类

记账凭证按其填制方式，即包括的会计科目是否单一，分为复式记账凭证和单式记账凭证两类。

1. 复式记账凭证

复式记账凭证又叫做多科目记账凭证，要求将某项交易或事项所涉及的全部会计科目集中填列在一张记账凭证上。复式记账凭证可以集中反映账户的对应关系，因而便于了解交易或事项的全貌，了解资金的来龙去脉；便于查账，同时可以减少填制记账凭证的工作量，减少记账凭证的数量；但是不便于汇总计算每一会计科目的发生额，不便于分工记账。上述收款凭证、付款凭证和转账凭证以及同原凭证的格式都是复式记账凭证的格式。

2. 单式记账凭证

单式记账凭证又叫做单科目记账凭证，要求将某项交易或事项所涉及的每个会计科目，分别填制记账凭证，每张记账凭证只填列一个会计科目，其对方科目只供参考，不据以记账。也就是把某一项交易或事项的会计分录，按其所涉及的会计科目，分散填制两张或两张以上的记账凭证。单式记账凭证将一项交易或事项所涉及的会计科目及其对应关系，通过借项记账凭证、贷项记账凭证分别予以反映，所以单式记账凭证又称单项记账凭证。

单式记账凭证便于汇总计算每一个会计科目的发生额，便于分工记账；但是填制记账凭证的工作量变大，而且出现差错不易查找。

【例 7－7】依【例 7－6】，假设海天公司采用的是单式记账凭证。则该公司在业务发生后，根据广告业专用发票和银行结算凭证编制单式记账凭证，如表 7－19 和表 7－20 所示。

表 7－19　　借项记账凭证

对应科目：银行存款　　20×9 年 9 月 26 日　　编号：

摘要	一级科目	明细科目	金额	记账符号
支付广告费	销售费用	广告费	20 000	
合计			¥20 000	

会计主管：　记账：　出纳：　复核：　填制：

表 7－20　　贷项记账凭证

对应科目：销售费用　　20×9 年 9 月 26 日　　编号：

摘要	一级科目	明细科目	金额	记账符号
支付广告费	银行存款		20 000	
合计			¥20 000	

会计主管：　记账：　出纳：　复核：　填制：

（三）按是否经过汇总分类

记账凭证按其是否经过汇总，可以分为汇总记账凭证和非汇总记账凭证。

1. 汇总记账凭证

汇总记账凭证是根据非汇总记账凭证按一定的方法汇总填制的记账凭证。汇总记账凭证按汇总方法不同，可分为分类汇总和全部汇总两种。

（1）分类汇总凭证。分类汇总凭证是根据一定期间的记账凭证按其种类分别汇总填制的，如根据收款凭证汇总填制的“现金汇总收款凭证”、“银行存款汇总收款凭证”、

"现金汇总付款凭证"、"银行存款汇总付款凭证"；以及根据转账凭证汇总填制的"汇总转账凭证"都是分类汇总凭证。

（2）全部汇总凭证。全部汇总凭证是根据一定期间的记账凭证全部汇总填制的，如"科目汇总表"或者"记账凭证汇总表"（表7－21）就是全部汇总凭证。

表7－21　　记账凭证汇总表

日期：　年　月　日至　年　月　日　　编号

凭证起讫号数自　号起至　号止

会计科目	借方金额	记账符号	贷方金额	记账符号

会计主管：　　记账：　　审核：　　制表：

2. 非汇总记账凭证

非汇总记账凭证，是没有经过汇总的记账凭证，前面介绍的收款凭证、付款凭证和转账凭证以及通用记账凭证都是非汇总记账凭证。

根据上述对记账凭证的介绍，我们可以做如下的归纳，如图7－4所示。

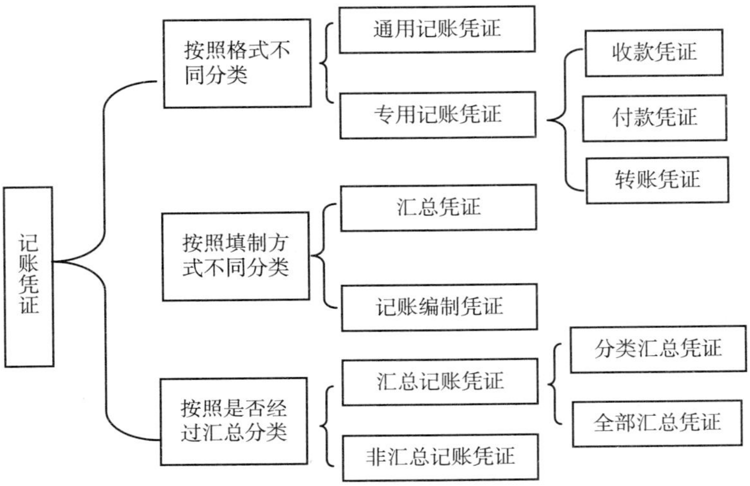

图7－4　记账凭证分类

三、原始凭证和记账凭证的关系

原始凭证与记账凭证之间存在着密切的联系。原始凭证是记账凭证的基础，记账凭证是根据原始凭证编制的。在实际工作中，原始凭证附在记账凭证后面，作为记账凭证的附件；记账凭证是对原始凭证内容的概括和说明；原始凭证有时是登记明细账户的依据。

记账凭证和原始凭证同属于会计凭证，但二者存在着以下差别：

（1）原始凭证是由经办人员填制的；记账凭证一律由会计人员填制。

（2）原始凭证是根据发生或完成的交易或事项填制；记账凭证是根据审核后的原始凭证填制。

（3）原始凭证仅用以记录、证明交易或事项已经发生或完成；记账凭证要依据会计科目对已经发生或完成的交易或事项进行归类、整理。

（4）原始凭证是填制记账凭证的依据；记账凭证是登记账簿的依据。

第三节 原始凭证的填制和审核

按照我国《会计法》第十条的相关规定，凡办理相关交易或事项，必须填制或者取得原始凭证，并及时送交会计机构。会计机构必须对原始凭证进行审核，并根据经过审核的原始凭证及有关资料编制记账凭证。因此，填制和审核原始凭证时会计工作的起点，也是会计核算的基础。原始凭证的质量在一定意义上决定了分类核算和财务报表的质量。

一、原始凭证的基本内容

尽管如前所述，原始凭证的格式五花八门，反映的交易或事项也包罗万象，但是任何一种原始凭证，都必须客观、真实、完整地记录和反映交易或事项的发生、完成情况，都必须明确有关单位和有关人员的责任。所有原始凭证必须同时具备一些相同的内容，这些内容被称为原始凭证的基本内容或基本要素。原始凭证包括的基本内容包括以下几个方面，如图 7－5 所示。

（1）原始凭证名称及编号。

（2）填制原始凭证的日期。

（3）接受原始凭证的单位名称。

（4）交易或事项内容（含单价、数量和金额等）。

（5）填制单位签章。

（6）有关人员签章。

（7）原始凭证的联次和附件（如与业务有关的经济合同、费用预算等）。

上述基本内容，除第 7 条的附件外，一般不得缺少，否则，就不能成为具有法律效力的书面证明。

由于各种交易或事项的内容和经营管理的要求不同，原始凭证的名称、格式和内容是多种多样的。原始凭证填制的依据和填制的人员有三种：以实际发生或完成的交易或事项为依据，由经办业务人员直接填制，如“入库单”、“出库单”等；以账簿记录为依据、由

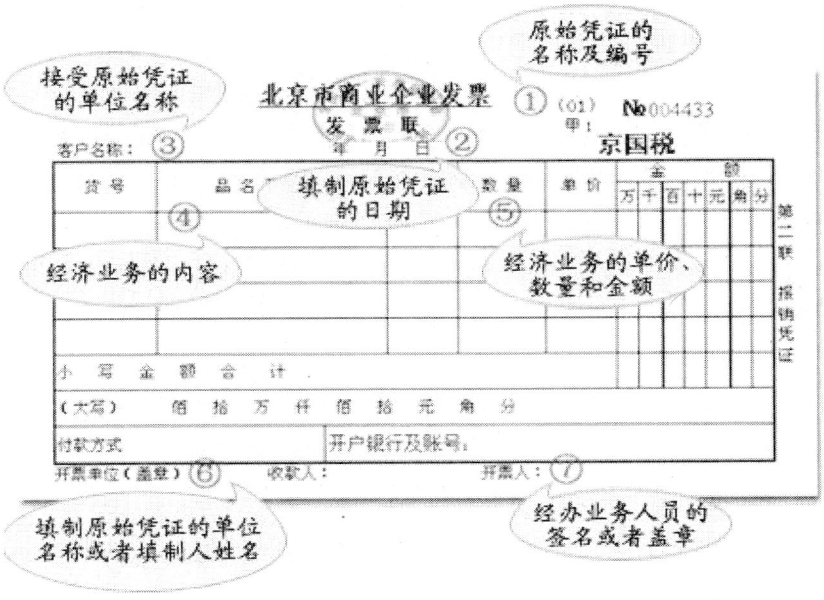

图 7－5 原始凭证的内容

会计人员加工整理计算填制，如各种记账编制凭证；以若干张反映同类交易或事项的原始凭证为依据，定期汇总填制汇总原始凭证，填制人员可能是业务经办人也可能是会计人员。但无论哪种原始凭证，作为记录和证明交易或事项的发生或完成情况、明确经办单位和人员的经济责任的原始证据，基本含有的内容是一样的。

在实际工作中，各单位根据经营管理和特殊业务的需要，可自行设计和印制适合本单位需要的各种原始凭证。在有些凭证上，除上述基本内容外，还应增加一些补充项目。例如，要注明与该项交易或事项有关的合同号码、结算方式、币种、汇率等，以便更加完整地反映交易或事项。对于在一定范围内经常发生的大量的同类交易或事项，有关部门可制定统一的凭证格式，如税务部门统一印制的普通发票和增值税专用发票。中国人民银行统一印制的银行转账结算凭证，交通部门统一印制的客运、货运单据等。这样，在全国、某地区或部门对原始凭证实行统一的格式，既便于加强监督管理，又可以节省各基层单位的印刷费用。某些部门统一印制使用的凭证，如火车票，并不具备上述原始凭证的全部内容，但依据印制发放部门的信用和惯例，这些凭证通常也被认为是合法合理的。

二、原始凭证的填制方法

原始凭证的填制是指由填制人员将各项原始凭证要素按照规定方法填写齐全，办妥签章手续，明确经济责任。

由于各种凭证的内容和格式千差万别，原始凭证填制的具体方法也不尽相同。一般来讲，自制原始凭证一部分是根据交易或事项的执行或完成情况而直接填制的。例如，发货票就是由销售部门的仓管员在出售商品时填制的。发货票上必须填列货物的名称、规格、数量、单价、金额、购货单位的名称、销货单位的名称、经办人员签章等。另一部分自制原始凭证是根据会计账簿的记录，把某一项交易或事项加以归类、整理，重新编制而成。例如，月末计算产品成本时，根据制造费用明细账中的本月借方发生额编制的“制造费用分配表”就是一个重要的原始凭证。

【例7－8】 假设雄镇公司9月份生产部门第一车间生产了A和B两种产品，共发生制造费用10 000元。生产A产品的工人工资是20 000元，生产B产品的工人工资是3 000元。该公司采用生产工人工资比例来分配制造费用。则该公司应该在9月30日，编制格式如表7－22所示制造费用分配表，将9月份发生的制造费用分配到相关产品成本中。

表7－22

制造费用分配表

车间名称：第一车间　　20×9年9月　　单位：元

产品名称	分配标准（生产工人工资）	分配率	分配额
A产品	20 000	0.2	4 000
B产品	30 000	0.2	6 000
合计	50 000		10 000

制表　　审核

另外，自制的汇总原始凭证根据若干张反映同类交易或事项的原始凭证定期汇总填列。外来原始凭证是由其他单位或个人填制的。就对方来说，它仍是自制原始凭证，因此其内容、作用、填制方法与自制原始凭证相同。

三、原始凭证的填制要求

原始凭证是具有法律效力的证明文件，是进行会计核算的依据，必须认真填制。《会计法》第十四条规定：“原始凭证记载的各项内容均不得涂改；原始凭证有错误的，应当由出具单位重开，不得在原始凭证上更正。”为了保证原始凭证能够正确、完整、清晰、及时地反映各项交易或事项的实际情况，提高会计核算的质量，原始凭证的填制，必须符合下列要求：

（一）真实可靠、手续完备

原始凭证上记载的交易或事项，必须与实际情况相符。如实记录交易或事项的真实情况，绝不允许有任何歪曲或弄虚作假的情况。每张凭证上填列的日期、业务内容、数量、单价、金额等应当真实可靠，这样才能保证会计信息的客观真实性。

从外单位取得的原始凭证，必须有填制单位的公章（或专用章）；从个人取得的原始凭证必须有填制人签名或盖章。自制原始凭证，必须有部门负责人和经办人员的签名或盖章，对外开出的原始凭证，必须加盖章本单位的公章或有关部门的专用章。

经上级有关部门批准的交易或事项，应当将批准文件作为原始凭证附件：如果批准文件需要单独归档的，应当在凭证上注明批准机关名称、日期和文件字号。

发生销货退回的，除填制退货发票外，还必须有退货验收证明；退款时，必须取得对方的收款收据或者汇款银行的凭证，不得以退货发票代替收据。

职工公出借款凭据，必须附在记账凭证之后。收回借款时，应当另开收据或者退还借据副本，不得退还原借款收据。

（二）内容完整、书写清楚

（1）严格按规定的格式或内容逐项填写交易或事项的完成情况。

（2）凭证上的文字，用正楷字或行书书写，字迹要工整、清晰，易于辨认，不使用未经国务院颁布的简化字。

（3）一式几联的凭证，必须用双面复写纸（发票和收据本身具备复写纸功能的除外）套写，并连续编号。单页凭证必须用钢笔填写。一式几联的原始凭证，应当注明各联的用途，只能以一联作为报销凭证。

（4）凭证填写发生错误，应按规定的方法更正。不得任意涂改或刮挖擦补，现金和银行存款等收付款凭证填写错误，不能在凭证上更正，应按规定的手续注销留存，另行重新填写。

（三）数字填写必须准确无误，并按规定书写

（1）原始凭证上的数字填写必须清晰、正确，易于辨认。金额前要写明货币符号，如人民币用“￥”表示，港币用“HK$”表示，美元用“US$”表示等。

（2）阿拉伯数字要单个书写，不得连笔，金额大写一律用正楷字或行书书写，如壹、贰、叁、肆、伍、陆、柒、捌、玖、拾、佰、仟、万、亿、元（圆）、角、分、零、整（正），大写金额最后为“元”、“角”的应加写“整”或“正”字断尾。

（3）金额数要写到角、分为止，无角、分的用“0”或符号“—”表示，有角无分的，分位应写“0”，此时不能用符号“—”。

（4）填写大写金额时，事先印好的“人民币”字样与大写数字之间不得留空；金额数字中间有“0”时，汉字大写金额要写“零”字，如￥709.50，汉字大写金额应写成人民币柒佰零玖元伍角整。数字中间连续有几个“0”时，汉字大写金额中可以中写一个“零”字，如￥3 009.51，汉字大写金额应写成人民币叁仟零玖元伍角壹分。书写时，数字的大写金额和小写金额必须保持一致。

（四）连续编号、及时填制

各种凭证都必须连续编号，以备查考。一些事先印好编号的重要凭证作废时，在作废的凭证上应加盖“作废”戳记，连同存根一起保存，不得随意撕毁。所有经办业务的有关部门和人员，在交易或事项实际发生或完成时，必须及时将原始凭证送交会计部门。

四、原始凭证的审核

只有审核无误的凭证，才能作为记账的依据。按照《会计法》第十四条的规定：“会计机构、会计人员必须按照国家统一的会计制度的规定对原始凭证进行审核，对不真实、不合法的原始凭证有权不予接受，并向单位负责人报告；对记载不准确、不完整的原始凭证予以退回，并要求按照国家统一的会计制度的规定更正、补充。”为了保证原始凭证内容的真实性和合理性，一切原始凭证填制或取得后，都应按规定的程序及时送交会计部门，由会计主管或具体处理该事项的会计人员进行审核。

原始凭证的审核主要从以下三个方面进行：

（一）真实性审核

真实性审核。审核原始凭证，首先是审核其真实性，看它是否真实。如果不是真实的，就谈不上合法性、合理性和完整性审核了。所谓真实，就是说原始凭证上反映的应当是交易或事项的本来面目，不得掩盖、歪曲和颠倒真实情况。

（1）交易或事项双方当事单位和当事人必须是真实的。开出原始凭证的单位，接受原始凭证的单位，填制原始凭证的责任人，取得原始凭证的责任人都要据实填写，不得冒他人、他单位之名，也不得填写假名。

（2）交易或事项发生的时间、地点、填制凭证的日期必须是真实的。不得把交易或事项发生的真实时间改变为以前或以后的时间；不得把在甲地发生的交易或事项改变成在乙地发生，也不得把填制原始凭证的真实日期改变为以前或以后的日期。

（3）交易或事项的内容必须是真实的。购货业务，必须标明货物的名称、规格、型号等；住宿业务，就要标明住宿的日期；乘坐交通工具业务，就得标明交通工具种类和起止地点；就餐业务，必须标明就餐，不得把购物写成就餐，把就餐写成住宿；劳动报酬支付，就应该附有考勤记录和工资标准等。

（4）交易或事项的“量”必须是真实的。购买货物业务，要标明货物的重量、长度、体积、数量；其他交易或事项也要标明计价所使用的量。

（5）单价、金额必须是真实的。这是最关键的一点，不得在原始凭证填写时抬高或压低单价，多开或少开金额。

（二）合法性审核

合法性审核是审核原始凭证所记载的交易或事项是否符合有关财经纪律、法规、制度等的规定，有无违法乱纪行为。若有，应予揭露和制止，根据《会计法》的规定，对不真实、不合法的原始凭证，有权不予接受，并向单位负责人报告。

（三）合理性审核

合理性审核，审核交易或事项的发生是否符合本单位事先制订的计划、预算等的要求，有无不讲经济效益、脱离目标的现象，是否符合费用开支标准，有无铺张浪费的行为。

（四）完整性审核

完整性审核是指审核原始凭证是否将有关内容填写齐全，各项目是否按要求填写。对原始凭证完整性的审核，首先要审核原始凭证的各构成要素是否齐全。其次，审核各要素内容填制得是否正确、完整、清晰，特别是对凭证中所记录的数量、金额的正确性要进行认真审核，检查金额计算有无差错，大小写金额是否一致等。最后，审核各经办单位和人员签章是否齐全。根据《会计法》规定，对记载不准确、不完整的原始凭证予以退回，并要求按照国家统一的会计制度的规定更正、补充。

第四节　记账凭证的填制和要求

记账凭证是财会人员根据审核无误的原始凭证或原始凭证汇总表及有关资料按记账要

求归类整理而编制成的，用来记载交易或事项的简要内容，并确定会计分录，是登记账簿的直接依据。

一、记账凭证的基本内容

记账凭证因其反映的交易或事项的内容不同，各单位规模大小及其对会计核算繁简程度的要求不同，其格式亦有所不同，但不管哪一类记账凭证，都必须要满足记账的要求。因此，所有记账凭证都必须具备以下几方面的基本内容：

（1）记账凭证的名称。

（2）填制记账凭证的日期。

（3）记账凭证的编号。

（4）交易或事项的内容摘要。

（5）交易或事项所涉及的会计科目及其记账方向。

（6）交易或事项的金额。

（7）记账标记。

（8）所附原始凭证张数。

（9）会计主管、记账、审核、出纳、制单等有关人员的签章。

二、记账凭证的编制要求

（一）记账凭证的基本要求

（1）记账凭证各项内容必须完整，即记账凭证应该包括的内容都要具备。应该注意的是：以自制的原始凭证或者原始凭证汇总表代替记账凭证使用的，也必须具备记账凭证所应有的内容；记账凭证的日期，一般为编制记账凭证当天的日期，按权责发生制原则计算收益、分配费用、结转成本利润等调整分录和结账分录的记账凭证，虽然需要到下月才能编制，仍应填写当月月末的日期，以便在当月的账内进行登记。

（2）记账凭证应连续编号。这有利于分清会计事项处理的先后顺序，便于记账凭证与会计账簿之间的核对，确保记账凭证的完整。记账凭证编号的方法有两种：

一是顺序编号法，即将全部记账凭证作为一类统一编号，每月从第一号记账凭证起，按交易或事项发生的顺序，依次编号。

另一种是分类编号法，即按交易或事项的内容加以分类，可以按库存现金收付、银行存款收付和转账业务三类分别编号，也可以按库存现金收入、库存现金支出、银行存款收入、银行存款支出和转账五类进行编号，或者将转账业务按照具体内容再分成几类编号。

各单位应当根据本单位业务繁简程度、人员多寡和分工情况来选择便于记账、查账、内部稽核、简单严密的编号方法。记账凭证无论是统一编号还是分类编号，均应分月份按自然数字顺序连续编号，即每月都从 1 号编起，顺序编至月末。通常一张记账凭证编一个号，不得跳号、重号。

一笔交易或事项需要填制两张或者两张以上记账凭证的，可以采用分数编号法编号，如 1 号会计事项分录需要填制三张记账凭证，就可以编成 1（1/3）、1（2/3）、1（3/3）号。

当月记账凭证的编号，可以在填写记账凭证的当日填写，也可以在月末或装订凭证时填写，但应在月末最后一张记账凭证编号的旁边加注“全”字，以免凭证丢失后茫然不知。

（3）记账凭证的书写应清楚、规范。记账凭证应按行次逐项填写，不能跳行，如果金额栏的最后一笔数字与合计数之间有空行，应当自金额栏最后一笔金额数字下的空行处至合计数上的空行处划斜线或“S”形线注销。金额数字必须正确，符合数字书写规定，角分位不留空格。合计金额的第一位数字前要填写币种符号，如人民币符号“￥”。

（4）记账凭证可以根据每一张原始凭证填制，或根据若干张同类原始凭证汇总编制，也可以根据原始凭证汇总表填制。但不得将不同内容和类别的原始凭证汇总填制在一张记账凭证上。一张原始凭证所列的支出需要由两个或两个以上的单位共同负担时，应当由保存该原始凭证的单位开给其他应负担单位原始凭证分割单。原始凭证分割单必须具备原始凭证的基本内容，包括凭证的名称、填制凭证的日期、填制凭证单位的名称或填制人的姓名、经办人员的签名或盖章、接受凭证单位的名称、交易或事项内容、数量、单价、金额和费用的分担情况等。

（5）除结账和更正错误的记账凭证可以不附原始凭证外，其他记账凭证必须附有原始凭证，并注明所附原始凭证的张数。所附原始凭证张数的计算，一般以原始凭证的自然张数为准。与记账凭证中的交易或事项记录有关的每一张证据，都应当作为原始凭证的附件。如果记账凭证中附有原始凭证汇总表，则应该把所附的原始凭证和原始凭证汇总表的张数一起计入附件的张数之内。但报销差旅费等的零散票券，可以粘贴在一张纸上，作为一张原始凭证。一张原始凭证如涉及几张记账凭证的，可以将该原始凭证附在一张主要的记账凭证后面，在其他记账凭证上注明该主要记账凭证的编号或者附上该原始凭证的复印件。

（6）正确编制会计分录并保证借贷平衡。必须根据国家统一会计制度的规定和交易或事项的内容，正确使用会计科目和编制会计分录，记账凭证借、贷方的金额必须相等，合计数必须计算正确。

（7）摘要应与原始凭证内容一致，能正确反映交易或事项的主要内容，表述简短精练。应能使阅读的人通过摘要就能了解该项交易或事项的性质、特征，判断出会计分录的正确与否，一般不必再去翻阅原始凭证或询问有关人员。

（8）填制记账凭证时若发生错误应当重新填制。已登记入账的记账凭证在当年内发现填写错误时，可以用红字填写一张与原内容相同的记账凭证，在摘要栏注明“注销某月某日某号凭证”字样，同时再用蓝字重新填制一张正确的记账凭证，注明“订正某月某日某号凭证”字样。如果会计科目没有错误，只是金额错误，也可将正确数字与错误数字之间的差额，另编一张调整的记账凭证，调增金额用蓝字、调减金额用红字。发现以前年度记账凭证有错误的，应当用蓝字填制一张更正的记账凭证。

（9）实行会计电算化的单位，其机制记账凭证应当符合对记账凭证的一般要求，并应认真审核，做到会计科目使用正确，数字准确无误。打印出来的机制记账凭证上，要加盖制单人员、审核人员、记账人员和会计主管人员印章或者签字，以明确责任。

（10）只涉及库存现金和银行存款之间收入或付出的交易或事项，应以付款业务为主，只填制付款凭证，不填制收款凭证，以免重复。

（二）收款凭证的编制要求

收款凭证根据库存现金和银行存款收款业务的原始凭证填制。凡是涉及增加库存现金或者银行存款账户的金额的，都必须填制收款凭证。收款凭证左上角的“借方科目”按收款的性质填写“库存现金”或“银行存款”；日期填写的是编制本凭证的日期；右上角填写编制收款凭证的顺序号，一般按“现收×号”和“银收×号”分类，业务量少的单位也可不分“现收”与“银收”、而按收款业务发生的先后顺序统一编号，如“收字×号”；“摘要”填写对所记录的交易或事项的简要说明；“贷方科目”填写与收入现金或银行存款相对应的总账（一级）科目及其所属明细（二级）会计科目；“记账”是指该凭证已登记账簿的标记，供记账员在根据收款凭证登记有关账簿以后做记号用，表示该项金额已经记入有关账户，防止交易或事项重记或漏记；“金额”是指该项交易或事项的发生额，填写实际收到的现金或银行存款数额；该凭证右边“附件××张”是指本记账凭证所附原始凭证的张数；最下边分别由有关人员签章，以明确经济责任。

（三）付款凭证的编制要求

付款凭证根据现金和银行存款付款业务的原始凭证填制。凡是涉及减少现金或者银行存款账户的金额的，都必须填制付款凭证。付款凭证的编制方法与收款凭证基本相同，不同的只是左上角由“借方科目”换为“贷方科目”，因为现金和银行存款的减少应记账户的贷方；凭证中间的“贷方科目”换为“借方科目”，需填写与现金或银行存款支出业务有关的总账（一级）科目和明细（二级）科目。

实际工作中，收款业务编制收款凭证；付款业务应编制付款凭证。但对于涉及“库存现金”和“银行存款”之间的交易或事项，如从银行存款中提取现金或以现金存入银行等，为避免重复一般只编制付款凭证，不编收款凭证。出纳人员应根据会计人员审核无误的收款凭证和付款凭证办理收付款业务。

（四）转账凭证的编制要求

转账凭证根据不涉及现金和银行存款收付的转账业务的原始凭证填制。凡是不涉及现金和银行存款增加或减少的业务，都必须填制转账凭证。转账业务没有固定的账户对应关系，因此在转账凭证中，将交易或事项中所涉及全部会计科目，按照先借后贷的顺序记入“会计科目”栏中的“一级科目”和“二级及明细科目”，并按应借、应贷方向分别记入“借方金额”或“贷方金额”栏。其他项目的填列与收、付款凭证相同。

（五）通用记账凭证的填制

通用记账凭证的名称为“记账凭证”或“记账凭单”。它集收款、付款和转账凭证于一身，通用于收款、付款和转账等各种类型的交易或事项。其格式及填制方法与转账凭证完全相同。

（六）汇总记账凭证的填制

1. 汇总收款凭证的填制

汇总收款凭证根据现金或银行存款的收款凭证，按现金或银行存款科目的借方分别设置，并按贷方科目加以归类汇总，定期（5 天或 10 天）填列一次，每月编制一张。月份终了，计算出汇总收款凭证的合计数后，分别登记现金或银行存款总账的借方，以及各个对应账户的贷方。

2. 汇总付款凭证的填制

汇总付款凭证根据现金或银行存款的付款凭证，按现金或银行存款科目的贷方分别设置，并按借方科目加以归类汇总，定期（5 天或 10 天）填列一次，每月编制一张。月份终了，计算出汇总付款凭证的合计数后，分别登记现金或银行存款总账的贷方，以及各个对应账户的借方。

3. 汇总转账凭证的填制

汇总转账凭证根据转账凭证按每个科目的贷方分别设置，并按对应的借方科目归类汇总，定期（5 天或 10 天）填列一次，每月编制一张。月份终了，计算出汇总转账凭证的合计数后，分别登记各有关总账的贷方或借方。

4. 记账凭证汇总表的填制

根据记账凭证逐笔登记总账，如果工作量很大，可以先填制记账凭证汇总表，然后根据记账凭证汇总表再来登记总账。填制方法一般如下：

（1）填写记账凭证汇总表的日期、编号和会计科目名称。汇总表的编号一般按年顺序编列，汇总表上会计科目名称的排列应与总账科目的序号保持一致。

（2）将需要汇总的记账凭证，按照相同的会计科目名称进行归类。

（3）将相同会计科目的本期借方发生额和贷方发生额分别加总，求出合计金额。

（4）将每一会计科目的合计金额填入汇总表的相关栏目。

（5）结计汇总表的本期借方发生额和本期贷方发生额合计，双方合计数应相等。

三、记账凭证的审核内容

记账凭证是登记账簿的依据。为了保证账簿记录的准确性，除了编制记账凭证的人员应当认真负责、正确填制、加强自审以外，同时还应建立专人审核制度，记账前必须对已编制的记账凭证由专人进行认真、严格的审核。在审核记账凭证的过程中，如发现记账凭证填制有误，应当按照规定的方法及时加以更正。只有经过审核无误后的记账凭证，才能作为登记账簿的依据。审核的主要内容是以下几个方面：

（1）合规性审核。根据会计准则等会计法规的规定，审核记账凭证所确定的会计分录是否合规、合法。这就要求审核人员必须根据记账凭证所附原始凭证的经济内容，按照会计核算方法的要求，审核是否按已审核无误的原始凭证填制记账凭证；记录的内容与所附原始凭证是否一致，金额是否相等；所附原始凭证的张数是否与记账凭证所列附件张数相符。

（2）技术性审核。根据记账凭证的填制要求，审核记账凭证的摘要、所列会计科目（包括一级科目、明细科目）、应借、应贷方向和金额是否正确；借贷双方的金额是否平衡；明细科目金额之和与相应的总账科目的金额是否相等。

（3）完整性审核。根据记账凭证的基本内容，逐项审核记账凭证的内容是否按规定要求填制并完整无缺，各项目是否按规定填写齐全并按规定手续办理。审核记账凭证摘要是否填写清楚，日期、凭证编号、附件张数以及有关人员签章等各个项目填写是否齐全。若发现记账凭证的填制有差错或者填列不完整、签章不齐全，应查明原因，责令更正、补充或重填。

对会计凭证进行审核，是保证会计信息质量，发挥会计监督的重要手段。这是一项政策性很强的工作，要做好会计凭证的审核工作、正确发挥会计的监督作用，会计人员应当做到：既要熟悉和掌握国家政策、法令、规章制度和计划、预算的有关规定，又要熟悉和了解本单位的经营情况。这样，才能明辨是非，确定哪些交易或事项是合理、合法的；哪些交易或事项是不合理、不合法的。会计人员应自觉地执行政策，遵守制度，正确处理各种经济关系。

第五节　会计凭证的管理

会计凭证是会计工作的基础，又是办理业务的依据，为了充分发挥会计凭证的作用，就必须认真做好会计凭证的管理工作。会计凭证管理包括会计凭证传递和会计凭证保管两方面的内容。

一、会计凭证的传递

会计凭证的传递，是指各种会计凭证从填制、取得到归档保管为止的全部过程，即在企业、事业和行政单位内部有关人员和部门之间传送、交接的过程。要规定各种凭证的填写、传递单位与凭证份数，规定会计凭证传递的程序、移交的时间和接受与保管的有关部门。

为了能够利用会计凭证，及时反映各项交易或事项，提供会计信息，发挥会计监督的作用，必须正确、及时地进行会计凭证的传递，不得积压。正确组织会计凭证的传递，对于及时处理和登记交易或事项，明确经济责任，实行会计监督，具有重要作用。从一定意义上说，会计凭证的传递起着在单位内部经营管理各环节之间协调和组织的作用。会计凭证传递程序是企业管理规章制度重要的组成部分，传递程序的科学与否，说明该企业管理的科学程序。

1. 会计凭证传递的作用

（1）有利于完善经济责任制度。交易或事项的发生、完成及记录，是由若干责任人共同负责，分工完成的。会计凭证作为记录交易或事项、明确经济责任的书面证明，体现了经济责任制度的执行情况。单位会计制度可以通过会计凭证传递程序和传递时间的规定，进一步完善经济责任制度，使各项业务的处理顺利进行。

（2）有利于及时进行会计记录。从交易或事项的发生到账簿登记有一定的时间间隔，通过会计凭证的传递，使会计部门尽早了解交易或事项发生和完成情况，并通过会计部门内部的凭证传递，及时记录交易或事项，进行会计核算，实行会计监督。

2. 会计凭证传递的原则

科学、合理、有效的传递程序，应使会计凭证沿着最短的线路，以最快的速度流转。在设计会计凭证传递程序时，应遵循的一般原则是：

（1）合理确定会计凭证传递应经过的环节。各单位应根据经营规模、行业特点、交易或事项特点、内部机构组织和人员分工情况以及经营管理的需要等，规定各种会计凭证的联数和所经过的必要环节，明确经办人员，既要保证有关部门能对交易或事项进行审核和处理，又要尽可能减少不必要的环节和手续，以免造成“公文旅行”，影响速度，影响工作进程。例如，差旅费报销，应先由出差人员取得车船票等有关差旅原始凭证，填具差旅费报销单，经有关领导批转后，向会计部门报销，会计部门据以填制有关付款凭证，经有关制定人员审核后，由出纳人员付款，最后，送交会计人员记账。

（2）合理确定会计凭证在各环节停留的时间。各单位要根据各环节办理手续必须的时间，规定凭证在各环节停留的合理时间，以确保凭证的及时传递。此外，所有会计凭证的传递必须在报告期内完成，不允许跨期，以免影响会计核算的及时性和真实性。

（3）加强会计凭证传递的管理。由于会计凭证的传递几乎要涉及所有的部门和人员，因而要科学合理地确定其传递程序。这是一项非常细致而复杂的工作，需要各个部门充分协商、互相配合，力求使会计凭证的传递程序，能为全体有关人员所接受。

二、会计凭证的保管

会计凭证是重要的会计档案和经济资料，每个单位都要建立保管制度，妥善保管。会计凭证的保管原则是：既要保护凭证的安全完整，又要便于日后查阅，实现科学管理。保管的主要方法和要求如下：

（一）定期整理、装订成册

会计部门在记账以后，应及时对各种会计凭证进行分门别类、按照编号顺序整理，装订成册，并加具封面。封面上要注明会计凭证的名称、起讫号、时间以及有关人员的签章。

1. 会计凭证装订前的准备

会计凭证装订前的准备，是指对会计凭证进行排序、粘贴和折叠。因为原始凭证的纸张面积与记账凭证的纸张面积不可能全部一样，有时前者大于后者，有时前者小于后者，这就需要会计人员在制作会计凭证时对原始凭证加以适当整理，以便下一步装订成册。对于纸张面积大于记账凭证的原始凭证，可按记账凭证的面积尺寸，先自右向后，再自下向后两次折叠。注意应把凭证的左上角或左侧面让出来，以便装订后，还可以展开查阅。对于纸张面积过小的原始凭证，一般不能直接装订，可先按一定次序和类别排列，再粘在一张同记账凭证大小相同的白纸上，粘贴时宜用胶水。证票应分张排列，同类、同金额的单据尽量粘在一起；同时，在一旁注明张数和合计金额。如果是板状票证，可以将票面票底轻轻撕开，厚纸板弃之不用。对于纸张面积略小于记账凭证的原始凭证，可先用回形针或大头针别在记账凭证后面，待装订时再抽去回形针或大头针。有的原始凭证不仅面积大，而且数量多，可以单独装订，如工资单、耗料单等，但在记账凭证上应注明保管地点。原始凭证附在记账凭证后面的顺序应与记账凭证所记载的内容顺序一致，不应按原始凭证的面积大小来排序。

会计凭证经过上述的加工整理之后，就可以装订了。

2. 会计凭证的装订方法

会计凭证的装订是指把定期整理完毕的会计凭证按照编号顺序，外加封面、封底，装订成册，并在装订线上加贴封签，防止抽换凭证。

在封面上，应写明单位名称、年度、月份、记账凭证的种类、起讫日期、起讫号数，以及记账凭证和原始凭证的张数，并在封签处加盖会计主管的骑缝图章。如果采用单式记账凭证，在整理装订凭证时，必须保持会计分录的完整。为此，应按凭证号码顺序还原装订成册，不得按科目归类装订。对各种重要的原始单据，以及各种需要随时查阅和退回的单据，应另编目录，单独登记保管，并在有关的记账凭证和原始凭证上相互注明日期和编号。

汇总装订后的会计凭证封面如图 7－6 所示：

单位名称：
凭证种类：
年　月　　本月共　册　　本册为第　册
本册号数：自　　号起至　　号
本册日期：自　　月　　日起至　　月　　日止
会计主管：　　　　会计：　　　　装订：

图 7－6　会计凭证封面

会计凭证装订的要求是既美观大方又便于翻阅，所以在装订时要先设计好装订册数及每册的厚度。一般来说，一本凭证，厚度以 1.5～2.0 厘米为宜，太厚了不便于翻阅核查，太薄了又不利于戳立放置。凭证装订册数可根据凭证多少来定，原则上以月份为单位装订，每月订成一册或若干册。有些单位业务量小，凭证不多，把若干个月份的凭证合并订成一册就可以，只要在凭证封面注明本册所含的凭证月份即可。

（二）专人保管、期满归档

会计人员必须做好会计凭证的保管工作，严防会计凭证错乱不全或遗失。一般情况下，原始凭证不得外借，其他单位如有特殊原因确实需要使用时，经本单位会计机构负责人、会计主管人员批准，必要时可以复制。向外单位提供的原始凭证复制件，应在专设的登记簿上登记，并由提供人员和收取人员共同签名、盖章。

每年装订成册的会计凭证，在年度终了时可暂由单位会计机构保管 1 年，期满后应当移交本单位档案机构统一保管；未设立档案机构的，应当在会计机构内部指定专人保管。出纳人员不得兼管会计档案。

（三）保管期满，按规销毁

严格遵守会计凭证的保管期限要求，期满前不得任意销毁。对超过所规定期限（一般是 15 年）的会计凭证，要严格依照有关程序销毁。需永久保留的有关会计凭证，不能销毁。

【本章小结】

会计凭证是用来记录交易或事项的发生和完成情况，明确经济责任的书面证明，也是登记账簿的依据。会计凭证可以分为原始凭证和记账凭证两大类。

原始凭证是登记账簿的直接依据，它的质量决定着会计信息的质量。原始凭证的填制，必须正确、及时、清晰地反映交易或事项的真实情况。记账凭证是对原始凭证的归纳，是登记会计账簿的依据；编制会计分录也是通过填制记账凭证来实现的。填制记账凭证是会计核算工作的重要组成部分，是保证账簿记录准确无误的前提。

正确使用会计凭证需要从会计凭证的填制、审核、传递和保管四个方面入手。

【思考与分析】

1. 什么是原始凭证？什么是记账凭证？二者之间有什么区别和联系？
2. 原始凭证有哪些要素？审核原始凭证有什么意义？有哪些要求？
3. 记账凭证有哪些要素？填制记账凭证有哪些要求？如何审核记账凭证？
4. 所有的会计凭证都是登记账簿的依据。这个说法正确吗？
5. 企业提交银行的各种结算凭证填错了金额，应采用划线更正法予以纠正，不得随意涂改、刮擦或挖补。
6. 由于自制原始凭证的名称、用途不同，其内容、格式也不相同，因而不需要对其真实性、完整性和合法性进行审核。
7. 从银行提取现金，既可编制现金收款凭证，也可编制银行存款付款凭证。
8. 各种凭证若填写错误，不得随意涂改、刮擦、挖补。
9. 荣安公司于200×年4月发生下列交易或事项：

①4月10日，收到上月乙公司所欠销货款5 000元，存入银行。

②4月15日，从银行提取现金40 000元。

③企业生产产品直接耗用原材料23 000元，生产车间管理方面耗用原材料4 000元，共计27 000元。

④4月30日，购买甲材料一批，价款50 000元，签发半年期商业汇票一张支付。

要求：根据以上交易或事项编制记账凭证。

文章阅读

记账凭证先盖章　会计人员钻空子

企业的现金应由专职的出纳员保管。现金的收支应由出纳员根据收付款凭证办理，业务办理完毕后由出纳员在有关的凭证上签字盖章。这是现金收支业务的正常账务处理程序。

但在大连某实业公司，这个正常的账务处理程序却被打乱了。企业的现金由会计人员保管。现金的收支也由会计人员办理。更为可笑的是：该企业的记账凭证也是由出纳员张某先盖好印章放在会计人员那里，给会计人员作弊提供了可乘之机。

该实业公司会计（兼出纳）邵某就是利用这种既管钱、又管账的“方便”条件，尤其是借用盖好章的记账凭证，编造虚假支出，贪污公款1.4万余元。

大肆虚开增值税票　家族罪案实属罕见

2002年7月，广东省韶关市中级人民法院开庭审理了新丰县物资公司原副总经理潘光始及其儿子潘英平、儿媳罗媚3人虚开增值税专用发票价税合计总额4亿余元的案件。

这种家族式的虚开税票案实属罕见。

皮包公司专做发票生意

由于担任公职不便出面，潘光始首先借用朋友潘某的身份证开立了新丰县新城物资有限公司，然后又指使自己的儿子潘英平成立新丰县万源有限公司，指使冯泽段等人申请成立了商发、长能贸易有限公司。据公诉人讲，1997 年，潘光始竟然在一天之内成立了两家所谓的“贸易公司”。而这些公司既无厂房工地，又无贸易往来，唯一的生意是兜售虚开的增值税专用发票。

父子儿媳齐上阵

有时需要出具的假开发票太多，忙不过来，潘光始就指使自己的儿子和儿媳罗媚一齐动笔开票。检察院诉称，潘光始等 3 人从 1996 年 1 月至 2000 年 11 月，利用开设 5 家皮包公司的幌子，先后为中国石油物资装备总公司、天津三星电机有限公司、广东湛江制药总厂等全国 100 余家单位大肆虚开增值税专用发票。

经查实，被告人潘光始共参与虚开增值税专用发票 4 亿多元，税额 5 900 万元。每一次做生意，潘光始都坚持要求按价税总额的 1.5% ~1.8% 收费，如此计算，潘家从中获取的不法之财达数百万人民币。

（《半岛晨报》2002 年 7 月 19 日第 20 版，原载《南方都市报》）

全国首例隐匿会计凭证罪案件在四川绵阳作出判决

据中国审计报报道，2004 年 7 月，四川省绵阳市涪城区人民法院对绵阳南郊机场建设管理局财务负责人袁虹，在审计期间隐匿伪造会计凭证案进行公开审理，依法判处袁虹有期徒刑 2 年、并处以罚金 4 万元。据区检察机关介绍，这是全国人大常委会法制工作委员会对“隐匿、销毁会计凭证、会计账簿、财务会计报告构成犯罪的主体范围”进行法律解释后全国第一例会计人员司法判决案例。

2002 年，审计署驻成都特派办审计组在对绵阳南郊机场建设资金审计中发现，该机场向施工单位收取的投标资料费、定期存款利息、代征税金手续费等大量收入，未纳入单位财务账核算。为了查清这些资金的下落，审计组多次向绵阳南郊机场领导及财务负责人宣传有关法律法规，要求提供上述收入的真实财务资料。但是，作为机场财务负责人及上述资金直接管理人的袁虹，却将会计资料隐匿，拒绝向审计人员提供。经过审计人员大量艰苦细致的查证，查出该机场将上述近千万元收入设置“小金库”20 多个。在此情况下，袁虹又多次编造虚假会计资料，隐匿“小金库”资金，严重阻碍了审计工作的正常进行。

对袁虹的上述行为，成都特派办依据审计法及全国人大常委会法制工作委员会关于“隐匿、销毁会计凭证、会计账簿、财务报告构成犯罪的，应当由公安机关立案侦查”的规定，将该案移送公安机关。四川省及绵阳市公安机关对此案十分重视，立案进行了积极侦查。

绵阳市涪城区人民法院在审理中认为，袁虹身为绵阳南郊机场建设管理局财务负责人，直接管理本单位的“小金库”账，在国家审计机关的审计过程中，故意隐匿本单位的“小金库”账务资料，情节严重，已经触犯了国家刑律，构成了隐匿会计凭证罪。

中国法院网 http：//www. chinacourt. org/public/detail. php？ id = 123824

立信，乃会计之本。没有信用，也就没有会计。

第八章　会计账簿

☞【学习目标】

本章阐述了设置和登记会计账簿的基础知识。通过本章学习，应理解会计账簿的意义和基本分类，掌握会计账簿的登记，重点掌握账簿的记账规则和错账更正方法。

本章的重点和难点主要包括：会计账簿的种类、会计账簿的设置、会计账簿的登记及对账与结账等。

☞【中英文关键词】

会计账簿：book of accounts　　日记账：journal

分类账簿：ledger　　订本式账簿：bound book

活页式账簿：loose-leaf book　　卡片式账簿：card book

备查账簿：memorandum book　　结账：balance the books

☞【引导案例】

小明同学打算自己创业，开办一家服装销售商店。小明在学校附近的商业街租了一间店面，找装修队进行了装修，然后联系供应商发货。在办理了工商营业执照之后，正式开始营业。由于小明不懂会计，只好将所有的凭证收集起来，经营了一段时间后，也不知道究竟盈利与否。因此，请帮小明设计一套合理的账簿体系，至少需要哪些账簿?

第一节　会计账簿的意义和种类

一、会计账簿的概念和意义

填制会计凭证后之所以还要设置和登记账簿，是由于二者虽然都是用来记录交易或事项，但二者具有的作用不同。在会计核算中，对每一项交易或事项，都必须取得和填制会计凭证，因而会计凭证数量很多，又很分散，而且每张凭证只能记载个别交易或事项的内容，所提供的资料是零星的，不能全面、连续、系统地反映和监督一个经济单位在一定时期内某一类和全部交易或事项活动情况，且不便于日后查阅。因此，为了给经济管理提供系统的会计核算资料，各单位都必须在凭证的基础上设置和运用登记账簿的方法，把分散在会计凭证上的大量核算资料，加以集中和归类整理，使之系统化、条理化，生成有用的会计信息，从而为编制财务报表、进行会计分析以及审计提供主要依据。

会计账簿简称账簿，是由具有一定格式、相互联系的账页所组成，用来序时、分类地全面记录一个企业、单位交易或事项的会计簿籍。

设置和登记账簿，是编制财务报表的基础，是连接会计凭证和财务报表的中间环节，对于综合反映企业活动、加强经济核算、提高经营管理工作水平具有重要作用。它在会计核算中的主要作用可概括如下：

（1）通过账簿的设置和登记，可以系统地归纳和积累会计核算资料，全面、系统、连续、科学地反映会计主体在一定时期内所发生的资金运动的全貌，为改善企业经营管理，合理使用资金提供资料。会计凭证所反映的内容，既能在账簿中按总分类账户登记、核算得到总括的反映，也能够在明细分类账户中登记、核算得到详细的反映，又可按时间顺序连续登记，序时地反映某项交易或事项的过程。账簿在会计工作中是储存各项会计信息的信息库。

（2）通过账簿的设置和登记，可分类、汇总会计信息，随时了解和掌握各会计要素项的增减变化和结果，为考核经济活动和经营成果提供必要的资料。在账簿中，既可以提供总括的核算资料，又可以提供明晰的核算资料，这样就可以全面而系统地反映各项资产、负债、所有者权益的增减变动情况，收入、费用、利润的实现和分配情况。根据这些记录还可以借以考核成本、费用、利润的计划执行情况，评价企业经营成果和财务成果的好坏，进而发现生产经营过程中存在的问题，并分析原因，促使企业加强经营管理。

（3）通过账簿的设置和登记，可以为编制财务报表和制定财务预算提供总括和具体的资料。企业定期编制的“资产负债表”、“利润表”、“现金流量表”等财务报表的数据主要来源于各种账簿记录，财务报表编制的正确性、及时与否都与账簿设置有着密切的关系。企业在编制财务情况说明书时，对生产经营状况、利润实现和分配情况、资金增减和周转情况、税金缴纳情况、各种财产物资变动情况的说明也要借助于账簿的记录才能完成。同时，利用账簿记录，还可以揭示影响企业经营成果的各个因素的实际与预算之间的差异，扬长避短，提供企业的经济效益。

（4）通过会计账簿的设置和登记，可以检查、校正会计信息。账簿记录是会计凭证信息的进一步整理。如在永续盘存制下，通过有关盘存账户余额与实际盘点或核对结果的核对，可以确认财产的盘盈或盘亏，并根据实际结存数额调整账簿记录，做到账实相符，提供如实、可靠的会计信息。

二、会计账簿和账户的关系

会计账簿与账户有着十分密切的关系。账户存在于账簿之中，账簿中的每一账页就是账户的存在形式和载体，没有账簿，账户不能独立存在；账簿序时、分类地记载交易或事项，是在账户中完成的。因此，账簿只是一个外在形式，账户才是其内在真实内容，二者间的关系是形式和内容的关系。

三、会计账簿的分类

在实际工作中，由于各个单位的交易或事项和经营管理的要求不同，所设置的账簿也有所不同。账簿的种类及其格式是多种多样的，但一般可以按其用途和外表形式进行分类。

（一）账簿按用途分类

账簿按其用途不同，一般分为序时账簿、分类账簿和备查账簿三种。

1. 序时账簿

序时账簿又称日记账，是按照交易或事项发生或完成时间的先后顺序逐日逐笔进行登记的账簿。序时账簿可以用来记录全部交易或事项的完成情况，也可以用来记录某一类交易或事项的完成情况。前者为普通日记账，又称分录簿，通常把每天所发生的交易或事项，按照业务发生的先后顺序，编成会计分录记入账簿中；后者为特种日记账，主要包括购货日记账、销货日记账、现金日记账和银行存款日记账等，通常把某一类比较重要的、重复大量发生的交易或事项，按照业务发生的先后顺序记入账簿中。在我国，大多数单位一般只设现金日记账和银行存款日记账，以便加强对货币资金的日常监督和管理。设置日记账的作用，在于及时地、系统地、全面地反映资金的增减变动情况，保护财产物资和资金的安全完整，以及便于对账、查账。

2. 分类账簿

分类账簿（简称“分类账”）是对全部交易或事项按照会计要素的具体类别而设置的分类账户进行登记的账簿。分类账簿按其反映指标时的详细程度分为总分类账簿和明细分类账簿。按照总分类账户分类登记交易或事项的是总分类账簿，简称总账，是根据总账科目（一级科目）开设账户，用来分类登记全部交易或事项，提供各种资产、负债、所有者权益、收入、费用及利润等总括核算资料的分类账簿；按照明细分类账户分类登记交易或事项的是明细分类账簿，简称明细账，是根据总账科目所属的二级或明细科目开设账户，用来分类登记某一类交易或事项，提供比较详细的核算资料的分类账簿。分类账簿提供的核算信息是编制财务报表的主要依据。

3. 备查账簿

备查账簿（简称“备查账”或“备查簿”），是对某些在序时账簿和分类账簿等主要账簿中都不予登记或登记不够详细的交易或事项进行补充登记时使用的账簿。它不是根据会计凭证登记的账簿；同时它也没有固定的格式，它是用文字对某些在日记账和分类账中未能记录或记录不全的交易或事项进行补充登记的账簿。它通常依据表外科目登记，可以对某些交易或事项的内容提供必要的参考资料。例如，租入固定资产登记簿、委托加工材料登记簿等。备查账簿并非每个单位都应设置，只能根据各个单位的实际需要来设置和登记。

（二）账簿按账页格式分类

1. 两栏式账簿

两栏式账簿是指只有借方和贷方两个基本金额栏目的账簿。各种收入、费用类账户都可以采用两栏式账簿。

2. 三栏式账簿

三栏式账簿是设有借方、贷方和余额三个基本栏目的账簿。各种日记账、总分类账以及资本、债权、债务明细账都可采用三栏式账簿。三栏式账簿又分为设对方科目和不设对方科目两种，区别是在摘要栏和借方科目栏之间是否有一栏“对方科目”。有“对方科目”栏的，称为设对方科目的三栏式账簿；不设“对方科目”栏的，称为不设对方科目的三栏式账簿。

3. 多栏式账簿

多栏式账簿是在账簿的两个基本栏目借方和贷方按需要分设若干专栏的账簿。收入、费用明细账一般均采用这种格式的账簿。

4. 数量金额式账簿

数量金额式账簿的借方、贷方和余额三个栏目内，都分设数量、单价和金额三小栏，借以反映财产物资的实物数量和价值量。原材料、库存商品、产成品等明细账通常采用数量金额式账簿。

（三）账簿按外形特征分类

账簿按其外形特征，可以分为订本式账簿、活页式账簿和卡片式账簿三种。

1. 订本账

订本账是启用之前就已将账页装订在一起，并对账页进行了连续编号的账簿。这种账簿的优点是可以避免账页散失，防止账页被抽换，比较安全。其缺点是同一账簿在同一时间只能由一人登记，这样不便于记账人员分工记账。订本账适用于重要的具有统驭性的账簿。一般地，总分类账、现金日记账和银行存款日记账应采用订本账形式。

2. 活页账

活页账是在账簿登记完毕之前并不固定装订在一起，而是装在活页账夹中。当账簿登记完毕之后（通常是一个会计年度结束之后），才将账页予以装订，加具封面，并给各账页连续编号。其特点是在使用过程中，平时把账页存放在活页账夹内，随时可以取放，待年终才装订成册。活页账的优点是可以根据实际需要增添账页，不会浪费账页，使用灵活，并且便于同时分工记账；缺点在于账页容易散失和被抽换。为克服这个缺点，空白账页使用时必须连续编号，装置在账夹中或临时装订成册，并由有关人员在账页上盖章，以防舞弊。一般地，各种明细分类账可采用活页账形式。

3. 卡片账

卡片账是将账户所需格式印刷在硬卡上，通常是由若干零散的、具有专门格式的硬纸卡片组成的账簿。严格而言，卡片账也是一种活页账，只不过它不是装在活页账夹中，而是保存在卡片箱内。使用时，应在卡片上连续编号、加盖有关人员的印章、置放在卡片箱内，以保证其安全并可以随时取出和放入。它的优缺点与活页账相同。在我国，一般只对固定资产明细账采用卡片账形式。

根据以上对会计账簿的类别的介绍，汇总如图 8－1 所示。

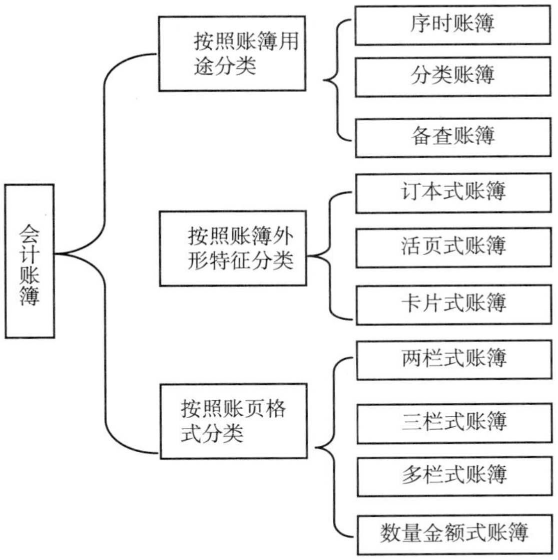

图 8－1　会计账簿类别

第二节　会计账簿的内容、启用和记账规则

一、会计账簿的基本内容

各种账簿所记录的交易或事项各有不同，会计账簿的格式可以多种多样，但其基本构成包括封皮、扉页和账页三个部分。

1. 封皮

封皮包括封面、封底和封脊。封面主要用来标明记账单位名称以及会计账簿的名称，如：总分类账、库存现金日记账、银行存款日记账、应收账款明细账等。此外，封脊上也应写明账簿名称，以便日后翻阅查找方便。

2. 扉页

扉页主要用来填列账簿启用及交接表（或经管账簿人员一览表，一般是在活页账、卡片账装订成册后填列）和账户目录（或科目索引）。

为了保证会计账簿记录的合法性和资料的完整性，明确记账责任，会计人员在启用账簿时，要填写账簿启用表（见表8－1）。账簿启用表的填写要求是：填写启用日期和启用账簿的起止页数。如启用的是订本式账簿，起止页数已经印好无需再填；启用活页式账簿，起止页数可等到装订成册时再填。填写记账人员姓名和会计主管人员姓名并加盖印章，以示慎重和负责。加盖单位财务公章，以示严肃。当记账人员或会计主管人员工作变动时，应办好账簿移交手续，并在启用表上明确记录交接日期及接办人、监交人的姓名，并加盖公章。其主要内容有：①单位名称；②账簿名称；③起止页次；④启用日期；⑤单位负责人、会计主管人员姓名；⑥经管人员及交接日期。

表8－1　　　　账簿启用和经管人员情况

<table>
<tr><td colspan="3">机构名称</td><td colspan="4"></td><td colspan="4">印章</td></tr>
<tr><td colspan="3">账簿名称</td><td colspan="4">（第　册）</td><td colspan="4" rowspan="4"></td></tr>
<tr><td colspan="3">账簿编号</td><td colspan="4"></td></tr>
<tr><td colspan="3">账簿页数</td><td colspan="4">本账簿共计　　页</td></tr>
<tr><td colspan="3">启用日期</td><td colspan="4">公元　　年　　月　　日</td></tr>
<tr><td rowspan="3">经管人员</td><td colspan="2">负责人</td><td colspan="2">主办会计</td><td colspan="3">复核</td><td colspan="3">记账</td></tr>
<tr><td>姓名</td><td>盖章</td><td>姓名</td><td>盖章</td><td colspan="2">姓名</td><td>盖章</td><td colspan="2">姓名</td><td>盖章</td></tr>
<tr><td></td><td></td><td></td><td></td><td colspan="2"></td><td></td><td colspan="2"></td><td></td></tr>
<tr><td rowspan="6">接交记录</td><td colspan="2">经管人员</td><td colspan="4">接管</td><td colspan="4">交出</td></tr>
<tr><td>职别</td><td>姓名</td><td>年</td><td>月</td><td>日</td><td>盖章</td><td>年</td><td>月</td><td>日</td><td>盖章</td></tr>
<tr><td></td><td></td><td></td><td></td><td></td><td></td><td></td><td></td><td></td><td></td></tr>
<tr><td></td><td></td><td></td><td></td><td></td><td></td><td></td><td></td><td></td><td></td></tr>
<tr><td></td><td></td><td></td><td></td><td></td><td></td><td></td><td></td><td></td><td></td></tr>
<tr><td></td><td></td><td></td><td></td><td></td><td></td><td></td><td></td><td></td><td></td></tr>
<tr><td colspan="11">备注</td></tr>
</table>

3. 账页

账页是会计账簿的主体，会计账簿由若干账页组成，每一账页应包括以下内容：①账户名称（即会计科目 + 账户的种类，如应收账款总分类账户，原材料明细账等）；②登记账簿的日期栏；③作为记账依据的记账凭证的种类和号数栏；④摘要栏（简明扼要地说明所记录交易或事项的内容）；⑤借方（或收入）、贷方（或支出）和余额（或结存）栏（记录交易或事项引起账户发生额或余额增减变动的数额）；⑥总页次和分页次。

二、会计账簿的启用

新创立的企业及其他经济单位，第一次使用会计账簿，称为建账。为了保证会计账簿记录的合法性、安全性，明确记账责任，启用会计账簿时，应当在账簿封面上写明单位名称和账簿名称，并在账簿扉页上附启用表，表内详细载明：单位名称、账簿名称、账簿编号、账簿页数（活页账或卡片账的页数一般是年度结束结完账装订成册后才标出每张账页的连续号码，故才能填出总计页数）、启用日期、记账人员和会计主管人员姓名，并加盖有关人员的签章和单位公章。

记账人员或者会计机构负责人、会计主管人员调动工作时，应办理交接手续，在交接记录内应当注明交接日期、接办人员或者监交人员姓名，并由交接双方人员签名或者盖章。这样做，既是明确有关人员责任的需要，也是提高有关人员的责任感和维护会计记录严肃性的需要。

启用订本式账簿，应当从第一页到最后一页顺序编定页数，不得跳页、缺号。使用活页式账页，应当按账户顺序编号，并需定期装订成册；装订后再按实际使用的账页顺序编号页码，另加目录，记录每个账户的名称和页次。

三、会计账簿的记账规则

为了保证账簿记录真实、可靠、正确、完整，满足成本计算和编制财务报表的需要，会计人员在记账时，必须遵循会计账簿的记账规则。

1. 登记账簿的依据

为了保证账簿记录的真实、正确，会计人员应当根据审核无误的记账凭证登记账簿。各单位每天发生的各种交易或事项，都要记账，记账的依据是会计凭证。

2. 登记账簿的时间

各种账簿应当每隔多长时间登记一次，没有统一规定。但是，一般的原则是：总分类账要按照单位所采用的会计核算形式及时登账；各种明细分类账，要根据原始凭证、原始凭证汇总表和记账凭证每天进行登记，也可以定期（三天或五天）登记。但是现金日记账和银行存款日记账，应当根据办理完毕的收付款凭证，随时逐笔顺序进行登记，最少每天登记一次。

3. 登记账簿的规范要求

（1）登记账簿时，应当将会计凭证日期、编号、业务内容摘要，金额和其他有关资料逐项记入账内，同时记账人员要在记账凭证上签名或者盖章，并注明已经登账的符号（如打“√”），防止漏记、重记和错记情况的发生。

（2）各种账簿要按账页顺序连续登记，不得跳行、隔页。如发生跳行、隔页，应将空行、空页划线注销，或注明“此行空白”或“此页空白”字样，并由记账人员签名或盖章。

（3）登记账簿时，要用蓝黑墨水或者碳素墨水书写。不得用圆珠笔（银行的复写账簿除外）或者铅笔书写。红色墨水只能用于制度规定的“按红字冲账的记账凭证、在不设减少金额栏的多栏式账页中，登记减少数、在三栏式账户的余额栏前，如未印明余额方向的，在余额栏内登记负数金额”等情况。会计中的红字表示负数，因此，除上述规定可以使用红字外，不得使用红色墨水登记会计账簿。

（4）记账要保持清晰、整洁，记账文字和数字要端正、清楚、书写规范，文字和数字上面要留有适当空格，不要写满格，一般应占账簿格距的1/2，以便留有改错的空间，同时也便于查账。

（5）凡需结出余额的账户，应当定期结出余额。现金日记账和银行存款日记账必须每天结出余额。结出余额后，应在“借或贷”栏内写明“借”或“贷”的字样，标明余额是在借方还是贷方。没有余额的账户，应在该栏内写“平”字并在余额栏“元”位上用“0”表示。现金日记账和银行存款日记账应当每日结出余额。

（6）每登记满一张账页结转下页时，应当结出本页合计数和余额，写在本页最后一行和下页第一行有关栏内，并在本页的摘要栏内注明“转后页”或者“过次页”字样，在次页的摘要栏内注明“承前页”字样。也可以将本页合计数及余额只写在下页第一行有关栏内，并在摘要栏内注明“承前页”字样。

对需要结计本月发生额的账户，结计“过次页”的本页合计数应当为自本月初起至本页末止的发生额合计数；对需要结计本年累计发生额的账户，结计“过次页”的本页合计数应当为自年初起至本页末止的累计数；对既不需要结计本月发生额，也不需要结计本年累计发生额的账户，可以只将每页末的余额结转次页。

第三节 会计账簿的格式和登记方法

由于各种账簿所记录的交易或事项不同，账簿的格式和登记方法也不完全相同，下面分别说明日记账和分类账的格式和登记方法。

一、日记账的格式和登记方法

如前所述，日记账是按照交易或事项发生或完成的时间先后顺序逐笔进行登记的账簿。设置日记账的目的就是为了使交易或事项的时间顺序清晰地反映在账簿记录中。

为了能够清晰地反映各类交易或事项发生或完成情况，特别是货币资金管理，每一企业、单位都应设置现金日记账和银行存款日记账，用以逐日核算和监督现金和银行存款的收入、付出和结存情况。

（一）现金日记账

现金日记账是用来核算和监督库存现金每天的收入、支出和结存情况的账簿。由出纳人员根据同现金收付有关的记账凭证，按时间顺序逐日逐笔进行登记，即根据现金收款凭证和与现金有关的银行存款付款凭证（从银行提取现金的业务）登记现金收入，根据现金付款凭证登记现金支出；并根据“上日余额＋本日收入－本日支出＝本日余额”的公式，逐日结出现金余额，与库存现金实存数核对，以检查每日现金收付是否有误。

现金日记账的格式有三栏式和多栏式两种。

1. 三栏式日记账

三栏式现金日记账设借方、贷方和余额三个基本的金额栏目，一般将其分别称为收入、支出和余额三个基本栏目。在金额栏与摘要栏之间常常插入“对方科目”，以便记账时标明现金收入的来源科目和现金支出的用途科目（见表8－2）。

表8－2　　现金日记账（三栏式）

单位：　　日期：

年		凭证号数	摘要	对方科目	借方	贷方	方向	余额
月	日							

2. 多栏式日记账

多栏式现金日记账是在三栏式现金日记账基础上发展起来的。这种日记账的借方（收入）和贷方（支出）金额栏都按对方科目设专栏，也就是按收入的来源和支出的用途设专栏（见表8－3）。这种格式在月末结账时，可以结出各收入来源专栏和支出用途专栏的合计数，便于对现金收支的合理性、合法性进行审核分析，便于检查财务收支计划的执行情况。其全月发生额还可以作为登记总账的依据。多栏式的优点是减少了登记总账的工作量，可反映货币资金的来龙去脉。缺点在于日记账专栏设置较多，账页过长，登记不方便。因此，一般地，多栏式现金日记账适用于交易或事项较多，货币资金收付频繁的单位（见表8－3）。

表8－3　　现金日记账（多栏式）

单位：　　日期：

年		凭证号数	摘要	对应账户（贷方）			现金收入合计	对应账户（借方）			现金支出合计	余额
月	日											

多栏式现金日记账，如果借、贷两方对应的科目太多会形成账页过长，不便保管和记

账。因此，实际工作中，如果要设多栏式现金日记账，一般常把现金收入业务和支出业务分设“库存现金收入日记账”和“库存现金支出日记账”两本账，其中，库存现金收入日记账按对应的贷方科目设置专栏，另设“支出合计”栏和“结余”栏（见表8－4）；库存现金支出日记账则只按支出的对方科目设专栏，不设“收入合计”栏和“结余”栏。这种借贷方分设的多栏式日记账的登记方法是：先根据有关现金收入业务的记账凭证登记库存现金收入日记账，根据有关现金支出业务的记账凭证登记库存现金支出日记账，每日营业终了，根据库存现金支出日记账结计的支出合计数，一并转入库存现金收入日记账的“支出合计”栏中，并结出当日余额。

表8－4 **库存现金收入日记账**

单位： 日期：

年		凭证号数	摘要	对应账户（贷方）						现金支出合计	余额
月	日								收入合计		

表8－5 **库存现金支出日记账**

单位： 日期：

年		凭证号数	摘要	对应账户（借方）						现金支出合计
月	日									

现金日记账由出纳人员根据审核无误的现金收款、付款凭证，逐日逐笔按照交易或事项的时间顺序进行登记。登记步骤如下：

（1）将发生交易或事项的日期记入“日期”栏，年度记入该栏的上端，月、日分两小栏登记。以后只有在年度、月份变动或填写新账页时，才再填写年度和月份。

（2）在“凭证号数”栏，登记该项交易或事项所填制的记账凭证种类和编号，以表示登记账簿的依据。对于现金存入银行或从银行提现业务，由于只填制付款凭证，所以提现的凭证号数也是“付×号”。

（3）在“摘要”栏内，简明地记入交易或事项的内容。

（4）根据记账凭证上的会计分录，在“对应账户”栏填上对应账户的名称，表明该项业务的来龙去脉。

（5）根据现金收款记账凭证上应借账户金额登记到借方栏，根据现金付款记账凭证上应贷账户的金额登记到贷方栏。

（6）用期初结存加本日收入减本日付出得出余额，填入“余额”栏。每日终了，应分别计算出现金收入和现金支出的合计数，结出余额，并与库存现金核对，即通常说的“日清”。如果账款不符，应查明原因。

（7）到月末时，在本月末最后一行记载内容下面的“摘要”栏里填上“本月发生额及余额”，借方栏数额为本月收入的合计数，贷方栏数额为本月付出的合计数，用月初余额加本月收入合计减本月付出合计为本月末结存的现金数额，即通常所说的“月结”。

为了保证现金日记账的安全和完整，无论采用三栏式还是多栏式现金日记账，都必须使用订本账。

（二）银行存款日记账

银行存款日记账是用来核算和监督银行存款每日的收入、支出和余额情况的账簿。银行存款日记账应按企业在银行开立的账户和币种分别设置，每个银行账户设置一本日记账。由出纳员根据与银行存款收付业务有关的记账凭证按时间先后顺序逐笔进行登记。根据银行存款收款凭证和有关的现金付款凭证（库存现金存入银行的业务）登记银行存款收入栏，根据银行存款付款凭证登记其支出栏，每日结出存款余额。

银行存款日记账的格式与现金日记账相同，可以采用三栏式，也可以采用多栏式；多栏式可以将收入和支出的核算在一本账上进行，也可以分设“银行存款收入日记账”和“银行存款支出日记账”。银行存款日记账的登记方法与现金日记账相同，不再重复。三栏式银行存款日记账的格式如表8－6所示。

表8－6　　**银行存款日记账（三栏式）**

单位：　　账号：　　日期：

年		凭证号数	摘要	结算凭证	借方	贷方	方向	余额
月	日							

银行存款日记账的格式不管是三栏式还是多栏式，都应在适当位置增加一栏“结算凭证”，以便记账时标明每笔业务的结算凭证及编号，便于与银行核对账目。

二、总分类账的格式和登记方法

总分类账是按照总分类账户分类登记以提供总括会计信息的账簿。总账中的账页是按总账科目（一级科目）开设的总分类账户。应用总分类账，可以全面系统、综合地反映企业所有的经济活动情况和财务收支情况，可以为编制财务报表提供所需的资料。因此，每个企业都应设置总分类账。

总分类账最常用的格式为三栏式（见表8－7），设置借方、贷方和余额三个基本金额栏目。

表 8－7 **总分类账**

会计科目：　　　　　　　　　　　　　　　　　　　　　　　　单位：

年		凭证号数	摘要	借方	贷方	借或贷	余额
月	日						

表 8－7 中，“摘要”栏记载有关交易或事项的简要说明；“借或贷”栏按余额所属的方向填“借”字，贷方余额的填“贷”字。

一般地，总分类账中各账户的登记是根据记账凭证中的会计分录，按记账凭证上账户的借贷方向转记的。具体登记步骤和方法如下：

（1）根据记账凭证上的借方或贷方科目，找到总分类账中所要借记或贷记科目的所在账户。

（2）在各账户的“日期”、“凭证号数”及“借方金额”或“贷方金额”各栏中，分别登记凭证的日期、号数和金额。

（3）根据已经记账的账户记录，计算账户的余额，记入“余额”栏、并按方向在“借或贷”栏内记上“借”或“贷”字。

上述将记账凭证的借贷金额分别转记到总分类账中有关账户的过程，在会计实务中称之为“过账”。

除三栏式总分类账之外，也有采用多栏式设置总分类账的。多栏式总账一般是将一个企业使用的全部总账账户合设在一张账页上。很显然，如果企业总账账户较多则会造成账页过长，不便保管和记账，因此现在一般很少采用。

总分类账的记账依据和登记方法取决于企业采用的账务处理程序。既可以根据记账凭证逐笔登记，也可以根据经过汇总的科目汇总表或汇总记账凭证等登记。

三、明细分类账的格式和登记方法

为了提供有关经济活动的详细资料，以满足经营管理的需要，在设置总分类账的同时，还必须设置必要的明细分类账。

明细分类账简称明细账，根据二级账户或明细账户开设账页，分类、连续地登记交易或事项以提供明细核算资料，为编制财务报表提供所需要的详细资料。明细分类账是总分类账的明细记录，它是按照总分类账的核算内容，按照更加详细的分类，反映某一具体类别经济活动的财务收支情况，它对总分类账起补充说明的作用，它所提供的资料也是编制财务报表的重要依据。明细分类账对于加强财产的收发和保管、资金的管理和使用、收入的取得和分配、往来款项清算以及费用的开支等方面的监督起着重要的作用。因此，每一个企业都必须设置材料、产成品、固定资产、债权债务、业务收支、费用开支以及其他必要的明细账。

不同类型交易或事项的明细分类账，可根据管理需要，依据记账凭证、原始凭证或汇总原始凭证逐日逐笔或定期汇总登记。固定资产、债权、债务等明细账应逐日逐笔登记；库存商品、原材料收发明细账以及收入、费用明细账可以逐笔登记，也可定期汇总登记。库存现金、银行存款账户由于已设置了日记账，不必再设明细账，其日记账实际上也是一种明细账。

明细账一般采用活页式账簿，但也有少数采用卡片式账簿，如固定资产明细账。明细账的格式有三栏式、多栏式、数量金额式和横线登记式（或称平行式）等多种，分别介绍如下：

（一）三栏式明细分类账

三栏式明细分类账是设有借方、贷方和余额三个栏目，用以分类核算各项交易或事项，提供详细核算资料的账簿。其格式与三栏式总账格式相同。

三栏式明细账适用于只进行金额核算的账户，如应收账款（表8-8）、应付账款（表8-9）、应交税费等往来结算账户。

表8-8　　应收账款明细账

明细科目：　　单位：

年		凭证号数	摘要	借方	贷方	借或贷	余额
月	日						

表8-9　　应付账款明细账

明细科目：　　单位：

年		凭证号数	摘要	借方	贷方	借或贷	余额
月	日						

（二）多栏式明细分类账

多栏式明细分类账是为了减少记账工作量和便于分析利用，根据交易或事项的内容和经营管理的需要，将属于同一个总账科目的各个明细科目合并在一张账页上进行登记，即在这种格式账页的借方或贷方金额栏内按照明细项目设若干专栏，用以在同一张账页上，集中反映各有关明细项目的详细资料。这种格式适用于成本费用类和收入、利润等科目的明细分类核算。多栏式明细分类账的账页格式如表8-10、表8-11、表8-12所示。

表 8－10 ________多栏式明细分类账（成本费用类）

年		凭证号数	摘要	借方						贷方	借或贷	余额
月	日								合计			

表 8－11 ________多栏式明细分类账（收入类）

年		凭证号数	摘要	借方	对应账户（贷方）						借或贷	余额
月	日									合计		

表 8－12 本年利润明细分类账

年		凭证号数	摘要	借方				贷方				借或贷	余额
月	日						合计				合计		

在实际工作中，成本费用类科目的明细账，可以只按借方发生额设置专栏，贷方发生额由于每月发生的笔数很少，可以在借方直接用红字冲记。这类明细账也可以在借方设专栏的情况下，贷方设一总的金额栏，再设一余额栏。

（三）数量金额式明细分类账

数量金额式明细分类账适用于既要进行金额核算又要进行数量核算的账户，如原材料、库存商品等存货账户，其借方（收入）、贷方（支出）和余额（结存）都分别设有数量、单价和金额三个专栏。原材料明细账户账页格式如表 8 – 13 所示。

表 8 – 13 **原材料明细分类账**

材料名称： 计量单位：

年		凭证号数	摘要	收入			发出			结存		
月	日			数量	单价	金额	数量	单价	金额	数量	单价	金额
			月初余额									

采用数量金额式明细分类账提供了企业有关财产物资的数量和金额收、发、存的详细资料，从而能加强财产物资的实物管理和使用监督，可以保证这些财产物资的安全完整。

（四）横线登记式明细分类账

横线登记式明细分类账亦称为平行式明细账，其账页特点是在账页的同一行内，记录某一项交易或事项从发生到结束的全部事项。如材料采购明细账可在一行内记录采购材料业务的购料和收料情况。这种明细账实际上也是一种多栏式明细账，其登记方法是采用横线登记，即将每一相关的业务登记在一行，从而可依据每一行各个栏目的登记是否齐全来判断该项业务的进展情况。同一行内借、贷方有相等金额的记录时，表示该交易或事项已处理完毕。这种明细账适用于登记材料采购业务、应收票据和一次性备用金业务。

表 8 – 14 **材料采购明细账**

明细账户： 第 页

年		凭证号数	发票账单号	供应单位或采购人员姓名	摘要	借方（实际成本）				发票账单号	供应单位或采购人员姓名	摘要	贷方			
月	日					买价	运杂费	其他	合计				计划成本	成本差异	其他	合计

以上各种明细账的设置和登记方法，应根据本单位交易或事项的繁简和经营管理的实际需要来确定。一般是根据原始凭证、原始凭证汇总表或记账凭证逐笔登记，也可以逐日或定期汇总后登记。但是，固定资产、债权债务等明细账应当逐笔登记。各种明细账在每

次登记完毕之后应结算出余额。为了便于事后检查和核对账目，在明细分类账的摘要栏内必须将交易或事项的简要内容填写清楚。

四、总分类账户和明细分类账户的平行登记

由于总分类账户和所属明细分类账户反映的内容相同，因而保持总账与明细账记录的一致，是记账工作的一条重要规则。虽然总分类账户提供的总指标统驭着明细分类账户，但在账务处理上，它们是平行的关系，应当平行地进行登记。所谓平行登记是指在交易或事项发生后，以会计凭证为依据，一方面要在有关的总分类账户进行总括登记，另一方面在所属的总分类账户的明细分类账户进行详细登记。通过总分类账和明细分类账的平行登记，期末进行相互核对，可以及时发现错账，予以更正，以保证账簿记录的准确性。平行登记的要点可以概括如下：

（1）记账的时期相同。即对发证的每一笔交易或事项，根据会计凭证一方面在有关的总分类账户中进行总括登记；另一方面要在同一会计期间（如同一个月、同一个季度、同一年度）记入该总分类账户所属的明细分类账户。

（2）记账的方向相同。即将交易或事项记入某一总分类账户及其所属的明细分类账户时，必须记在相同的借贷方向。

（3）记账的金额相等。即对发生的同一笔交易或事项，记入总分类账户的金额必须与记入其所属明细分类账户的金额之和相等。

（4）记账的原始依据相同。由于总分类账户和所属的明细分类账户之间是统驭和被统驭的关系，因此，二者应该根据相同的凭证来登记，以反映相同的业务。

综上所述，总分类账户与明细分类账户平行登记的原则是：同期间、同方向、等金额地在总分类账户和明细分类账户两类账户中同时进行登记。

下面以雄镇公司原材料核算为例，对总分类账和明细分类账的平行登记加以分析。

【例8-1】 雄镇公司20×9年7月1日“原材料”与“应付账款”总分类账户及所属明细分类账户的期初余额如表8-15所示。

表8-15　　期初余额

账户名称	材料名称	数量	单价（元）	金额（元）	账户名称	供应单位	金额（元）
原材料	甲材料	6 000 千克	10	60 000	应付账款	俊杰公司	40 000
	乙材料	400 吨	50	20 000		海天公司	20 000
合计				80 000	合计		60 000

雄镇公司7月份发生如下交易或事项，请据此编制会计分录，并登记“原材料”和“应付账款”总分类账户及明细分类账户（本题不考虑应缴的增值税）。

（1）2日，向俊杰公司购入甲材料4 000千克，每千克10元，乙材料500吨，每吨50元，材料均已验收入库，货款尚未支付。

应作会计分录如下：

借：原材料——甲材料　　　　40 000

——乙材料　　25 000

贷：应付账款——俊杰公司　　65 000

（2）8 日，生产车间领用甲材料 7 000 千克，每千克 10 元，用于产品生产。

应作会计分录如下：

借：生产成本　　70 000

贷：原材料——甲材料　　70 000

（3）13 日，以银行存款偿还上月购材料所欠俊杰公司货款 30 000 元。

应作会计分录如下：

借：应付账款——俊杰公司　　30 000

贷：银行存款　　30 000

（4）16 日，向海天公司购入乙材料 400 吨，进价每吨 50 元，材料已验收，货款暂欠。

应作会计分录如下：

借：原材料——乙材料　　20 000

贷：应付账款——海天公司　　20 000

（5）22 日，生产车间领用乙材料 900 吨，进价每吨 50 元，用于产品生产。

应作会计分录如下：

借：生产成本　　45 000

贷：原材料——乙材料　　45 000

（6）28 日，以银行存款偿还上月购材料及本月购材料所欠海天公司货款，共计 40 000 元。

应作会计分录如下：

借：应付账款——海天公司　　40 000

贷：银行存款　　40 000

根据上述月初余额资料和会计分录，在“原材料”和“应付账款”两个总分类账户及其所属明细分类账户中平行登记，账面记录如表 8－16～表 8－21 所示。

表 8－16　　**总分类账**

账户名称：原材料　　单位：元

20×9 年		凭证号数	摘要	借方	贷方	借或贷	余额
月	日						
7	1	略	期初余额			借	80 000
	2	略	购入甲、乙材料	65 000		借	145 000
	8	略	车间领用甲材料		70 000	借	75 000
	16	略	购入乙材料	20 000		借	95 000
	22	略	车间领用乙材料		45 000	借	50 000
	31		本月合计	85 000	115 000	借	50 000

表 8－17 **总分类账**

账户名称：应付账款 单位：元

20×9年		凭证号数	摘要	借方	贷方	借或贷	余额
月	日						
7	1	略	期初余额			贷	60 000
	2	略	购入甲、乙材料		65 000	贷	125 000
	13	略	偿还俊杰公司货款	30 000		贷	95 000
	16	略	购入乙材料		20 000	贷	115 000
	28	略	偿还海天公司货款	40 000		贷	75 000
	31		本月合计	70 000	85 000	贷	75 000

表 8－18 **原材料明细分类账**

材料名称：甲材料 计量单位：千克

20×9年		凭证号数	摘要	收入			发出			结存		
月	日			数量	单价	金额	数量	单价	金额	数量	单价	金额
7	1	略	月初余额							6 000	10	60 000
	2	略	购入材料	4 000	10	40 000				10 000	10	100 000
	8	略	领用材料				7 000	10	70 000	30 00	10	30 000
	31		本月合计	4 000	10	40 000	7 000	10	70 000	3 000	10	30 000

表 8－19 **原材料明细分类账**

材料名称：乙材料 计量单位：吨

20×9年		凭证号数	摘要	收入			发出			结存		
月	日			数量	单价	金额	数量	单价	金额	数量	单价	金额
7	1	略	月初余额							400	50	20 000
	2	略	购入材料	500	50	25 000				900	50	45 000
	16	略	购入材料	400	50	20 000				1 300	50	65 000
	22	略	领用材料				900	50	45 000	400	50	20 000
	31		本月合计	900	50	45 000	900	50	45 000	400	50	20 000

表 8－20 **应付账款明细账**

明细科目：海天公司 单位：元

20×9年		凭证号数	摘要	借方	贷方	借或贷	余额
月	日						
7	1		月初余额			贷	20 000
	16	略	购买材料		20 000	贷	40 000
	28	略	偿还货款	40 000		贷	0
	31		本月合计	40 000	20 000	平	0

表 8－21　**应付账款明细账**

明细科目：俊杰公司　单位：元

20×9年		凭证号数	摘要	借方	贷方	借或贷	余额
月	日						
7	1		月初余额			贷	40 000
	2	略	购买材料		65 000	贷	105 000
	13		偿还货款	30 000		贷	75 000
	31		本月合计	30 000	65 000	贷	75 000

平行登记的结果表明：

（1）总分类账户本期期初余额等于所属明细分类账户的本期期初余额之和；

（2）总分类账户本期借方发生额等于所属明细分类账户本期借方发生额之和；

（3）总分类账户本期贷方发生额等于所属明细分类账户本期贷方发生额之和；

（4）总分类账户本期期末余额等于所属明细分类账户的本期期末余额之和。

根据总分类账户和明细分类账户的有关数字必须相等的关系，可以采用相互核对的方法来检查账簿登记是否正确、完整。如果有关数字不等，表明账簿登记有差错，必须查明原因，加以更正。

第四节　对　　账

对账就是核对账目，是指在会计核算中，为保证账簿记录正确可靠，对账簿中的有关数据进行检查和核对的工作。应当定期将会计账簿记录的有关数字与库存实物、货币资金、有价证券往来单位或个人等进行相互核对，保证账证相符、账账相符、账实相符，对账工作每年至少进行一次。

一、对账的主要内容

（1）账证核对，是指根据各种账簿记录与记账凭证及其所附的原始凭证进行核对。核对会计账簿记录与原始凭证、记账凭证的时间、凭证字号、内容、金额是否一致，记账方向是否相符。

（2）账账核对，是指对各种账簿之间的有关数字进行核对。核对不同会计账簿记录是否相符。包括：总账有关账户的余额核对；总账与明细账核对；总账与日记账核对；会计部门的财产物资明细账与财产物资保管和使用部门的有关明细账核对等。

（3）账实核对，是指各种财产物资的账面余额与实存数额相互核对。核对会计账簿记录与财产等实有数额是否相符。包括：现金日记账账面余额与现金实际库存数核对；银行存款日记账账面余额与银行对账单核对；各种材物明细账账面余额与材物实存数额核对；各种应收、应付款明细账账面余额与有关债务、债权单位或者个人核对等。

二、对账的规范

（一）账证相符

月终要对账簿记录和会计凭证进行核对，以发现错误之处，并进行更正，这也是保证账账、账实相符的基础。核对账证是否相符的主要方法如下：

（1）看总账与记账凭证汇总表是否相符。

（2）看记账凭证汇总表与记账凭证是否相符。

（3）看明细账与记账凭证及所涉及的支票号码及其他结算票据种类等是否相符。

（二）账账相符

账账相符，是指各种账簿之间的核对相符，主要包括本单位各种账簿之间的有关指标应该核对相符，本单位同其他单位的往来账项应该核对相符。具体方法如下：

（1）看总账资产类科目各种账户与负债、所有者权益类科目各账户的余额合计数是否相符。即：

$$总账资产类账户余额 = \sum（总账负债 + 所有者权益账户余额）$$

$$总账各账户借方发生额（或贷方发生额）= \sum 总账各账户贷方发生额（或借方发生额）$$

（2）看总账各账与所辖明细账户的各项目之和是否相符。

①总分类账户与其所属的各个明细分类账户之间本期发生额的合计数应相等。

②总分类账户与其所属的各个明细分类账户之间的期初、期末余额应相等。

（3）看会计部门的总账、明细账与有关职能部门的账、卡之间是否相符。

①会计部门的有关财产物资的明细分类账的余额应该同财产物资保管部门和使用部门经管的明细记录的余额定期核对相符。

②各种有关债权、债务明细账的余额应当经常或定期同有关的债务人、债权人核对相符。

③现金、银行存款日记账余额应该同总分类账有关账户的余额定期核对相符。

④已缴国库的利润、税金以及其他预算缴款应该同征收机关按照规定的时间核对相符。

（三）账实核对

账实核对，是指各种财产物资的账面余额与实际数额相核对。主要方法如下：

（1）现金日记账的账面余额与现金实际库存数额每日核对，并填写库存现金核对情况报告单作为记录。发生长、短款时，应列作“待处理财产损溢”，待查明原因经批准后再进行处理。单位会计主管应经常检查此项工作。

（2）对库存现金进行清查核对时，出纳人员必须在场，不允许以借条、收据充抵现金。要查明库存现金是否超过限额、是否存在坐支问题。

（3）银行存款日记账的账面余额与开户银行对账单核对。每收到一张银行对账单，经管人员应在3日内核对完毕，每月编制一次银行存款余款调节表，会计主管人员每月至少检查一次，并写出书面检查意见。

（4）有价证券账户应与单位实存有价证券（如国库券、重点企业债券、股票或收款票据等）核对相符，每半年至少核对一次。

商品、产品、原材料等明细账的账面余额，应定期与库存数相核对；对其他财产物资账户也要定期核对。年终要进行一次全面的清查。

各种债权、债务类明细账的账面余额要与债权、债务人账面记录核对、清理。对于核对、清理结果，要及时以书面形式向会计主管人员汇报，并报单位领导人。对于存在的问题应采取措施，积极解决。

出租、租入、出借、借入财产等账簿，除合同期满应进行清结外，至少每半年核对一次，以保证账实相符。

通过上述对账工作，做到账证相符、账账相符和账实相符，使会计核算资料真实、正确、可靠。

三、错账查找

所谓账目差错，是指会计人员或有关当事人在计算、记录、整理、制证及编表等会计工作中，由于工作疏忽、技能不高、学识水平限制等客观原因造成的会计处理结果不合理、不合法、不真实，但其动机并无恶意或无任何不良意图的一种错误。

账目差错与舞弊的重要区别在于：账目差错是一种过失，而舞弊则是一种非过失性的故意行为，其行为人主观上具有不良的企图和特殊目的，并采用了种种伪装、掩盖、粉饰手段。

通过对查账工作中发现的大量账目差错事例的观察和分析，可以将账目差错进行如下分类：

（1）按过失错误的惯性分类，可以分为经常性错误和偶然性错误。如有些会计人员，9、4 不分，就是经常性错误；而在进行手工计算时，少进了一位，则属于偶然性错误。

（2）按过失错误产生的影响分类，可以分为绝对错误和相对错误。整体上影响企业经营成果的是绝对错误，如收入漏记入账，使经营成果不真实就是绝对错误。整体上不影响企业经营成果的是相对错误，如由于种种原因使上月利润增加本月利润减少，并不影响总体成果就是相对错误。

（3）按过失错误的形式分类，可以分为实质错误和形式错误。影响会计核算内容的错误是实质错误，如账务处理或计算上的错误就是实质错误。不影响会计核算内容的错误是形式错误。如用铅笔或圆珠笔记账就是形式错误。

（4）按过失错误产生的属性分类，可以分为原理性错误和技术性错误。凡违反会计理论、制度、法规而产生的错误，就属于原理性错误；凡在记账事务上发生的错误，就属于技术性错误。

（5）按过失错误的轻重程度分类，可以分为严重错误和轻微错误。凡是发生的错误足以影响对财务报表的判断，即为严重错误，单位负责人对于这类错误必须予以指出，并加以纠正；反之，凡是发生的错误不足以影响对财务状况的判断，即发生一般性错误或是轻微错误，单位负责人只需予以提醒，甚至可以置之不理，让会计人员自行纠正。

造成账目差错的原因很多，其中主要原因有：运用会计原理不当造成的错误；会计人员或有关当事人疏忽造成的错误；会计人员或有关当事人对有关会计及财经制度、法规不熟悉造成的错误；企业单位管理混乱、制度不健全造成的错误。

（一）运用会计原理不当造成的账目差错

会计原理是会计人员对企业交易或事项进行会计处理的基本理论、基本方法和基本原则。运用会计原理不当造成的账目差错有：

（1）借贷原理不熟，造成借贷反向或错借错贷。

比如：向银行借款10万元，归还以前所欠货款。对于这笔业务，有些会计人员由于对借贷记账法中的“借、贷”符号理解不透，认为“借”就是借款，“贷”就是贷款。因此，错误地将上述业务作成如下会计分录：

借：银行存款　　100 000

　　贷：应付账款　　100 000

正确的分录应该是：

借：应付账款　　100 000

　　贷：银行借款　　100 000

（2）会计处理基础运用不当，造成收入、费用、盈亏数字错误。

会计处理基础是确定企业单位一个会计期间的收入和费用，从而确定其损益的标准。会计处理基础一般有收付实现制和权责发生制。

《企业会计准则》规定，为了正确划分并确定各个会计期间的财务成果，企业应以权责发生制作为记账的基础。在一般情况下，企业在本期内收到的各种收入就是本期的收入；企业在本期内支付的各种费用，就是本期应当负担的费用。但是，由于企业生产经营活动的连续性和会计期间的人为划分关系，难免有一部分收入和费用出现收支期间和归属期间不相一致的情况，因而账上所登记的本期内收到现款的收入，并不一定都属于本期内应该获得的，有的须在以后的会计期间才能获得，出现预收收入。同样，本期内支付的费用，也并不一定都应当由本期负担，有的应由以后会计期间来负担，则出现预付费用。另一种情况是有些收入虽在本期尚未收到，但属于本期内应获得的收入，即应计收入。同样，有些费用在本期内虽然尚未支付，但应当由本期负担的，称为应计费用。

会计人员在处理有关会计事项时，由于对权责发生制原则的运用不当，就可能发生把不属于本期的费用支出计入当期成本，或把当期费用支出延至下期的错误做法；也可能发生把不属于本期的销售计入本期，或把属于本期的销售延至下期的错误做法。

（3）违反了成本与收入相配合的会计原则，混淆了资本性支出与收益性支出的界限。成本与收入配合的会计原则，是指每期损益应根据当期已实现的收入与产生收入所耗费的成本相配合而定。损益的确定，主要在于收入与费用的适当配合。如果某项收入根据应计基础应归属下期的收入，则与之有关的费用同样应为下期的费用。会计人员如果把应属于下期的费用，由本期收入中减去，不仅会使本期损益的计算不正确，而且也将影响下期损益计算的正确性。

因此，《企业会计准则》明确规定，会计核算应当严格划分收益性支出与资本性支出的界限，以正确计算当期损益。并且强调，凡支出的效益仅属于当期的，应作为收益性支出，如管理费用、销售费用、财务费用等，从当期实现的收入补偿；凡支出的效益属于几个会计期间的，应作为资本性支出，如购建固定资产、从事科研开发发生的费用等，应采取折旧、摊销等方式，从以后各期实现的收入中逐步收回。

（二）由于工作疏忽或责任心不强造成的账目差错

一个工作认真、责任心较强的会计人员，尽管他可能业务水平低、工作经验少，但工作兢兢业业，认真细致，不怕烦，不怕累，当天的事当天完，即使出现差错，也能在当天或第二天及时发现解决处理，不会因为待处理业务的积压而积累更多的错误，使问题难以查清；而且随着业务水平的提高，经验会不断丰富，他出现的差错也就会愈来愈少。相反，一个有一定业务水平的会计人员，如果不负责任，工作不上心，马马虎虎，对发生的交易或事项不及时处理，也很难保证不出差错。由此而造成的账目差错主要有：

1. 数字计算错误

会计人员常用的计算手段，一般有算盘、计算器和笔算等。计算的错误有会计凭证、账簿、报表中的数字计算错误、各种费用分配表中分配率、分配金额的计算错误。常见的计算错误大都是加、减、乘、除计算时发生的，其原因不是因为没有掌握这些方法，而是因为疏忽；再就是因为计算量太大，往往又集中在月终与月初，难免发生一定的计算错误。根据错误发生的时间，此类计算错误可以分为入账前的计算错误和入账后的计算错误。前者如销货发票上的货物数量、单价不正确，造成小计金额错误，但不影响账目的平衡，因此不易查处；后者如账簿记录合计数的错误，则会影响账目的平衡，在工作中可自动发现。

2. 数字书写错误

数字书写错误就是指单纯的笔误，即会计人员在填制会计凭证、登记各种账簿和编制所有报表时，写错了数字。其错误有数字颠倒、数字错位、错写和惯性错误等类型。前两种差错都可以通过除 9 法来进行查找。

（1）数字颠倒错误。所谓数字颠倒，就是把一列数字中的相邻两位数字或隔位的两位数字写颠倒了。例如，把 36 写成 63，把 3 310 写成 3 301，把 25 039 写成 23 059 等。凡颠倒数以后，不论其状态怎样，颠倒后的数同本来数的差数，都可以被“9”整除，且其商数必是被颠倒的两位数字之差。如将 47 错写成 74，数值之差为 27，被“9”整除后得商数“3”，即颠倒数 7 与 4 的差。与此类似的数还有将 14 写成 41，将 52 写成 25，将 36 写成 63，将 58 写成 85，将 69 写成 96 等，它们的数值之差都是 27，其颠倒数个位数与十位数字的差必然都是“3”。如果商数是“30”，则是十位数字与百位数字被颠倒了，其余以此类推。

（2）数字错位错误。所谓数字错位，就是把一列数字的位数，即个位、十位、百位等提前或挪后一位。例如，把“100”写成“10”，或写成“1 000”。此种错误经常在珠算定位时出现，或者会计人员疏忽造成（如将 12.00 看成 1 200）。由于位数的差错，使正确的数字减少了 90%，或者增加了“9”。因此，正、误数字之差能用“9”除尽。假设移一位，其差错数可以被“9”除尽，若移两位，则差数可被 99 除尽，其余依此原理类推。由于数字错位是提前或挪后一位，所以，可在账内查找所得的那个商数，如果有此数，即为记错的数额，将此数扩大“10”倍，就是应该记的正确数字；如果账内有此数的“10”倍数，则账上的数字就是记错了的数，再把账上的数字缩小“10”倍，则此数就是应该记的正确的数字。

（3）写错数字的错误。所谓写错数字，就是由于错觉或疏忽，将某一个数字写成另一个数字。这种写错数字的错误，可以根据原始资料或有关记录来查证。另外一种写错数字是误将相似的数字写错。例如，把1误写为7，把7误写为9，把3误写为8，把4误写为9，或者正好相反。这样就会出现6、2、5、5等差数，或6、2、5、5的十倍数、百倍数，我们可以根据产生这个差数的数字来查证错误之所在。

3. 记错账户错误

记错账户，就是把本来应该记到甲账户的业务记入乙账户，这种错误有三种情况：

（1）记账凭证没有错误，但在登记账簿时，没有记入应记的账户内，而误记入其他账户。这种记账错误，一般多发生在明细分类账中，因为总分账是根据记账凭证汇总表或科目汇总表登记的，每月登记业务笔数相对较少，发生错误的概率也相对较小，即使发生错误，查找也较方便。这种错误将使总分类账中有两个账户的本期发生额与其所属的明细分类账发生额不等、其差数即为记错账户的数字。当通过查对，在某个明细账中找到这个数字，就说明该账户多记了这笔账，另一明细账户少记了这笔账（为了慎重起见，最好根据这笔账的凭证号数去查找记账凭证，以确认是否记错了账户）。

（2）记账凭证没有错误，在登记账簿时，登错了栏次。即记反了方向，本该记借方的，误记贷方，或者相反。这种错误的结果是账户的一方合计数增加，另一方合计数减少，使得该账户变动前后的借贷双方都产生了差错。这两个差数的差，正好是记错方向的数字的“2”倍。因此，这一类差错通常可用除2法来查找。

（3）记账凭证的账户对应关系发生错误，致使总分类账户发生相应的错误。这种错账，如果总分类账和记账凭证登记一致，不影响账目的平衡关系，所以不易被发现。

（4）重记或漏记错误。重记或漏记错误，就是在登记账簿时，将记账凭证的双方重记或漏记；或者只登记一方，重记或漏记另一方。前者重记或漏记，不影响账目的平衡关系，在试算表上无从发现，因此，这种错误较难查找，需根据原始凭证或有关账目加以详细查核，才能发现错误所在；后者部分重记或漏记，将影响账目的平衡关系，在作试算表时，很容易被发现。

（三）由于对有关的会计及财经制度、法规不熟悉造成的账目差错

新的会计制度和财务制度及法规颁布后，会计人员未及时学习，仍按原有制度法规处理有关会计事项，就会造成错误；对有关制度法规的精神吃得不透，理解有出入，在执行中也会产生偏差。比如，接受捐赠，会计准则改革以前，记入“资本公积”账户，新准则实施以后，要求记入“营业外收入”账户，不理解这一点，必然会出现错误。再有，对于有关的税务法规，如果吃不透，搞错了应税产品的品种及税率，必然造成税金计算的不正确。

（四）由于管理混乱、制度不健全造成的账目差错

单位财会部门、物资供销保管部门、物资使用部门之间若在管理制度与工作程序上不配套不协调，就往往会造成会计账证、账账、账实不符的账目错误。如有的单位在材料领用手续上，不是根据生产任务制订用料计划，再根据用料计划和生产进度填制领料凭证，经生产班组、车间签证后到仓库领料；而是随意领发材料，既没有科学的手续程序作保证，也没有部门之间、人员之间的互相牵制，这种情况就必然会造成材料及生产成本账证、账账、账实不符的问题。又如某单位会计部门由于在会计凭证传递程序上没有作出统一、合理的规定，造成会计凭证传递速度慢以至丢失会计凭证的情况，从而影响正常交易

或事项的记录。在生产过程中，由于企业管理混乱，生产计划不周密，产品成本无目标，材料耗用无定额，工时消耗无记录或记录不准不全，半成品转移交接手续不严，也必然引起成本费用计算、核算错误。

第五节　错账的更正方法

记账过程中如果发生错误，不得涂改、挖补、刮擦或者用药水消除字迹，不得重新抄写，应根据其性质和发现时间，按规定更正方法进行更正。记账错误的更正方法，一般有下列几种。

一、划线更正法

划线更正法也称红线更正法。在结账以前，如果发现账簿记录中数字或者文字错误，过账笔误或数字计算错误，而记账凭证没有错误，可用划线更正法进行更正。方法是在错账的金额上用红笔划上双线，填上正确的金额，盖上相关人员专用的私章，以此证明确认。

【例 8－2】 从银行提取现金 3 690 元。

记账凭证中会计分录如下：

借：库存现金　　3 690

　　贷：银行存款　　3 690

记账人员在根据会计凭证登记现金日记账时，误将金额填写为 3 960。

这类错误即是记账凭证没有差错，只是过账时数字错误。因此可用划线更正法直接更正账簿。更正时，先在错误的数字或者文字上划一条红线，表示注销。然后在划线的上面写上正确的数字或者文字，并由记账和相关人员在划线更正处盖章，以明确责任。但应注意，错误数字要整笔划掉，不能只划去其中的一个或几个记错的数字，并保持划去的字迹仍可清晰辨认。例如【例 8－2】中，不能只划去其中“~~96~~”改为“69”，而是要把“~~3 960~~”全部用红线划去，在其上方写上“3 690”，并加盖更改人员的私章。

二、红字更正法

红字更正法也称为红字冲正法，是指用红字冲销原有错误的账户记录或凭证记录，以更正或调整账簿记录的一种方法。红字更正法适用于以下两种情况：

（1）适用凭证填制错误，发现错误时已登账且已结账，这时就可以采用这个方法来更正，用红字来编制一个与错误凭证内容完全相同的记账凭证，并注明更正某月某日的错账，用红字金额记入有关账簿，这样就把错账冲回了；然后再编制一个正确的凭证，注明更正某月某日错账，并记入有关账簿。

（2）适用凭证填制错误，发现错误时已登账且已结账，错误的金额大于正确的金额，也可以采用这个方法，就是编制一个红字凭证，注明更正某月某日错账，其金额为实际的正确金额与错误的金额差，也就是把这个差数冲回，然后用红字金额记入有关账簿，这样就把错账冲回了。这里分两种情况：①金额或其他的内容发生完全错误，需要用红字来冲回；②只是金额出错，也就是部分出错，把大于正确的错误金额冲回即可。

【例 8－3】 管理部门从材料库中领用500元的办公材料，应借记“管理费用”账户，但在编制记账凭证时，误记为“生产成本”账户，并已根据这张错误凭证登记了相关账簿。

（1）原来错记的会计分录如下：

借：生产成本　　500

　　贷：原材料　　500

（2）用红字更正法更正，先用红字记账凭证冲销原错误记录（一般地，我们在教材中或者考试时，用 □ 表示红字，下同）。

借：生产成本　　[500]

　　贷：原材料　　[500]

再编制一张正确的分录的记账凭证：

借：管理费用　　500

　　贷：原材料　　500

然后根据上述凭证过账，有关账户中的记录如图 8－2 所示：

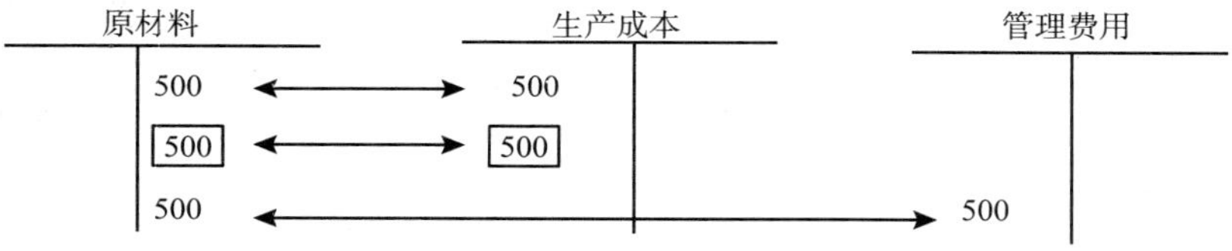

图 8－2　【例 8－3】的有关账户

【例 8－4】【例 8－3】中，假设会计人员在编制记账凭证时，账户没错，但将金额误写为 5 000，并已根据这张错误凭证登记了相关账簿。

（1）原来错记的会计分录如下：

借：管理费用　　5 000

　　贷：原材料　　5 000

（2）发现上述记账错误时，可将多记的 4 500 元，用红字金额编制记账凭证，从原金额中冲销如下：

借：管理费用　　[4 500]

　　贷：原材料　　[4 500]

然后根据上述凭证过账，有关账户中的记录就如图 8－3 所示：

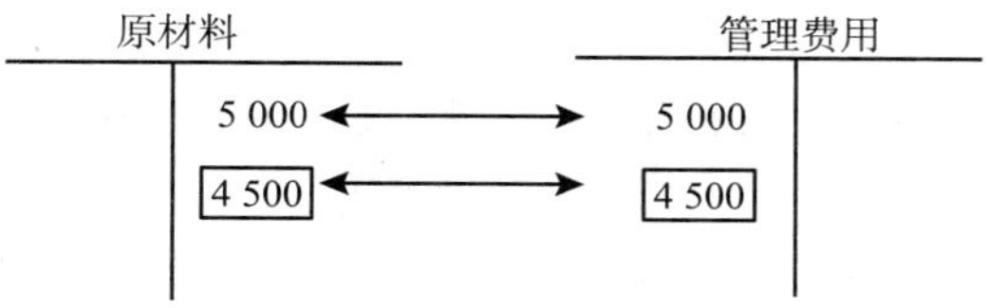

图 8－3　【例 8－4】的有关账户

三、补充更正法

补充登记法又称补充更正法。适用在记账以后，如果发现账簿记录和愿会计凭证中应借、应贷账户虽然没有错误，但所写金额小于正确的金额，就可以采用这个方法。更正时，按少记的金额编制一张与原编记账凭证应借、应贷账户相同的记账凭证（一般俗称蓝字的补充凭证），其金额为实际的正确金额与错误的金额差，并注明补记某月某日的金额，将其补记入账。

【例 8 -5】 从某工厂购入材料一批，计 4 000 元，贷款尚未支付（不考虑税金）。在填制记账凭证时，对应账户没有记错，但是把金额误记为 400 元，并已登记入账。

原错误的会计分录如下：

借：原材料　　400

　　贷：应付账款　　400

发现这一错误时，应将少记的 3 600 元用蓝字金额填制一张与原来对应账户相同的记账凭证：

借：原材料　　3 600

　　贷：应付账款　　3 600

然后根据这张记账凭证登记入账。有关账户的记录如图 8 -4 所示：

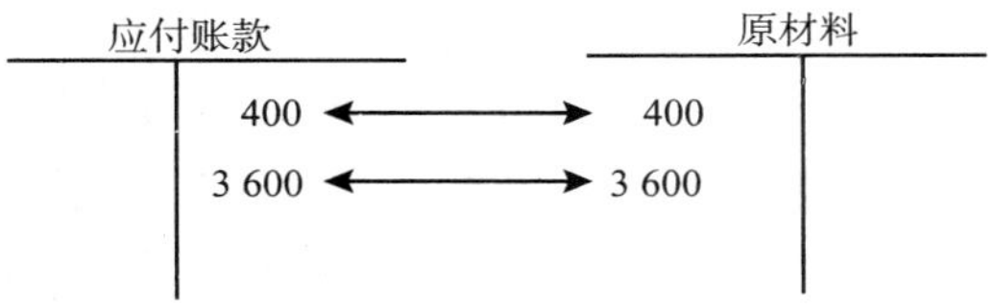

图 8 -4　【例 8 -5】的有关账户

现在实际工作中，第一种方法，用得较少，因为都采用电算化了，加计出错的可能性很少会发生，不过有时填制凭证会金额出错，当然可以用这个方法；后两种则用的是较为普遍的。

第六节　结　　账

一、结账的概念

结账，是在把一定时期内发生的全部交易或事项登记入账的基础上，结算出各种账簿的本期发生额和期末余额。它是企业总结各会计期间的交易或事项情况，考核财务成果，编制财务报表的基础。结账的内容通常包括两个方面：一是结清各种损益类账户，并据以计算确定本期利润；而是结清各资产、负债和所有者权益账户，分别结出本期发生额合计和余额。

二、结账的内容（程序）

（1）将本期发生的交易或事项全部登记入账，并保证其正确性。

结账前，必须检查本期内日常发生的交易或事项是否已全部登记入账，不得提前结账或者推迟结账。若发现漏账、错账，应及时补记、更正，在核对无误的基础上才能进行结账。

日常发生的各项交易或事项，包括所有已经完成采购手续入账的材料成本，已经发生的债权、债务，已经生产完工入库的产成品，已通过财产清查确认的财产物资的盘盈盘亏等业务，都应在结账前办理凭证手续，登记入账。结账工作一定要在本期发生的日常交易或事项全部登记入账之后才能进行。

（2）根据权责发生制的要求，调整有关账项，合理确定本期应计的收入和应计的费用。

在实行权责发生制的单位，应按照权责发生制的要求，进行账项调整的账务处理，以计算确定本期的成本、费用、收入和财务成果。

（3）将损益类科目转入“本年利润”科目，结平所有损益类科目。

（4）在本期全部交易或事项登记入账的基础上，结算出资产、负债和所有者权益科目的本期发生额和期末的余额，并结转下期。

（5）结账的标志是划红线，目的是突出有关数字，表示本期会计记录已截止或结束，并将本期与下期的记录明显分开。

需要结出当月发生额的，应当在摘要栏内注明“本月合计”字样，并在下面通栏划单红线。需要结出本年累计发生额的，应当在摘要栏内注明“本年累计”字样，并在下面通栏划单红线；12 月末的“本年累计”就是全年累计发生额，全年累计发生额下应当通栏划双红线，年度终了结账时，所有总账账户都应当结出全年发生额和年末余额。

三、结账的规范

（一）结账时应当根据不同的账户记录，分别采用不同的方法

（1）对不需要按月结计本期发生额的账户，如各项应收款明细账和各项财产物资明细账等，每次记账以后，都要随时结出余额，每月最后一笔余额即为月末余额。也就是说，月末余额就是本月最后一笔交易或事项记录的同一行内的余额。月末结账时，只需要在最后一笔交易或事项记录之下划一单红线，不需要再结计一次余额。

（2）现金、银行存款日记账和需要按月结计发生额的收入、费用等明细账。每月结账时，要在最后一笔交易或事项记录下面划一单红线，结出本月发生额和余额，在摘要栏内注明“本月合计”字样，在下面再划一条单红线。

（3）需要结计本年累计发生额的某些明细账户，如产品销售收入、成本明细账等，每月结账时，应在“本月合计”行下结计自年初起至本月末止的累计发生额，登记在月份发生额下面，在摘要栏内注明“本年累计”字样，并在下面再划一单红线。12 月末的“本年累计”就是全年累计发生额，全年累计发生额下划双红线。

（4）总账账户平时只需结计月末余额。年终结账时，为了反映全年各项资产、负债及所有者权益增减变动的全貌，便于核对账目，要将所有总账账户结计全年发生额和年末

余额，在摘要栏内注明“本年合计”字样，并在合计数下划一双红线。采用棋盘式总账和科目汇总表代替总账的单位，年终结账，应当汇编一张全年合计的科目汇总表和棋盘式总账。

(5) 需要结计本月发生额的某些账户，如果本月只发生一笔交易或事项，由于这笔记录的金额就是本月发生额，结账时，只要在此行记录下划一单红线，表示与下月的发生额分开就可以了，无需另结出“本月合计”数。

(二) 结账时划线的规范

结账划线的目的，是为了突出本月合计数及月末余额，表示本会计期的会计记录已经截止或结束，并将本期与下期的记录明显分开。根据《规范》规定，月结划单线，年结划双线。划线时，应划红线；划线应划通栏线，不应只在本账页中的金额部分划线。

(三) 用红字结账的规定

账簿记录中使用的红字，具有特定的含义，它表示蓝字金额的减少或负数余额。因此，结账时，如果出现负数余额，可以用红字在余额栏登记，但如果余额栏前印有余额的方向（如借或贷），则应用蓝黑墨水书写，而不得使用红色墨水。

年度终了，要把各账户的余额结转到下一会计年度，并在摘要栏注明“结转下年”字样；在下一会计年度新建有关会计账簿的第一余额栏内填写上年结转的余额，并在摘要栏注明“上年结转”字样。

第七节 会计账簿的更换与保管

会计账簿是重要的经济资料和会计档案，任何单位在完成交易或事项手续和记账之后，必须按规定的立卷归档制度，形成会计档案资料，妥善保管起来，以便于日后随时查阅，会计账簿的更换与保管具体要求如下。

一、账簿的更换

会计账簿的更换通常是在会计年度末或者新会计年度开始时进行，将旧账更换为新账。总账、日记账和多数明细账应每年更换一次。备查账簿可以连续使用。

更换新账的方法是：在年终结账时，将需要更换账的各账户的年末余额直接过入新启用的有关账户中去，不需要编制记账凭证，也不必将余额再记入本年账户的借方或贷方，使本年有余额的账户的余额变为零。因为既然年末是有余额的账户，其余额应当如实地在账户中加以反映，否则容易混淆有余额的账户和没有余额的账户之间的区别。

更换新账时，要注明各账户的年份，然后在第一行日期栏内写明，“1 月”，“1 日”，在摘要栏注明“上年结转”，把账户余额写入“余额”栏内，在此基础上登记新年度的会计事项。

二、会计账簿的保管

年度终了，各种账户在结转下年、建立新账后，一般都要把旧账送交总账会计集中统一管理。会计账簿暂由本单位财务会计部门保管 1 年，期满之后，由财务会计部门编造清册移交本单位的档案部门保管。

账簿在更换新账后除跨年使用的账簿外，其他账簿应按时整理归入会计档案保管。归档前应做好以下几项工作：

（1）账簿装订前的工作。首先按账簿启用表的使用页数核对账户是否相符，账页是否齐全，序号排列是否连续；然后，按会计账簿封面、账簿启用表、账户目录和排序整理好的账页顺序装订。

（2）活页账簿装订要求。将账页填写齐全，去除空白页和账夹，并加具封底封面；多栏式活页账、三栏式活页账、数量金额式活页账等不得混装，应按同类业务、同类账页装订在一起；在装订账页的封面上填写好账簿的种类，编好卷号，由会计主管人员、装订人或经办人签章。

（3）账簿装订后的其他要求。会计账簿应牢固、平整，不得有折角、缺角、错页、掉页、加空白纸的现象；会计账簿的封口要严密，封口处要加盖印章；封面应齐全、平整，并注明所属年度及账簿名称、编号，编号要一年一编，编号顺序是总账、现金日记账、银行存款日记账、分类明细账；旧账装订完毕后，按规定要求进行保管。

各单位每年形成的会计账簿，应当由会计机构按照归档要求，负责整理立卷，装订成册。当年形成的会计账簿，在会计年度终了后，可暂由会计部门保管 1 年，期满之后，由财务会计部门编造清册移交本单位的档案部门保管。未设立档案机构的，应当在会计机构内部指定专人保管。出纳人员不得兼管账簿保管。会计账簿的保管期限，从会计年度终了后的第一天算起。具体为：

①总账（包括日记总账）：15 年；

②明细账：15 年；

③日记账：15 年（其中，现金及银行存款日记账 25 年）；

④固定资产卡片在固定资产报废清理后：5 年；

⑤辅助账簿（备查簿）：15 年。

【本章小结】

分散零碎的会计凭证无法反映交易或事项的全貌，必须依据会计凭证登记账簿，通过账簿的交易或事项进行进一步的、系统的汇总、整理，以反映经济活动的全貌。

现金日记账和银行存款日记账，应当根据办理完毕的收、付款凭证，随时逐笔序时地登记。现金日记账和银行存款日记账必须采用订本式账簿。

总账的登记依据和方法主要取决于本单位所采用的账务处理程序，它可以直接根据记账凭证逐笔登记，也可通过一定的汇总方式（如编制“科目汇总表”或汇总记账凭证）登记。

通常所称的对账包括账证核对、账账核对和账实核对三种方法。

结账的主要程序：①做好结账前的准备工作；②结出所有账户本期发生额和余额；③编制本期发生额对照表进行试算平衡；④划线结账，将期末余额结账转入下期。

错账的更正方法：划线更正法、红字更正法、补充登记法。

【思考与分析】

1. 账簿如何进行分类？
2. 日记账的登记依据有哪些？
3. 如何进行总账和明细账的平行登记？
4. 对账的主要内容有哪些？
5. 怎样进行结账？
6. 账簿记账规则有哪些？
7. 错账更正方法有哪几种？试举例说明各种错账更正方法的适用性和具体做法。
8. ［目的］练习账簿体系的设计及账务处理。

［资料］马天宇于今年 5 月，以每月 2 000 元租用一间店面，投资创办了天宇公司，主要经营各种服装的批发兼零售。5 月 1 日，马天宇以公司名义在银行开立账户，存入 100 000 元作为资本，用于经营。由于马天宇不懂会计，他除了将所有的发票等单据都收集保存起来以外，没有作任何其他记录。到月底，马天宇发现公司的存款反而减少，只剩下 58 987 元，外加 643 元现金。

另外，尽管客户赊欠的 13 300 元尚未收现，但公司也有 10 560 元货款尚未支付。除此之外，实地盘点库存服装，价值 25 800 元。马天宇开始怀疑自己的经营，前来向你请教。对马天宇保存的所有单据进行检查分析，汇总一个月情况显示：

（1）投资银行存款 100 000 元。

（2）内部装修及必要的设施花费 20 000 元，均已用支票支付。

（3）购入服装两批，每批价值 35 200 元，其中第一批为现金购入，第二批购入，赊欠价款的 30%。

（4）1～31 日零售服装收入共计 38 800 元，全部收现，存入开户银行。

（5）1～31 日批发服装收入共计 25 870 元，其中赊销 13 300 元，其余的货款收入均存入银行。

（6）支票支付店面租金 2 000 元。

（7）本月份从存款户提取现金五次共计 10 000 元，其中 4 000 元支付雇用的店员工资，5 000 元用作个人生活费，其余备日常零星开支。

（8）本月水电费 543 元，支票支付。

（9）电话费 220 元，用现金支付。

（10）其他各种杂费 137 元，用现金支付。

［要求］试根据你所掌握的会计知识，结合天宇公司的具体业务：

（1）替马天宇设计一套合理的账簿体系，并帮他记账。

（2）向马天宇报告公司的财务状况，解答其疑惑，评述其经营业绩。

9. ［目的］练习平行登记要点。

［资料］宏远公司生产 A 产品，构成 A 产品实体的主要材料为乙材料。该公司对原材料采取定向采购策略，其中甲材料自友谊工厂购入，乙材料自胜利工厂购入，丙材料自捷达工厂购入。本月各种材料只购入一次。该公司的会计在按照平行登记的原则记账时，误

记了有关的明细账户，导致了总分类账户与相关明细分类账户记录结果不符的错误，其不符的记录为：

原材料总账余额为：72 800 元

其中：甲材料 25 300 元，乙材料 11 000 元，丙材料 6 500 元

应付账款总账余额为：50 200 元

其中：友谊工厂 15 000 元，胜利工厂 28 700 元，捷达工厂 6 500 元

公司的会计人员在对有关明细账进行检查时，发现下列有助于查找错误的内容：自友谊工厂购入甲材料时即付 15 000 元，乙材料中现购 7 600 元，原材料明细账户中只有一个明细账户记错。

［要求］假如你是宏远公司的会计，请指出记账过程中的错误所在，并予以更正。

10. ［目的］练习错账更正。

［资料］汉唐公司 20××年 12 月 31 日，有关股东权益账户余额如下；

普通股本	2 360 000
10%优先股本	250 000
盈余公积	615 000
留存利润	466 200

经查核该公司的账目，发现下列事项：

（1）公司核准普通股 600 000 股，面值 1 元，以每股 2. 50 元全部认购完毕。其中 70%为现金发行，其余的股份用来交换一栋建筑物。该建筑物评估确认价 450 000 元。公司将已发行的股票，按 2. 50 元的发行价全部记入“普通股本”账户的贷方。

（2）公司接受海外侨胞捐赠新的流水线一条，价值 355 000 元，公司贷记“普通股本”账户的贷方。

（3）发行在外的 10%优先股 20 000 股，面值 10 元，每股发行价 12. 50 元，发行价与面值之间的差额，贷记“盈余公积”账户。

［要求］

（1）更正上述错误记录。

（2）假如不考虑所得税等因素影响，列示汉唐公司 20××年 12 月 31 日的资产负债表中，所有者权益部分。

文章阅读

账簿的历史发展与会计

就现阶段而言，通常将簿记发展全过程划分为原始计量记录阶段、单式簿记阶段、复式簿记阶段等历史时期进行研究。

在原始计量记录阶段，人们为了持续地进行物质资料的生产活动和有序地组织产品的分配与交换，出于保存已经发生的有关经济活动资料的目的，经过长期的探索，因时制宜、因地制宜地创造采用了如实物记事（计数）、绘画记事（计数）、结绳记事（计数）、刻契记事（计数）等原始计量记录方法。这些原始计量记录行为基本反映出人类最初的

会计行为，是簿记的雏形。

在单式簿记阶段，簿记得到初步发展，单式簿记成为占自然经济主导地位的各种社会形态中被普遍采用的主要会计方法；中式簿记的“四柱结算法”在单式簿记中占有重要地位，为丰富会计的方法体系、推动会计进步作出了重要贡献。

在复试簿记阶段，簿记不断得到完善，趋于成熟，伴随着资本主义商品经济的发展，复式簿记适应着不断提高经济管理水平的客观要求而得以产生、发展。在中国，明清时代产生运用的“龙门账”和“四脚账”，是中式簿记所固有的复式账法；在外国，以1494年意大利数学家卢卡·帕乔利的《数学大全》问世为标志，人类首次对复式簿记进行理论总结，其后，借贷复式簿记广泛传播于欧美大陆及世界其他国家，经过不断发展和逐渐完善，最终确立了借贷复式簿记的科学理论体系。

20世纪70年代，现代科学技术的高速发展，促使世界范围内的经济结构与生产组织发生巨大变化，复式簿记也面临着这种巨大变化的严峻挑战，日本井究雄士所著《三式簿记和收益动量》，探索了三式簿记的基本原理，是对现代复式簿记体系的重大理论突破，成为进一步完善簿记理论方法体系的重要研究课题。

通常将中国簿记类型称为“中式簿记”，将外国簿记类型通称为“西式簿记”。中式簿记是经过长期发展而形成的中国固有的传统簿记。中式簿记一般以现金为记账主体，以“收（或：入、来）”、“付（或：出、去）”为记账符号，采取草流、细流和总清（或兼用结册）的中式三账体系，应用上收下付的垂直型账户格式，采用实地盘点或账册盘点的方法计算经营损益情况。中式簿记经历了漫长的发展历程。在《周礼》所反映的财计制度中，记载了当时的统治阶级设置有主管财计和会计核算事宜的中央政府机构，建立实行“以参互考日成，以月要考月成，以岁会考岁成”的会计制度；唐宋时期创立的“四柱结算法”集中归结了中式簿记的基本原理，并以其为核心构建政府和民间适用的簿记方法；明清时期产生的中国固有复式簿记“龙门账”和“四脚账”，进一步促进了中式簿记的发展；进入20世纪30年代，以徐永祚为代表的中国会计学者，将传统的中式簿记进行了系统的总结，并参照西式簿记的原理和方法，对中式簿记加以改良，形成改良中式簿记，使中式簿记首次实现了理论化和系统化，形成具有中国特色的簿记理论和方法体系，为西式簿记在中国的普及与应用创造了先决条件。中式簿记在20世纪30年代以前曾被广泛运用于中国的政府机关、事业单位及工商企业中，为政府部门进行宏观经济管理、企业组织微观经营活动发挥了重要作用。

西式簿记是产生于意大利、完善与欧美，为世界各国广泛采用的簿记。西式簿记一般采用复式记账，明确会计账户的性质，以“借”、“贷”为记账符号，采取会计凭证、会计账簿和财务报表的会计文件体系，并实行账簿之间的平行登记，应用左借右贷的横向型账户格式，利用资产、负债和收入、费用类账户之间的相互关系计算财务状况和经营损益情况。1494年，意大利著名学者卢卡·帕乔利在其名为《算术、几何、比及比例概要》的著作中通过第11编《计算与记录要论》部分的介绍，归纳和总结了意大利的佛罗伦萨、热那亚和威尼斯式簿记，成为世界第一部正式出版的复式簿记著作。其后，该书被译为多种文字，传入欧洲大陆和美国，经过荷兰、英国、法国、德国等欧洲国家及美国的不断发展、完善，最终形成借贷复式簿记理论和方法体系。19世纪末，西式簿记开始传入中国。西式簿记在中国的理论传播以中国学者蔡锡勇于1905年出版的《连环账谱》为始；西式簿记在中国的实践运用，除帝国主义列强在中国开办的工商金融企业及由它们把持的中国海关、邮政、铁路等部门外，以清政府于光绪三十四年（1908年）创办的大清银行为最早的应用单位。20世纪20～30年代，中国留学生自美国、日本等国陆续学成归国，经过他们的传播和倡导，西式簿记被越来越多的中国企事业单位所运用，并逐渐取代了中式簿记。

19世纪末～20世纪30年代间，借贷复式簿记经各种途径传入中国。借贷复式簿记传入中国后，当时会计界为使其与中国固有的传统簿记相分别，通称借贷复式簿记为“西式簿记”，将中国固有的传统簿记称为“中式簿记”。

盘活资产首先要盘活人。

不做假账。

第九章 财产清查

☞【学习目标】

为了确保会计核算资料的客观、真实、准确，保护财产物资的安全与完整，提高资金的使用效能，减速资金周转，各单位需要进行财产清查。财产清查是会计核算方法体系之一。这种方法虽然不直接应用于交易或事项的账务处理，但对于账簿记录的真实准确能够起到保证作用，并为会计信息质量的保证提供有力支持。通过本章学习，明确财产清查的重要性，掌握财产清查的基本方法以及财产清查不同结果的账务处理方法。

☞【中英文关键词】

财产清查：property inspection

永续盘存制：perpetual inventory system

实地盘存制：periodic inventory system

未达账项：account in transit

银行对账单：bank statement

银行存款余额调节表：bank reconciliation statement

待处理财产损溢：wait deal assets loss or income

☞【引导案例】

2004 年 10 月 18 日，北京市第一中级人民法院开庭审理国家自然科学基金委员会会计卞中贪污、挪用公款一案。卞中采用谎称支票作废偷盖印鉴、削减拨款金额、伪造银行进账单和信汇凭证、编造银行对账单等手段贪污、挪用公款 2 亿元。事发后，人们不禁要问：小会计何以玩转两个亿？原来国家自然科学基金委员会 14 年来没有进行过财产清查（从审计角度看是没有内部审计），国家自然科学基金委员会如果有较严格的银行存款清查制度，那么，卞中这些极为简单的手法是不可能得逞的。

问题：什么是财产清查？财产清查工作应如何展开？

第一节 财产清查的意义和种类

一、财产清查的概念

财产清查也叫财产检查，是对企业的货币资金、存货、固定资产等实物资产和债权债务等进行盘点和核对，并将清查盘点的结果与相关的账簿记录资料进行核对，据以查明各项财产的实际结存数与其账面结存数以及债权、债务的实际状况是否相符的一种会计核算的专门方法。

《会计法》规定：各单位应当定期将会计账簿记录与实物、款项及有关资料相互核对，保证会计账簿记录与实物及款项的实有数相符。

在实际工作中，企业发生的所有交易或事项都要采用专门的核算方法进行账务处理，并登记到有关的账簿（账户）中。特别是对发生的货币资金、原材料和设备等实物资产的增减变动，以及债权债务的产生与结算等重要会计事项，更要采用严密的方法及时进行会计处理，以确保账簿记录能够正确地反映以上这些事项增减变动和余额的真实情况。但在企业内部，账簿的记录与货币资金和各种实物资产的保管使用等是由企业的不同部门分工负责的，为保证会计部门的账簿记录情况与实务资产的保管或使用部门管理的各种资产的实际情况相一致，就需要采用一定的方法，定期或不定期对各种财产进行清查，并与账簿的记录情况进行核对，以查明账实是否相符。从财会部门内部来看，为确认其所管理的货币资金与账面记录情况是否相符，也需要与所开户的银行之间以及部门内部进行核对。此外，企业为确认债权、债务情况，也应定期或不定期地与债务人和债权人进行债权和债务的核对，以确保债权和债务的实际情况与账面的记录相符。以上这种做法在会计上称为财产清查。

二、财产清查的意义

从理论上讲，会计账簿上所记载的各种企业物资以及债权债务等的增减变动和结余情况应当与实际发生情况完全相符。但在实际工作中，由于诸多原因的影响，账面的记录情况与实际状况之间有时会出现差异等，都会引起资产的流失和短缺，导致各种财产物资的实际情况与账簿的记录情况不符，即账实不符。而企业的债权债务由于债权人或债务人清偿能力的缺陷，或清算、破产等原因，也有可能不能按预期收回或结算。

造成账存数与实存数发生差异，其原因是多方面的，一般有以下几种情况：①在收发物资中，由于计量、检验不准确而造成品种、数量或质量上的差错；②财产物资在运输、保管、收发过程中，在数量上发生自然增减变化；③在财产增减变动中，由于手续不齐或计算、登记上发生错误；④由于管理不善或工作人员失职，造成财产损失、变质或短缺等；⑤贪污盗窃、营私舞弊造成的损失；⑥自然灾害造成的非常损失；⑦未达账项引起的账账、账实不符等。

上述种种原因都会影响账实的一致性。因此，为了保证账簿记录的真实准确，确保账实相符，进而健全和完善企业财产的管理制度，确保企业财产的安全完整，就必须采用财产清查这一行之有效的方法，对企业的各种财产进行定期或不定期的核对或盘点清查。财产清查的意义主要体现在以下几个方面：

（一）保护财产的安全和完整

通过财产清查，可以查明企业单位的财产、商品、物资是否完整，有无缺损、霉变现象，以便堵塞漏洞，改进工作，建立和健全各种责任制，加强企业各项规章制度和监管工作，防范和消除各种不安全因素，切实保证财产的安全和完整。

（二）保证会计信息资料的真实性

企业在一定会计期间内所发生的全部交易或事项，都要经过确认、计量、记录和汇总，将大量的交易或事项的数据以财务报表的形式输出会计信息，为信息使用者提供真实客观的会计信息。在会计信息质量的要求中，可靠性最为重要。因此，通过财产清查，可以避免会计信息在收集转换和储存计算阶段中受到主客观因素的干扰而失真，提高会计信息的质量。通过财产清查，可以查明各项财产物资的实有数，确定实有数额和账面数额的差异，为企业会计信息系统正常、有效地运行奠定坚实的基础。

（三）挖掘财产物资潜力，提高物资使用效率

通过财产清查，可以查明各项财产物资的储备和利用情况，以便分析原因，采取不同措施，积极利用和处理，提高物资使用效率。对储备不足的，应予以补充，确保生产需要；对超储、积压、呆滞的财产物资，应及时处理，防止盲目采购和不合理的积压，充分挖掘物资潜力，加速资金周转，提高资金使用效果，提高经济效益。

（四）保证财经纪律和结算制度的执行

通过对财产、物资、货币资金及往来账款的清查，可以查明单位有关业务人员是否遵守财经纪律和结算制度，有无贪污盗窃、挪用公款的情况；查明各项资金使用是否合理，是否符合党和国家的方针政策和法规，从而使工作人员更加自觉地遵纪守法，自觉维护和遵守财经纪律。

（五）维护股东的合法利益

企业的财产物资是进行生产、经营活动的物质保证。通过财产清查，及时发现企业管理存在的问题，加强企业管理，提高管理水平，可以减少偏差、错误的发生，杜绝违纪违法、贪污盗窃、铺张浪费等行为的发生，以维护投资者的合法权益。

三、财产清查的种类

根据清查的范围、时间和执行地位的不同，可以对财产清查采用不同的方法进行分类。在不同的分类方法下，财产清查所包括的内容也有所不同。

（一）按清查范围分类

1. 全面清查

全面清查是指对所有的财产，包括货币资金、实物资产和债权债务等毫无遗漏地逐项进行的清查。由于全面清查范围广、内容多、工作量大，为了保证年度财务报表的正确性和真实性，一般在年终决算前对企业财产进行全面清查。另外，企业撤销、合并或改变隶属关系以及中外合资、国内合资、企业股份制改造等情况下也应按规定进行全面的财产清查。

2. 局部清查

局部清查也称重点清查，是指根据需要只对财产中某些重点部分进行的清查，如对货币资金、原材料、库存商品等流动性较大的财产，除年度全面清查外，还应根据需要随时轮流盘点或重点抽查。各种贵重物资每月至少要清查一次，库存现金要天天核对，银行存（借）款每月至少一次按银行对账单逐笔核对，债权债务每年至少核对一两次。虽然局部清查范围小、内容少、工作量小，但专用性较强。

（二）按清查时间分类

财产清查按清查时间的不同，可分为定期清查和不定期清查。

1. 定期清查

定期清查是指企业在规定的时间内所进行的财产清查，清查的目的是保证会计资料的真实、正确，一般是在年、季、月度终了后进行。

2. 不定期清查

不定期清查也称临时清查，是指根据实际需要临时进行的财产清查。一般是在更换财产物资保管人员，企业撤销、合并或发生财产损失等情况时所进行的清查。

定期清查和不定期清查的范围应视具体情况而定，可全面清查也可局部清查。

（三）按清查执行单位分类

按照清查执行单位的不同，财产清查可分为内部清查和外部清查。

1. 内部清查

内部清查是指企业组织内部有关人员对本企业财产所进行的清查。这种清查也称为“自查”。

2. 外部清查

外部清查是指由企业外部的有关部门或人员根据有关规定对本企业财产所进行的清查。例如，企业的上级管理部门和保险部门等由于某些方面的需要而对企业的资产进行的清查。

第二节　财产清查的盘存制度

财产清查的重要环节是盘点财产物资，尤其是存货的实存数量。为使财产清查工作顺利进行，企业应建立科学而适用的存货盘存制度。

存货盘存制度是指企业在财产清查中，用以确定原材料和库存商品等存货在会计期末时实际结存数量的方法。进行存货资产的清查时，首先应对各种存货进行清查盘点确定其实有数，之后才可能将所清查存货的实有数与记录这些实物资产的账户余额之间进行核对，进而查明账实是否相符。在企业中，存货的数量品种较多，收发频繁，由于各种因素的影响也容易发生流失或毁损。因而，应采用科学的方法对存货在会计期末时的结存数量加以确定。在实务中，存货结存数量的盘存方法，即盘存制度，主要有永续盘存制和实地盘存制两种。

一、永续盘存制

（一）永续盘存制的概念

永续盘存制亦称账面盘存制，是平时对企业单位各项财产物资分别设立明细账，根据会计凭证连续记载其收入数和发出数，并可随时在账簿上结算出各种财产的账面结存数量和结存金额的一种管理制度。采用这种方法时，要求企业对各种财产物资分别按品种、规格等设置详细的明细账，对财产物资的增加或减少，应根据有关会计凭证及时将增加数和减少数登记在相应的明细账簿的收入栏和发出栏，并将结存数额及时结出，登记在账簿的结存栏内。

（二）永续盘存制下的账簿组织

在永续盘存制下，各企业存货核算的账簿组织不尽相同。就库存商品而言，通常除品种外还要按大类核算。其一般的账簿组织如下：

会计部门设“库存商品”总分类账，其下按商品大类设置二级账户，进行金额核算；在二级账户下，按每种商品设置明细分类账，进行金额、数量双重计量。

仓储部门按每种商品分户设置保管账和保管卡，保管账由记账员根据收、发货单登记收、发数量，进行数量控制。商品卡挂在每种商品的堆垛存放处，由报关员根据收、发货单逐笔登记数量，以控制实存商品。

存货核算的这种总账、二级账、明细账的设置，可以进行逐级控制，相互核对，起到随时反映库存情况和保护存货安全完整的作用。在这种账簿组织下，一旦库存实物中发生差错，也很容易及时发现，便于加强对存货的日常管理。

（三）期末存货的计价

由于在永续盘存制下，对各种财产物资可以随时在账户中结出其结存数，因而，在财产清查中要了解账面结存数是十分容易的。但是在账簿中记录的财产物资增减变动及结存情况，都是根据有关会计凭证登记的，可能发生账实不符的情况，因此，采用这一方法时，为了核对账面记录，加强财产物资管理，企业应视具体情况对各项财产物资进行定期或不定期的盘存，以查明账实是否相符，以及账实不符的原因。

单位在永续盘存制下，计算存货本期销售或耗用成本和期末存货成本时，应按下列公式计算：

本期销售（耗用）成本＝本期销售（耗用）数量×单位成本

（单位成本可以采用加权平均法、先进先出法、个别计价法等方法中的一种方法计算出来。计价方法一经确定，不得随意变更。）

账面期末余额＝账面期初余额＋本期增加额－本期减少额

（四）永续盘存制的优、缺点

采用永续盘存制的优点主要表现在：

①加强了对存货的管理，在存货明细账中，可以随时反映出每种存货的收入、发出和结存情况，并从数量和金额两方面加以控制。

②明细记录中的账面结存数，可以通过不定期的实地盘点，将实际盘存数与账存数相核对，进而可以查明溢余或短缺的原因。

③明细记录中的结余数还可以随时反映出存货是否过多或不足，以便及时组织存货的调减或增补，加速资金周转。

永续盘存制的主要缺点是：财产明细分类核算工作量较大，需要较多的人力和费用。如果月末一次结转销售（耗用）成本，计算工作过于集中。

由于永续盘存制对于控制和保护企业的财产物资具有明显的长处，因而为大多数企业所采用。

二、实地盘存制

（一）实地盘存制及其一般程序

1. 实地盘存制的概念

实地盘存制用于制造业企业时称“以存计耗制”或“盘存计耗制”；用于商品流时又

称“以存计销制”或“盘存计销制”。它是指在期末通过盘点现场实物来确定存货数量，并据以计算出销货成本和期末存货成本的一种存货盘存方法。也就是说平时根据有关会计凭证，只登记财产物资的增加数，不登记减少数，月末或一定时期可根据期末盘点资料，弄清各种财物的实有数额，然后再根据“期初结存 + 本期增加数 - 本期实存数 = 本期减少数”的公式，倒算出本期减少数额。

2. 实地盘存制的一般程序

实地盘存制的程序通常为：

（1）确定期末存货数量。每期期末实地盘点存货，确定存货的实际结存数量。

（2）计算期末存货成本。某种存货成本等于该项存货的数量乘以适当的单位成本；将各种存货成本相加，即为存货总成本。

（3）计算本期可供发出存货成本。本期可供发出存货成本也称为本期可供销售或耗用的存货成本，它等于期初存货成本加本期入库存货成本。

（4）计算本期发出存货成本。它等于本期可供发出存货成本减期末存货成本。其计算公式为：

本期发出存货成本 = 期初结存存货成本 + 本期入库存货成本 - 期末结存存货成本

（二）期末存货数量的确定

在实地盘存制下，期末存货数量的确定，一般分为以下两个步骤：

（1）进行实地盘点，确定盘存数。存货的盘点方法因存货性质而异。盘点时间通常在本期营业或生产活动结束，下期营业或生产活动开始以前进行。盘存结果应填列在存货盘存表中。

（2）将临近会计期末的购销单据或收发凭证进行整理，在盘存数量的基础上，考虑有关影响因素，调整求得存货实际结存数量。在商品流通企业中，对于企业已经付款但尚未收到的商品即在途商品、已经出库但尚未作销售的商品，以及已作销售但尚未提走的商品，都要进行调整，以计算出实际库存数量。

（三）期末存货的计价

单位在实地盘存制下计算存货本期销售或耗用成本和期末存货成本时，应按下列公式计算：

期末存货成本 = 库存数量（实地盘点数）× 单位成本

（单位成本的计价方法与永续盘存制下的方法相同。）

本期销售（耗用）成本 = 期初存货成本 + 本期购货成本 - 期末存货成本

（四）实地盘存制的优、缺点

（1）实地盘存制的优点主要表现在：平时对财产发出和结存数量可以不作详细记录，从而简化了财产明细分类核算的工作。

①每一存货可只设一个总分类账户，或只按大类设置几个二级账户，不须按品名规格逐一设置明细账户。

②在每一存货账户中，平时可只记进货成本，不记销售或发出数量和成本，简化了核算工作。

（2）实地盘存制的缺点也是比较明显的，主要表现在：

①不能随时反映存货的收入、发出、结存数量的动态。

②由于以存计销或以存计耗，倒算销货或耗用成本，这就听任非销售或非生产耗用的损耗、短缺或贪污盗窃损失等全部进入销货或耗用成本之中，从而削弱了对存货的控制，失去提高管理水平的作用。

③由于只能在期末才能结出结余的财产物资的成本，因而这一方法的适用性较差，一般只使用于那些核算工作量大且价值小而增减频繁的零星材料、废料等低廉物资，或自然损耗大、数量不稳定的鲜活商品。同时，为了弥补日常核算工作中的不足，必须对采用实地盘存制的财产物资适当增加盘点的次数和加强各环节的手续制度，相互牵制以保护企业财产物资的安全与完整。

第三节　财产清查的方法

一、财产清查的一般程序

财产清查是一项复杂而又细致的工作。为保证财产清查工作顺利、有效地进行，需要遵循一定的程序。财产清查的程序一般包括如下四个步骤：

（一）组织准备

财产清查是一项复杂细致的工作，它涉及面广、政策性强、工作量大。为了加强领导，保质保量完成此项工作，一般应在厂长（经理）的领导下，组织一个由领导干部、专业人员、职工群众参加的专门小组，负责财产清查工作。其主要任务是：

（1）制订财产清查计划，确定清查对象、范围，配备清查人员，明确清查任务。

（2）检查和监督财产清查工作，及时解决清查中出现的问题。

（3）在财产清查结束后作出清查总结，提出对财产清查结果的处理意见。

（二）业务准备

业务准备是进行财产清查的必要条件。有关业务部门应做好如下准备：

（1）会计部门账簿资料准备。会计部门应在财产清查前，将所有的交易或事项登记入账，做到账证相符、账账相符，为财产清查提供可靠依据。

（2）物资保管部门的物资整理准备。财产物资的保管或使用部门应在财产清查前，检查财产物资收发和保管的凭证手续是否齐全，并与会计部门有关财产物资的账簿记录核对相符，对各种实物资产进行必要的整理，以便于进行实物盘点。

（3）清查量具等的准备。对需使用的度量衡器，要提前校验正确，保证计量准确。此外，还要准备好必要的登记表格，以便于对财产清查中应当记录的事项及时进行登记。

（三）实施清查

在完成以上各项准备工作以后，就应该由清查人员依据清查对象的特点、预算确定的清查目的，采用合适的清查方法，实施财产清查、盘点工作。

（四）结果处理

完成财产清查任务后，要将盘点清查资料整理好，由相关人员签名；将清查结果以文字形式报告给领导及相关部门；对清查中发现的问题、差异要切实寻找原因，落实责任人，并对财产物资的管理提出可行性建议。

二、财产物资清查的内容和方法

由于企业财产物资种类繁多，占用形态各异，所以财产清查也是一项涉及面广、业务量大的会计工作。为了保证财产清查工作质量，提高工作效率，达到财产清查的目的，在财产清查时应针对不同的清查内容而采用不同的方法。

（一）货币资金的清查

1. 库存现金的清查

库存现金是指企业存放在财会部门，可随时用于日常交易或事项收支的货币资金。

（1）清查方法。

对库存现金清查的基本方法是实地盘点法。由于现金的收支业务十分频繁，容易出现差错，因此，出纳员应当经常进行现金盘点并与现金账的现有余额核对。每日终了，应当在“库存现金日记账”上计算当日的现金收入合计额、现金支出合计额和结余额；通过对库存现金进行盘点确定其实有数，并将“库存现金日记账”上的结余额与库存现金实有额进行核对，做到账实相符。

（2）清查手续。

清查前，出纳员应将现金收付凭证全部登记入账。清查时出纳员要在场，现钞应逐张查点。一切借条、收据不准抵充现金，并查明库存现金是否超过限额，有无坐支现金的问题。对库存现金进行盘点并核对后，应根据盘点结果填写“库存现金查点报告单”，并由盘点人员和出纳员共同签名或盖章。它既是盘存清单，又是实存账存对比表，是进行库存现金清查结果处理的重要的原始凭证。其格式如表 9－1 所示。

表 9－1　　库存现金盘点报告单

实存金额	账存金额	对比结果		备注
		长款	短款	

盘点人（签章）　　　　出纳员（签章）

对库存现金清查中发现的盘盈（长款）、盘亏（短款），应认真查明原因，及时报请有关部门负责人批准，财会部门按规定进行相关的账务处理。

2. 银行存款的清查

银行存款是企业存放在银行存款户的货币资金。这部分货币资金不同于现金，因而其清查不能只在企业内部进行，应与企业的开户银行之间进行核对。

（1）清查方法。

对银行存款的清查采用的基本方法是将企业“银行存款日记账”的记录情况与银行转来的“对账单”逐笔进行核对，进而确定双方的记录是否相符。即银行存款的清查是采取与开户银行核对账目的方法进行的，即将单位登记的“银行存款日记账”与银行送来的对账单逐笔核对增减额和同一日期的余额，进而确定双方的记录是否相符。

【提示说明】银行“对账单”是开户银行对企业存放在银行的存款收支和结余情况的账户记录，应由银行定期或不定期地转给企业，以便于企业进行核对。在正常情况下，“对账单”与企业的“银行存款日记账”的记录情况应当是一致的。这样，企业就可将其所登记的“银行存款日记账”记录与“对账单”的记录逐笔进行核对，据以确认双方对企业银行存款收支事项记录的完整性和准确性。

（2）清查手续。

通过核对，如果企业的“银行存款日记账”与银行“对账单”双方记录一致，说明不存在问题。如果双方记录不一致，则应查明原因。双方记录不一致的原因主要有以下两个方面：一是可能在银行或企业的某一方存在不正常的错账漏账，如方向记错或金额写错等，对这种情况应及时加以纠正；二是可能存在未达账项。存在未达账项时，应编制“银行存款余额调节表”进行调节，借以确认双方的记录是否相符。即在同银行核对账目以前，先检查本单位银行存款日记账，力求正确与完整，然后与银行送来的对账单逐笔核对。如果发现错账、漏账，应及时查明更正。对于未达账项，则应于查明后编制“银行存款余额调节表”，以检查双方的账目是否相符。

（3）未达账项。

未达账项是指企业与开户的银行之间由于结算凭证传递时间上的差异，导致双方记账时间不一致，对于同一项交易或事项，一方已经入账，另一方由于没有接到有关结算凭证而暂未登记入账的款项。

通常未达账项分为银行未达账项和企业未达账项两类，具体有四种方式：

①企业已收银行未收的款项。企业已收银行未收是指企业根据有关收款的原始凭证编制了记账凭证，并据以登记了银行存款日记账，此时企业的银行存款增加；由于银行没有收到有关原始凭证，因此银行没有进行登记而形成了银行未达账项。此时，未达账项使企业银行存款日记账上的金额大于银行对账单上的金额。

②企业已付银行未付的款项。企业已付银行未付是指企业根据有关付款的原始凭证编制了记账凭证，并据以登记了银行存款日记账，此时企业的银行存款减少；由于银行没有收到有关原始凭证，因此银行没有进行登记而形成了银行未达账项。此时，未达账项使企业银行存款日记账上的金额小于银行对账单上的金额。

③银行已收企业未收的款项。银行已收企业未收是指银行根据有关收款的原始凭证进行了登记；由于企业没有收到有关原始凭证，因此企业没有进行登记而形成了企业未达账项。此时，未达账项使企业银行存款日记账上的金额小于银行对账单上的金额。

④银行已付企业未付的款项。银行已付企业未付是指银行根据有关付款凭证进行了登记；由于企业没有收到有关原始凭证，因此企业没有进行登记而形成了企业未达账项。此时，未达账项使企业银行存款日记账上的金额大于银行对账单上的金额。

【提示说明】在存在未达账项的情况下，双方账面发生额记录都是不完整的，通过核对，可以发现哪些账项在其中一方已经登记入账，而在另一方尚未登记入账。此外，双方账户的月末余额也肯定不相等。这时需编制“银行存款余额调节表”进行调节。另外，有时双方的账户余额不相等也可能是由于错账引起的。这种情况不属于未达账项，在这里不予讨论。

（4）“银行存款余额调节表”的编制方法。

企业检查双方账目是否一致，为了消除未达账项的影响，企业应根据核对后发现的未达账项进行调节，编制“银行存款余额调节表”进行调节。

银行存款余额调节法是指企业在进行银行存款的清查过程中，如果存在未达账项，应编制“银行存款余额调节表”进行调节，以确认在消除未达账项因素的情况下，双方的记录是否相符。具体做法是，在该表中先抄列出双方的月末余额。在此基础上，加上对方已收款入账，本方尚未入账的款项；减去对方已付款入账，本方尚未入账的款项。经过调节以后，得到双方新的余额。这个余额就是假定在消除了未达账项因素影响以后所得到的余额。在不存在其他问题的情况下，这两个余额应当是完全相等的。如果相等，表明企业与银行的账目没有差错。否则，说明记账有错误，应进一步查明原因，予以更正。其调节公式如下：

$$\text{企业银行存款日记账余额}+\text{银行已收企业未收款项}-\text{银行已付而企业未付的款项}=\text{银行对账单余额}+\text{企业已收银行未收款项}-\text{企业已付银行未付款项}$$

【例 9－1】 某企业 201×年 9 月终了时银行存款日记账余额为 32 200 元，银行转来对账单余额 31 800 元，经核对发现有下列未达账项：

（1）企业收到转账支票一张，金额 2 500 元，企业已记账，银行尚未记账；

（2）企业开出转账支票一张，金额 1 300 元，用于购买原材料，企业已记账银行尚未记账；

（3）企业委托银行收款 3 000 元，银行已收妥入账，企业未接到银行的收款通知；

（4）银行代企业支付电话费 2 200 元，银行已记账，企业尚未入账。

要求：根据以上资料进行分析，编制银行存款余额调节表如表 9－2 所示。

表 9－2 **银行存款余额调节表**

201×年 9 月 30 日

银行存款日记账	金额	银行对账单	金额
账面存款余额	32 200	对账单余额	31 800
加：银行已收企业未收款项	3 000	加：企业已收银行未收款项	2 500
减：银行已付企业未付款项	2 200	减：企业已付银行未付款项	1 300
调整后存款余额	33 000	调节后余额	33 000

（5）“银行存款余额调节表”注意点。

在把握“银行存款余额调节表”时应注意以下两点：

第一，“银行存款余额调节表”不能作为调整账户记录的原始凭证。编制“银行存款余额调节表”只是企业与银行之间进行存款记录核对的一种技术方法，只能够启动对账的作用，不能作为调整账户记录的原始凭证。对核对中发现的未达账项，不能根据该表调整企业“银行存款日记账”的账面记录。对于未达账项，应在以后收到有关结算凭证时，再登记“银行存款日记账”。即编制银行存款余额调节表是为了核对账目，并不能作为调整银行存款账面余额的原始凭证。如果是企业未达账项，必须等到有关凭证到达企业并经审核后再进行相应的账务处理。

第二，调节后的存款余额是企业可以使用的银行存款的最高额度。在“银行存款余额调节表”上尽管有几个余额指标，但在调节前双方的账面余额都不是企业银行存款的真实余额，只有经过调节后的存款余额才是企业在银行存款的真实余额，也是企业可以实际动用的存款数额。即经过调节后重新求得的余额，既不等于本单位账面余额，也不等于银行账面余额，而是银行存款的真正实有数。

（二）实物资产的清查

1. 实物资产的清查方法

实物资产是指企业所拥有的具有实物形态的各种资产，包括原材料、包装物、在产品、库存商品、固定资产等财产物资的清查。实物资产的清查所采用的基本方法是实地盘点法。即先通过对各种实物资产进行盘点确定其实有数，并将实有数与记录这些实物资产的账户的余额进行核对，进而查明账实是否相符。但实物资产的实物形态的存放或使用方式等各不相同，所采用的清查方法也不尽一样。常用的清查方法有以下几种：

（1）实地盘点法。

就是在财产物资存放现场逐一清点或用符合标准的计量器具衡量以确定其实存数的一种方法。一般适用于原材料、包装物、在产品、库存商品和设备等资产的清查。

（2）技术推算法。

即通过量方、记尺等技术方法，结合有关数据，推算出财产物资实存数的方法。一般适用于点数、过秤确有困难的堆垛笨重的商品。

（3）抽样盘存法。

即抽取一定数量样品对实物资产的实有数进行估算确定，一般适用于数量比较多、重要和体积等比较均匀的实物资产的清查。

（4）函证核对法。

即采用发函、询证等方法，与有关单位或个人核对账簿记录是否正确的方法。一般适用于委托外单位加工或保管的实物资产的清查。

2. 实物资产清查使用的凭证

为了明确经济责任，在财产清查过程中，实物保管人员与盘点人员须同时在场清查，并参加盘点工作。清查盘点的结果应及时登记在“盘存单”上（格式如表 9－3 所示），由有关参加盘点的人员同时签字或盖章。

盘存单是记录实物盘点结果的书面文件，也是反映资产实有数的原始凭证。为了进一步查明盘点结果同账簿余额是否一致，还应根据“盘存单”和账簿记录编制“实存账存对比表”（格式如表 9－3、表 9－4 所示）。该表是一个非常重要的原始凭证，在这个凭证上所确定的各种实物的实存同账存之间的差异，既是经批示后调整账簿记录的依据，也是分析差异原因，查明责任的依据。

表 9－3 盘存单

单位名称： 编号：

盘点时间： 财产产别： 存放地点：

编号	名称	计量单位	数量	单价	金额	备注

盘点人签章__________ 实物保管人签章__________

表 9－4 实存账存对比表

单位名称： 年 月 日

编号	类别及名称	计量单位	单价	实存		账存		差异				备注
								盘盈		盘亏		
				数量	金额	数量	金额	数量	金额	数量	金额	

主管人员： 会计： 制表：

【提示说明】“盘存单”反映的只是实物资产的实存数量，不能作为调整账面记录的依据。而“实存账存对比表”反映了实物资产在清查过程中发现的问题，因而是进行实物资产清查结果处理的重要原始凭证，可作为调整有关存货账面记录的依据。

3. 固定资产清查的内容及方法

（1）固定资产清查的内容。

固定资产是企业的劳动资料。在产品生产企业，固定资产是指企业购建的用于产品生产或经营管理的房屋、建筑物以及各种设备等。对固定资产进行清查的目的主要是查明各种固定资产的实际结存数量与其账面结存数量是否相符。

（2）固定资产清查方法。

对固定资产进行清查的基本方法是实地盘点法，一般采用全面盘点法。企业通过实地盘点将得到的各种固定资产的实有数分别与其账面的结存数进行核对，以确定账实是否相符。

（3）固定资产清查手续。

进行固定资产清查也应填写“盘存单”和“实存账存对比表”。“盘存单”是在对固定资产进行清查的过程中填写的单据，反映的是固定资产的实存数量，填写目的是为与各种存货资产的账面数量进行核对提供依据。“实存账存对比表”是将“盘存单”上的实存数量与账面数量核对以后，对固定资产存在的账实不符情况所填制的单据。

（三）往来账项的清查

1. 往来款项清查的内容

往来账项也即往来款项是指企业的各种应收款项、预付款项、应付款项和预收款项等。其中，前两项属于企业的债权，后两项属于企业的债务。对往来款项进行清查的目的主要是查明各种往来款项的实际状况与账面记录情况是否相符。

2. 往来款项清查的方法

各项往来账项的清查一般采用询证核对法，即采用同对方单位核对账目的方法。首先，应将本单位往来账目核对清楚，确认准确无误后，再向债权人或债务人填发“往来账项对账单”，与对方进行账目核对。以确定账面记录与实际情况是否相符。

3. 往来款项清查手续

对各种应收和应付款进行清查时，应根据企业的债权和债务情况，填写“往来款项对账单”（见表 9－5“往来款项对账单”的基本格式及内容），寄发货派人送交债务人或债权人，以便对方进行核对，并提供确认或不确认的意见。对账单应按明细账逐笔抄列一式两联。其中一联作为回单，对方单位如核对相符，应在回单上盖章后退回。如发现数字不符，应将不符情况在回单上注明或另抄对账单退回，作为进一步核对的依据。在收到对方回单后，应填制往来账项清查表（见表 9－6）。

表 9－5　“往来款项对账单”的基本格式及内容

往来款项对账单

A 公司：

你单位 2010 年 10 月购入我单位 K 产品 20 件，总货款为 263 000 元，已付款 200 000 元，尚有 63 000 元未付，请核对后将回单联寄回。

核查单位：银海公司（盖章）

2010 年 12 月 23 日

沿此虚线拆开，将以下回联单寄回。

往来款项对账单（回联）

银海公司：

你单位寄来的往来款项对账单已收到，经核对无误。

A 公司（盖章）

2010 年 12 月 30 日

表 9－6　往来账项清查表

总分类账名称：　　　　年　月　日

明细分类账		清查结果		核对不符原因			备注
名称	账面余额	核对相符金额	核对不符金额	未达账项金额	有争议款项金额	其他	

通过往来账项的清查，要及时催收该收回的账款，偿还该偿付的账款，对呆账也应及时研究处理。

第四节　财产清查结果的处理

一、财产清查结果处理的原则与步骤

经过财产清查，各类财产物资的账面结存数与其实际结存数相比较的结果包含两种情

况，一种是账实相符；另一种是账实不符。在会计核算上需要进行处理的是账实不符的情况。账实不符又具体包括盘盈和盘亏两种：盘盈是指财产物资的实际结存数大于其账面结存数；盘亏是指财产物资的实际结存数小于其账面结存数。

1. 财产清查结果的基本含义

财产清查结果一般是指企业在经过清查以后所确认的各类财产的账面结存数与其实际结存数之间的差别情况，即盘盈或盘亏，体现为账实不符。债权债务的清查结果是指在清查中发现的无法收回的应收账款或无法支付的应付账款等。体现为这些款项的账面记录与其实际状况不符。财产清查结果处理是指从账务处理的角度对以上清查结果所进行的处理。对财产清查结果的内容见如图 9－1 所示。

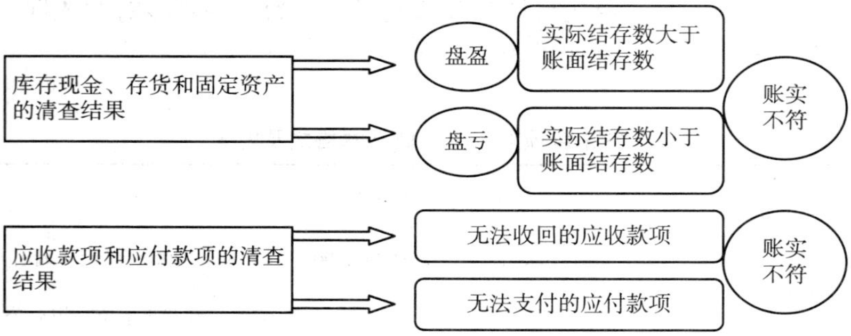

图 9－1 财产清查的结果

货币资产和实物资产财产清查结果的具体内容包括企业的库存现金、库存材料、库存商品和设备等财产的清查结果，不包括在银行存款清查过程中发现的未达账项。对于债权债务的清查结果而言，则是指企业在财产清查过程中确认的债务人所拖欠的应收账款发生的坏账，以及在这一过程中所确认的企业应当偿还但由于收款方已不存在等原因而无法向侵权人支付的款项。这些是与库存材料和固定资产等实物资产的清查不同的清查结果，在账务处理上也需采用不同的方法。

2. 对财产清查结果的处理原则

对在财产清查中发现的盘盈或盘亏，以及应收款项和应付款项的账实不符情况，应按照有关的规定进行处理。

（1）财产清查中盘盈资产的处理原则。对于流动资产的盘盈，应冲减清查当期的管理费用；对于固定资产的盘盈，应作为前期差错进行以前年度损益调整。

（2）财产清查中盘亏资产的处理原则。对于流动资产的盘亏，属于自然损耗产生的定额内合理损耗，应计入企业本期的管理费用（增加）；属于超定额短缺的，能确定过失人的应由过失人赔偿，属于保险责任范围的应向保险公司索赔，扣除过失人赔偿、保险公司赔款和残料价值后的部分，应计入清查当期的管理费用（增加）；属于非常损失造成的实物资产的毁损等，扣除保险公司赔款和残料价值后的部分，计入清查当期的营业外支出。对于固定资产的盘亏应计入清查当期的营业外支出。

（3）对财产清查中发现的坏账及无法支付款项的处理原则。对于确实无法收回的应收账款，应冲减已经提取的坏账准备；对于确实无法支付给债权人的应付款项，应转作企业的营业外收入。

3. 财产清查结果处理的主要步骤

对在财产清查中发现的盘盈和盘亏，应按以下步骤进行处理：

（1）核准盈亏金额，提出处理意见。财产清查结束以后，清查人员要核准盈亏金额，查明盈亏的性质和原因，据实提出处理意见，并报告给单位负责人或有关部门。

（2）调整账簿记录，做到账实相符。财会部门要根据财产清查的有关原始凭证调整账簿记录，做到账实相符。同时，将发生的盘盈和盘亏在专门的账户中加以记录，以待处理。

（3）经过批准后，核销盘盈盘亏。会计人员应根据单位负责人或有关部门的批准意见，分清不同情况编制记账凭证登记入账，将待处理的盘盈和盘亏等予以核销。

二、财产清查结果的账务处理

（一）库存现金清查结果的账务处理

1. 账户设置

进行库存现金清查结果的账务处理，主要通过“待处理财产损溢”账户进行。此外，库存现金清查结果的账务处理还要涉及“库存现金”和“其他应收款”等总分类账户。这里重点介绍“待处理财产损溢”账户。

“待处理财产损溢”账户：资产类账户。用来核算企业在财产清查过程中查明的各项财产物资的盘盈、盘亏和毁损的价值。该账户的贷方登记待处理财产物资（固定资产以外的其他资产）的盘盈数及各种盘亏或毁损经批准后的转销数，借方登记待处理财产物资的盘亏和毁损数及经批准后的盘盈转销数。该账户的期末余额如为贷方余额，表示尚待批准处理的财产物资盘盈数；如为借方余额，则表示尚待批准处理的财产物资盘亏和毁损数。按照我国《企业会计准则——应用指南》的要求，对于企业的财产损溢，应查明原因，在期末结账前处理完毕，处理后本账户应无余额。该账户应分别按盘盈、盘亏资产的种类和项目设置明细账户，进行明细分类核算。

【提示说明】“待处理财产损溢”账户是进行财产清查结果账务处理所采用的一个非常重要的账户，不仅在库存现金清查结果的处理过程中要用到，在库存材料和库存商品以及固定资产等清查结果的账务处理过程中也要用到。但应收款项和应付款项清查结果的处理不通过该账户。

进行库存现金盘盈、盘亏处理的基本做法是：当库存现金盘盈时，应增加“库存现金”账户的记录，以保证账实相符，同时记入“待处理财产损溢”账户贷方，等待批准处理；当库存现金短款时，应冲减“库存现金”账户，以保证账实相符，同时记入“待处理财产损溢”账户借方等待批准处理。对库存现金盘盈和盘亏，应根据其不同的产生原因，采取不同的方法进行处理。一般来说，对于无法查明原因的库存现金盘盈，其批准后的账务处理可记入“营业外收入”账户；对于已查明原因应付给其他单位或个人的盘盈，应记入“其他应付款”账户；对于库存现金的盘亏，如果应由责任人（一般为出纳员）赔偿的，应记入“其他应收款”账户。同时，记入“待处理财产损溢”账户借（或贷）方。

库存现金清查结果账务处理设置的账户及有关账户之间的对应关系如图 9－2 所示。

【提示说明】“待处理财产损溢”账户具有双重性质。就该账户核算的内容来看，其具有盘盈和盘亏两种截然不同的经济性质，这种核算内容上的双重性决定了该账户是一个双重性质账户。在进行财产清查结果的账务处理过程中，大多要用到这个账户，学习中应对“待处理财产损溢”账户有一个总体上的认识和把握。

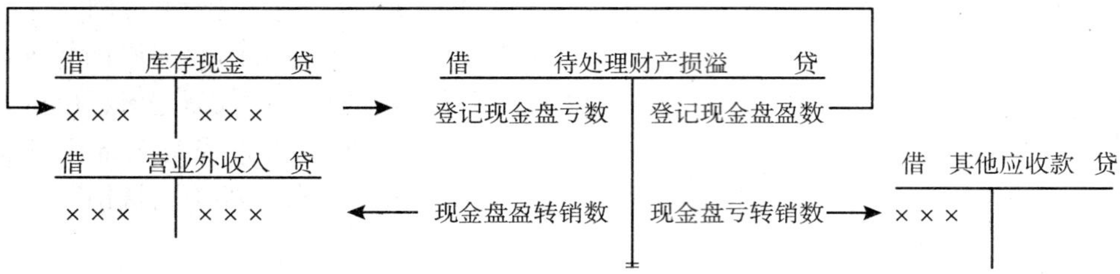

图9-2 库存现金清查结果账务处理的账户设置及其对应关系

2. 账务处理

【例9-2】银海公司在2010年5月份的库存现金清查中，发现盘盈200元。经反复核查未查明原因，经批准转作企业的营业外收入。

对于发现的库存现金盘盈首先应调整账簿记录，做到账实相符。应填制收款凭证，并作会计分录如下：

借：现金 200

贷：待处理财产损溢 200

经批准后转作企业的营业外收入，对盘盈进行转销。应填制转账凭证，并作会计分录如下：

借：待处理财产损溢 200

贷：营业外收入 200

【例9-3】银海公司在2010年6月份的库存现金清查中，发现盘亏300元。经查明属于出纳员的保管责任。

对于发现的库存现金盘亏首先应调整账簿记录，做到账实相符。应填制付款凭证，并作会计分录如下：

借：待处理财产损溢 300

贷：现金 300

经批准后由出纳员赔偿。应填制转账凭证，并作会计分录如下：

借：其他应收款 300

贷：待处理财产损溢 300

（二）存货清查结果的账务处理

存货的清查主要是指企业对其库存材料和库存商品进行的清查。需要处理的清查结果主要包括在财产清查中分析的库存材料和库存商品的盘盈和盘亏。

（1）账户设置。进行存货清查结果的账务处理也主要是通过“待处理财产损溢”账户进行，此外还涉及“原材料”和“库存商品”等账户。存货清查结果账务处理设置的账户及有关账户之间的对应关系如图 9 –3 所示。

（2） 账务处理。

【例 9 –4】 银海公司在财产清查中，盘盈账外钢材 6 吨，价值 18 000 元。经查明，这项盘盈材料因计量仪器不准造成生产领用少付多算，所以，经批准冲减本月管理费用。

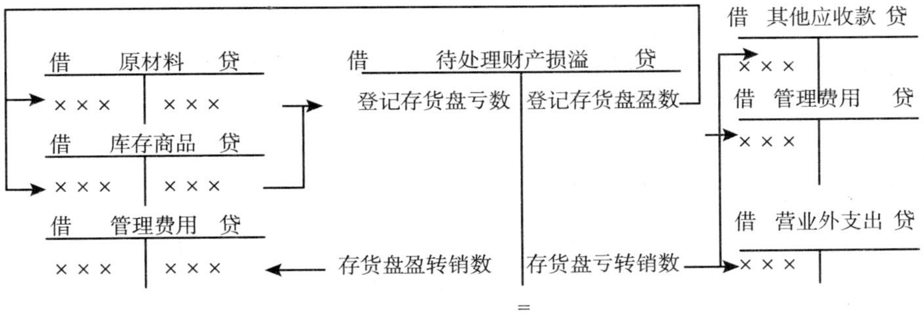

图 9 –3 存货清查结果账务处理的账户设置及其对应关系

对于发现的材料盘盈首先应调整账簿记录，做到账实相符。应填制转账凭证，并作会计分录如下：

借：原材料 18 000

　　贷：待处理财产损溢 18 000

经批准冲减企业管理费用。应填制转账凭证，并作会计分录如下：

借：待处理财产损溢 18 000

　　贷：管理费用 18 000

【例 9 –5】 银海公司在财产清查中，盘亏账外钢材 1 千克，实际成本 5 000 元。经查明，这项盘亏材料属于定额内的合理损耗，所以，经批准增加本月管理费用。

对于发现的材料盘亏首先应调整账簿记录，做到账实相符。应填制转账凭证，并作会计分录如下：

借：待处理财产损溢 5 000

　　贷：原材料 5 000

经批准增加企业管理费用。应填制转账凭证，并作会计分录如下：

借：管理费用 5 000

　　贷：待处理财产损溢 5 000

【例 9 –6】 在财产清查中，发现购进的某种原材料实际库存较账面库存短缺 2 400 元，其中 400 元属于定额范围内的自然损耗，1 200 元属于管理人员过失造成短缺，800 元属于非常损失。经批准，属于定额范围内的自然损耗列作管理费用；属于管理人员过失造成短缺的由过失人赔偿；属于非常损失的列作营业外支出。

报经批准前，先调整账面余额，编制会计分录如下：

借：待处理财产损溢 2 400

　　贷：原材料 2 400

属于定额范围内的自然损耗部分经批准列作管理费用，计入本期损益，编制会计分录如下：

借：管理费用　　400

　　贷：待处理财产损溢　　400

属于管理人员过失造成短缺部分经批准由过失人赔偿，编制会计分录如下：

借：其他应收款——××人　　1 200

　　贷：待处理财产损溢　　1 200

属于非常损失部分经批准列作营业外支出，编制会计分录如下：

借：营业外支出　　800

　　贷：待处理财产损溢　　800

【提示说明】【例9-5】及【例9-6】账务处理未涉及存货跌价准备和应交增值税进项税额转出的处理。在实务中，应涉及对存货已计提的存货跌价准备和应交增值税进项税额转出的处理。本章节为简便起见，假定在财产清查结果的处理中都不涉及这两方面的处理。

（三）固定资产清查结果的账务处理

固定资产的清查主要是指企业对其在生产经营过程中所使用的房屋、设备等进行的清查。在会计上需要处理的固定资产清查结果主要是在财产清查中发现的盘亏。

（1）账户设置。进行固定资产清查结果的账务处理，主要应利用“待处理财产损溢”账户进行。但根据我国《企业会计准则——应用指南》的规定，固定资产的盘盈应作为前期差错处理，而不再记入“待处理财产损溢”账户。这样，固定资产清查结果就只有盘亏部分需要通过“待处理财产损溢”账户进行账务处理了。

在固定资产盘亏的账务处理中，还会涉及盘亏固定资产已提折旧的处理问题，即在进行有关账户的账面调整时，一方面要按盘亏固定资产的原价记入“固定资产”账户的贷方（减少数），也要按该固定资产已提折旧额记入“累计折旧”账户的借方（减少数），以转销已经在企业中消失的盘亏固定资产的所有账面记录资料。

【提示说明】企业固定资产盘盈的可能性极小甚至是不可能的，若出现了固定资产的盘盈一般是企业以前年度少计、漏计而产生的，应当作为会计差错进行更正处理，这样也能在一定程度上控制人为地调节利润的可能性。发现固定资产盘盈时，企业应按照现值直接入账，在按惯例权限报经批准以前应先通过“以前年度损益调整”账户核算。并按以下规定确定入账价值：如果同类或类似固定资产存在活跃市场的，按照同类或类似固定资产的市场价格，减去按该项资产的新旧程度估计的价值损耗后的余额，作为入账价值；如果同类或类似固定资产不存在活跃市场，要按照预计未来现金流量的现值作为入账价值。

“以前年度损益调整”账户（见图9-4）是损益类账户。核算企业本年度发生的调整以前年度损益事项，以及本年度发现的重要前期差错更正涉及调整以前年度损溢的事项。企业调整增加以前年度利润或减少以前年度亏损，借记有关账户，贷记本账户；调整减少以前年度利润或增加以前年度亏损，借记本账户，贷记有关账户。由于以前年度损益调整增加的所得税费用，借记本账户，贷记“应交税费——应交所得税”账户；由于以前年度损益调整减少的所得税费用，借记“应交税费——应交所得税”账户，贷记本账户。经过上述调整后，应将本账户的余额转入“利润分配——未分配利润”账户。

本账户如为贷方余额，借记本账户，贷记“利润分配——未分配利润”账户；如为借方余额，做相反的会计分录。本账户结转后无余额。

借　　　　以前年度损益调整	贷
调整减少以前年度利润	调整增加以前年度利润
调整增加以前年度亏损	调整减少以前年度亏损
调整增加的所得税费用	调整减少的所得税费用
期末转入“利润分配”账户的贷方余额	期末转入“利润分配”账户的借方余额

图9－4　“以前年度损益调整”账户结构

固定资产清查结果账务处理设置的账户及有关账户之间的对应关系如图9－5所示。

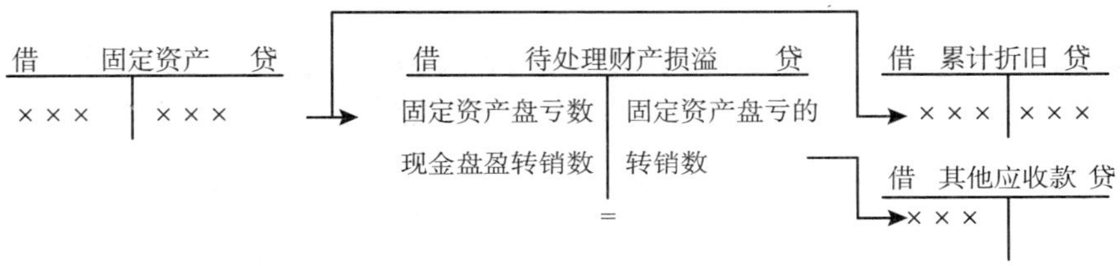

图9－5　固定资产清查结果账务处理的账户设置及对应关系

（2）账务处理。

【例9－7】银海公司在2010年7月份的财产清查中，盘盈账外机器一台，按同类或类似商品市场价格，该设备估计价值50 000元（假定与其计税基础不存在差异）。假定银海公司所得税税率为25%。编制该项交易或事项的会计分录。

①企业在资产清查中盘盈的固定资产，一般是以前年度发生的会计差错，在按管理权限报经批准前应先通过“以前年度损益调整”账户核算。因而，这项交易或事项的发生，涉及“以前年度损益调整”、“固定资产”两个账户，固定资产的增加是资产的增加，应记入“固定资产”账户的借方；固定资产的盘盈应调整增加以前年度利润，记入“以前年度损益调整”账户的贷方。编制会计分录为：

借：固定资产　　50 000

　　贷：以前年度损益调整　　50 000

②固定资产盘盈在调整增加以前年度利润时，应相应调整增加以前年度的所得税费用，进而确定应缴纳的所得税为12 500元（50 000×25%）。因而，这项交易或事项的发生涉及“以前年度损益调整”、“应交税费”两个账户。应交税费增加时负债的增加，应记入“应交税费”账户的贷方；调整增加以前年度的所得税费用，记入“以前年度损益调整”账户的借方。编制会计分录为：

借：以前年度损益调整　　12 500

　　贷：应交税费——应交所得税　　12 500

③上述调整结束后，应将“以前年度损益调整”账户的余额结转“利润分配——未分配利润”账户。经过上述①、②步骤的调整后，“以前年度损益调整”账户为贷方余额37 500元（50 000－12 500），应将其从“以前年度损益调整”账户的借方结转到“利润分配”账户的贷方。编制会计分录为：

借：以前年度损益调整　　37 500

　　贷：利润分配——未分配利润　　37 500

【例9－8】银海公司在2010年12月30日的财产清查中，盘亏机器设备一台，账面原值6 000元，以提折旧2 000元。

①批准前，根据“实存账存对比表”所确定的机器盘亏数字，将机器设备的账面净值结转到“待处理财产损溢”账户的贷方。编制会计分录为：

借：待处理财产损溢　　4 000

　　累计折旧　　2 000

　　贷：固定资产　　6 000

②上述盘亏固定资产经批准后做出相应的会计处理。其中，盘亏固定资产的净值4 000元作为营业外支出，记入“营业外支出”账户的借方。编制会计分录为：

借：营业外支出　　4 000

　　贷：待处理财产损溢　　4 000

【提示说明】提取固定资产折旧时是贷记“累计折旧”账户，属于折旧额的增加。当固定资产盘亏或达到使用寿命进行清理时，一方面应将固定资产原值从“固定资产”账户转销，另一方面对该固定资产的已提折旧额也应一并转销，借记“累计折旧”账户。

另外，在对盘亏固定资产的清查结果进行账务处理时，也涉及对固定资产减值准备的处理等内容。为简便起见，举例中假定不涉及这方面的处理。

（四）往来款项清查结果的账务处理

往来款项清查结果的账务处理包括应收账款清查结果的账务处理和应付账款清查结果的账务处理两个方面。

1. 应收账款清查结果的账务处理

对于应收账款的清查主要有两种结果：一是在同对方对账以后，对方承认所欠款项，这种情况在会计上不需要进行账务处理；二是同对方对账以后，对方不承认所欠款项，或对方单位已经破产清算，确实没有还债能力，或对方单位已经不存在了。在这种情况下，对方所欠的款项就有可能部分或全部收不回来，给企业造成损失。企业的应收账款因某种原因部分或全部收不回来而给企业造成的损失，在会计上称为坏账损失，需要进行会计处理。

（1）处理方法。按现行会计制度的规定，企业对发生的坏账损失应采用备抵法进行处理。所谓备抵法是按期估计可能发生的坏账损失，按照应收账款的一定比例提取坏账准备金，当某一笔应收账款全部或部分被确认为坏账时，根据坏账金额冲减坏账准备金的一种做法。

在备抵法下，一般在每年年末估计可能发生的坏账损失，估计应收账款余额等的一定比例提取坏账准备，并计入当期管理费用；当在接续年度发生坏账时，估计坏账金额冲减上一年度已经提取的坏账准备。企业估计坏账损失的方法有应收账款余额百分比法和账龄分析法等。

（2）账户设置。采用备抵法对企业发生的坏账损失进行处理时，应设置“坏账准备”账户。该账户属于资产类账户，用以核算企业坏账准备金的提取和转销情况。该账户贷方登记按照规定办法提取的坏账准备金（增加数），借方登记已经确认的坏账损失冲销坏账准备金数（减少数，即转销数）。该账户的余额具有不确定性。在年度中（1～11 月）该账户在期末时如为借方金额，则反映企业上一年度提取的坏账准备没有提足，未能满足处理坏账损失的实际需要；如为贷方余额，则反映企业已提取但尚未使用数。在年末经过冲销或补提处理以后，该账户应为贷方余额，反映为下一年度准备的坏账准备。

采用备抵法对企业发生的坏账损失接续账务处理设置的账户及有关账户之间的对应关系如图 9－6 所示。

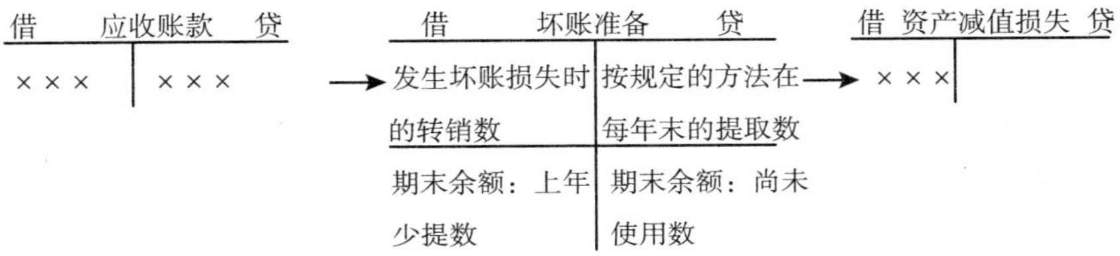

图 9－6　采用备抵法处理坏账损失的账户设置及其对应关系

【提示说明】“坏账准备”在结构上有其特殊性。与“累计折旧”账户一样，“坏账准备”账户虽然属于资产类账户，但由于核算的内容特殊，该账户一般是先有贷方发生额（提取），后有借方发生额（转销）。另外，该账户的余额方向在年中的各个月份具有不确定性，可能是贷方余额，也可能是借方余额。此外，对应收账款清查结果的账务处理不通过“待处理财产损溢”账户。

提取坏账准备的做法是根据会计信息质量要求的谨慎性要求，针对可能发生的损失而采取的一种措施。采用这种方法处理坏账损失，一方面可以做到未雨绸缪，对可能发生的坏账损失事先有所准备，以便实际发生坏账时能从容处理；另一方面，更为重要的是，可以通过在各年末提取坏账准备，将由坏账损失引发的费用比较均衡地计入各个年度的费用，从而避免因实际发生的坏账损失产生的费用多少不同而对各年度的利润计算产生的不利影响。

（3）账务处理。

【例 9－9】银海公司从 2008 年起，采用应收账款余额百分比法提取坏账准备金，提取比例为 5%。当年年末“应收账款”账户余额为 800 000 元。

当年应提取的坏账准备金为：

800 000 × 5% ＝40 000（元）

对于提取的坏账准备，应填制转账凭证，并作会计分录如下：

借：资产减值损失　　　　40 000

　　贷：坏账准备　　　　　　40 000

【例 9－10】银海公司在 2009 年 10 月份的财产清查中，确认有 30 000 元货款已无法收回。经批准作为坏账损失转销。

对于转销的坏账损失，应填制转账凭证，并作会计分录如下：

借：坏账准备　　30 000

　　贷：应收账款　　30 000

以上是采用备抵法处理坏账损失的基本做法。在实务中，各年末提取坏账准备时，既要考虑提取的基数和提取的比例等因素，也应考虑“坏账准备”账户年末的结余情况。即企业在年末提取坏账准备时，应充分考虑“坏账准备”账户余额的不同情况，采用以下公式确定当年应提取的坏账准备金额：

自第 2 年起应提取坏账准备金额 = 应收账款的余额 × 坏账准备提取比例 ± 坏账准备的结余额

上式中，如果“坏账准备”账户为贷方余额时，反映企业多提取的坏账准备，表明上一年度提取的坏账准备过多，不仅满足了处理坏账损失的实际需要，而且还有结余。在年末计提本年的坏账准备时，对上一年度结余部分应予冲销，即在本年计算确定的应提坏账准备的基础上减去上一年度结余部分，以二者差额提取当年的坏账准备。

【例 9 - 11】 假定银海公司 2009 年年末“应收账款”账户余额为 700 000 元，提取比例仍为 5%，“坏账准备”账户贷方余额为 10 000 元。计提 2009 年的坏账准备。

2009 年年末应提取的坏账准备为：

700 000 × 5% - 10 000 = 25 000（元）

应填制记账凭证，编制的会计分录为：

借：资产减值损失　　25 000

　　贷：坏账准备　　25 000

【例 9 - 12】 假定银海公司 2009 年年末“应收账款”账户余额为 850 000 元，提取比例仍为 5%，“坏账准备”账户借方余额为 8 000 元。计提 2009 年的坏账准备。

2009 年年末应提取的坏账准备为：

850 000 × 5% + 8 000 = 50 500（元）

应填制记账凭证，编制的会计分录为：

借：资产减值损失　　50 500

　　贷：坏账准备　　50 500

2. 应付账款清查结果的账务处理

在应付账款的清查中需要进行账务处理主要是由于企业的债权单位已经撤销等原因，致使企业无法支付对方的应付账款。按照规定，企业确实无法支付的应付款项，经批准应转作企业的营业外收入，直接借记“应付账款”账户，贷记“营业外收入”账户。

【例 9 - 13】 银海公司在 2010 年 10 月份的财产清查中，确认有 23 000 元应付款无法偿还给对方债权人。经批准转作企业的营业外收入。

对于无法支付的应付账款转作营业外收入的业务，应填制转账凭证，并作会计分录如下：

借：应付账款　　23 000

　　贷：营业外收入　　23 000

【提示说明】 应付账款清查结果的账务处理不通过“待处理财产损溢”账户，这一点与应收账款清查结果的处理有相同之处。另外，对在清查中发现的坏账损失和企业无法支付的应付账款，只有在经过批准后才进行账务处理，批准前不做任何账务处理，这一点与货币资金以及实物资产清查结果的处理方法是不同的。

【本章小结】

企业为了保证账实相符，提高会计信息质量，并有针对性地处理账实不符的情况，不断提高经营管理的水平，必须要对财产进行清查。财产清查方法是会计核算专门方法之一，它是根据账簿记录，对企业的财产物资进行盘点或核对，查明各项财产的实存数与账面结存数是否相符，为定期编制财务报表提供准确的、完整的、系统的核算信息。财产清查不但是会计核算的一种重要方法，而且也是财产管理的一项重要制度。

财产清查按照清查的范围可分为全面清查和局部清查，按照清查的时间可分为定期清查和不定期清查。由于财产特点各异，需要对财产物资、货币资金、债权债务采取不同的方法进行清查。为使财产清查能顺利进行，企业需要建立财产物资的盘存制度，财产物资的盘存制度分为永续盘存制和实地盘存制两种。对各种财产物资的清查主要采用实物盘点和技术推算的方法；对库存现金的清查采用实地盘点的方法；对银行存款的清查采用与开户银行核对账目的方法，如果存在未达账项，需要编制银行存款余额调节表；对债权、债务往来结算款项的清查采用核对询证的方法。为了完整地核算和监督财产清查中查明的各种财产盘盈、盘亏和毁损的价值及处理情况，企业应设置“待处理财产损溢”账户。

财产清查结果的会计处理分报经审批前和审批后两个阶段进行。企业应查明财产损溢的原因，根据不同原因记入相关账户，在期末结账前处理完毕，处理后“待处理财产损溢”账户应无余额。对于财产清查中债权、债务结算款项的处理，不需要通过“待处理财产损溢”账户核算。财产清查结果的处理。该部分内容是本章的重点内容，应注意存货与固定资产盘盈、盘亏结果处理的区别。

【思考与分析】

1. 银海公司于 2010 年 6 月 8 日对企业全部固定资产进行盘查，盘亏一台七成新的机器设备，该设备同类产品市场价格为 100 000 元，假定企业所得税税率为 25%。要求：请进行有关审批前、审批后的账务处理。

2. 银海公司在清查过程中，发现甲材料盘亏 1 500 元。经查，上述盘亏原因是定额内的自然损耗。待审核批准后，应按规定手续进行账务处理。要求：进行审批前、审批后的账务处理。

3. 甲企业采购员王 × × 出差回来报销差旅费。旅馆开出发票记载单价为 50 元，人数 1 人，时间为 10 天，金额为 500 元。而王 × × 却将单价 50 元直接改为 350 元，小写金额改为 3 500 元，将大写金额前加了一个“叁仟”，报销后贪污金额为 3 000 元。问题：（1）出纳员对此应承担什么责任？（2）出纳员应如何审核这类虚假业务？

文章阅读

中国会计之父——潘序伦和中国注册会计师第一人谢霖

潘序伦是国内外颇负盛名的会计学家和教育家，是发展我国会计事业和培养我国会计人才的先驱，被国外会计界誉为“中国会计之父”。1893年潘序伦出生于江苏宜兴，为实现出国留学的志愿，1919年进入圣约翰大学着力进修英语，获得文学士学位，经学校推荐进入美国哈佛大学商学院选学会计，奠定了一生从事会计学研究的基础。他勤奋苦读，获得了哈佛大学企业管理硕士学位，以及哥伦比亚大学经济博士学位。学成回国，任上海商科大学教务主任兼会计主任等职。1927年，创办了潘序伦会计师事务所，并编译出版会计丛书和创办会计学校。他从实践中深深感到开展会计师业务，首先要取信于社会，因之取《论语》中：“民无信不立”之句，提出“信以立志、信以守身、信以处事、信以待人、毋忘立信、当必有成”的“立信”准则，并毅然把事务所和学校更名为“立信会计师事务所”和“立信会计补习学校”。后又创办了“立信会计专科学校”和“立信高级会计职业学校”。曾任国民政府主计处筹委会委员、主计处主机官。抗日战争时期，创设立信会计图书用品社，专门出版立信会计丛书和印制发行会计账册报表。抗日战争胜利后，潘序伦曾任经济部常委务次长、全国经济委员会委员。潘序伦还积极推动成立了全国第一个会计学会——上海会计学会和解放后第一个会计师事务所——上海会计师事务所。

潘序伦主要著作有：《立信会计丛书》、《苏联会计述要》、《国营会计概要》、《新编立信会计丛书》、《成本会计》、《高级商业簿记教科书》、《公司登记规则》、《公司会计》、《股份有限公司会计》、《国营企业会计概要》、《基本会计学西方会计》、《基本会计学》、《会计学》、《审计学》、《所得税原理及实务》、《通用簿记教程》、《政府会计》等。

谢霖是我国会计界先驱，知名会计学者，中国的第一位注册会计师，第一个会计师事务所的创办者，中国的执业会计师制度的引进者和奠基人，我国会计师制度的创始人，会计改革实干家和会计教育家。谢霖生于1885年，少年东渡日本，攻读明治大学商科，获商学学士学位。回国后就职于大清银行，在兼任中国银行、交通银行总会计师职务期间，根据西方借贷复式记账原理并结合中国实际情况，涉及银行会计制度，将中国传统收付记账改革为现金收付复式记账。他在两行改革会计一举成功，震动了经济界，全国工商企业争相效法，使我国由传统的单式记账向科学的复式记账迈出了关键的一步，并为借贷复式记账法在我国的运用打下了坚实基础。为了维护我国主权和名族利益，谢霖接受北洋政府委托负责起草了《会计师暂行章程》，并于1918年经农商部批准成为中国第一个会计师，设立了第一个会计师事务所——“正则”会计师事务所，分支机构遍及中国南北，与“立信”齐名，在全国会计界中享有很高的声誉。1937年日本侵占上海后，他受光华大学校长张寿庸的委托，在成都建成光华大学成都分校，并聘请各方面的知名专家、教授来校任课，使该校成为全国有影响成就的高等学府。

谢霖一生著作主要包括《银行簿记学》、《簿记学》、《改良中式会计》、《中国之会计师制度》、《实用银行簿记》、《实用银行会计》、《银行会计》、《会计学》、《成本会计》、《铁道会计》、《审计学要义》等。

理解财务报表的基本组成是一种自慰的方式：当经理们想要向你解释清楚企业的实际情况时，可以通过财务报表的规定来进行。但不幸的是，当他们想要耍花招时（起码在部分行业），同样也能通过财务报表的规定来进行。如果你不能识别出其中的区别，你就不必在资产选择行业做下去了。

第十章　财务会计报告

☞【学习目标】

本章主要介绍财务会计的最终产品——财务报告的作用、种类和编制原理。

通过本章学习，应理解财务报表的含义、分类和作用；掌握资产负债表和利润表的内容和基本结构；重点掌握资产负债表和利润表的编制方法，加深对会计目标的认识和理解。

☞【中英文关键词】

财务报表：financial statements　　资产负债表：balance sheet

利润表：income statement　　现金流量表：cash flow statement

所有者权益变动表：owne's eguily statment

财务报表附注：notes to financial statements

☞【引导案例】

朱丽叶明年就要考大学了，她认为自己心细、诚实、守信、数学又学得好，应当报考会计专业，将来像母亲一样做一名跨国公司的CFO。但她的母亲却说："会计工作很辛苦，特别是每到期初、期末、逢年过节的时候，会计人员总是又忙又累，像'五一'、'十一'、元旦、春节等节日都无法正常度过。你那么喜欢旅游，并不适合做会计"。听了这话，朱丽叶不解地问道："为什么越是节假日，会计就越忙，难道不能在平时就将工作做完吗?"

试思考：为什么期初、期末特别忙？具体在忙什么？能提前做或等节后补做吗？国外也如此？是谁规定的？是否应改革？

第一节　财务报告概述

一、编制财务报告的意义

财务报告，是指企业对外提供的反映企业某一特定日期的财务状况和某一会计期间的经营成果、现金流量等会计信息的文件。财务报告包括财务报表和其他应当在财务报告中披露的相关信息和资料。

财务会计报告包括中期报告和年度报告。中期是指短于一个完整的会计年度的报告期间，包括半年度、季度和月度。年度、半年度财务会计报告内容至少包括资产负债表、利润表、现金流量表、所有者权益变动表及附注、财务报表附注和其他应当在财务会计报告中披露的相关信息和资料。季度、月度的财务会计报告通常仅仅指财务报表。小企业编制的财务报表可以不包括现金流量表和所有者权益变动表。

财务报表附注是指对在财务报表中列示的主要项目所作的进一步说明，以及对未能在这些报表中列示项目的说明等，是财务报表的重要组成部分。

企业的日常经营活动，一般是借助于有关凭证账簿等记录、汇总的，虽然可以提供反映会计主体的经营活动和财务收支情况的会计信息，但是，反映在会计凭证和会计账簿上的会计资料还比较分散，不集中、不概括、不便于理解和利用，很难符合国家宏观经济管理的要求，更难满足投资者、债权人等报告使用者了解该会计主体财务状况和经营成果的需要，也难满足该企业内部加强经营管理的需要。而财务报告是借助于一定的表格形式和文字说明，对会计资料进行综合处理，使之条理化、系统化，以总括反映会计主体经营活动的财务状况、经营成果以及财务收支情况。

财务报告所提供的会计信息，是投资者、债权人、银行、税务、供应商等报告使用者了解企业单位的财务状况、经营成果和经济效益，进而了解投资风险和投资报酬，债权能否顺利收回等情况的主要来源，是投资者进行投资决策、贷款者决定贷款去向、供应商决定销售策略的重要依据，也是国家经济管理部门制定宏观经济管理政策，作出经济决策重要的信息来源。

财务报告所提供的会计信息，还是企业内部管理人员了解企业经营状况和经营成果的重要经济信息来源；企业决策人员可以根据报表所反映的情况总结经验，制定改善经营管理的措施，不断提高企业的经济效益。

二、财务报表的分类

财务报表是综合反映企业某一特定日期的资产、负债和所有者权益状况，以及某一特定时期的经营成果和现金流动情况的书面文件。它是企业根据日常的会计核算资料归集、加工和汇总后形成的，是企业会计核算的最终成果。财务报表是企业“财务会计报告”中的主要组成部分。根据《企业会计准则第 30 号——财务报表列报》的规定，财务报表至少应当包括下列组成部分：①资产负债表；②利润表；③现金流量表；④所有者权益（或股东权益，下同）变动表；⑤附注。财务报表可以根据不同标准进行分类，以区别其性质和内容。

（一）按反映内容进行分类

按财务报表反映内容的不同，可以分为静态报表和动态报表。静态报表是指综合反映企业某一特定日期的资产、负债和所有者权益状况的报表，如资产负债表；动态报表是综合反映企业一定期间的经营情况和现金流动情况的报表，如利润表和现金流量表。

（二）按编报时间分类

按财务报表编制时间的不同，可以分为月报、季报、半年报和年报。其次，月报要求简明扼要，及时反映；年报要求揭示完整，反映全面；季报和半年报在会计信息的详细程度方面，则介于二者之间。《企业会计准则》将半年度、季度和月度财务会计报告统称为中期财务会计报告。季度和月度财务会计报告通常仅指财务报表，但国家另有要求的，则应按国家要求增加相关资料。半年度中期财务会计报告中的财务报表附注至少应当披露所有重大的事项。

（三）按编制单位分类

按财务报表编制单位的不同，可以分为单位报表和合并报表。单位报表是指由企业在自身会计核算基础上对账簿记录进行加工而编制的财务报表，它主要用以反映企业自身的财务状况、经营成果和现金流动情况。但单位对其他单位的投资占该单位的注册资本总额50%（不含50%）以上，或虽然占该单位注册资本总额不足50%但具有实质控制权，形成母子公司关系时，应当编制合并财务报表。合并报表是以母公司和子公司组成的企业集团为会计主体，根据母公司和所属子公司的财务报表，由母公司编制的综合反映企业集团财务状况、经营成果及现金流量的财务报表。

（四）按服务对象分类

按照财务报表服务对象的不同，可以分为内部报表和外部报表。内部报表是指为满足企业内部经营管理需要而编制的财务报表，它一般不需由《企业会计准则》规定统一的格式，也没有的统一的编制要求，一般也无须对外公开；外部报表则是指企业向外提供的财务报表，主要供投资者、债权人、政府部门和社会公众等有关方面使用，《企业会计准则》对其规定了统一的格式和编制要求。

三、财务报表的编制要求

（一）财务报表列报的基本要求

1. 列报基础

（1）企业应当在持续经营的基础上编制财务报表。企业管理层应当评价企业的持续经营能力，对持续经营能力产生重大怀疑的，应当在附注中披露导致对持续经营能力产生重大怀疑的影响因素。

（2）企业正式决定或被迫在当期或将在下一个会计期间进行清算或停止营业的，表明其处于非持续经营状态，应当采用其他基础编制财务报表，并在附注中声明财务报表未以持续经营为基础列报、披露未以持续经营为基础的原因和财务报表的编制基础。

2. 重要性的判断

（1）判断项目性质的重要性，应当考虑该项目的性质是否属于企业日常活动等因素。

（2）判断项目金额大小的重要性，应当通过单项金额占资产总额、负债总额、所有者权益总额、营业收入总额、营业成本总额、净利润等直接相关项目金额的比重加以确定。

3. 正常营业周期

本准则判断流动资产、流动负债所指的一个正常营业周期，通常是指企业从购买用于加工的资产起至实现现金或现金等价物的期间。

正常营业周期通常短于一年，在一年内有几个营业周期。但是，也存在正常营业周期长于一年的情况，如房地产开发企业开发用于出售的房地产开发产品，造船企业制造用于出售的大型船只等，往往超过一年才变现、出售或耗用，仍应划分为流动资产。正常营业周期不能确定的，应当以一年（12 个月）作为正常营业周期。

4. 终止经营

终止经营，是指企业已被处置或被划归为持有待售的、在经营和编制财务报表时能够单独区分的组成部分，该组成部分按照企业计划将整体或部分进行处置。

同时满足下列条件的企业组成部分应当确认为持有待售：

（1）企业已经就处置该组成部分作出决议。

（2）企业已经与受让方签订了不可撤销的转让协议。

（3）该项转让将在一年内完成。

5. 列报的一致性

可比性是会计信息质量的一项重要质量要求，目的是使同一企业不同期间和同一期间不同企业的财务报表相互可比。为此，财务报表项目的列报应当在各个会计期间保持一致，不得随意变更，这一要求不仅只针对财务报表中的项目名称，还包括财务报表项目的分类、排列顺序等方面。

在以下规定的特殊情况下，财务报表项目的列报是可以改变的：①会计准则要求改变；②企业经营业务的性质发生重大变化后，变更财务报表项目的列报能够提供更可靠、更相关的会计信息。

6. 比较信息的列报

企业在列报当期财务报表时，至少应当提供所有列报项目上一可比会计期间的比较数据，以及与理解当期财务报表相关的说明，目的是向报表使用者提供对比数据，提高信息在会计期间的可比性，以反映企业财务状况、经营成果和现金流量的发展趋势，提高报表使用者的判断与决策能力。

在财务报表项目的列报确需发生变更的情况下，企业应当对上期比较数据按照当期的列报要求进行调整，并在附注中披露调整的原因和性质，以及调整的各项目金额。但是，在某些情况下，对上期比较数据进行调整是不切实可行的，则应当在附注中披露不能调整的原因。

7. 财务报表表首的列报要求

财务报表一般分为表首、正表两部分，其中，在表首部分企业应当概括地说明下列基本信息：①编报企业的名称，如企业名称在所属当期发生了变更的，还应明确标明；②对资产负债表而言，须披露资产负债表日，而对利润表、现金流量表、所有者权益变动表而言，须披露报表涵盖的会计期间；③货币名称和单位，按照我国企业会计准则的规定，企业应当以人民币作为记账本位币列报，并标明金额单位，如人民币元、人民币万元等；④财务报表是合并财务报表的，应当予以标明。

8. 报告期间

企业至少应当编制年度财务报表。根据《中华人民共和国会计法》的规定，会计年度自公历 1 月 1 日起至 12 月 31 日止。因此，在编制年度财务报表时，可能存在年度财务报表涵盖的期间短于一年的情况，比如企业在年度中间（如 3 月 1 日）开始设立，在这种情况下，企业应当披露年度财务报表的实际涵盖期间及其短于一年的原因，并应当说明由此引起财务报表项目与比较数据不具可比性这一事实。

（二）财务报表列报的质量要求

为了使财务报表能够最大限度地满足各有关方面的需要，实现编制财务报表的基本目的，充分发挥财务报表的作用，企业编制的财务报表还应当符合以下几点质量要求。

1. 数字真实

编制财务报表必须如实反映会计主体的财务状况和经营情况。财务报表所提供的会计信息是实际数，不能用估计数进行代替，更不能弄虚作假，篡改数字，隐瞒谎报。因此，财务报表必须根据合适无误的账簿及相关资料编制，不得以任何方式弄虚作假。如果财务报表所提供的资料不真实或可靠性很差，则不仅不能发挥财务报表的应有作用，而且还会由于错误的信息，导致财务报表使用者对企业的财务状况、经营成果和现金流动情况作出错误的评价和判断，致使报表使用者作出错误的决策。因此，在编制报表前必须要做好以下几项工作：

（1）按期结账。在结账之前，所有已经发生的收入、支出、债权、债务，应该摊销或预提费用以及其他已经完成的经营活动和财务收支事项，都应全部登记入账。

（2）认真对账和进行财产清查。对于各种账簿记录，在编表之前，必须认真地审查和核对，对有关财产物资进行盘点和清查，对应收、应付款项和银行存（借）款进行查询核对，以达到账证相符、账账相符、账实相符、账款相符。在清查中应对财务报表中各项会计要素进行合理的确认和计量，不得随意更改。

（3）在结账、对账和财产清查的基础上，通过编制总分类账户本期发生额试算平衡表以验算账目有无错漏，为正确编制财务报表提供可靠的数据。在编报以后，还必须认真复核，做到账表相符，报表和报表之间有关数字衔接一致。

2. 内容完整

企业财务报表应当全面地披露企业的财务状况、经营成果和现金流动情况，完整地反映企业财务活动的过程和结果，以满足各有关方面对财务会计信息资料的需要。为了保证财务报表的全面完整，企业在编制财务报表时，应当按照《企业会计准则》规定的格式和内容填报。特别是对某些重要事项，应当按照要求在财务报表附注中进行说明，不得漏编漏报。

3. 说明清楚

财务报表中需要加以说明的项目，在财务报表附注中用简要的文字和数字加以说明，对财务报表中主要指标的构成和计算方法，本报告期发生的特殊情况，如经营范围变化、经营结构变更以及本报告期经济效益影响较大的各种因素都必须加以说明。

4. 报送及时

企业财务报表所提供的信息资料，应当具有很强的时效性。只有及时编制和报送财务报表，才能为使用者提供决策所需的信息资料。否则，即使财务报表的编制非常真实可靠、全面完整且具有可比性，但由于编报不及时，也可能失去其应有的使用价值。随着市场经济和信息技术的迅速发展，财务报表的及时性要求将变得日益重要。要保证财务报表的编报及时，必须加强日常的核算工作，认真做好记账、算账、对账和财产清查，调整账面工作；同时加强会计人员的配合协作。但不能为赶编财务报表而提前结账，更不能为了提前报送而影响报表质量。

第二节　资产负债表

资产负债表是反映企业某一特定日期（如月末、季末、年末等）财务状况的财务报表。它是根据“资产 = 负债 + 所有者权益”这一会计等式，依照一定的分类标准和顺序，将企业在一定日期的全部资产、负债和所有者权益项目进行适当的分类、汇总、排列编制而成的。资产负债表可以反映企业资产、负债和所有者去权益的全貌。通过编制资产负债表，可以反映企业资产的构成及其状况，分析企业在报告期所拥有的经济资源及其分布情况；可以反映企业某一日期的负债总额及其结构，分析企业目前与未来需要支付的债务数额；可以反映企业所有者权益的情况，了解企业现有的投资者在企业资产总额中所占的份额。通过资产负债表，可以帮助报表使用者全面了解企业的财务状况，分析企业的债务偿还能力，从而为未来的经济决策提供参考。

一、资产负债表的内容和结构

（一）资产负债表的内容

资产负债的内容主要反映以下三个方面：

1. 资产

资产负债表中的资产反映由过去交易、事项形成并由企业在某一特定日期所拥有或控制的、预期会给企业带来经济利益的资源。资产一般按照流动性的大小或变现能力的强弱，分为流动资产和非流动资产，并进一步分项列示。

流动资产项目是指预期在一年或者超过一年的一个正常营业周期内变现或耗用的资产，通常包括：货币资金、交易性金融资产、应收票据、应收账款、其他应收款、预付账款、应收补贴款、存货和一年内到期的长期债券投资等。在应收账款、其他应收款、存货项目计提了跌价准备或坏账准备的情况下，资产负债表中以上三个项目的金额应为抵减了各该减值或坏账准备后的净额。

非流动资产是指流动资产以外的资产，包括可供出售金融资产、长期股权投资、固定资产和无形资产等项目。

2. 负债

资产负债表中的负债反映企业在某一特定日期企业所承担的、预期会导致经济利益流出企业的现时义务。负债一般按照其承担经济义务期限的长短，分为流动负债和长期负债，并分项列示。

流动负债项目是指预期在一年或超过一年的一个正常营业周期内偿还的负债，包括：短期借款、应付票据、应付账款、其他应付款、应付职工薪酬、应交税费和应付利息等。

长期负债是指流动负债以外的负债，主要包括长期借款、应付债券、长期应付款等。

3. 所有者权益

资产负债表中的所有者权益反映企业在某一特定日期股东（投资者）拥有的净资产的总额，它一般按照实收资本、资本公积、盈余公积和未分配利润分项列示。

（二）资产负债表的结构

目前，国际上流行的资产负债表格式主要有账户式和报告式两种。根据我国《企业会计准则》的规定，我国企业的资产负债表采用账户式结构（参见本节第三条的表10－1）。

账户式资产负债表分左右两边，左方为资产项目，按资产的流动性大小排列：流动性大的资产如“货币资金”、“应收账款”和“存货”等项目排在前面，而流动性弱的“长期股权投资”、“固定资产”等则排在后面；右方位负债及所有者权益项目，一般按求偿权先后顺序排列：短期借款、应付票据等流动负债排在前面，长期借款等需要一年以上的或者长于一年的一个营业周期以上才需偿还的长期负债排在中间，在企业清算之前不需要偿还的所有者权益项目排在后面。

为了提高资产负债表的利用效率，资产负债表设计时采用了前后期对比方式编列，表中各项目不仅列出了期末数，还列示了年初数，相当于两年期的资产负债表，报表使用者利用期末数与年初数的比较，便可了解企业财务状况以及企业经营发展趋势。

二、资产负债表的编制方法

（一）资产负债表的资料来源

通常，资产负债表的各项目均需填列“年初数”和“期末数”两栏。其中：

“年初数”栏内各项数字，应根据上年末资产负债表的“期末数”栏内所列数字填列。如果本年度资产负债表规定的各项目的名称和内容与上年不一致，则应对上年年末资产负债表各项目的名称和数字按照本年度的规定进行调整，填入本表“年初数”栏内。

资产负债表“期末余额”栏内各项数字，一般应根据资产、负债和所有者权益类科目的期末余额填列。主要包括以下方式：

（1）根据总账科目余额填列。资产负债表中的有些项目，可直接根据有关总账科目的余额填列，如“交易性金融资产”、“短期借款”、“应付票据”、“应付职工薪酬”等项目；有些项目则需根据几个总账科目的期末余额计算填列，如“货币资金”项目，需根据“库存现金”、“银行存款”、“其他货币资金”三个总账科目的期末余额的合计数填列。

（2）根据明细账科目余额计算填列。如“应付账款”项目，需要根据“应付账款”和“预付款项”两个科目所属的相关明细科目的期末贷方余额计算填列；“应收账款”项目，需要根据“应收账款”和“预收款项”两个科目所属的相关明细科目的期末借方余额计算填列。

（3）根据总账科目和明细账科目余额分析计算填列。如“长期借款”项目，需要根据“长期借款”总账科目余额扣除“长期借款”科目所属的明细科目中将在一年内到期，且企业不能自主地将清偿义务展期的长期借款后的金额计算填列。

（4）根据有关科目余额减去其备抵科目余额后的净额填列。如资产负债表中的“应收账款”项目，应当根据“应收账款”科目的期末余额减去“坏账准备”科目余额后的净额填列。“固定资产”项目，应当根据“固定资产”科目的期末余额减去“累计折旧”、“固定资产减值准备”备抵科目余额后的净额填列等。

（5）综合运用上述填列方法分析填列。如资产负债表中的“存货”项目，需要根据“原材料”、“库存商品”、“委托加工物资”、“周转材料”、“材料采购”、“在途物资”、

"发出商品"、"材料成本差异"等总账科目期末余额的分析汇总数，再减去"存货跌价准备"科目余额后的净额填列。

（二）资产负债表各项目的填列方法

下面就资产负债表中填制方法比较特殊的项目说明如下。

1. 资产项目

（1）"货币资金"项目，反映企业库存现金、银行结算户存款、外埠存款、银行汇票存款、银行本票存款、信用卡存款、信用证保证金存款等的合计数。本项目应根据"库存现金"、"银行存款"、"其他货币资金"科目期末余额的合计数填列。

（2）"交易性金融资产"项目，反映企业持有的以公允价值计量且其变动计入当期损益的为交易目的所持有的债券投资、股票投资、基金投资、权证投资等金融资产。本项目应当根据"交易性金融资产"科目的期末余额填列。

（3）"应收票据"项目，反映企业因销售商品、提供劳务等而收到的商业汇票，包括银行承兑汇票和商业承兑汇票。本项目应根据"应收票据"科目的期末余额，减去"坏账准备"科目中有关应收票据计提的坏账准备期末余额后的金额填列。

（4）"应收账款"项目，反映企业因销售商品、提供劳务等经营活动应收取的款项。本项目应根据"应收账款"和"预收账款"科目所属各明细科目的期末借方余额合计减去"坏账准备"科目中有关应收账款计提的坏账准备期末余额后的金额填列。

如"应收账款"科目所属明细科目期末有贷方余额的，应在本表"预收款项"项目内填列。

（5）"预付款项"项目，反映企业按照购货合同规定预付给供应单位的款项等。本项目应根据"预付账款"和"应付账款"科目所属各明细科目的期末借方余额合计数，减去"坏账准备"科目中有关预付款项计提的坏账准备期末余额后的金额填列。

如"预付账款"科目所属各明细科目期末有贷方余额的，应在资产负债表"应付账款"项目内填列。

（6）"应收利息"项目，反映企业应收取的债券投资等的利息。本项目应根据"应收利息"科目的期末余额，减去"坏账准备"科目中有关应收利息计提的坏账准备期末余额后的金额填列。

（7）"应收股利"项目，反映企业应收取的现金股利和应收取其他单位分配的利润。本项目应根据"应收股利"科目的期末余额，减去"坏账准备"科目中有关应收股利计提的坏账准备期末余额后的金额填列。

（8）"其他应收款"项目，反映企业除应收票据、应收账款、预付账款、应收股利、应收利息等经营活动以外的其他各种应收、暂付的款项。本项目应根据"其他应收款"科目的期末余额，减去"坏账准备"科目中有关其他应收款计提的坏账准备期末余额后的金额填列。

（9）"存货"项目，反映企业期末在库、在途和在加工中的各种存货的可变现净值。本项目应根据"材料采购"、"原材料"、"库存商品"、"周转材料"、"委托加工物资"、"委托代销商品"、"生产成本"等科目的期末余额合计，减去"受托代销商品款"、"存货跌价准备"科目期末余额后的金额填列。材料采用计划成本核算，以及库存商品采用计划成本核算或售价核算的企业，还应按加或减材料成本差异、商品进销差价后的金额填列。

（10）“一年内到期的非流动资产”项目，反映企业将于一年内到期的非流动资产项目金额。本项目应根据有关科目的期末余额填列。

（下面资产项目为非流动资产项目）

（11）“长期股权投资”项目，反映企业持有的对子公司、联营企业和合营企业的长期股权投资。本项目应根据“长期股权投资”科目的期末余额，减去“长期股权投资减值准备”科目的期末余额后的金额填列。

（12）“固定资产”项目，反映企业各种固定资产原价减去累计折旧和累计减值准备后的净额。本项目应根据“固定资产”科目的期末余额，减去“累计折旧”和“固定资产减值准备”科目期末余额后的金额填列。

（13）“在建工程”项目，反映企业期末各项未完工程的实际支出，包括交付安装的设备价值、未完建筑安装工程已经耗用的材料、工资和费用支出、预付出包工程的价款等的可收回金额。本项目应根据“在建工程”科目的期末余额，减去“在建工程减值准备”科目期末余额后的金额填列。

（14）“工程物资”项目，反映企业尚未使用的各项工程物资的实际成本。本项目应根据“工程物资”科目的期末余额填列。

（15）“固定资产清理”项目，反映企业因出售、毁损、报废等原因转入清理但尚未清理完毕的固定资产的净值，以及固定资产清理过程中所发生的清理费用和变价收入等各项金额的差额。本项目应根据“固定资产清理”科目的期末借方余额填列，如“固定资产清理”科目期末为贷方余额，以“－”号填列。

（16）“无形资产”项目，反映企业持有的无形资产，包括专利权、非专利技术、商标权、著作权、土地使用权等。本项目应根据“无形资产”的期末余额，减去“累计摊销”和“无形资产减值准备”科目期末余额后的金额填列。

（17）“研发支出”项目，反映企业开发无形资产过程中能够资本化形成无形资产成本的支出部分。本项目应当根据“研发支出”科目中所属的“资本化支出”明细科目期末余额填列。

（18）“长期待摊费用”项目，反映企业已经发生但应由本期和以后各期负担的分摊期限在一年以上的各项费用。长期待摊费用中在一年内（含一年）摊销的部分，在资产负债表“一年内到期的非流动资产”项目填列。本项目应根据“长期待摊费用”科目的期末余额减去将于一年内（含一年）摊销的数额后的金额填列。

（19）“其他非流动资产”项目，反映企业除长期股权投资、固定资产、在建工程、工程物资、无形资产等以外的其他非流动资产。本项目应根据有关科目的期末余额填列。

2. 负债项目的填列方法

（1）“短期借款”项目，反映企业向银行或其他金融机构等借入的期限在一年以下（含一年）的各种借款。本项目应根据“短期借款”科目的期末余额填列。

（2）“应付票据”项目，反映企业购买材料、商品和接受劳务供应等而开出、承兑的商业汇票，包括银行承兑汇票和商业承兑汇票。本项目应根据“应付票据”科目的期末余额填列。

（3）“应付账款”项目，反映企业因购买材料、商品和接受劳务供应等经营活动应支付的款项。本项目应根据“应付账款”和“预付账款”科目所属各明细科目的期末贷方余额合计数填列；如“应付账款”科目所属明细科目期末有借方余额的，应在资产负债表“预付款项”项目内填列。

（4）“预收账款”项目，反映企业按照购货合同规定预付给供应单位的款项。本项目应根据“预收账款”和“应收账款”科目所属各明细科目的期末贷方余额合计数填列。如“预收账款”科目所属各明细科目期末有借方余额，应在资产负债表“应收账款”项目内填列。

（5）“应付职工薪酬”项目，反映企业根据有关规定应付给职工的工资、职工福利、社会保险费、住房公积金、工会经费、职工教育经费、非货币性福利、辞退福利等各种薪酬。外商投资企业按规定从净利润中提取的职工奖励及福利基金，也在本项目列示。

（6）“应交税费”项目，反映企业按照税法规定计算应缴纳的各种税费，包括增值税、消费税、营业税、所得税、资源税、土地增值税、城市维护建设税、房产税、土地使用税、车船税、教育费附加、矿产资源补偿费等。企业代扣代缴的个人所得税，也通过本项目列示。企业所缴纳的税金不需要预计应缴数的，如印花税、耕地占用税等，不在本项目列示。本项目应根据“应交税费”科目的期末贷方余额填列；如“应交税费”科目期末为借方余额，应以“－”号填列。

（7）“应付利息”项目，反映企业按照规定应当支付的利息，包括分期付息到期还本的长期借款应支付的利息、企业发行的企业债券应支付的利息等。本项目应当根据“应付利息”科目的期末余额填列。

（8）“应付股利”项目，反映企业分配的现金股利或利润。企业分配的股票股利，不通过本项目列示。本项目应根据“应付股利”科目的期末余额填列。

（9）“其他应付款”项目，反映企业除应付票据、应付账款、预收款项、应付职工薪酬、应付股利、应付利息、应交税费等经营活动以外的其他各项应付、暂收的款项。本项目应根据“其他应付款”科目的期末余额填列。

（10）“一年内到期的非流动负债”项目，反映企业非流动负债中将于资产负债表日后一年内（含一年）到期部分的金额，如将于一年内偿还的长期借款。本项目应根据有关科目的期末余额填列。

（11）“长期借款”项目，反映企业向银行或其他金融机构借入的期限在一年以上（不含一年）的各项借款。本项目应根据“长期借款”科目的期末余额填列。

（12）“应付债券”项目，反映企业为筹集长期资金而发行的债券本金和利息。本项目应根据“应付债券”科目的期末余额填列。

（13）“其他非流动负债”项目，反映企业除长期借款、应付债券等项目以外的其他非流动负债。本项目应根据有关科目的期末余额填列。其他非流动负债项目应根据有关科目期末余额减去将于一年内（含一年）到期偿还数后的余额填列。非流动负债各项目中将于一年内（含一年）到期的非流动负债，应在“一年内到期的非流动负债”项目内单独反映。

3. 所有者权益项目的填列方法

（1）“实收资本（或股本）”项目，反映企业各投资者实际投入的资本（或股本）总额。本项目应根据“实收资本（或股本）”科目的期末余额填列。

（2）“资本公积”项目，反映企业资本公积的期末余额。本项目应根据“资本公积”科目的期末余额填列。

（3）“盈余公积”项目，反映企业盈余公积的期末余额。本项目应根据“盈余公积”科目的期末余额填列。

（4）“未分配利润”项目，反映企业尚未分配的利润。本项目应根据“本年利润”科目和“利润分配”科目的余额计算填列。未弥补的亏损在本项目内以“－”号填列。

三、资产负债表编制举例

银海集团20×8年12月31日的资产负债表（年初余额略）及20×9年12月31日的科目余额表分别见表10－1和表10－2。假设银海集团公司20×9年度资产和负债项目的账面价值均等于其计税基础。假定银海集团公司适用的所得税税率为25%。

表10－1　　　　**资产负债表**

会企01表

编制单位：银海集团　　　　20×8年12月31日　　　　单位：元

资　产	年初余额	年末余额	负债和所有者权益（或股东权益）	年初余额	年末余额
流动资产：			流动负债：		
货币资金	800 000	207 460	短期借款		100 000
交易性金融资产			交易性金融负债		
应收票据		360 000	应付票据		200 000
应收账款		760 000	应付账款		117 000
预付款项			预收款项		
应收利息			应付职工薪酬		140 000
应收股利			应交税费		26 460
其他应收款			应付利息		
存货		640 000	应付股利		
一年内到期的非流动资产			其他应付款		
其他流动资产			一年内到期的非流动负债		
流动资产合计			其他流动负债		
非流动资产：			流动负债合计		
可供出售金融资产			非流动负债：		
持有至到期投资			长期借款		
长期应收款			应付债券		120 000
长期股权投资			长期应付款		
投资性房地产			专项应付款		
固定资产	500 000	486 000	预计负债		
在建工程			递延所得税负债		

续表

资　产	年初余额	年末余额	负债和所有者权益	年初余额	年末余额
工程物资			其他非流动负债		
固定资产清理			非流动负债合计		
生产性生物资产			负债合计		
油气资产			所有者权益：		
无形资产	300 000	200 000	实收资本	1 600 000	2 000 000
开发支出			资本公积		
商誉			减：库存股		
长期待摊费用		80 000	盈余公积		
递延所得税资产			未分配利润		30 000
其他非流动资产			所有者权益（或股东权益）合计		
非流动资产合计					
资产总计	1 600 000	2 733 460	负债和所有者权益（或股东权益）合计	1 600 000	2 733 460

表 10－2　　银海集团 20×9 年 12 月 31 日科目汇总表

总账科目	借方余额	贷方余额	总账科目	贷方余额
现金	4 540		短期借款	184 000
银行存款	369 448		应付票据	406 240
交易性金融资产	20 000		应付账款	127 200
应收票据	1 062 000		应付职工薪酬	153 740
应收账款	1 462 000		应交税费	408 884. 20
其他应收款			长期借款	81 900
原材料	296 960		应付债券	120 000
生产成本	0		实收资本	3 100 000
库存商品	95 592		资本公积	
长期股权投资	200 600		盈余公积	11 807. 58
固定资产	998 100		利润分配	279 268. 22
累计折旧		2 200		
无形资产	292 000			
长期待摊费用	74 000			

根据上述资产负债表的编制要求，需要将有关科目发生额进行相应的合并填列。

（1）货币资金＝现金科目余额＋银行存款科目余额＋其他货币资金余额＝373 988（元）

（2）存货＝原材料科目余额＋生产成本科目余额＋库存商品科目余额＝392 552（元）

（3）固定资产＝固定资产原值－累计折旧

（4）无形资产＝无形资产原值－累计摊销

银海集团 20×9 年的资产负债表见表 10－3。

表 10－3　　**资产负债表**

会企 01 表

编制单位：银海集团　　20×9 年 12 月 31 日　　单位：元

资　产	年初余额	年末余额	负债和所有者权益（或股东权益）	年初余额	年末余额
流动资产：			流动负债：		
货币资金	207 460	373 988	短期借款	100 000	184 000
交易性金融资产		20 000	交易性金融负债		0
应收票据	360 000	1 062 000	应付票据	200 000	406 240
应收账款	760 000	1 462 000	应付账款	117 000	127 200
预付款项			预收款项		0
应收利息			应付职工薪酬	140 000	153 740
应收股利			应交税费	26 460	408 884.20
其他应收款			应付利息		
存货	640 000	392 552	应付股利		
一年内到期的非流动资产			其他应付款		
其他流动资产			一年内到期的非流动负债		
流动资产合计		3 310 540	其他流动负债		
非流动资产：			流动负债合计		1 280 064. 20
可供出售金融资产			非流动负债：		
持有至到期投资			长期借款		81 900
长期应收款			应付债券	120 000	120 000
长期股权投资		200 600	长期应付款		
投资性房地产			专项应付款		
固定资产	486 000	995 900	预计负债		
在建工程			递延所得税负债		
工程物资			其他非流动负债		
固定资产清理			非流动负债合计		201 900
生产性生物资产			负债合计		1 481 964. 20
油气资产			所有者权益：		
无形资产	200 000	292 000	实收资本（或股本）	2 000 000	
开发支出			资本公积		3 100 000
商誉			减：库存股		
长期待摊费用	80 000	74 000	盈余公积		11 807. 58
递延所得税资产			未分配利润	30 000	279 268. 22
其他非流动资产			所有者权益（或股东权益）合计		3 391 075. 80
非流动资产合计		1 562 500			
资产总计	2 733 460	4 873 040	负债和所有者权益（或股东权益）合计	2 733 460	4 873 040

第三节 利 润 表

一、利润表的内容及结构

（一）利润表的内容

利润表是反映企业在一定会计期间的经营成果的财务报表。利润表的列报必须充分反映企业经营业绩的主要来源和构成，有助于使用者判断净利润的质量及其风险，有助于使用者预测净利润的持续性，从而作出正确的决策。通过利润表，可以反映企业一定会计期间的收入实现情况，如实现的营业收入有多少、实现的投资收益有多少、实现的营业外收入有多少等；可以反映一定会计期间的费用耗费情况，如耗费的营业成本有多少、营业税费有多少、销售费用、管理费用、财务费用各有多少、营业外支出有多少等；可以反映企业生产经营活动的成果，即净利润的实现情况，据以判断资本保值、增值情况。将利润表中的信息与资产负债表中的信息相结合，还可以提供进行财务分析的基本资料，如将赊销收入净额与应收账款平均余额进行比较，计算出应收账款周转率；将销货成本与存货平均余额进行比较，计算出存货周转率；将净利润与资产总额进行比较，计算出资产收益率等，可以表现企业资金周转情况以及企业的盈利能力和水平，便于报表使用者判断企业未来的发展趋势，作出经济决策。

（二）利润表的结构

利润表由表头、表身和表尾等部分组成。

常见的利润表结构主要有单步式和多步式两种。在我国，企业利润表采用的基本上是多步式结构，即通过对当期的收入、费用、支出项目按性质加以归类，按利润形成的主要环节列示一些中间性利润指标，分步计算当期损益。

利润表主要反映以下几方面的内容：①营业收入，由主营业务收入和其他业务收入组成。②营业利润，营业收入减去营业成本（主营业务成本、其他业务成本）、营业税金及附加、销售费用、管理费用、财务费用、资产减值损失，加上公允价值变动收益、投资收益，即为营业利润。③利润总额，营业利润加上营业外收入，减去营业外支出，即为利润总额。④净利润，利润总额减去所得税费用，即为净利润。⑤每股收益，普通股或潜在普通股已公开交易的企业，以及正处于公开发行普通股或潜在普通股过程中的企业，还应当在利润表中列示每股收益信息，包括基本每股收益和稀释每股收益两项指标。

此外，为了使报表使用者通过比较不同期间利润的实现情况，判断企业经营成果的未来发展趋势，企业需要提供比较利润表，利润表还就各项目再分为“本期金额”和“上期金额”两栏分别填列。利润表具体格式见本节第三点的表 10－5。

二、利润表的填制方法

利润表中各项目的数据来源主要是根据各损益类科目的发生额分析填列。

1. 上期金额栏的填列方法

利润表“上年金额”栏内各项数字，应根据上年度利润表“本年金额”栏内所列数字填列。如果上年度利润表规定的各个项目的名称和内容同本年度不相一致，应对上年度利润表各项目的名称和数字按本年度的规定进行调整，填入利润表“上年金额”栏内。

2. 本期金额栏的填列方法

利润表“本年金额”栏内各项数字一般应根据本期损益类科目的发生额分析填列。具体包括：

（1）“营业收入”项目，反映企业经营主要业务和其他业务所确认的收入总额。本项目应根据“主营业务收入”和“其他业务收入”科目的发生额分析填列。

（2）“营业成本”项目，反映企业经营主要业务和其他业务所发生的成本总额。本项目应根据“主营业务成本”和“其他业务成本”科目的发生额分析填列。

（3）“营业税金及附加”项目，反映企业经营业务应负担的消费税、营业税、城市建设维护税、资源税、土地增值税和教育费附加等。本项目应根据“营业税金及附加”科目的发生额分析填列。

（4）“销售费用”项目，反映企业在销售商品过程中发生的包装费、广告费等费用和为销售本企业商品而专设的销售机构的职工薪酬、业务费等经营费用。本项目应根据“销售费用”科目的发生额分析填列。

（5）“管理费用”项目，反映企业为组织和管理生产经营发生的管理费用。本项目应根据“管理费用”的发生额分析填列。

（6）“财务费用”项目，反映企业筹集生产经营所需资金等而发生的筹资费用。本项目应根据“财务费用”科目的发生额分析填列。

（7）“资产减值损失”项目，反映企业各项资产发生的减值损失。本项目应根据“资产减值损失”科目的发生额分析填列。

（8）“公允价值变动收益”项目，反映企业应当计入当期损益的资产或负债公允价值变动收益。本项目应根据“公允价值变动损益”科目的发生额分析填列，如为净损失，本项目以“－”号填列。

（9）“投资收益”项目，反映企业以各种方式对外投资所取得的收益。本项目应根据“投资收益”科目的发生额分析填列。如为投资损失，本项目以“－”号填列。

（10）“营业利润”项目，反映企业实现的营业利润。如为亏损，本项目以“－”号填列。

（11）“营业外收入”项目，反映企业发生的与经营业务无直接关系的各项收入。本项目应根据“营业外收入”科目的发生额分析填列。

（12）“营业外支出”项目，反映企业发生的与经营业务无直接关系的各项支出。本项目应根据“营业外支出”科目的发生额分析填列。

（13）“利润总额”项目，反映企业实现的利润。如为亏损，本项目以“－”号填列。本项目根据下列关系计算填列：

利润总额＝营业利润＋营业外收入－营业外支出

（14）“所得税费用”项目，反映企业应从当期利润总额中扣除的所得税费用。本项目应根据“所得税费用”科目的发生额分析填列。

（15）“净利润”项目，反映企业实现的净利润。如为亏损，本项目以“－”号填列。

本项目根据下列关系计算填列：

净利润＝利润总额－所得税

（16）“基本每股收益”和“稀释每股收益”项目，反映普通股股东每持有一股所能享有的企业利润或需承担的企业亏损。不存在稀释性潜在普通股的企业应当单独列示基本每股收益；存在稀释性潜在普通股的企业应当单独列示基本每股收益和稀释每股收益。

三、利润表编制示例

银海集团公司 20×9 年度有关损益类科目本年累计发生净额如表 10－4 所示。

表 10－4　　银海集团公司损益类科目 20×9 年度累计发生净额　　单位：元

科目名称	借方发生额	贷方发生额
主营业务收入		1 250 000
主营业务成本	750 000	
营业税金及附加	2 000	
销售费用	20 000	
管理费用	157 100	
财务费用	41 500	
资产减值损失	30 900	
投资收益		31 500
营业外收入		50 000
营业外支出	19 700	
所得税费用	85 300	

根据上述资料，编制银海集团公司 20×9 年度利润表，如表 10－5 所示。

表 10－5　　利　润　表

会企 02 表

编制单位；银海集团公司　　20×9 年　　单位：元

项　目	本期金额	上期金额（略）
一、营业收入	1 250 000	
减：营业成本	750 000	
营业税金及附加	2 000	
销售费用	20 000	
管理费用	157 100	
财务费用	41 500	
资产减值损失	30 900	
加：公允价值变动收益（损失以“－”号填列）	0	
投资收益（损失以“－”号填列）	31 500	
其中：对联营企业和合营企业的投资收益	0	
二、营业利润（亏损以“－”号填列）	280 000	

续表

项　目	本期金额	上期金额（略）
加：营业外收入	50 000	
减：营业外支出	19 700	
其中：非流动资产处置损失	（略）	
三、利润总额（亏损总额以“－”号填列）	310 300	
减：所得税费用	85 300	
四、净利润（净亏损以“－”号填列）	225 000	
五、每股收益：	（略）	
（一）基本每股收益		
（二）稀释每股收益		

第四节　现金流量表

一、现金流量表的内容及结构

（一）现金流量表的内容

现金流量表，是指反映企业在一定会计期间现金和现金等价物流入和流出的报表。从编制原则上看，现金流量表按照收付实现制原则编制，将权责发生制下的盈利信息调整为收付实现制下的现金流量信息，便于信息使用者了解企业净利润的质量。从内容上看，现金流量表被划分为经营活动、投资活动和筹资活动三个部分，每类活动又分为各具体项目，这些项目从不同角度反映企业业务活动的现金流入与流出，弥补了资产负债表和利润表提供信息的不足。通过现金流量表，报表使用者能够了解现金流量的影响因素，评价企业的支付能力、偿债能力和周转能力，预测企业未来现金流量，为其决策提供有力依据。

现金流量表的现金，包括现金和现金等价物。其中，现金是指企业库存现金以及可以随时用于支付的存款；现金等价物，是指企业持有的期限短（一般等于或少于 3 个月）、流动性强、易于转换为已知金额现金、价值变动风险很小的投资。凡不能随时支付的定期存款和长期性投资均不能作为现金。

现金流量，是指企业在一定会计期间现金和现金等价物的流入和流出的数量。

在现金流量表中，现金及现金等价物被视为一个整体，企业现金形式的转换不会产生现金的流入和流出。例如，企业从银行提取现金，是企业现金存放形式的转换，并未流出企业，不构成现金流量。同样，现金与现金等价物之间的转换也不属于现金流量，例如，企业用现金购买三个月到期的国库券。

（二）现金流量表的结构

根据企业业务活动的性质和现金流量的来源，现金流量表在结构上将企业一定期间产生的现金流量分为三类：经营活动产生的现金流量、投资活动产生的现金流量和筹资活动产生的现金流量。

现金流量表的结构包括基本报表和补充资料（在附注中披露）。

1. 基本报表

基本报表的内容有六项：一是经营活动产生的现金流量，主要包括销售商品、提供劳务、税费返还、购买商品、支付工资、缴纳税费等；二是投资活动产生的现金流量，主要包括收回投资，取得投资收益，处置固定资产、无形资产和其他长期资产收入等；三是筹资活动产生的现金流量，主要包括吸收投资、取得借款等；四是汇率变动对现金的影响；五是现金及现金等价物净增加额；六是期末现金及现金等价物余额。

2. 补充资料

补充资料有三项：一是将净利润调节为经营活动产生的现金流量；二是不涉及现金收支的重大投资和筹资活动；三是现金及现金等价物净变动情况。

3. 基本报表和补充资料的关系

（1）基本报表中的第一项经营活动产生的现金流量净额和补充资料中的第一项经营活动产生的现金流量净额应该相等；

（2）基本报表中的第五项与补充资料中的第三项存在钩稽关系，金额应当一致；

（3）基本报表中的数字是现金流入与现金流出的差额，补充资料中的数字是现金与现金等价物期末数与期初数的差额，其计算依据不同，但结果应当一致，两者应当核对相符。

现金流量表的具体格式见表 10－6 和表 10－7。

二、现金流量表的填列方法

（一）经营活动产生的现金流量

经营活动是指企业投资活动和筹资活动以外的所有交易或事项。各类企业由于行业特点不同，对经营活动的认定存在一定差异。对于工商企业而言，经营活动主要包括销售商品、提供劳务、购买商品、接受劳务、支付税费等。对于商业银行而言，经营活动主要包括吸收存款、发放贷款、同业存放、同业拆借等。对于保险公司而言，经营活动主要包括原保险业务和再保险业务等。对于证券公司而言，经营活动主要包括自营证券、代理承销证券、代理兑付证券、代理买卖证券等。

在我国，企业经营活动产生的现金流量应当采用直接法填列。直接法，是指通过现金收入和现金支出的主要类别列示经营活动的现金流量。

（二）投资活动产生的现金流量

投资活动是指企业长期资产的购建和不包括在现金等价物范围内的投资及其处置活动。长期资产是指固定资产、无形资产、在建工程、其他资产等持有期限在一年或一个营业周期以上的资产。这里所讲的投资活动，既包括实物资产投资，也包括金融资产投资。这里之所以将“包括在现金等价物范围内的投资”排除在外，是因为已经将包括在现金等价物范围内的投资视同现金。不同企业由于行业特点不同，对投资活动的认定也存在差异。例如，交易性金融资产所产生的现金流量，对于工商业企业而言，属于投资活动现金流量，而对于证券公司而言，属于经营活动现金流量。

（三）筹资活动产生的现金流量

筹资活动是指导致企业资本及债务规模和构成发生变化的活动。这里所说的资本，既包括实收资本（股本），也包括资本溢价（股本溢价）；这里所说的债务，指对外举债，包括向银行借款、发行债券以及偿还债务等。通常情况下，应付账款、应付票据等商业应付款属于经营活动，不属于筹资活动。

此外，对于企业日常活动之外特殊的、不经常发生的特殊项目，如自然灾害损失、保险赔款、捐赠等，应当归并到相关类别中，并单独反映。比如，对于自然灾害损失和保险赔款，如果能够确指属于流动资产损失，应当列入经营活动产生的现金流量；属于固定资产损失，应当列入投资活动产生的现金流量。

（四）汇率变动对现金及现金等价物的影响

编制现金流量表时，应当将企业外币现金流量以及境外子公司的现金流量折算成记账本位币。外币现金流量以及境外子公司的现金流量，应当采用现金流量发生日的即期汇率或按照系统合理的方法确定的、与现金流量发生日即期汇率近似的汇率折算。汇率变动对现金的影响额应当作为调节项目，在现金流量表中单独列报。

汇率变动对现金的影响，指企业外币现金流量及境外子公司的现金流量折算成记账本位币时，所采用的是现金流量发生日的汇率或按照系统合理的方法确定的、与现金流量发生日即期汇率近似的汇率，而现金流量表“现金及现金等价物净增加额”项目中外币现金净增加额是按资产负债表日的即期汇率折算的。这两者的差额即为汇率变动对现金的影响。

在编制现金流量表时，对当期发生的外币业务，也可不必逐笔计算汇率变动对现金的影响，可以通过现金流量表补充资料中“现金及现金等价物净增加额”数额与现金流量表中“经营活动产生的现金流量净额”、“投资活动产生的现金流量净额”、“筹资活动产生的现金流量净额”三项之和比较，其差额即为“汇率变动对现金的影响额”。

（五）现金流量表补充资料

除现金流量表反映的信息外，企业还应在附注中披露将净利润调节为经营活动现金流量、不涉及现金收支的重大投资和筹资活动、现金及现金等价物净变动等信息。

1. 将净利润调节为经营活动现金流量

现金流量表采用直接法反映经营活动产生的现金流量，同时，企业还应采用间接法反映经营活动产生的现金流量。间接法，是指以本期净利润为起点，通过调整不涉及现金的收入、费用、营业外收支以及经营性应收应付等项目的增减变动，调整不属于经营活动的现金收支项目，据此计算并列报经营活动产生的现金流量的方法。在我国，现金流量表补充资料应采用间接法反映经营活动产生的现金流量情况，以对现金流量表中采用直接法反映的经营活动现金流量进行核对和补充说明。

采用间接法列报经营活动产生的现金流量时，需要对四大类项目进行调整：①实际没有支付现金的费用；②实际没有收到现金的收益；③不属于经营活动的损益；④经营性应收应付项目的增减变动。

2. 不涉及现金收支的重大投资和筹资活动

不涉及现金收支的重大投资和筹资活动，反映企业一定期间内影响资产或负债但不形成该期现金收支的所有投资和筹资活动的信息。这些投资和筹资活动虽然不涉及现金收支，但对以后各期的现金流量有重大影响，例如，企业融资租入设备，将形成的负债计入“长期应付款”账户，当期并不支付设备款及租金，但以后各期必须为此支付现金，从而在一定期间内形成了一项固定的现金支出。

企业应当在附注中披露不涉及当期现金收支，但影响企业财务状况或在未来可能影响企业现金流量的重大投资和筹资活动，主要包括：①债务转为资本，反映企业本期转为资本的债务金额；②一年内到期的可转换公司债券，反映企业一年内到期的可转换公司债券的本息；③融资租入固定资产，反映企业本期融资租入的固定资产。

3. 现金和现金等价物的构成

企业应当在附注中披露与现金和现金等价物有关的下列信息：①现金和现金等价物的构成及其在资产负债表中的相应金额；②企业持有但不能由母公司或集团内其他子公司使用的大额现金和现金等价物金额。企业持有现金和现金等价物金额但不能被集团使用的情形多种多样，例如，国外经营的子公司，由于受当地外汇管制或其他立法的限制，其持有的现金和现金等价物，不能由母公司或其他子公司正常使用。

三、现金流量表的编制方法及程序

现金流量表是从资产负债表和损益表的基础上产生的。编写某一会计期间的现金流量表将用到两张资产负债表和一张损益表，即该会计期间的损益表和期初、期末的资产负债表（期初资产负债表即为上期期末的资产负债表）。

现金流量表从两个方面分析现金流量来自何处、又流向哪里。首先，根据某些项目对当期的收益做出调整，使其符合每日现金收益概念。第二，对比两张连续的资产负债表，分析企业报表中每一个项目的变化，并分析变化对现金余额的影响。

以一个企业为例来解释这些概念可能会有些难度，所以先从我们熟悉的身边发生的个人案例来进行讲解。

【例 10－1】假设黄明每年有税后收入 50 000 元，其中 40 000 元用于日常生活开销。年初时，除了 10 000 元的银行存款，没有其他的资产或者债务。另外，假设他这一年花 30 000 元买了一辆微型轿车，其中有 25 000 元是来自于银行汽车贷款。年底时他有 15 000 元的银行存款。

现金流量表以突出现金流入量和现金流出量的方法描述交易活动，而“从哪里流入”和“从哪里流出”通常被称做现金的来源和现金的占用。将年初现金余额加上本年的净现金流量，得到年末余额。

如下所示：

现金收益	50 000
生活消费用现金	(40 000)
来自收益的净现金	10 000
来自贷款的净现金	25 000
购车使用的现金	(30 000)
现金净流入/(流出)	5 000

期初现金余额	10 000
净现金流量	5 000
期末现金余额	15 000

这个例子中，来自收益的净现金类似于经过非现金项目调整后的企业净收益。这部分对黄明来说，是重要的现金来源。

黄明占用 30 000 元购买汽车，使得他的固定资产增加了 30 000 元。一般来说，固定资产增加会导致现金支出。黄明同时也从银行得到一笔 25 000 元的借款，而借款是一种负债。也就是说，通过增加负债，黄明得到了 25 000 元的现金来源。一般来说，负债增加会产生现金来源或现金流入量。

在汽车交易中，我们要同时考虑首期预付款、得到汽车和分期归还贷款。为了更好地理解现金流量表，我们应该将资产（汽车）和负债（贷款）分开考虑。所以当黄明买车时，他不仅仅是支付了 5 000 元，而是支出了 30 000 元，同时获得借款 25 000 元。

将黄明的现金来源（收益与贷款）与占用（购买汽车）加起来，我们得到了他的净现金流量。假设，他全部的钱都存在银行里，那么期初余额加上净现金流量应当等于期末现金余额。如果不相等，账簿记录或者会计处理一定存在问题。

【例 10－2】 假设，年初时马莉有一辆旧轿车，市场价为 20 000 元，但是尚有 14 000 元的购车贷款未偿还。同时，马莉有 6 000 元的银行存款。当年，她有 60 000 元的税后收入，生活费用 62 000 元。为了节约，她决定以 20 000 元的价格卖掉旧车，再用 2 000 元（非贷款）买一辆电动自行车。这样在卖了旧车后，她还清了全部的贷款。年底时，马莉的银行存款为 11 000 元。那么，马莉的现金流量应该是：

现金收益	60 000	
生活消费用现金	(62 000)	
来自收益的净现金		(2 000)
来自卖旧车的净现金	20 000	
购新车使用的现金	(2 000)	
来自汽车投资净现金		19 000
偿还旧车贷款使用的现金		(14 000)
现金净流入/(流出)		5 000
期初现金余额		6 000
净现金流量		5 000
期末现金余额		11 000

在这个例子中，马莉以 20 000 元卖掉了旧车使得其固定资产减少了，而卖车就是一种现金来源。一般来说，资产减少意味着现金的来源。马莉同时买了新电动车，显然资产增加的同时支出了现金。

马莉用现金偿还了贷款，使得其负债减少，一般来说，负债减少意味着现金占用。

以上两个例子有助于解释有关现金流量的问题，因为我们已经熟知汽车是一项资产，而贷款属于负债。从根本上讲，现金一方面产生于收益，另一方面产生于资产和负债。

虽然企业中日常会计处理采用的是权责发生制进行核算，而编制现金流量表依据的是收付实现制，这样会给报表的编制带来麻烦。但是在实践中，我们不必为弄清现金在每个账户上是如何流出、流入而担心。在【例 10 - 1】和【例 10 - 2】中，已经隐含了四个简单的规则，它们可以应用到任何一家企业的财务报告中。这些规则就是资产负债表余额的变化导致的现金来源和现金占用：

资产增加 = 现金占用

资产减少 = 现金来源

负债增加 = 现金来源

负债减少 = 现金占用

运用以上四个简单的规则，企业在编制现金流量表时，可以采用以下一些方法。

（一）直接法和间接法

编制现金流量表时，列报经营活动现金流量的方法有两种，一是直接法，一是间接法。在直接法下，一般是以利润表中的营业收入为起算点，调节与经营活动有关的项目的增减变动，然后计算出经营活动产生的现金流量。在间接法下，将净利润调节为经营活动现金流量，实际上就是将按权责发生制原则确定的净利润调整为现金净流入，并剔除投资活动和筹资活动对现金流量的影响。

采用直接法编报的现金流量表，便于分析企业经营活动产生的现金流量的来源和用途，预测企业现金流量的未来前景；采用间接法编报现金流量表，便于将净利润与经营活动产生的现金流量净额进行比较，了解净利润与经营活动产生的现金流量差异的原因，从现金流量的角度分析净利润的质量。我国《企业会计准则第 30 号——财务报表列报》规定企业应当采用直接法编报现金流量表，同时要求在附注中披露将净利润调节为经营活动现金流量的信息。

（二）工作底稿法、T 形账户法和分析填列法

在具体编制现金流量表时，可以采用工作底稿法或 T 形账户法，也可以根据有关科目记录分析填列。

1. 工作底稿法

采用工作底稿法编制现金流量表，是以工作底稿为手段，以资产负债表和利润表数据为基础，对每一项目进行分析并编制调整分录，从而编制现金流量表。工作底稿法的程序是：

第一步，将资产负债表的期初数和期末数过入工作底稿的期初数栏和期末数栏。

第二步，对当期业务进行分析并编制调整分录。编制调整分录时，要以利润表项目为基础，从“营业收入”开始，结合资产负债表项目逐一进行分析。在调整分录中，有关现金和现金等价物的事项，并不直接借记或贷记现金，而是分别记入“经营活动产生的现金流量”、“投资活动产生的现金流量”、“筹资活动产生的现金流量”有关项目，借记表示现金流入，贷记表示现金流出。

第三步，将调整分录过入工作底稿中的相应部分。

第四步，核对调整分录，借方、贷方合计数均已经相等，资产负债表项目期初数加减调整分录中的借贷金额以后也等于期末数。

第五步，根据工作底稿中的现金流量表项目部分编制正式的现金流量表。

2. T 形账户法

采用 T 形账户法编制现金流量表，是以 T 形账户为手段，以资产负债表和利润表数据为基础，对每一项目进行分析并编制调整分录，从而编制现金流量表。T 形账户法的程序是：

第一步，为所有的非现金项目（包括资产负债表项目和利润表项目）分别开设 T 形账户，并将各自的期末期初变动数过入各账户。如果项目的期末数大于期初数，则将差额过入和项目余额相同的方向；反之，过入相反的方向。

第二步，开设一个大的“现金及现金等价物”T 形账户，每边分为经营活动、投资活动和筹资活动三个部分，左边记现金流入，右边记现金流出。与其他账户一样，过入期末期初变动数。

第三步，以利润表项目为基础，结合资产负债表分析每一个非现金项目的增减变动，并据此编制调整分录。

第四步，将调整分录过入各 T 形账户，并进行核对，该账户借贷相抵后的余额与原先过入的期末期初变动数应当一致。

第五步，根据大的“现金及现金等价物”T 形账户编制正式的现金流量表。

3. 分析填列法

分析填列法是直接根据资产负债表、利润表和有关会计科目明细账的记录，分析计算出现金流量表各项目的金额，并据以编制现金流量表的一种方法。

四、现金流量表的格式

现金流量表及其补充资料见表 10－6 和表 10－7。

表 10－6　　　　**现金流量表**

会企 03 表

编制单位：　　　　20××年　　　　单位：元

项　　目	本期金额	上期金额
一、经营活动产生的现金流量：		
销售商品、提供劳务收到的现金		
收到的税费返还		
收到其他与经营活动有关的现金		
经营活动现金流入小计		
购买商品、接受劳务支付的现金		
支付给职工以及为职工支付的现金		
支付的各项税费		
支付其他与经营活动有关的现金		
经营活动现金流出小计		
经营活动产生的现金流量净额		
二、投资活动产生的现金流量：		
收回投资收到的现金		

续表

项　　目	本期金额	上期金额
取得投资收益收到的现金		
处置固定资产、无形资产和其他长期资产收回的现金净额		
处置子公司及其他营业单位收到的现金净额		
收到其他与投资活动有关的现金		
投资活动现金流入小计		
购建固定资产、无形资产和其他长期资产支付的现金		
投资支付的现金		
取得子公司及其他营业单位支付的现金净额		
支付其他与投资活动有关的现金		
投资活动现金流出小计		
投资活动产生的现金流量净额		
三、筹资活动产生的现金流量：		
吸收投资收到的现金		
取得借款收到的现金		
收到其他与筹资活动有关的现金		
筹资活动现金流入小计		
偿还债务支付的现金		
分配股利、利润或偿付利息支付的现金		
支付其他与筹资活动有关的现金		
筹资活动现金流出小计		
筹资活动产生的现金流量净额		
四、汇率变动对现金及现金等价物的影响		
五、现金及现金等价物净增加额		
加：期初现金及现金等价物余额		
六、期末现金及现金等价物余额		

表 10－7　　现金流量补充资料

补充资料	本期金额	上期金额
1. 将净利润调节为经营活动现金流量：		
净利润		
加：资产减值准备		
固定资产折旧、油气资产折耗、生产性生物资产折旧		
无形资产摊销		
长期待摊费用摊销		
处置固定资产、无形资产和其他长期资产的损失（收益以“－”号填列）		
固定资产报废损失（收益以“－”号填列）		
公允价值变动损失（收益以“－”号填列）		
财务费用（收益以“－”号填列）		
投资损失（收益以“－”号填列）		

续表

补充资料	本期金额	上期金额
递延所得税资产减少（增加以“－”号填列）		
递延所得税负债增加（减少以“－”号填列）		
存货的减少（增加以“－”号填列）		
经营性应收项目的减少（增加以“－”号填列）		
经营性应付项目的增加（减少以“－”号填列）		
其他		
经营活动产生的现金流量净额		
2. 不涉及现金收支的重大投资和筹资活动：		
债务转为资本		
一年内到期的可转换公司债券		
融资租入固定资产		
3. 现金及现金等价物净变动情况：		
现金的期末余额		
减：现金的期初余额		
加：现金等价物的期末余额		
减：现金等价物的期初余额		
现金及现金等价物净增加额		

第五节　所有者权益变动表

一、所有者权益变动表的内容及结构

（一）所有者权益变动表的内容

所有者权益变动表是指反映构成所有者权益各组成部分当期增减变动情况的报表。所有者权益变动表应当全面反映一定时期所有者权益变动的情况，不仅包括所有者权益总量的增减变动，还包括所有者权益增减变动的重要结构性信息，特别是要反映直接计入所有者权益的利得和损失，让报表使用者准确理解所有者权益增减变动的根源。

在所有者权益变动表中，企业至少应当单独列示反映下列信息的项目：①净利润；②直接计入所有者权益的利得和损失项目及其总额；③会计政策变更和差错更正的累积影响金额；④所有者投入资本和向所有者分配利润等；⑤提取的盈余公积；⑥实收资本或股本、资本公积、盈余公积、未分配利润的期初和期末余额及其调节情况。

（二）所有者权益变动表的结构

为了清楚地表明构成所有者权益的各组成部分当期的增减变动情况，所有者权益变动表应当以矩阵的形式列示：一方面，列示导致所有者权益变动的交易或事项，改变了以往仅仅按照所有者权益的各组成部分反映所有者权益变动情况，而是从所有者权益变动的来源对一定时期所有者权益变动情况进行全面反映；另一方面，按照所有者权益各组成部分（包括实收资本、资本公积、盈余公积、未分配利润和库存股）及其总额列示交易或事项对所有者权益的影响。此外，企业还需要提供比较所有者权益变动表，所有者权益变动表还就各项目再分为"本年金额"和"上年金额"两栏分别填列。所有者权益变动表的具体格式如表10－8所示。

二、所有者权益变动表的填列方法

（一）上年金额栏的填列方法

所有者权益变动表"上年金额"栏内各项数字，应根据上年度所有者权益变动表"本年金额"栏内所列数字填列。如果上年度所有者权益变动表规定的各个项目的名称和内容同本年度不相一致，应对上年度所有者权益变动表各项目的名称和数字按本年度的规定进行调整，填入所有者权益变动表"上年金额"栏内。

（二）本年金额栏的填列方法

所有者权益变动表"本年金额"栏内各项数字一般应根据"实收资本（或股本）"、"资本公积"、"盈余公积"、"利润分配"、"库存股"、"以前年度损益调整"科目的发生额分析填列。

三、所有者权益变动表格式

所有者权益变动表如表10－8所示。

表10－8 **所有者权益变动表**

会企04表

编制单位： 20××年度 单位：元

项目	本年金额						上年金额					
	实收资本（或股本）	资本公积	减：库存股	盈余公积	未分配利润	所有者权益合计	实收资本（或股本）	资本公积	减：库存股	盈余公积	未分配利润	所有者权益合计
一、上年年末余额												
加：会计政策变更												
前期差错更正												
二、本年年初余额												
三、本年增减变动金额（减少以"－"号填列）												
（一）净利润												
（二）直接计入所有者权益的利得和损失												

续表

项　目	本年金额						上年金额					
	实收资本（或股本）	资本公积	减：库存股	盈余公积	未分配利润	所有者权益合计	实收资本（或股本）	资本公积	减：库存股	盈余公积	未分配利润	所有者权益合计
1. 可供出售金融资产公允价值变动净额												
2. 权益法下被投资单位其他所有者权益变动的影响												
3. 与计入所有者权益项目相关的所得税影响												
4. 其他												
上述（一）和（二）小计												
（三）所有者投入和减少资本												
1. 所有者投入资本												
2. 股份支付计入所有者权益的金额												
3. 其他												
（四）利润分配												
1. 提取盈余公积												
2. 对所有者（或股东）的分配												
3. 其他												
（五）所有者权益内部结转												
1. 资本公积转增资本（或股本）												
2. 盈余公积转增资本（或股本）												
3. 盈余公积弥补亏损												
4. 其他												
四、本年年末余额												

第六节 附 注

附注是对资产负债表、利润表、现金流量表和所有者权益变动表等报表中列示项目的文字描述或明细资料，以及对未能在这些报表中列示项目的说明等。附注是财务报表的重要组成部分。附注应当按照以下顺序披露有关内容。

1. 企业的基本情况

（1）企业注册地、组织形式和总部地址。

（2）企业的业务性质和主要经营活动。

（3）母公司以及集团最终母公司的名称。

（4）财务报告的批准报出者和财务报告批准报出日。

2. 财务报表的编制基础

3. 遵循企业会计准则的声明

企业应当明确说明编制的财务报表符合企业会计准则的要求，真实、公允地反映了企业的财务状况、经营成果和现金流量等有关信息，以此明确企业编制财务报表所依据的制度基础。

如果企业编制的财务报表只是部分地遵循了企业会计准则，附注中不得作出这种表述。

4. 重要会计政策和会计估计

企业应当披露采用的重要会计政策和会计估计，不重要的会计政策和会计估计可以不披露。

（1）重要会计政策的说明。由于企业交易或事项的复杂性和多样化，某些交易或事项可以有多种会计处理方法，即，存在不止一种可供选择的会计政策。企业在发生某项交易或事项时，必须从允许的会计处理方法中选择适合本企业特点的会计政策，企业选择不同的会计处理方法，可能极大地影响企业的财务状况和经营成果，进而编制出不同的财务报表。为了有助于使用者理解，有必要对这些会计政策加以披露。

需要特别指出的是，说明会计政策时还需要披露下列两项内容：

①财务报表项目的计量基础。会计计量属性包括历史成本、重置成本、可变现净值、现值和公允价值，这直接显著影响报表使用者的分析，这项披露要求便于使用者了解企业财务报表中的项目是按何种计量基础予以计量的，如存货是按成本还是可变现净值计量等。

②会计政策的确定依据。主要是指企业在运用会计政策过程中所作的对报表中确认的项目金额最具影响的判断。例如，企业如何判断持有的金融资产是持有至到期的投资而不是交易性投资；又比如，对于拥有的持股不足50%的关联企业，企业为何判断企业拥有控制权因此将其纳入合并范围；再比如，企业如何判断与租赁资产相关的所有风险和报酬已转移给企业，从而符合融资租赁的标准；以及投资性房地产的判断标准是什么，等等；这些判断对在报表中确认的项目金额具有重要影响。因此，这项披露要求有助于使用者理解企业选择和运用会计政策的背景，增加财务报表的可理解性。

（2）重要会计估计的说明。企业应当披露会计估计中所采用的关键假设和不确定因素的确定依据，这些关键假设和不确定因素在下一会计期间内很可能导致资产、负债账面价值进行重大调整。在确定报表中确认的资产和负债的账面金额过程中，企业有时需要对不确定的未来事项在资产负债表日对这些资产和负债的影响加以估计。例如，固定资产可收回金额的计算需要根据其公允价值减去处置费用后的净额与预计未来现金流量的现值两者之间的较高者确定，在计算资产预计未来现金流量的现值时需要对未来现金流量进行预测，并选择适当的折现率，应当在附注中披露未来现金流量预测所采用的假设及其依据、所选择的折现率为什么是合理的等。这些假设的变动对这些资产和负债项目金额的确定影响很大，有可能会在下一个会计年度内作出重大调整。因此，强调这一披露要求，有助于提高财务报表的可理解性。

5. 会计政策和会计估计变更以及差错更正的说明

企业应当按照《企业会计准则第 28 号——会计政策、会计估计变更和差错更正》及其应用指南的规定，披露会计政策和会计估计变更以及差错更正的有关情况。

6. 重要报表项目的说明

企业应当以文字和数字描述相结合、尽可能以列表形式披露重要报表项目的构成或当期增减变动情况，并与报表项目相互参照。在披露顺序上，一般应当按照资产负债表、利润表、现金流量表、所有者权益变动表的顺序及其报表项目列示的顺序。

7. 其他需要说明的重要事项

这主要包括或有和承诺事项、资产负债表日后非调整事项、关联方关系及其交易等。

【本章小结】

我国《企业会计准则第 30 号——财务报表列报》规定，企业财务报表体系为“四表一注”：资产负债表、利润表、现金流量表和所有者权益变动表以及报表附注。

资产负债表主要反映资产、负债和所有者权益三方面的内容，它是根据“资产＝负债＋所有者权益”这一会计恒等式编制而成，反映了企业在该特定日期所拥有或控制的经济资源、所承担的经济义务和所有者对净资产的要求权。我国各单位资产负债表采用账户式格式进行编报。

利润表由四个基本要素构成，即收入、费用、利润和直接计入当期利润的利得和损失，反映一定会计期间企业利润的形成过程和费用耗用情况，反映企业生产经营过程的成果。我国企业采用多步式格式进行利润表的编报。

现金流量表反映了企业在一定期间内取得的现金从何处而来；企业一定时期内的现金用在了何处；企业的现金余额发生了什么变化。我国会计准则规定，企业应当采用直接法编报现金流量表，同时要求提供在净利润基础上调节经营活动产生现金流量的信息。

所有者权益变动表是指反映构成所有者权益各组成部分当期增减变动情况的报表。

附注是对资产负债表、利润表、现金流量表和所有者权益变动表等报表中列示项目的文字描述或明细资料，以及对未能在这些报表中列示项目的说明等。附注是财务报表的重要组成部分。

【思考与分析】

1. ［目的］练习在不设“预收账款”和“预付账款”科目情况下，资产负债表中的“应收账款”、“应付账款”、“预收账款”和“预付账款”项目的填列。

［资料］某企业未计提过“坏账准备”科目。月末有关科目余额如表10－9所示。

表10－9　　×月末有关科目余额　　单位：元

会计科目	借方余额	贷方余额	会计科目	借方余额	贷方余额
应收账款	6 500		应付账款		7 400
——A工厂	3 800		——甲公司		4 200
——B公司	4 500		——乙工厂		5 300
——C工厂		1 800	——丙公司	600	
			——丁工厂	1 500	

［要求］计算填列“资产负债表”中的“应收账款”、“应付账款”、“预收账款”和“预付账款”项目的金额。

2. ［目的］练习资产负债表的编制。

［资料］东方公司20×7年12月31日全部总分类科目和有关明细分类科目余额见表10－10所示。

表10－10　　20×7年年末有关科目明细　　单位：元

总账科目	明细科目	借方余额	贷方余额
库存现金		1 000	
银行存款		15 000	
交易性金融资产		14 000	
应收账款		23 000	
	——甲公司	10 000	
	——乙公司		2 000
	——丙公司	15 000	
预付账款		6 700	
	——丁单位	7 000	
	——子单位		300
其他应收款		5 000	
	——行政科	4 000	
	——李峰	2 000	
	——卫生室		1 000
原材料		27 000	
生产成本		8 000	
库存商品		20 000	

续表

总账科目	明细科目	借方余额	贷方余额
长期股权投资		200 000	
固定资产		400 000	
累计折旧			60 000
短期借款			60 000
应付票据			5 000
应付账款			10 000
	——A 工厂		7 000
	——B 工厂	5 000	
	——C 工厂		8 000
预收账款			3 000
	——D 单位	1 000	
	——E 单位		4 000
其他应付款			6 000
	——工会	2 000	
	——代扣款		8 000
应付职工薪酬			34 700
应交税费			60 000
应付股利			20 000
应付利息			3 000
长期借款			30 000
实收资本			280 000
盈余公积			22 080
利润分配	——未分配利润		125 920
			125 920

［要求］根据上述资料，编制东方公司 20×7 年 12 月 31 日的资产负债表。

3. ［目的］练习利润表的编制。

［资料］某企业 20×9 年度发生下列交易或事项：

(1) 销售产品一批，售价 500 000 元，增值税销项税额 85 000 元，货款尚未收到。

(2) 预收购买单位购货款 200 000 元，存入银行。

(3) 以银行存款支付广告费 10 000 元。

(4) 以银行存款支付短期借款利息 5 000 元（直接列为当期费用）。

(5) 以银行存款支付厂部管理部门费用 40 000 元。

(6) 取得罚款收入 2 000 元存入银行。

(7) 经批准将盘亏固定资产净损失 1 000 元进行结转。

(8) 月末，计算出已售产品生产成本为 250 000 元，转账。

(9) 月末，计算出产品销项税税金为 6 000 元，转账。

(10) 月末，结转全部收入。

(11) 月末，结转全部支出（注：除所得税外）。

（12）按所实现利润总额的25%计算并结转应交所得税。

（13）按净利润的10%计算并提取盈余公积，转账。

（14）计算出应付投资者利润50 000元，转账。

［要求］（1）根据上述资料编制会计分录；

（2）根据资料编制利润表。

文章阅读

管理者应定期注意简单的财务报表

很多经理人每天忙着开拓业务，处理员工问题，但是在忙碌当中，却忘了注意一些公司长远发展的大问题，以致到最后问题已经严重到病入膏肓，才猛然醒悟。

财务专家麦劳维兹（Edward Mendlowitz）建议，其实，经理人只要养成习惯，定期注意一些简单的财务报表，就能够掌握公司的发展趋势。一旦出现轻微的警讯，就可以立刻处理。

产品销售量。如果你平日只看营收报表，这中间可能潜藏很多陷阱。例如，有家公司虽然营业额和利润不断提高，但销售量其实在下跌，市场占有率在萎缩。营收之所以增长，是因为产品调价的关系。因此，经理人必须定期追踪销售量，才能清楚掌握公司业务状况。

损益平衡点。很多时候，每个月你都必须等到财务报表出来以后，才知道公司最近表现如何。但这个时间差，很可能影响你的决策速度。如果你可以请财务人员提供公司的损益平衡分析；也就是说，你的产品一个月要销售多少才能平衡，心中随时有这个数字，你立刻可以判断这段时间究竟是赚钱，还是亏钱。

原物料购买比例。究竟你的公司花了多少比例的钱，在纸张、塑胶等原物料上？把这个数字拿来和营业额做比较。一般来说，这个比例应该很稳定，一两个月有波动还没有关系，但如果有不断增加或下降的趋势，就要注意了。很可能你的存货太多、成本没有控制好，或者库存太少，碰到突然增加的订单，你可能消化不了。

银行对账单。每个月银行会寄给你对账单，别以为会计人员一定会去核对。事实上，每个人每天忙着做很多事情，根本没有人注意这件重要的工作。你知道吗，很可能你的公司已经有好几年，没有人查对过公司户头了。

积压的订单。有些订单进来了，但是却一直没有处理，以致耽误了交货期。只要你看看那些积压的订单，就可以知道公司是否有问题，问题有多严重。每一张积压的订单就表示一个愤怒的顾客，看看你的公司正在累积多少愤怒顾客。一家公司发现常常有客户反映交货延迟，深入检讨之后，才发现其实问题是出在物流部门每次都从一叠订单的上面开始处理。结果是，每次最后进来的订单，反而最早完成，在下面的订单，永远要被耽搁几天。知道你的公司积压多少订单，问题出在哪里，要解决就容易了。

退货记录。如果退货的数量增加，表示内部品质管理或内部质量控制有问题。因此，掌握退货数量是一个重要的关键，不要到问题不可收拾时，才着手处理。

员工人数。每个月算算员工有多少人。随着业务增加，公司雇用的员工人数，可能不知不觉地增长，甚至当业务没有增长时，员工人数仍然无声无息地增加。例如，如果你的公司有25个人，再增加5个人，的确是不算什么。要求部属每个月给你一张统计表，让你掌握员工人数以及增长曲线。了解一下，公司是不是用人无度。

在忙碌的工作中，抓住这几个基本而重要的数字，可以让你迅速掌握公司的营运状况。这可以说是另一种一分钟管理。

（来源：民营经济报　作者：田银）

会计学是一门探讨微观经济信息的提供方法（主要是探讨财务信息的提供方法）的科学，它不同于一般的社会科学，技术性是其本质属性。

第十一章　会计核算组织程序

☞【学习目标】

在企业会计核算方法中，填制和审核会计凭证、登记账簿、编制财务报告是会计核算工作中的三个主要环节。本章在阐述会计凭证、会计账簿和财务报表的基础上，重点阐述三者相结合的方式和会计核算方法的综合应用问题。通过本章的学习，学习者应了解合理设置会计核算组织程序的意义和要求；掌握主要会计核算组织程序的账务处理步骤、特点、优缺点和适用范围；熟练掌握和应用记账凭证、科目汇总表和汇总记账凭证的会计核算组织程序。

☞【中英文关键词】

会计数据处理系统：accounting data processing system

会计核算组织程序：accounting procedure

记账凭证核算组织程序：bookkeeping system using vouchers

多栏式日记账：columnar journal

手工会计数据处理系统模式：manual accounting data processing system model

全部汇总记账凭证核算形式：the checking form of gathering all the evidence for keeping accounting

会计循环：accounting cycle

☞【引导案例】

某集团公司管理层不重视财务管理，弱化财务会计在企业中的地位。例如公司会计主管无证上岗；集团公司与子公司之间多年来基本不对账，集团公司超限额存放现金且库存现金未做到日清月结，银行存款日记账的会计凭证无编号，无法进行账证核对；账证不符，相关会计凭证无编号，无从核对账目；发票管理混乱，没有发票领用登记簿，也未指定专人保管，部分发票存根联丢失等。集团董事长称："市场经营，我有几十年的经验，但财务会计我不懂，可钱总是在自己的口袋里，出不了大事，正所谓肉总烂在锅里嘛，不要紧。"

2010 年，上级有关部门派出检查组，对该集团及下属公司进行了 2009 年度会计信息质量大检查。检查发现该集团财务管理混乱，会计核算不规范，基础工作薄弱，会计信息严重失真。经检查后调整财务报表发现，该集团公司的资产、负债、所有者权益分别虚增了 126%、74% 和 308%，利润虚增达 3 600 万元。检查结果被有关部门公告后，在社会上引起了强烈反响。问题：

这个案例使你受到怎样的启示？

企业的一切经济活动，都要通过会计核算记录在会计凭证、账簿和报表上。那么会计主体采用的会计凭证、会计账簿、财务报表的种类和格式与记账程序如何才能有机地结合起来？其方法和步骤是什么？

第一节　会计核算程序概述

一、账务处理程序的定义

账务处理程序是包括交易或事项的确认、计量、记录和报告诸多环节在内的处理过程。账务处理程序，也称为会计核算形式、会计处理组织程序等，是指会计核算过程中，会计凭证、会计账簿组织与记账程序、方法的具体结合方式。从会计记录和会计报告方法应用的角度看，主要是利用会计凭证、账簿登记和财务报告编制等主要方法处理企业主要交易或事项的具体步骤。

企业交易或事项的会计处理需要经过一定的处理程序才能完成。交易或事项的处理是以会计的初始确认为起点的，经过确认还需要采用一定的计量方法进行计量，之后才能进入会计记录环节，记入有关账簿。在会计期末，经过再次确认和计量，将企业当期的交易或事项信息列报于财务报告文件之中并对外报告。以上是企业会计处理交易或事项的基本程序。

会计方法是处理交易或事项的重要手段。会计的方法虽然有多种，但在交易或事项的处理过程中，应用最多的是会计凭证的取得和填制方法、会计账簿的登记方法和财务报告的编制方法。可见，会计凭证、会计账簿和财务报告是会计上用以记录、储存和报告会计信息的主要载体，会计凭证的填制、会计账簿的登记和财务报告的编制是交易或事项的处理必不可少的环节。以上三个载体的相互结合使用构成企业一定会计期间完整的会计循环。

在实务中，可供企业选择使用的会计凭证、会计账簿和财务报表种类较多，格式也各不相同。一个特定企业应当根据自身经营活动的特点，考虑交易或事项的繁简、会计机构和会计人员设置的实际情况等，选择合适的会计凭证、会计账簿和财务报表，并合理组织会计凭证的填制、会计账簿的登记和财务报告的编制工作，使之构成一个既相互独立又紧密联结的有机整体。在不同的企业，所采用的会计凭证、会计账簿和财务报表的种类及格式有所不同，怎样利用这些载体对所发生的交易或事项进行处理也有不同的做法，进而形成不同的会计处理组织程序。

二、账务处理程序的意义

会计处理组织程序的建立是会计活动的基础性工作，也是进行交易或事项处理的必要前提。

（1）有利于规范会计处理组织工作。科学合理地设计账务处理程序，可以保证会计工作有秩序地进行。企业交易或事项的会计处理需要企业内部各个部门之间、会计机构各个岗位有关会计人员之间的密切配合，只有建立起规范的会计处理组织程序，才能使交易或事项的经办人员、会计机构和会计人员在进行交易或事项会计处理的过程中有序可循，规范操作，有条不紊地按照既定的处理程序以及各自的职责分工和规范要求，及时做好交易或事项各个环节的处理工作。

（2）有利于保证会计信息质量。在进行交易或事项的会计处理过程中，保证会计信息质量是最基本的要求。凭证的填制、账簿的登记和财务报告的编制等每一个环节都与会计信息的形成及其真实性的保证息息相关。科学合理地设计账务处理程序，能够将会计信息的处理置于严密的系统控制之中，有利于保证会计信息处理的质量。

（3）有利于提高会计处理工作效率。科学合理地设计账务处理程序，可以提高会计核算工作效率。按照既定的会计账务处理程序进行交易或事项的处理，各环节分工明确，责任清楚，约束力强，将会大大提高会计处理工作的效率。会计处理工作效率的高低，关系到会计信息提供的及时性，提高了会计处理各个环节的工作效率，相应地为会计信息的及时报告提供了有利保证。

（4）有利于节约会计处理工作成本。科学合理地设计账务处理程序，可以简化账务处理程序，便于组织会计核算工作的分工、协作。对交易或事项进行会计处理的过程既是形成会计工作成果的过程，也是对人力、物力和财力的消耗过程。例如，在手工记账的条件下，会计处理所使用的凭证、账簿和表格等都需要专门印刷制作或购买，会发生一定的支出。这就要求会计处理本身必须讲求经济效益，合理选择适用的会计凭证格式、会计账簿和财务报表种类，在一定程度上也会降低会计处理工作成本，节约会计处理方面的费用开支。

（5）有利于发挥会计工作作用。科学合理地设计账务处理程序，可以满足企业内外会计信息使用者的需要。就整个会计处理系统而言，交易或事项的处理主要体现在初始确认和计量与再次确认和计量环节上。对交易或事项的初始确认和计量主要是解决会计记录的问题，是为会计报告做资料积累的过程。而再次确认和计量主要是解决会计信息报告的问题，这个过程既是会计记录过程的延续，也直接关系到会计目标的实现，使会计能够在对外提供相关信息和对内加强企业自身经营管理等方面发挥其应有的作用。

三、账务处理程序的种类及其主要区别

1. 会计处理组织程序的种类

目前，我国企业、事业、机关等单位的会计常用的账务处理程序主要有四种，它们是：记账凭证账务处理程序；科目汇总表账务处理程序；汇总记账凭证账务处理程序；多栏式日记账账务处理程序等。各种账务处理程序虽然都包括会计确认、会计计量、会计记录和会计报告诸多环节，但从会计方法应用的角度看，对发生的交易或事项主要体现在获取相关凭证、登记有关账簿和编制财务报告三个环节。即对企业发生的交易或事项，在会计上首先应取得或填制相应的会计凭证，根据记账凭证登记有关账户，在会计期末，根据账户记录提供的资料编制财务报告，集中反映企业在一定会计期间发生的交易或事项的过程及其结果。总体而言，任何一种会计处理组织程序都是围绕以上三个方面进行的，这是所有账务处理程序的共同点。企业在设计会计核算形式时要求做到：会计核算形式适应本单位经济活动特点、规模大小和业务繁简情况；所提供的会计信息应满足企业外部利害关系人和企业经营管理的需要。

2. 各种账务处理程序的主要区别

各种账务处理程序的主要区别主要体现在记账凭证种类的选用、账簿格式的选用与登记方式的选择，以及财务报表格式的选择使用等方面。

（1）使用的记账凭证不同。记账凭证包括专用记账凭证、通用记账凭证、汇总记账凭证和科目汇总表等。这些记账凭证的种类在某一特定企业中不可能全部采用，只能根据本企业所建立的会计账务处理程序有选择地使用其中的一两类。一般而言，专用记账凭证与通用记账凭证不能在一种会计账务处理程序中同时使用；通用记账凭证和汇总记账凭证不能在一种会计账务处理程序中同时使用。专用记账凭证和汇总记账凭证（或科目汇总表）可以在一个企业中同时使用；通用记账凭证和科目汇总表可以在一个企业中同时使用。

（2）账簿的组织系统不同。账簿的组织系统包括用以记录交易或事项的序时账簿（日记账）和分类账（总分类账、明细分类账）。各种账簿的格式是不同的。在借贷记账法下设置的以上账簿中，序时账、总分类账和一部分明细账的格式均为借、贷、余三栏式，而部分明细账的格式还有数量金额式和多栏式等。这是由账户所反映的各种交易或事项的不同记录要求所决定的。一般而言，借、贷、余三栏式的序时账、总分类账和部分明细账为企业必须设置的，另两种格式的明细账可根据企业记录交易或事项的需要选择使用。

（3）登记总分类账户的方式不同。企业设置的分类账户包括总分类账和明细分类账两大类（从一定意义上讲，日记账也是一种明细账）。其中，明细账的登记要求是根据专用（或通用）记账凭证逐笔登记（日记账的登记要求是逐日逐笔登记）。而总分类账的登记要求是：既可逐笔登记，也可采用汇总登记的方法。汇总登记又可分为根据“科目汇总表”的汇总数字登记，或根据“汇总记账凭证”的汇总数字登记两种。总分类账户登记的不同方式体现了各种会计账务处理程序的显著特点，也是区分各种账务处理程序的主要标志。

（4）采用的报表格式不同。尽管企业按要求都要编制资产负债表、利润表、现金流量表和所有者（股东）权益变动表等财务报表，但由于企业的组织形式、业务性质和主要经营活动内容不同，其报表格式及所包含的项目也不同。如工业企业的财务报表与商品流通企业的财务报表的组成内容差别较大，一般企业的财务报表与金融、保险等企业的报表组成内容差别更大。各企业应按照规范的格式要求与列报方法进行财务报表的编制。

第二节　记账凭证核算形式

一、记账凭证核算形式的含义

记账凭证核算形式，是指交易或事项发生后，根据所填制的记账凭证直接逐笔登记总分类账，并定期编制财务报表的一种会计核算形式。它是一种最基本的会计核算形式，包括了会计核算形式的一般内容，其他会计核算形式基本上是在这种会计核算形式的基础上发展或改变而形成的。

二、记账凭证核算形式的凭证和账簿设置

在记账凭证核算形式中，记账凭证可采用一种通用记账凭证的格式，也可以采用收款凭证、付款凭证和转账凭证三种并存的专用记账凭证的格式。设置的账簿一般包括：现金日记账、银行存款日记账、总分类账和明细分类账。其中，现金日记账和银行存款日记账一般采用三栏式格式；总分类账一般按规定的会计科目开设账页，格式也采用三栏式；明细分类账则应根据企业管理上的需要，格式可采用三栏式、多栏式或数量金额式等。

三、记账凭证核算形式的账务处理程序

（1）根据原始凭证或原始凭证汇总表填制各种记账凭证（收款凭证、付款凭证和转账凭证）。

（2）根据收款凭证和付款凭证逐笔登记现金日记账和银行存款日记账。

（3）根据记账凭证并结合原始凭证或原始凭证汇总表逐笔登记各种明细分类账。

（4）根据各种记账凭证逐笔登记总分类账。

（5）月终，将现金日记账、银行存款日记账的余额以及各种明细分类账的余额或余额合计数，分别与总分类账中有关账户的余额核对相符。

（6）月终，根据核对无误的总分类账和各种明细分类账的记录编制财务报表。

记账凭证核算形式的账务处理程序如图 11－1 所示。

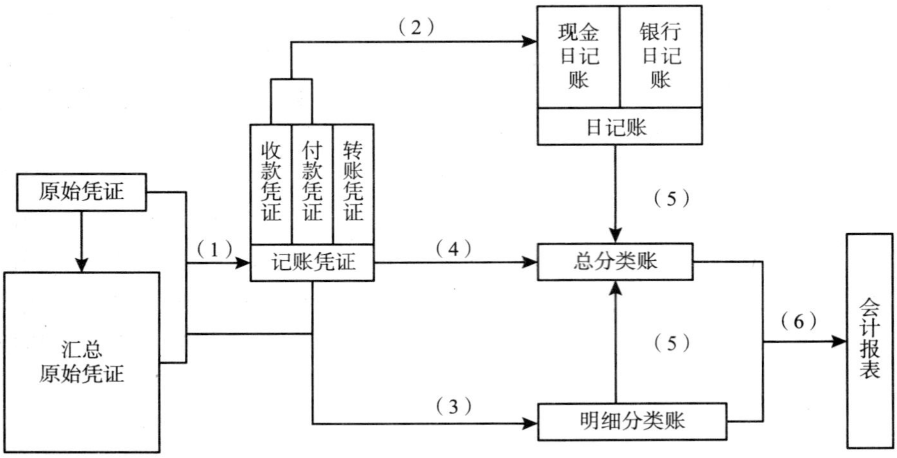

图 11－1　记账凭证核算形式的账务处理程序

四、记账凭证核算形式的优缺点

记账凭证核算形式的优点是简单明了，易于理解和掌握，账户之间的对应关系清晰，总分类账反映详细。而它的缺点，则是登记总分类账的工作量较大，特别是与现金日记账、银行存款日记账明显地存在重复登记的现象，账页耗用多。

第三节　科目汇总表核算形式

一、科目汇总表核算形式的含义

科目汇总表核算形式，又称记账凭证汇总表核算形式，是根据记账凭证定期编制科目汇总表，并据以登记总分类账的一种会计核算形式。

这种会计核算形式是在记账凭证核算形式的基础上，针对记账凭证数量多，登记总分类账工作量大，不宜采用记账凭证会计核算形式的情况而发展形成的。其主要特点，是先定期（一般为每隔五日或每旬）地将会计期间内全部的记账凭证汇总编制成科目汇总表，然后根据科目汇总表登记总分类账。为了便于进行科目汇总，所以，在这种会计核算形式下，一般应于每次登记完总分类账后，就结出各账户的借方或贷方余额。

二、科目汇总表核算形式的凭证和账簿设置

在科目汇总表核算形式下，与记账凭证核算形式基本相同，仍应设置收款、付款和转账等记账凭证。为方便相同科目的汇总，减少发生汇总差错，平时填制的记账凭证可采用单式记账凭证。为了定期根据记账凭证进行汇总，应另设“科目汇总表”。

此外，还应设置现金、银行存款日记账，各种总分类账和明细分类账。现金日记账、银行存款日记账一般采用三栏式的账页。由于据以登记总分类账的科目汇总表只汇总填列各科目的借方发生额和贷方发生额，而不反映它们之间的对应关系，所以在这种会计核算形式下，总分类账一般采用不设“对方科目”的三栏式的格式。各种明细分类账应根据所记录的交易或事项内容和经营管理上的要求，可采用三栏式、数量金额式或多栏式的账页。

三、科目汇总表的编制方法

科目汇总表（见表 11－1），又称记账凭证汇总表，是根据一定时期内的所有的收款凭证、付款凭证和转账凭证，按照相同的会计科目进行归类，定期（一般每隔五天或每旬）汇总编制的一种表格。

表 11－1　　**科目汇总表**

会计科目	账页	1～10 日		11～20 日		21～31 日		本月合计（元）	
		借方	贷方	借方	贷方	借方	贷方	借方	贷方
银行存款		571 900	283 080	10 640	388 300	510 860	242 572	1 283 400	913 952
……									
合计									

科目汇总表的编制一般采用“两次归类汇总法”，即：分别归类计算出全部记账凭证的会计科目的借方发生额合计数和贷方发生额合计数后，再分别填列在科目汇总表中相应会计科目栏的借方发生额和贷方发生额中。对于现金账户和银行存款账户，也可根据现金日记账和银行存款日记账的本期收支数填列。此外，由于借贷记账法的记账规则是“有借必有贷，借贷必相等”，所以在科目汇总表内，全部借方发生额合计数，与贷方发生额合计数相等。登记总账时，只需要根据科目汇总表中各个会计科目的本期借方发生额和贷方发生额，分次或月末一次记入总分类账的相应账户的借方或贷方即可。

四、科目汇总表核算形式的账务处理程序

（1）根据原始凭证或原始凭证汇总表填制收款、付款、转账等记账凭证。

（2）根据收款、付款凭证逐笔登记现金日记账和银行存款日记账。

（3）根据各种记账凭证及其所附的原始凭证或原始凭证汇总表登记各种明细分类账。

（4）根据各种记账凭证定期编制科目汇总表。

（5）根据科目汇总表登记各种总分类账。

（6）现金日记账、银行存款日记账的余额和各种明细分类账户余额或余额的合计数，应分别与对应的总分类账户的余额核对相符。

（7）月末，根据核对无误的总分类账和各种明细分类账的记录编制财务报表。

科目汇总表核算形式的账务处理程序如图 11－2 所示。

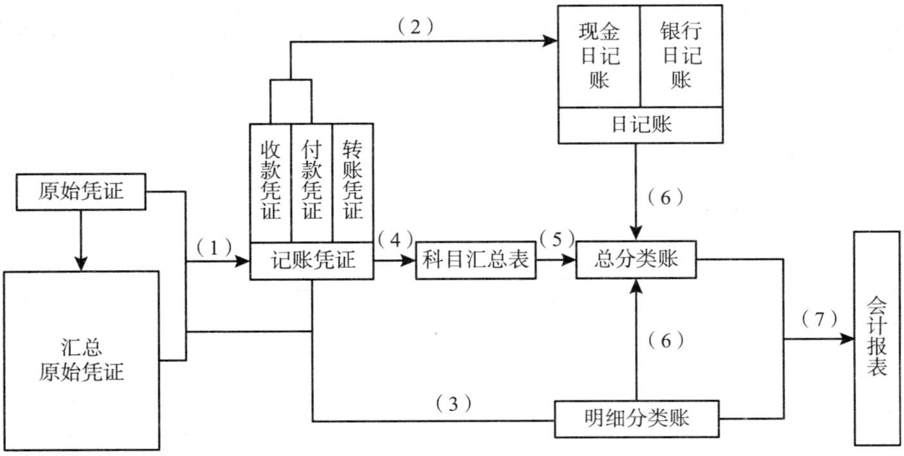

图 11－2 科目汇总表核算形式的账务处理程序

五、科目汇总表核算形式的优缺点

采用科目汇总表核算形式，比起记账凭证核算形式登记总分类账的工作量大大地减少了，并且汇总的方法简便易行，还能起到试算平衡的作用。然而，科目汇总表核算形式中不能反映账户之间的对应关系，所以不便于分析和检查交易或事项的来龙去脉。

科目汇总表核算形式，在实际工作中应用范围比较广泛，尤其适用于经营规模较大，

交易或事项较多的企事业单位。

第四节　汇总记账凭证核算形式

一、汇总记账凭证核算形式的含义

汇总记账凭证核算形式，是一种根据记账凭证定期编制汇总记账凭证，并据以登记总分类账的会计核算形式。

汇总记账凭证核算形式与科目汇总表核算形式的账务处理程序相似，它的主要特点是先定期（一般为每五天或每旬）地将全部的记账凭证汇总编制成各种汇总记账凭证，然后根据这些汇总记账凭证登记各有关总分类账。

二、汇总记账凭证核算形式的凭证和账簿设置

采用汇总记账凭证核算形式时，需要设置的凭证除了一般意义上的收款凭证、付款凭证和转账凭证外，还应该包括汇总收款凭证、汇总付款凭证和汇总转账凭证三种汇总记账凭证。由于汇总记账凭证是根据各种记账凭证填制的，格式也应与记账凭证一样，采用专用格式的凭证，而不宜采用通用格式的凭证。对于专用汇总记账凭证，现金、银行存款的汇总收款凭证应分别以现金和银行存款账户的借方来设置；现金、银行存款的汇总付款凭证应分别以现金和银行存款账户的贷方来设置；汇总转账凭证则应按照有关账户的贷方设置。

汇总记账凭证核算形式所设置的账簿仍包括现金日记账、银行存款日记账，各种明细分类账和总分类账三种。现金日记账、银行存款日记账和总分类账的格式一般采用三栏式；明细分类账则也应根据单位的经营管理上的需要来设置，可选用三栏式、多栏式或数量金额式的账页。

三、汇总记账凭证的编制方法

汇总记账凭证一般分为汇总收款凭证、汇总付款凭证和汇总转账凭证三种，它们是分别根据收款凭证、付款凭证和转账凭证进行汇总填制的。各种汇总记账凭证汇总的期限一般不应超过 10 天，每月至少汇总 3 次，每月填制 1 张，月终计算出合计数，据以登记总分类账。

1. 汇总收款凭证的编制

汇总收款凭证是根据一定时期全部收款凭证汇总编制的凭证。收款凭证按借方科目分类，分为现金收款凭证和银行存款收款凭证。依据收款凭证编制的汇总收款凭证也分为汇总现金收款凭证和汇总银行存款收款凭证。收款凭证的借方科目只有现金和银行存款两个，如果按其借方科目设置汇总记账凭证，可以减少汇总记账凭证的张数，因此汇总收款凭证按借方设置凭证，按贷方科目归类汇总编制。具体编制方法是：

（1）设置汇总现金收款凭证和汇总银行存款收款凭证两张汇总凭证。

（2）分别将与现金和银行存款对应的贷方科目归类汇总。

（3）加总各贷方科目的本期合计数，据以登记总分类账。即一方面登记在“库存现金”

或“银行存款”账户的借方，另一方面登记在有关对应账户的贷方。

银海公司2010年10月份银行存款汇总收款凭证如表11－2所示。

表11－2 **汇总收款凭证**

借方科目：银行存款 2010年10月 汇收第01号

贷方科目	金额				总账页次	
	1～10日收款凭证	11～20日收款凭证	21～31日收款凭证	合计	借方	贷方
实收资本	400 000			400 000		
短期借款	90 000			90 000		
长期借款	81 900			81 900		
预付账款		10 640		10 640		
固定资产清理			8 200	8 200		
其他业务收入			21 060	21 060		
应收股利			13 600	13 600		
主营业务收入			468 000	468 000		
合计	571 900	10 640	510 860	1 093 400		

2. 汇总付款凭证的编制

汇总付款凭证是根据一定时期全部付款凭证汇总编制的凭证。付款凭证按借方科目分类，分为现金付款凭证和银行存款付款凭证。依据付款凭证编制的汇总付款凭证也分为汇总现金付款凭证和汇总银行存款付款凭证。付款凭证的贷方科目只有现金和银行存款两个，如果按其借方科目设置汇总记账凭证，可以减少汇总记账凭证的张数，因此汇总付款凭证按借方设置凭证，按贷方科目归类汇总编制。具体编制方法是：

（1）设置汇总现金付款凭证和汇总银行存款付款凭证两张汇总凭证。

（2）分别将与现金和银行存款对应的借方科目归类汇总。

（3）加总各借方科目的本期合计数，据以汇总账户的借方。汇总付款凭证汇总了一定时期内现金和银行存款的付款业务。

银海公司2010年10月份银行存款汇总付款凭证如表11－3所示。

表11－3 **汇总付款凭证**

贷方科目：银行存款 2010年10月 汇付第01号

借方科目	付款凭证				总账页次	
	1～10日付款凭证	11～20日付款凭证	21～31日付款凭证	合计	借方	贷方
实收资本	20 000			20 000		
固定资产	161 900			161 900		
应付账款	30 000	58 500		88 500		
材料采购	30 000			30 000		
短期借款	6 180			6 180		
在建工程	15 000	1 200		16 200		

续表

借方科目	付款凭证				总账页次	
	1～10日付款凭证	11～20日付款凭证	21～31日付款凭证	合计	借方	贷方
预付账款	20 000			20 000		
长期股权投资		200 600		200 600		
交易性金融资产		20 000		20 000		
库存现金		108 000		108 000		
管理费用			23 000	23 000		
销售费用			13 000	13 000		
财务费用			1 300	1 300		
应交税费			168 272	168 272		
应付股利			37 000	37 000		
合计	283 080	388 300	242 572	913 952		

3. 汇总转账凭证的编制

汇总转账凭证（见表11－4）是根据一定时期全部转账凭证汇总编制的凭证。转账凭证不像收款凭证或付款凭证那样借方或贷方的科目单一，可以按照其借方或贷方科目的规律设置汇总凭证，转账凭证的借方或贷方均无规律可循。为了避免混乱，规定汇总转账凭证一律按照贷方科目设置，按照借方科目归类汇总。具体编制方法是：

（1）按照转账凭证的贷方科目设置若干张汇总转账凭证。

（2）分别将与贷方科目对应的借方科目归类汇总。

（3）加总各借方科目的本期合计数。如果某一贷方科目的转账凭证数量不多时，可以不编制汇总转账凭证，以转账凭证代替汇总转账凭证。如企业一般一个月只提取一次固定资产折旧，相应地填制一张折旧的转账凭证，此时如果再据此编制汇总转账凭证，反而增加了会计处理的工作量。为简化核算，可以不再编制汇总转账凭证，而以转账凭证代替汇总转账凭证。

表11－4　　汇总转账凭证

贷方科目：　　2010年10月　　汇转第____号

借方科目	转账凭证				总账页次	
	1～10日转账凭证	11～20日转账凭证	21～31日转账凭证	合计	借方	贷方
合计						

表11－5以“银行存款”账户为例，说明如何根据三种汇总记账凭证登记总分类账。

表 11－5 **总分类账**

会计科目：银行存款

2010年		凭证		摘要	对方科目	借方	贷方	借或贷	余额
月	日	字	号						
10	1			期初余额		190 000		借	
10	31	银汇收	1		实收资本	400 000			
					短期借款	90 000			
					长期借款	81 900			
					预付账款	10 640			
					固定资产清理	8 200			
					其他业务收入	21 060			
					应收股利	13 600			
					主营业务收入	468 000			
		银汇付	1		实收资本		20 000		
					固定资产		161 900		
					应付账款		88 500		
					材料采购		30 000		
					短期借款		6 180		
					在建工程		16 200		
					预付账款		20 000		
					长期股权投资		200 600		
					交易性金融资产		20 000		
					库存现金		108 000		
					管理费用		23 000		
					销售费用		13 000		
					财务费用		1 300		
					应交税费		168 272		
					应付股利		37 000		
合计						1 283 400	913 952	借	369 448

四、汇总记账凭证核算形式的账务处理程序

（1）根据有关的原始凭证或原始凭证汇总表填制收款凭证、付款凭证和转账凭证。

（2）根据收款凭证、付款凭证逐日逐笔登记现金日记账和银行存款日记账。

（3）根据收款凭证、付款凭证和转账凭证以及所附的原始凭证或原始凭证汇总表登记各种明细分类账。

（4）根据收款凭证、付款凭证和转账凭证定期（一般每隔五天或每旬）汇总编制汇总收款凭证、汇总付款凭证和汇总转账凭证。

（5）根据定期编制的各种汇总记账凭证登记有关总分类账户。

（6）月终，将现金日记账、银行存款日记账的余额及各种明细分类账户的余额或余额的合计数，分别与总分类账中的有关账户余额核对相符。

（7）月终，根据核对无误的总分类账和各种明细分类账的资料编制财务报表。

汇总记账凭证核算形式的账务处理程序如图 11－3 所示。

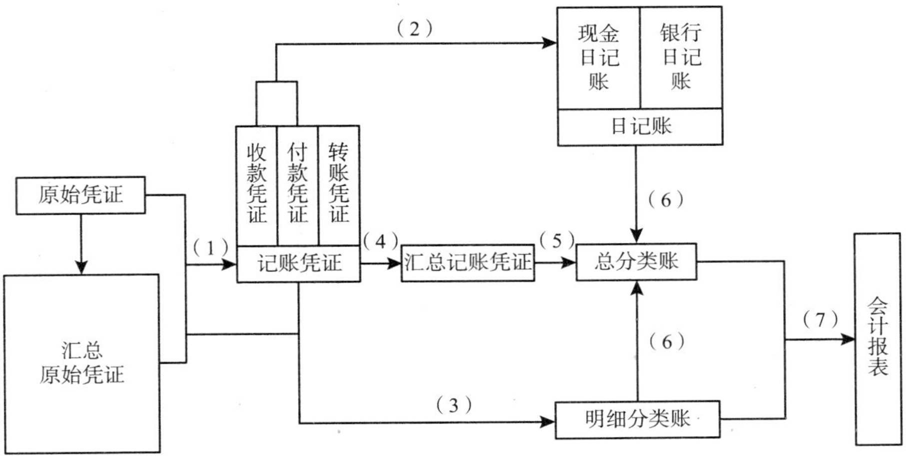

图 11-3　汇总记账凭证核算形式的账务处理程序

五、汇总记账凭证核算形式的优缺点

采用汇总记账凭证核算形式，大大简化了总分类账的登记手续，从而节约了会计核算工作中的人力和物力投入，使企业在信息的提供方面更加符合效益大于成本的原则。尤其在交易或事项繁多的大中型企业，更加容易发挥它的分析和简化作用。此外，汇总记账凭证在进行账户归类汇总时能保持原有的会计账户之间的对应关系，以反映出各种交易或事项的来龙去脉，便于企业对交易或事项进行分析、检查和查找错账。所以，这种会计核算形式比较适合于经营规模较大，交易或事项较多的大中型企事业单位。当然，汇总记账凭证的编制在一定程度上加大了会计核算工作的工作量，并且，在编制汇总记账凭证的过程中，容易发生遗漏或重复。因而，在使用这种会计核算形式时应注意这一点。

第五节　多栏式日记账核算形式

一、多栏式日记账核算形式的含义

多栏式日记账核算形式，是指根据多栏式现金日记账、多栏式银行存款日记账和转账凭证登记总分类账的一种会计核算形式。其主要特点是，首先根据收款凭证、付款凭证逐日逐笔登记多栏式现金日记账、银行存款日记账，然后据以登记总分类账；对于转账业务不多的单位，可以根据转账凭证逐笔登记总分类账，对于转账业务较多的单位，也可以根据转账凭证定期填制转账凭证科目汇总表登记总分类账。

二、多栏式日记账核算形式的凭证和账簿设置

在多栏式日记账核算形式下，需设置的凭证也应包括收款凭证、付款凭证和转账凭证，格式一般也采用专用凭证格式。而其需设置的账簿组织有：多栏式现金日记账、多栏

式银行存款日记账、各种明细分类账和总分类账。在现金日记账、银行存款日记账中如需要设置专栏的对应账户较多时，可以分别设置现金收入、现金支出、银行存款收入、银行存款支出等四本日记账。总分类账可以按全部账户开设账页，这种总分类账称为汇总式总账，其账页格式一般采用三栏式。明细分类账的设置与前几种会计核算形式一样，在此不再赘述。

三、多栏式日记账会计核算形式下账簿的登记方法

在多栏式日记账会计核算形式下，由于现金日记账和银行存款日记账按对应账户设置专栏后，都是根据收款凭证和付款凭证逐日逐笔进行登记，也就具备了一定的科目汇总作用。因此，月度终了，就可根据现金日记账、银行存款日记账的本月收付发生额和对应账户的发生额记录直接登记现金、银行存款的总分类账及其他有关总分类账。其具体登记方法是根据多栏式日记账收入合计栏的本月发生额，记入现金、银行存款总分类账户的借方，并根据收入栏下各专栏对应账户的本月发生额合计数，记入有关总分类账户的贷方；同时，根据多栏式日记账付出合计栏的本月发生额，记入现金、银行存款总分类账户的贷方，并根据其付出栏下的各专栏对应账户的本月发生额合计数，记入有关总分类账户的借方。对于现金和银行存款之间的相互划转数额，因已分别包括在有关日记账的收入栏和付出合计栏的本月发生额内，因此无须再根据有关对应账户专栏的合计数登记总分类账，以避免重复记账。

四、多栏式日记账核算形式的账务处理程序

（1）根据原始凭证或原始凭证汇总表填制收款凭证、付款凭证和转账凭证。

（2）根据收款凭证、付款凭证逐笔登记多栏式现金日记账和多栏式银行存款日记账。

（3）根据各种专用记账凭证及其所附的原始凭证或原始凭证汇总表登记各种明细分类账。

（4）根据转账凭证定期编制转账凭证汇总表。

（5）根据多栏式现金日记账和多栏式银行存款日记账登记相关的总分类账户，同时根据转账凭证汇总表（或转账凭证）登记有关总分类账户。

（6）月末，根据对账要求，将各种明细分类账的余额或余额合计数与总分类账户的余额记录进行核对相符。

（7）月末，根据核对无误的总分类账和各种明细分类账的记录编制财务报表。

五、多栏式日记账会计核算形式的优缺点

多栏式日记账会计核算形式的优点，是由于收款业务、付款业务都是通过多栏式日记账汇总后登记总分类账的，因此在一定程度上加强了核算资料的清晰性，同时又简化了总账的登记工作量。其缺点则是在业务较多、较复杂，会计账户设置较多的企业里，日记账的专栏栏次势必较多，账页过于庞大，不便于记账。所以，这种会计核算形式一般适用于经营规模较小，交易或事项比较简单，使用会计科目不多的经济组织。

【本章小结】

会计核算组织程序也称账务处理程序，或会计核算形式，它是指在会计循环中，会计主体采用的会计凭证、会计账簿、财务报表的种类和格式与记账程序有机结合的方法和步骤。一般说来，根据什么登记总分类账户，就称其为什么会计核算组织形式。也就是说，登记总分类账户的依据和方法决定了会计核算组织形式的种类。目前在实际工作中常用的会计核算组织程序有记账凭证核算组织程序、科目汇总表核算组织程序、汇总记账凭证核算组织程序和日记总账核算组织程序等。企业应当科学合理地选择适应自身经营特点和管理要求的会计核算组织程序。各种核算组织程序之间的主要区别在于登记总分类账的依据和方法不同，它们各有优缺点和不同的使用范围。其中，记账凭证核算组织程序是会计核算组织程序中最基本的程序，其他核算组织程序都是在其基础上发展演变形成的。

记账凭证核算组织程序是指根据交易或事项发生以后所填制的各种记账凭证直接逐笔地登记总分类账，并定期编制财务报表的一种账务处理程序。记账凭证核算组织程序是一种最基本的核算组织程序。记账凭证核算组织程序的特点是：直接根据各种记账凭证逐笔登记总分类账。一般记账凭证核算组织程序只适用于规模较小、交易或事项量比较少、会计凭证不多的会计主体。

科目汇总表核算组织程序是指根据各种记账凭证先定期（或月末一次）按会计科目汇总编制科目汇总表，然后根据科目汇总表登记总分类账，并定期编制财务报表的账务处理程序。科目汇总表核算组织程序的特点是定期根据所有记账凭证汇总编制科目汇总表，根据科目汇总表上的汇总数字登记总分类账。科目汇总表核算组织程序的适用范围是不论规模大小的会计主体都可以采用。

汇总记账凭证核算组织程序是指根据各种专用记账凭证定期汇总编制汇总记账凭证，然后根据汇总记账凭证登记总分类账，并定期编制财务报表的一种账务处理程序。汇总记账凭证核算组织程序的特点是：定期将全部记账凭证分别编制汇总收款凭证、汇总付款凭证和汇总转账凭证，根据各种汇总记账凭证上的汇总数字登记总分类账。汇总记账凭证核算组织程序一般只适用于规模较大、交易或事项量比较多、专用记账凭证也比较多的会计主体。

日记总账核算组织程序是指设置日记总账，根据交易或事项发生以后所填制的各种记账凭证直接逐笔登记日记总账，并定期编制财务报表的账务处理程序。日记总账核算组织程序的特点是：设置日记总账，根据记账凭证逐笔登记日记总账。日记总账核算组织程序一般只适用于规模小、业务量少、使用会计科目不多的会计主体。

【思考与分析】

1. 观察以前自己填制的会计凭证、登记的会计账簿，分析凭证与账簿的关系，并总结记账的步骤与方法。

2. 建立合理的会计处理组织程序有哪些意义？

3. 企业常用的账务处理程序有哪些？各有什么特点？

文章阅读

美国杰出的会计师——威廉·佩顿和著名的会计学家——A. C. 利特尔顿

在1987年美国注册会计师协会（AICPA）百年华诞之际，威廉·佩顿被评为100年间美国最杰出的会计师之一。威廉·佩顿于1917年在密歇根大学获博士学位，在退休前一直执教于密歇根大学会计学院。佩顿是会计理论的先驱者之一，1922年，佩顿出版了经典名著《会计理论：以公司为中心》，是早期倡导会计主体观的代表作；1940年，佩顿与利特尔顿合作出版了《公司会计准则绪论》，该书在收益计量上强调损益表，突出收益与成本的匹配，对会计理论和实务产生了深远的影响，被认为是经典的、具有开创性的会计理论著作。佩顿以雄辩的口才和犀利的文笔见长，他还是美国第一位运用真实案例编写会计教科书的作者。1922年，年仅32岁的佩顿便成为美国会计学会（AAA）主席，这也是AAA历史上最年轻的主席。1926年，佩顿创办了《会计研究》（Accounting Review）杂志，并亲自担任主编，这也是会计学界最早的学术性杂志。1939～1950年，佩顿作为学术界的代表参加了美国会计程序委员会（CAP）。CAP共发表了51份会计研究报告，其中33份上印有佩顿的名字，这在美国会计史上也属空前绝后。

A. C. 利特尔顿是世界上最著名的会计学家之一，1886年出生于美国的伊利诺伊州，中学毕业后做过芝加哥奥尔顿铁路公司的电报操作员，1905年开始就读于伊利诺伊大学学习铁路管理专业。在大学时代，利特尔顿就立志成为一名注册会计师；毕业后曾在德勒、普伦德、格里菲斯等会计师事务所任职。1915年，他返回母校任教长达37年。利特尔顿分别于20世纪20年代初期与30年代中期在美国伊利诺伊大学开创了会计专业硕士学位教育及博士学位教育，对会计学研究生教育的发展做出了奠基性的贡献。他在专业学术领域里非常活跃，曾先后出任美国会计学会会长及《会计评论》主编等重要学术职务，还担任过美国注册会计师协会专业委员会委员。利特尔顿极富洞察力且博学多才，《1900年以前的会计发展》（1933）、与佩顿合著的《公司会计准则绪论》（1940），以及在会计理论研究方面极具影响力的《会计理论结构》（1953），均被认为是重要的会计文献，在世界各国会计学界广为流传，并产生了重大影响。他与佩顿一起，被认为是会计界优秀学者的代表。

信以立志、信以守身、信以处世、信以待人，勿忘立信，当必有成。

第十二章　会计规范体系与会计工作组织

☞【学习目标】

本章重点介绍了会计规范体系、会计工作的组织与管理的有关问题。学习者应了解会计规范的基本含义、会计规范体系的内容和作用，熟悉在实际工作中科学进行会计工作组织的方法和基本内容，了解会计机构和会计人员的设置，以及会计人员的职责、会计岗位责任制和会计职业道德、会计电算化等基本内容，提高依法进行会计核算的自觉性。

☞【中英文关键词】

会计准则：accounting standard
会计规范：accounting norm
会计法：accounting law
会计制度：accounting system
职业道德：professional ethics
会计职业道德：accounting ethics
会计法律：accounting legislation
电算化会计：computerized accounting
基本会计准则：basic accounting standard
原始记录：original records
具体会计准则：specific accounting standard
计量：measurement
会计基础工作：foundation work of accounting
会计职务：accountantship
会计日常工作：the daily grind of accounting
会计定期工作：periodic work of accounting
会计机构：accounting organization
会计人员素质：accounting personal diathesis
会计观念：accountant conception
会计师：accountant
会计师事务所：accounting firm
注册会计师：certified public accountant
总会计师：chief accountant

☞【引导案例】

你了解会计业务的“游戏规则”吗？刚刚走上会计工作岗位的人员如何才能胜任会计的工作，怎样才能在未来的岗位上顺当上手？实际上从事会计工作的第一步，就是必须掌握和了解会计业务的“游戏规则”——会计的法律规范、工作组织以及业务流程。没有规矩、不成方圆。

王勇是新达公司的销售员。新达公司设定了500 000元的销售限额，如果王勇的销售额超过了这一限额，就能得到奖金。同时，新达公司为每个销售员开设了独立的账户，在销售员与客户签订合同时贷记该销售人员的账户。在本月25日以前，王勇已经签署了380 000元的合同。

启隆公司处于破产的边缘，该公司在26日与王勇联系，希望能安装一台新达公司的产品。王勇预计这一合同能为公司带来160 000元的销售收入，而且加上这项销售之后，王勇就能获得超过限额的奖金。但是，王勇认识到启隆公司在安装本公司的产品后，将无法支付合同规定的款项，而且他还知道另外一家竞争对手因为这一原因已经拒绝给启隆公司安装这一产品。但王勇认为自己的任务就是销售产品，而收款则应当由其他人员负责，于是他与启隆公司签订了这一合同，并因此而获得了奖金。王勇将有关的凭据交给了公司的会计，并将启隆公司的现状也作了部分说明，新达公司的会计则与王勇持同样的观点。问题：你认为王勇和公司会计的做法合理吗？你是否能为新达公司设计一套控制程序来阻止这种行为的发生？

第一节　会计法规体系

会计法规是一种标准，是管理会计工作的各种法律、法令、条例、规则、章程、制度等规范性文件的总称。会计法规是长期以来人们在会计实践活动中形成的，以一定的会计理论为基础，用来调整会计关系、规范会计活动的一系列明文规定的标准、范式。会计法规随着社会经济环境和会计的发展变化不断产生、完善，并形成了一个具有不同层次结构的互相关联、共同发挥作用的会计法规体系。

一、会计法规的意义和种类

会计是一项综合性的经济管理工作，为了保证会计工作的顺利进行和会计任务的全面完成，会计工作必须做到有法可依、有章可循。制定和执行会计法规可以使会计工作符合预定的目标，有利于在交易或事项中具体贯彻财经方针和政策，执行财经法律；有了完善的会计法规，便能保障会计人员依法行使职权，充分发挥会计人员的作用；有了完善的会计法规，会计工作才能有法可依、有章可循，从而保证会计工作有组织、有秩序地进行。

（一）会计法规的重要作用

会计法规的重要作用体现在以下三个方面：

（1）实现会计信息生产的标准化。会计的目标是向信息使用者提供有助于经济决策的信息，但由于会计信息使用者众多，不同的信息使用者其信息需求各不相同，而且外部的信息使用者和提供会计信息的企业存在着信息不对称。如果不能对会计信息的产生加以约束，势必损害在信息占有中处于劣势一方的利益，甚至可能会误导信息使用者，最终成为社会的危害。

（2）为评价会计行为确定客观标准。会计信息对使用者而言具有重大经济后果，各方会计信息使用者必然十分关注会计工作的质量，合理判断特定会计行为及其结果的对错、好坏，就需要在全社会中建立一个基本一致的标准，对会计工作质量作出评价。

（3）有利于维护社会经济秩序。全社会统一的会计法规体系是市场经济运行规则的一个重要组成部分，是社会各方从事与企业有关的交易或事项和从事相应经济决策的重要基础。会计法规体系对于国家维护和保证财政利益、进行宏观经济调控、管理国有资产具有十分重要的意义。会计是一项综合性的经济管理工作，为了保证会计工作的顺利进行和会计任务的全面完成，会计工作必须做到有法可依、有章可循。制定和执行会计法规可以使会计工作符合预定的目标，有利于在交易或事项中具体贯彻财经方针和政策，执行财经法律；有了完善的会计法规，便能保障会计人员依法行使职权，充分发挥会计人员的作用；有了完善的会计法规，会计工作才能有法可依、有章可循，从而保证会计工作有组织、有秩序地进行。

（二）会计法规的种类

（1）我国会计法规按各法规之间的相互关系，可分为 3 个层次。

第一层次是基本法，即《中华人民共和国会计法》，它是会计工作的最高层次的规范，是指导会计工作的根本法，是制定其他会计法规的依据。该法由全国人民代表大会常务委员会制定，以国家主席令形式颁布。

第二层次是由国务院颁布的有关会计工作行政法规，它是根据会计法的要求制定，是对所有设在中华人民共和国境内的单位的会计核算工作均有约束力的规范，如《总会计师条例》、《会计专业职务试行条例》等。《企业会计准则》也属于行政法规的范畴。

第三层次是会计准则指南，用于指导会计人员进行具体工作的依据，包括设置的会计科目以及每一会计科目的核算内容。

（2）会计法规按其内容可分为 4 类。

第一类是关于核算方面的法规，如《企业会计准则》、《企业会计准则——应用指南》等；第二类是有关会计监督方面的法规；第三类是有关会计机构和会计人员方面的法规，如《会计人员职权条例》、《会计专业职务试行条例》和《总会计师条例》等；第四类是会计工作管理方面的法规，如《会计档案管理方法》、《会计电算化管理办法》等。

（3）从法规的强制力来看，主要包括会计法律、行政法规和部门规章三个层次。

二、我国会计法规体系的内容

经过新中国成立以来几十年的努力，特别是随着两次经济体制的重大改革，我国的会计法规建设取得了历史性的发展，已经基本形成了以《会计法》为中心、国家统一的会计制度为基础的相对完整的会计法规体系。

（一）会计法律

会计法律是指全国人民代表大会及其常务委员会经过一定立法程序制定的有关会计工作的法律。我国主要的会计法律是《中华人民共和国会计法》（以下简称《会计法》）和《中华人民共和国注册会计师法》。《会计法》是会计法律制度中层次最高的法律规范，是制定其他会计法规的依据，也是指导会计工作的最高准则。

1. 会计法

会计法是为了加强会计工作，保障会计人员依法行使职权，维护社会市场经济秩序，发挥会计工作在维护国家财政制度和财务制度、加强经济管理、提高经济效益中的作用而制定的，是我国会计工作经验和会计理论研究成果的概括和总结。会计法是一项重要的经济法规，是会计工作的基本法，是制定其他一切会计法规、制度、方法、手续、程序等的法规依据，涉及会计工作的各个方面。我国的《会计法》经历了多次修订。1985 年 1 月 21 日第六届全国人民代表大会常务委员会第九次会议通过了最早的《会计法》，于 1985 年 5 月 1 日实施。此后，根据 1993 年 12 月 29 日，第八届全国人民代表大会常务委员会第五次会议通过了《关于修改〈中华人民共和国会计法〉的决定》进行第一次修正，1999 年 10 月 31 日第九届全国人民代表大会常务委员会第十二次会议进行第二次修订，自 2000 年 7 月 1 日起施行，是现行的《会计法》。现行的会计法主要包括以下内容：

（1）总则部分。①明确指出《会计法》的立法目的是规范会计行为，保证会计资料真实、完整，加强经济管理和财务管理，提高经济效益，维护社会主义市场经济秩序；②明确了《会计法》的适用范围是国家机关、社会团体、公司、企业、事业单位和其他组织；③规定了单位负责人对本单位的会计工作和会计资料的真实性、完整性负责；④规定了《会计法》的管理体制：国务院财政部门主管全国的会计工作，地方各级人民政府财政部门管理本行政区域内的会计工作；⑤国家实行统一的会计制度，由国务院财政部门根据本法制定并公布。

（2）规定了会计核算的内容和要求。《会计法》规定了会计核算的基本内容，如款项和有价证券的收付；财物的收发、增减和使用；债权债务的发生和结算；资本、基金的增减；收入、支出、费用、成本的计算等。为了保证会计信息的质量，《会计法》规定了对填制会计凭证、登记会计账簿、编制财务报表等会计核算全过程的基本要求。这是保证会计信息符合国家宏观经济管理的要求，有利于满足有关各方了解企业财务状况和经营成果的需要，满足企业加强内部经营管理需要的重要条件。

（3）公司、企业会计核算的特别规定。它主要针对公司、企业会计核算的特殊性和重要性，强调了公司、企业会计核算中对会计要素确认、计量、记录的基本要求和公司、企业会计核算的禁止性规定。

（4）会计监督。它旨在健全和完善与新形势要求相适应的三位一体的会计监督体系。三位一体的会计监督体系是指：通过建立单位内部会计监督制度进行的单位内部监督，通过注册会计师进行的社会监督和以财政部门为主的国家监督。

（5）会计机构的设置和会计人员的配置。《会计法》规定了会计机构的设置、总会计师的设置、会计机构内部稽核制度和内部牵制制度、会计人员从业资格、会计机构负责人的任职资格、会计人员业务培训、会计人员工作交接等。

（6）法律责任。《会计法》规定了单位领导人、会计人员违反会计法应负的法律责任。其特点是对各种违法行为作了明确具体的界定，便于在实际执行时认定违法行为，并对违法行为进行及时惩处；扩大了惩治对象的范围；加重了所规定的各种违法行为的责任，特别是加大了对伪造、变造会计凭证、会计账簿，编制虚假财务报告，以及隐匿、销毁应当保存的会计凭证、会计账簿、财务会计报告及其他会计资料等行为的打击力量；加重了单位负责人的法律责任。

2.《中华人民共和国注册会计师法》

《中华人民共和国注册会计师法》于1993年经第八届全国人民代表大会常务委员会第四次会议通过，自1994年1月1日起施行。该法共七章四十六条，包括总则、考试和注册、业务范围和规则、会计师事务所、注册会计师协会、法律责任和附则。

（二）会计行政法规

会计行政法规是指由国务院制定发布或者国务院有关部门拟订经国务院批准发布，调整经济生活中某些方面会计关系的法律规范，或者由省、自治区、直辖市人民代表大会及其常委会在与会计法律、会计行政法规不相抵触的前提下制定的地方性会计法规。主要包括：国务院发布的《企业财务会计报告条例》、《总会计师条例》；经国务院批准，财政部发布的《企业会计准则》。

1.《企业财务会计报告条例》

国务院于2000年6月21日发布，自2001年1月1日起施行。共六章四十六条，包括总则、财务会计报告的组成、财务会计报告的编制、财务报告的对外提供、法律责任和附则。

2.《总会计师条例》

国务院于1990年12月31日发布，自发布之日起施行。共五章二十三条，包括总则、总会计师的职责、总会计师的权限、任免和奖惩及附则。

3.《企业会计准则》

《企业会计准则》是会计核算工作的基本规范，就会计核算的原则和会计处理方法及程序作出规定，为会计制度的制定提供依据。我国的会计准则体系包括企业会计准则和非企业会计准则两个方面。

（1）《会计法》与《企业会计准则》

《会计法》作为基本法，概括性地规范了会计核算内容和要求、会计监督的原则等内容。《会计法》难以具体规范会计人员的行为，因此必须依据《会计法》制定会计准则。

《企业会计准则》是会计人员从事会计工作的规则和指南，按其使用单位的经营性质，可分为营利组织的会计准则和非营利组织的会计准则；按其所起的作用，可分为基本准则和具体准则。基本准则是概括组织会计核算工作的基本前提和基本要求，是说明会计核算工作的指导思想、基本依据、主要规则和一般程序。企业会计的账务处理程序、方法等都必须符合基本准则的要求。基本会计准则还是制定具体准则的主要依据和指导原则。具体准则涉及会计核算的具体业务，它必须体现基本准则的要求才能保证各具体准则之间的协调性、严密性及科学性。我国的会计准则体系包括企业会计准则和非企业会计准则两个方面。

（2）《企业会计准则——基本准则》

2006年2月15日，财政部发布了以1个基本原则、38项具体准则、若干应用指南为核心的企业会计准则体系（自2007年1月1日起施行），创造了既坚持中国特色又与国际准则趋同的会计准则制定模式，奠定了我国统一的会计核算平台。其中，基本准则是进行会计核算工作必须遵守的基本规范和要求；具体准则是对共性和特殊的交易或事项的会计处理作出具体规定；应用指南是对具体会计准则进行解释并提供会计科目及主要账务处理等内容。2006年颁布的《企业会计准则——基本准则》主要包括以下几个方面的内容：

①总则部分。总则说明了企业会计准则的性质、制定的依据、适用范围、会计工作的前提条件、记账基础以及会计核算基础工作的要求等。如总则中规定了会计核算的基本前提是会计核算工作赖以存在的前提条件，是企业设计和选择会计方法的重要依据。这些基本前提尽管没有规定会计核算的具体方法，但在会计工作中起着重要作用。会计核算的基本前提是在长期的会计实践中，人们对其不断认识和总结的结晶。只有规定了这些会计核算的前提条件，会计核算才能正常、顺利地进行。

②关于会计核算的一般原则的规定。基本准则筛选出8条会计信息质量要求，即可靠性、相关性、可理解性、可比性、实质重于形式、重要性、谨慎性和及时性等。这些原则是对会计核算的基本要求，是我国会计核算规范化建设的重要内容。它们不仅是衡量会计信息重要信息质量的基本要求，而且是注册会计师审计会计报告公允性的一个参照标准。

③关于会计要素准则的规定。所谓会计要素准则，是指企业在会计核算中对各项会计要素进行确认、计量、记录和报告时应当遵循的基本要求。企业会计准则将会计要素划分为6项，即资产、负债、所有者权益、收入、费用和利润。

④关于会计计量的规定。企业在将符合确认条件的会计要素登记入账并列报于财务报表及其附注时，按照规定的会计计量属性进行计量，确认其金额。会计计量属性包括历史成本、重置成本、可变现净值、现值、公允价值。

⑤关于财务报表体系的规定。《企业会计准则》要求财务报表除满足企业主管机关和财政、税务机关等国家政府部门的需要外，还应该满足企业各方面的投资者、债权人，以及社会上投资者的需要，要能够向他们提供反映经营状况、产权关系、偿债能力和利益分配的各种会计信息。针对上述要求，会计准则对全国范围内的企业财务报表作了统一规定——企业必须编制和对外报送4种主要财务报表，即资产负债表、利润表和现金流量表、所有者权益变动表。

（3）具体准则。

具体会计准则是按照基本会计准则的内容要求，针对各种交易或事项作出的具体规定。它的特点是可操作性强，可据以直接组织该项业务的核算，如固定资产、存货、借款费用等准则。

（4）非企业会计准则。

这是企业之外的其他单位适用的会计准则，如，《事业单位会计准则（试行）》由财政部于1997年5月28日发布，自1998年1月1日起试行，共九章五十四条，包括总则、一般原则、资产、负债、净资产、收入、支出、财务报表和附则。

（三）会计规章

会计规章是指国务院财政部门根据《会计法》制定的关于会计核算、会计监督、会计机构和会计人员及会计工作管理的制度，包括规章和规范性文件，还有地方人民政府根据法律、法规授权，结合本地实际情况制定的在本行政区域内具有法律效力的规范性文件。其中，会计规章是根据《立法法》规定的程序，由财政部制定，并由部门首长签署命令予以公布的制度办法，如《财政部实施会计监督办法》、《会计从业资格管理办法》。会计规范性文件是指主管全国会计工作的行政部门即国务院财政部门制定并发布的文件，如《企业会计制度》、《会计基础工作规范》、《金融企业会计制度》、《小企业会计制度》、《民间非营利组织会计制度》、《财政总预算会计制度》、《事业单位会计制度》、《行政单位会计制度》等，以及财务部与国家档案局联合发布的《会计档案管理办法》、《会计电算化工作规范》、《会计电算化管理办法》、《会计核算软件基本功能规范》等。

第二节 会计工作组织

会计工作组织是完成会计工作任务、发挥会计工作作用的重要保证。正确组织会计工作，就是要求企业、行政事业单位设置合理的会计机构，配备适当的会计人员以及建立和执行各项会计制度，以达到加强管理的要求。

一、会计工作组织的意义和要求

（一）会计工作组织的意义

从广义上讲，凡是与组织会计工作有关的一切事项都可以包括在会计组织之内。从狭义来讲，会计工作组织仅包括会计人员的配备、会计机构的设置、会计法规的制定与执行以及会计档案的保管。科学地组织会计工作，对全面完成会计任务，充分发挥会计在经济管理中的作用具有重要意义。

会计工作是一项严密细致的经济管理工作。会计为经营管理所提供的会计信息，要经过会计凭证—会计账簿—财务报表等一系列方法及相应的手续和程序对数据进行记录、计算、分类、汇总、分析、检查等。会计数据的传输、加工在各种手续、各个步骤之间存在着密切的联系。在实际工作中，往往由于某种手段的遗漏或者某道工作程序的脱节，或者某一数字的差错，而造成会计信息不正确、不及时，从而贻误工作，甚至造成决策失误。科学地组织会计工作，使会计工作按照预先规定的手续和处理程序有条不紊地进行，可以有效地防止手续的遗漏、工作程序的脱节和数字的差错。一旦出现上述问题，也能尽快查出和纠正。

会计工作是一项综合性的经济管理工作。它和其他经营管理工作有着十分密切的联系。它们在加强科学管理、提高效益的共同目标下，相互补充，相互促进，相互影响。科学地组织会计工作，能使会计工作同其他经济管理工作更加协调，共同完成经济管理任务。

（二）会计工作组织的要求

科学地组织会计工作，要遵循以下几项要求。

1. 按国家的统一要求组织会计工作

在社会主义市场经济条件下，会计所提供的会计信息，既要满足有关各方了解会计主体的财务状况、经营成果、财务收支情况以及加强内部经营管理的需要，还应当符合国家宏观经济管理的要求。据此，会计工作要由国家统一管理，按照“统一领导，分级管理”的原则建立会计工作的管理体系。《中华人民共和国会计法》明确规定国务院财政部门管理全国的会计工作。地方各级人民政府的财政部门管理本地区的会计工作。各企业、事业和行政机关等单位组织会计工作，必须符合国家跨级工作的统一要求。

2. 根据各单位生产经营管理的特点来组织会计工作

国家对组织会计工作的统一要求，只是一般的原则规定。每个会计主体的交易或事项范围、业务内容不同，对会计信息的要求也有差别，各单位必须结合实际情况和具体要求，加以贯彻和落实。因此，对会计机构的设置和会计人员的配备，以及对统一会计法规的执行等方面，都要结合本单位业务经营的特点和经营规模的大小等具体情况，作出切合实际的安排和具体实施方法。

3. 协调同其他经济管理工作的关系

会计工作既有其独立的工作内容和范围，又与其他经济管理工作有着十分密切的联系。各单位发生的交易或事项，都要通过会计予以反映和监督。会计工作同其他经济管理工作之间既有分工，又有协作，在组织会计工作时，要同其他各项经济管理工作互相协调、互相配合，共同完成任务。

4. 不断提高会计工作质量，关注工作效率，节约费用

会计信息应当符合国家宏观经济管理的要求，满足有关各方了解本单位财务状况、经营成果和财务收支情况的需要，满足本单位内部经营管理的需要。为了提供会计信息，会计人员要将日常发生的、大量的、错综复杂的交易或事项，通过确认、计量、记录、报告等一系列程序和手续，将其转换为供有关各方利用的会计信息。这是一项要求严密而又细致的工作，需要精心设计，科学组织。会计信息质量不高，甚至出现差错或遗漏，都造成不良的后果。因此，要求严密地组织会计工作，细致地规定和执行各项会计手续和工作程序。在保证会计工作质量的同时，也要注意提高会计工作效率，尽量节约会计工作时间和费用，要防止机构重叠、手续繁杂、重复劳动等不合理的现象发生。

二、会计机构

会计机构是组织处理会计工作的职能机构。合理设置会计机构是保证会计工作顺利进行的首要条件。

（一）会计机构的设置

企业、事业、行政机关等单位都要设置从事会计工作的专职机构。在我国由于会计工作和财务工作都是综合性经济管理工作，它们之间的关系非常密切，因此通常把两者合并在一起，设置一个财务会计机构，如设置的财务会计科（处）或者财务科（处）等。所以，会计机构通常是指财务会计部门。

为了保证会计工作顺利进行和充分发挥其作用，各企业、事业和行政机关等单位一般都应单独设置会计机构。在一些规模小、会计业务简单的单位，如果不单独设置会计机构，则要在有关机构中设置会计人员并指定会计主管人员，以保证会计工作的正常进行。在一些规模大、会计业务复杂且量大的单位，可根据“统一领导，分级管理”的原则，在单位内部设置各级、各部门的会计组织。各单位可以根据会计业务量的多少，单独设置会计组织或设会计人员。

基层单位的会计机构，一般称为会计（财务）处、科、股、组等。各单位的会计机构，在行政领导人的领导下开展会计工作。在设置总会计师的单位，其会计机构由总会计师直接领导，同时也接受上级财务会计部门的指导和监督。

各级主管部门一般设置会计（财务）司、局、处、科。这些会计机构要负责组织、领导和监督所属单位的会计工作。它们的主要任务是：根据国家统一会计法规、制度的要求，制定本系统适用的会计法规、制度的实施细则；审批所属单位的财务报表，汇总编制本系统的汇总财务报表；检查和指导所属单位的会计工作；总结并组织交流所属单位会计工作的先进经验；核算本单位与财政机关以及上下级之间有关款项缴拨的会计事项等。

会计机构是一个综合性经济管理部门，它和单位内部其他各职能部门、各生产经营业务单位的工作有着十分密切的联系，相互促进，相互制约。因此，会计机构要主动为各职能部门、各业务单位服务，并依靠各职能部门和业务单位共同做好会计工作，完成会计任务。

会计机构要接受上级管理机构，国家财政、税务和审计等部门的指导与监督，并按规定向它们报送财务报表。

（二）会计工作的组织形式

会计机构内部应当建立稽核制度。出纳人员不得兼任稽核、会计档案保管和收入、支出、费用、债权债务账目的登记工作，为此形成不同的组织形式。企业会计机构内部核算组织形式一般可分为独立核算机构、半独立核算机构和报账单位。

1. 独立核算机构

实行独立核算的企业必须具备一定的条件，通常要有一定的自有资金，有独立经营自主权，能够编制计划，单独计算盈亏，单独在银行开户，并经工商行政部门注册登记。

实行独立核算单位的核算组织形式可分为集中核算和分散核算两种。

（1）集中核算是把整个单位的会计工作主要集中在会计部门进行。单位内部的其他部门和下属单位只对其发生的交易或事项填写原始凭证或原始凭证汇总表，送交会计部门审核，然后据以填制记账凭证，登记有关账簿，编制财务报表。集中核算的优点是可以减少核算环节，简化核算手续，有利于掌握全面经营情况和精减人员。

（2）分散核算又称非集中核算，是将会计工作分散在各有关部门进行，各会计部门负责本单位范围内的会计工作，单位内部会计部门以外的其他部门和下属单位，在会计部门的指导下，对发生账务部门或本单位的交易或事项进行核算。

一个企业是实行集中核算还是非集中核算，主要取决于经营管理的需要。如果该单位内部要实行内部经济核算制，实行分级管理，分级核算，就应实行集中核算，这有利于各部门及时利用核算资料进行日常考核和分析，因地制宜地解决生产、经营管理上的问题。如果该单位规模较小，交易或事项不多，实行集中核算以减少核算层次，精简机构，减少会计人员。

2. 半独立核算机构

独立核算企业所属的分厂、分部、分公司，若其规模比较大，生产、经营上具有一定的独立性，但不具备完全独立核算的某些必要条件，如没有独立的资金，不能在银行单独开户等，就实行半独立记账并编制财务报表，然后将财务报表送会计部门汇总。其优点是能使部门负责人和职工及时掌握生产成本和财务成果，便于动员职工参与企业管理。

3. 报账单位

报账单位是指企业内部不单独计算盈亏，只记录和计算几个主要指标，进行简易核算，以考核其工作质量的单位和部门。这些单位和部门平时只向上级领用备用金，定期向上级报销，所有收入全部解缴上级，由财会部门集中进行核算。

（三）会计机构内部的岗位设置

会计机构内部要求进行合理的分工，建立与健全岗位责任制。大中型企业工作内容比较繁杂，一般有资金核算，成本、费用核算，销售、利润核算，内部稽核及综合编表等工作，需要配备会计员、出纳员、成本员、稽核员、综合员等进行分工合作。在这些单位中，可以根据业务繁简设置专业科，但必须严格执行岗位责任制。在会计人员不多的会计部门，可以根据工作内容划分各个会计人员的职权范围，各司其职，各负其责。会计机构的岗位责任制，亦称会计人员岗位责任制，就是在财务会计机构内部按照会计工作的内容和会计人员的配备情况，将会计机构的工作划分为若干个岗位，进行合理的分工，并为每个岗位规定职责和要求，使每项会计工作都有专人负责，每位会计人员都能明确自己的职责的一种责任管理制度。

各单位应本着有利于加强会计管理，改进工作作风，提高工作效率，以及有利于分清职责，考核干部的要求，建立健全会计机构岗位责任制。各单位建立会计机构的岗位责任制，要同本单位的经济责任制相联系，实行以责定权、权责明确、严格考核、有奖有惩的原则。实践证明，建立会计机构的岗位责任制，有利于使每一项会计工作都有专人负责，每一个会计人员都有明确的职责，办事有要求、工作有经验。这样做，可以加强会计管理，提高工作效率，保证会计工作有秩序地进行，并且有利于考核会计人员的工作成绩。

《会计基础工作规范》第十一条规定，会计工作岗位可以分为：①会计机构负责人工作岗位；②出纳工作岗位；③财产物资核算工作岗位；④工资核算工作岗位；⑤成本费用核算工作岗位；⑥财务成果核算工作岗位；⑦资金工作岗位；⑧往来结算工作岗位；⑨总账报表工作岗位；⑩档案管理工作岗位；⑪稽核工作岗位等。这些岗位可以一人一岗、一人多岗或一岗多人，各单位可以根据自身特点具体确定。同时，为贯彻内部牵制原则，出纳人员不得兼管稽核、会计档案保管及收入、费用、债权债务账目的登记工作。在较大规模的单位中，会计业务量大，会计人员较多，会计机构内部可以按交易或事项的类别划分岗位，设立若干职能组，分别负责各项业务工作。如设立综合财务组、工作组、资金组、会计组等，并按分管的业务明确职责要求。有些单位按交易或事项和会计方法相结合的原则进行分工，设置资金核算组、成本核算组、综合报表组、审核分析组和计划决策组等，以便发挥会计的职责作用。

实行会计人员岗位责任制，并不要求会计人员长期固定在某一工作岗位上，会计人员之间要分工并有计划地进行轮换，以便会计人员能够比较全面地了解和熟悉各项会计工作，提高业务水平，便于相互协作，提高工作效率，从而把会计工作做得更好。

（四）会计机构内部控制制度和牵制制度

内部控制就是要在会计机构内部建立并健全稽核制度，对会计凭证、会计账簿、财务报表等会计资料的真实性和可靠性进行控制，包括账证、账账、账表、账实核对的控制，财产物资的采购、验收、保管、盘点、现金管理等方面的控制。

《会计法》规定，各单位应当建立、健全本单位内部会计监督制度。会计机构内部要有牵制制度，出纳人员不得兼管稽核、会计档案保管及收入、费用、债权和债务账目的登记工作。坚持账、钱、物分管；会计与出纳分管；经办与审批分管；以防止错误和弊端。单位内部会计监督制度应当符合下列要求：

（1）记账人员与交易或事项和会计事项的审批人员、经办人员、财物保管人员的职责权限应当明确，并相互分离、相互制约。即会计事项相关人员的职责权限应当明确，将失误、舞弊等问题控制到最低限度。

（2）重大对外投资、资产处置、资金调度和其他重要交易或事项的决策和执行的相互监督、相互制约程序应当明确。

（3）财产清查的范围、期限和组织程序应当明确。

（4）对会计资料定期进行内部审计的办法和程序应当明确。

单位内部会计监督制度是一个单位为了保护其资产的安全完整，保证其经营活动符合国家法律、法规和内部规章要求，提高经营管理效率，防止舞弊，控制风险等目的，而在单位内部采取的一系列相互联系、相互制约的制度和方法。单位内部会计监督制度的内容非常广泛，不同经济性质、经济规范、管理基础的单位对内部会计监督制度有不同的内容和要求，各单位应根据本单位管理的需要和实际情况，将《会计法》的规定加以具体化。

三、会计人员

会计人员是从事会计工作、处理会计业务、完成会计任务的人员。企业、事业、行政机关等单位，都应根据实际需要配备一定数量的会计人员，这是做好会计工作的决定性因素。

为了充分发挥会计人员的积极性，使全体会计人员更好地完成会计工作任务，在《中华人民共和国会计法》和有关会计人员管理的法规中，对会计人员的职责与权限、专业职务、任免和奖惩等作了明确的规定。

（一）会计人员的职责和权限

1. 会计人员的职责

会计人员的职责，概括起来就是及时提供真实可靠的会计信息，认真贯彻执行和维护国家财经制度和财经纪律，积极参与和经营管理，提高经济效益。根据《会计法》的规定，会计人员的主要职责有以下几方面：

（1）进行会计核算。会计人员要以实际发生的交易或事项为依据开展记账、算账、报账工作，做到手续完备，内容真实，数字准确，账目清楚，日清月结，按期报账，如实反映财务状况、经营成果和财务收支情况，满足国家宏观经济管理，企业加强内部经营管理和有关各方了解本单位财务状况、经营成果、财务收支情况，满足国家宏观经济管理，企业加强内部经营管理和有关各方了解本单位财务状况、经营成果、财务收支情况的需要。

进行会计核算，及时地提供真实可靠的、能满足有关各方面需要的会计信息，是会计人员最基本的职责，也是做好会计工作最起码的要求。

（2）实行会计监督。各单位的会计机构、会计人员对本单位实行会计监督。会计人员对不真实、不合法的原始凭证，不予办理；对记载不准确、不完整的原始凭证，予以退回，要求更正补充；发现账簿记录与实物、款项不符的时候，应当按照有关规定进行处理；无权自行处理的，应当立即向本单位行政领导人报告，请求查明原因，作出处理；对违反国家统一的财政制度、财务制度规定的收支，不予办理。

各单位必须接受审计机关、财政机关和税务机关依照法律和国家有关规定进行的监督，如实提供会计凭证、会计账簿、财务报表和其他会计资料以及有关情况，不得拒绝、隐匿、谎报。

（3）拟定本单位办理会计事务的具体办法。国家制定的统一的会计法规只对会计工作管理和会计事务处理方法作出一般规定。各单位要依据国家颁发的会计法规，结合本单位的特点和需要，建立、健全本单位内部使用的会计事项处理办法。例如，建立会计人员岗位责任制、内部牵制和稽核制度；制定分级核算、分级管理办法和费用开支报销手续办法等等。

（4）参与拟定经济计划、业务计划，考核、分析预算、财务计划的执行情况。各单位编制的经济计划或业务计划是指导该单位交易或事项的主要依据，也是会计人员编制财务计划的重要依据，会计人员参与经济计划、业务计划的制订，不仅有利于编制切实可行的财务计划，而且可以发挥会计人员联系面广泛、经济信息灵通的优势，在拟定经济、业务计划方面起到参谋作用。

会计人员通过会计核算和会计监督，可以考核、检查各项收支预算或财务计划的执行情况，提出进一步改善经营管理、提高经济效益的建议和措施。

（5）办理其他会计事务。发展经济离不开会计，经济越发展，社会分工越细，生产力水平越高，人们对经济管理的要求也就越高，作为经济管理的重要组成部分的会计也就越重要，会计事务也必然日趋丰富多样。例如，责任会计、经营决策会计、电算化会计等等。

会计人员的职责是考核会计人员工作质量的重要标准。会计人员应收支尽责，努力做好会计核算、会计监督、会计分析、会计检查等各项会计工作，为社会主义建设事业服务。

2. 会计人员的工作权限

为保障会计人员能够顺利地履行自己的职责，国家对他们赋予了必要的工作权限，主要有以下几方面：

（1）有权要求本单位有关部门、人员认真执行国家批准的计划、预算，遵守国家财政纪律和财务会计制度。如有违反法律、法规的情况，会计人员有权拒绝付款，拒绝报销和拒绝执行，并向本单位领导人报告。对于弄虚作假，营私舞弊、欺骗上级等违法乱纪行为，会计人员必须坚持拒绝执行，并向本单位领导人或上级机关、财政部门报告。

会计人员对于违反制度、法令的事项，不拒绝执行，又不向领导人或上级财政部门报告的，应同有关人员负连带责任。

（2）有权参与本单位编制计划，制定定额、签订经济合同，参加有关的生产、经营管理会议，领导人和有关部门对会计人员提出的有关财务开支和经济效果方面的问题和意见，要认真考虑，合理的意见要加以采纳。

（3）有权监督、检查本单位有关部门的财务收支、资金使用和财务保管、收发、计量、检验等情况。有关部门要提供资料，如实反映情况。

为了保障会计人员行使工作权限，各级领导和有关人员要支持会计人员行使工作权限。本单位领导人、上级机关和执法部门对会计人员反映的有关损害国家利益、违反财经纪律等问题，要认真及时地调查处理。如果反映的情况属实，不及时采取措施加以纠正，由领导人和上级机关负责。如果有人对会计人员坚持原则、反映情况进行刁难、阻挠或打击报复，上级机关要查明情况，严肃处理，情节严重的，要给予党纪国法制裁。确立上述法律责任，就能从法律上保护并鼓励会计人员为维护国家利益、维护财政制度和财务制度、保护社会主义公共财产、加强经济管理、提高经济效益而坚持原则，履行自己的职责。

（二）会计人员的条件

从事会计工作的人员，必须取得会计从业资格证书。

担任单位或机构负责人的，除取得会计从业资格证书外，还应当具备会计师以上专业技术职务资格或者从事会计工作 3 年以上经历。

会计人员从业资格管理办法有国务院财政部门规定。

会计人员应当遵守职业道德，提高业务素质。

（三）会计人员的专业技术职务

为了合理使用会计人员，充分发挥会计人员的积极性和创造性，企业、事业和行政机关等单位的会计人员依靠学历、从事财务会计工作的年限、业务水平和工资成绩，并通过专业职务资格考试后，可以确定专业技术职务。目前会计专业名称定为：会计员、助理会计师、会计师、高级会计师。会计员和助理会计师为初级职务，会计师为中级职务，高级会计师为高级职务。会计专业职务条件和基本职责是有差别的。

1. 会计员的基本条件和基本职责

会计员的基本条件是：初步掌握财务会计知识和技能；熟悉并能认真执行有关会计法规和财务会计制度；能担任一个岗位的财务会计工作；大学专科或中等专业学校毕业，在财务会计工作岗位上见习一年期满，并通过会计员专业技术事务资格考试。

会计员的基本职责为：负责具体审核和办理财务收支、编制记账凭证、登记会计账簿、编制财务报表和办理其他会计事务。

因有提供虚假财务会计报告、做假账、隐匿或者故意销毁会计凭证、会计账簿、财务会计报告，贪污、挪用公款、职务侵占等与会计职务有关的违法行为被处以最高刑事责任的人员，不得取得或者重新取得会计从业资格证书。

2. 助理会计师的基本条件和基本职责

担任助理会计师的基本条件是：掌握一般的财务会计基础理论和专业知识；熟悉并能正确执行有关的财经方针、政策和财务会计法规、制度；能担负一个方面或某个重要岗位的财务会计工作；取得硕士学位或取得第二学士学位或研究生班结业证书，具备履行助理会计师职责的能力，或者大学本科毕业后在财务会计工作岗位上见习一年期满，或者大学专科毕业并担任会计员职务两年以上，或者中等专业学校毕业并担任会计员职务 4 年以上，并通过助理会计师专业技术职务资格考试。

助理会计师的基本职责是：负责草拟一般的财务会计制度、规定、办法，解释、解答财务会计法规、制度中的一般规定，分析、检查某个方面或某些项目的财务收支和预算的执行情况。

3. 会计师的基本条件和基本职责

担任会计师的基本条件是：较系统地掌握财务会计基础理论和专业知识；掌握并能正确贯彻执行有关的财经方针、政策和财务会计法规、制度；具有一定的财务会计工作经验，能担负一个单位或管理一个地区、一个部门、一个系统某个方面的财务会计工作；取得博士学位并具有履行会计师职责的能力，或者取得硕士学位并担任助理会计师职务两年左右，或者取得第二学士学位或研究生班结业证书并担任助理会计师职务 2～3 年，或者大学本科或专科毕业并担任助理会计师职务 4 年以上。

会计师的基本职责是：负责草拟比较重要的财务会计制度、规定、办法，解释、解答财务会计法规、制度中的重要问题，分析、检查财务收支和预算执行情况，培养初级会计人才。

4. 高级会计师的基本条件和基本职责

担任高级会计师的基本条件是：较系统地掌握经济、财务会计理论和专业知识；具有较高的政策水平和丰富的财务会计工作经验，能担负一个地区、一个部门或一个系统的财务会计管理工作；取得博士学位并担任会计师职务 2 ~ 3 年，或者取得硕士学位、第二学士学位或研究生班结业证书，或者大学本科毕业并担任会计师职务 5 年以上，较熟练地掌握一门外语。

高级会计师的基本职责是：负责草拟和解释、解答一个地区、一个部门、一个系统或在全国施行的财务会计法规、制度、办法，组织和指导一个地区或一个部门、一个系统的经济核算和财务会计工作，培养中级以上会计人才。

确定专业职务对学历和从事财务会计工作年限都有相应的要求，但对确有真才实学、成绩显著、贡献突出，符合任职条件的，在确定其相应专业职务时，可以不受学历和工作年限的限制。

（四）总会计师

我国从 1961 年开始，在规模较大的国营企业中，逐步试行总会计师制度。1978 年，国务院颁发施行的《会计人员职权条例》中规定：企业要建立总会计师的经济责任制。大、中型企业要设置总会计师，主管本单位的经济核算和财务会计工作；小型企业要指定一名副厂长行使总会计师的职权。1990 年底，为了确定总会计师的职权和地位，发挥总会计师在加强经济管理、提高经济效益中的作用，国务院发布施行了《总会计师条例》。《总会计师条例》明确规定：总会计师是单位行政领导成员，协助单位主要行政领导人工作，直接对单位主要行政领导人负责；总会计师组织领导本单位的财务管理、成本管理、预算管理、会计核算和会计监督等方面的工作，参与本单位重要经济问题的分析和决策，并具体组织本单位执行国家有关财经法律、法规、方针、政策和制度，保护国家财产。2000 年实行的《中华人民共和国会计法》（以下简称《会计法》）规定国有企业和国有资产占控股地位或者主导地位的大中型企业必须设置总会计师。

总会计师是一个行政职位，而不是会计人员专业技术职务。但是，总会计师必须是取得会计师任职资格后，主管一个单位或单位内一个重要方面的财务会计工作时间不少于 3 年的会计人员。《会计法》规定，国有的和国有资产占控股地位或者主导地位的大、中型企业必须设置总会计师，负责组织领导本单位的会计核算和会计监督等方面的工作。总会计师由具有会计师以上专业技术资格的人员担任。总会计师的任职资格、任免程序、职责权限按《总会计师条例》规定办理。

1. 总会计师的基本职责

（1）总会计师负责组织本单位的下列工作：编制和执行预算、财务收支计划、信贷计划，拟订资金筹措和使用方案，开辟财源，有效地使用资金；进行成本费用预测、计划、控制、核算、分析和考核，督促本单位有关部门降低消耗、节约费用、提高经济效益；建立、健全经济核算制度，利用财务会计资料进行交易或事项分析；承办单位主要行政领导人交办的其他工作。

（2）总会计师负责对本单位财会机构的设置和会计人员的配备、会计专业职务的设置和聘任提出方案；组织会计人员的业务培训和考核；支持会计人员依法行使职权。

（3）总会计师协助单位主要行政领导人对企业的生产经营、行政事业单位的业务发展以及基本建设投资等问题作出决策。参与新产品开发、技术改造、科技研究、商品（劳务）价格和工资奖金等方案的制订；参与重大经济合同和经济协议的研究、审查。

2. 总会计师的工作权限

（1）总会计师对违反国家财经法律、法规、方针、政策、制度和有可能在经济上造成损失、浪费的行为，有权制止或者纠正。制止或者纠正无效时，提请单位主要行政领导人处理。

（2）有权组织本单位各职能部门、直属基层组织的经济核算、财务会计和成本管理方面的工作。

（3）主管审批财务收支工作。除一般的财务收支可以由总会计师授权的财会机构负责人或者其他指定人员审批外，重大的财务收支，须经总会计师审批或者由总会计师报单位主要行政领导人批准。

（4）预算、财务收支计划、成本和费用计划、信贷计划、财务专题报告、会计决算报表，须经总会计师签署。涉及财务收支的重大业务计划、经济合同、经济协议等，在单位内部须经总会计师会签。

（5）会计人员的任用、晋升、调动、奖惩，应当事先征求总会计师的意见。财会机构负责人或者会计主管人员的人选，应当由总会计师进行业务考核，依照有关规定审批。

企业的总会计师由本单位主要行政领导人提名，政府主管部门任命或者聘任；免职或者解聘程序与任命或者聘任程序相同。

实践证明，不断完善总会计师制度，有利于协调企业内部的各项管理工作，改善经营管理，提高经济效益。

（五）会计人员的法律责任

1. 违反《会计法》的法律责任

会计人员违反《会计法》的行为主要有：

（1）不依法设置会计账簿的。

（2）私设会计账簿的。

（3）未按照规定填制、取得原始凭证或者填制、取得的原始凭证不符合规定。

（4）以未经审核的凭证为依据登记会计账簿或者登记会计账簿不符合规定的。

（5）随意变更会计处理方法的。

（6）向不同会计资料使用者提供的财务会计报告编制依据不一致的。

（7）未按照规定使用会计记录文字或者记账本位币的。

（8）未按照规定保管会计资料，致使会计资料毁损、灭失的。

（9）未按照规定建立并实施单位内部会计监督制度或者拒绝依法实施的监督或者不如实提供有关会计资料及有关情况的。

（10）任用会计人员不符合本法规定的。

会计人员如果有上述行为之一的，由县级以上人民政府财政部门责令限期改正，可以对单位并处3 000元以上50 000元以下的罚款；对其直接负责的主管人员和其他直接责任人员，可以处2 000元以上20 000元以下的罚款；属于国家工作人员的，还应当由其所在单位或者有关单位依法给予行政处分。

2. 违反《刑法》的法律责任

（1）对于伪造、变造会计凭证、会计账簿或者编制虚假财务会计报告的行为，构成犯罪的，依法追究刑事责任；尚不构成犯罪的，由县级以上人民政府财政部门予以通报；可以对单位并处5 000元以上100 000元以下的罚款，对其直接负责的主管人员和其他直接责任人员，可以处3 000元以上50 000元以下的罚款；属于国家工作人员的，还应当由其所在单位或者有关单位给予撤职直至开除的行政处分；对其中的会计人员，并由县级以上人民政府财政部门吊销会计从业资格证书。

（2）编匿或者故意销毁依法应当保存的会计凭证、会计账簿、财务会计报告，构成犯罪的，依法追究刑事责任。有前款行为，尚不构成犯罪的，由县级以上人民政府财政部门予以通报，可以对单位并处5 000元以上100 000元以下的罚款；对其直接负责的主管人员和其他直接责任人员，可以处3 000元以上50 000元以下的罚款；属于国家工作人员的，还应当由其所在单位或者有关单位依法给予撤职直至开除的行政处分；对其中的会计人员，并由县级以上人民政府财政部门吊销会计从业资格证书。

（3）授意、指使、强令会计机构、会计人员及其他人员伪造、变造会计凭证、会计账簿，编制虚假财务会计报告或者隐匿、故意销毁依法应当保存的会计凭证、会计账簿、财务会计报告，构成犯罪的，依法追究刑事责任；尚不构成犯罪的，可以处5 000元以上50 000元以下的罚款；属于国家工作人员的，还应当由其所在单位或者有关单位依法给予降级、撤职、开除等行政处分。

第三节 会计档案的保管与交接

会计档案是指会计凭证、会计账簿和财务报表等会计核算专业资料，它是记录和反映交易或事项的重要原始资料和证据。会计档案是国家档案的重要组成部分，也是各单位的重要档案之一，各单位必须加强对会计档案管理的领导，建立和健全会计档案的立卷、归档、保管、调阅和销毁等管理制度，切实把会计档案管好。会计人员要按照国家和上级关于会计档案管理办法的规定和要求，对本单位的各种会计凭证、会计账簿、财务报表、财务计划、单位预算和重要的经济合同等会计资料，定期收集，审查核对，整理立卷，编制目录，装订成册。

一、会计档案的保管

会计凭证是重要的经济资料和会计档案，任何单位在完成交易或事项手续和记账之后，必须按规定的立卷归档制度形成会计档案资料。会计部门在记账以后，应定期（每天、每旬、每月）对各种会计凭证加以分类整理，将各种凭证按照编号顺序，连同所附的原始凭证折叠整齐，加具封面，封底装订成册，并在装订线上加贴封签。在封面上，应写明单位名称、年度、月份、记账凭证的种类、日期、起讫号数以及记账凭证和原始凭证的张数，并在封签处加盖会计主管的骑缝图章；如果采用单式记账凭证，在整理装订凭证时，必须保持会计记录的完整。为此，应按凭证号顺序装订成册，不得按会计科目归类装订。对各种重要的原始凭证以及各种需要随时查阅和退回的单据，应另编目录。单独登记保管，并在有关的记账凭证和原始凭证上相互注明日期和编号。某些记账凭证所用的原始凭证数量过多，也可以单独装订保管，但应在封面上注明所属记账凭证的日期、编号、种类，同时在有关的记账凭证上注明“附件另附”和原始凭证名称和编号，以便参考。

会计账簿同会计凭证以及财务报表，都是重要的会计档案，各单位的会计人员在年度终了、应将已更换的各种活页账簿、卡片账簿以及必要的备案账簿连同账簿使用登记表装订成册，加上封面，统一编号，由相关人员签章后，与订本账簿一起归档保管。

财务报表同会计凭证以及会计账簿一样，都是重要的会计档案，各单位的会计人员在年度终了，应将全年编制的财务报表按时间先后顺序整理，装订成册，并加上封面，归档保存。

二、会计档案的造册归档

每年的会计凭证、账簿、报表都应由财会部门按照归档的要求，负责整理立卷或装订成册，当年的会计档案，在会计年度终了后，可暂由本单位财务会计部门保管 1 年，期满后，原则上应由财务会计部门编造清册移交本单位的档案管理部门保管。财务会计部门和经办人员必须将应归档的会计档案全部移交档案部门，不得自行封包保存，档案部门必须按期点收，档案部门接收的会计档案，原则上要保持原卷册的封装。个别需要拆封重新整理的，应当会同原财务会计部门和经办人共同拆封整理，以分清责任。会计档案必须进行科学管理，做到妥善保管，存放有序，查找方便。同时，严格执行安全和保密制度，不得随意堆放，严防毁损、散失和泄密。

三、制定使用借阅手续

各单位保存的会计档案不得借出。如有特殊需要，经本单位负责人批准，可以提供查阅或者复制，并办理登记手续。

各单位对会计档案必须进行科学管理，做到妥善保管，存放有序，查找方便，并积极为本单位提供利用。各单位保存的会计档案不得借出。如有特殊需要，经本单位负责人批准，可以提供查阅或者复制，并办理登记手续。应设置“会计档案调阅登记簿”详细登记调阅日期、调阅人、调阅理由、归还日期等。本单位人员调阅会计档案，需经会计主管人员同意。外单位人员会计档案要有正式介绍信，经单位领导批准，向外单位提供会计档案时，档案原件原则上是不得借出，如有特殊需要，需报经上级主管单位批准，并应限期归还，调阅人员未经批准不得擅自摘录有关数字，遇特殊情况需要影印复制会计档案的，必须经过本单位领导批准，并在“会计档案调阅登记簿”上详细记录会计档案影印复制的情况。查阅或者复制会计档案的人员，严禁在会计档案上涂画、拆封和抽换。

四、严格遵守保管期限和销毁手续

各种会计档案的保管期限，根据其特点，分为永久、定期两类。定期保管期限分为 3 年、5 年、10 年、15 年、25 年 5 种。会计档案保存期限和销毁办法，由国务院财政部门会同有关部门制定。目前使用的企业会计档案保管期限见表 12－1。

表 12－1　企业和其他组织会计档案保管期限

序号	档案名称	保管期限	备注
一	会计凭证类		
1	原始凭证	15 年	
2	记账凭证	15 年	
3	汇总凭证	15 年	
二	会计账簿类		
4	总账	15 年	包括日记总账
5	明细账	15 年	
6	日记账	15 年	现金和银行存款日记账保管 25 年
7	固定资产卡片		固定资产报废清理后保管 5 年
8	辅助账簿	15 年	
三	财务报告类		包括各级主管部门汇总财务报告
9	月、季度财务报告	3 年	包括文字分析
10	年度财务报告（决算）	永久	包括文字分析
四	其他类		
11	会计移交清册	15 年	
12	会计档案保管清册	永久	
13	会计档案销毁清册	永久	
14	银行余额调节表	5 年	
15	银行对账单	5 年	

保管期满后，需要销毁。销毁时必须严格执行会计档案保管的规定，任何人不得随意销毁。按规定销毁会计凭证时，必须开列清单，报经批准后，由档案部门和财务会计部门共同派员监销。各级主管部门销毁会计凭证时，还应有同级财政部门、审计部门派员参加监销。各级财政部门销毁会计凭证时，由同级审计机关派员监销。在销毁会计凭证前，监督销毁人员应认真清点核对，销毁后，在销毁清册上签名盖章，并将监销情况报本单位负责人。

会计档案保管期满需要销毁时，可以按照以下程序销毁：

（1）由本单位档案机构提出销毁意见，编制会计档案销毁清册。

（2）单位负责人在会计档案销毁清册上签署意见。

（3）销毁会计档案时，应当由档案机构和会计机构共同派员监销。

（4）监销人在销毁会计档案前，应当按照会计档案销毁清册所列内容清点核对所要销毁的会计档案；销毁后，应当在会计档案销毁清册上签名盖章，并将监销情况报告本单位负责人。

但是，以下情形除外：

（1）保管期满但未结清的债权债务原始凭证和涉及其他未了事项的原始凭证，不得销毁，应单独抽出立卷，保管到未了事项完结时为止。单独抽出立卷的会计档案，应当在会计档案销毁清册和会计档案保管清册中列明。

（2）正在项目建设期间的建设单位，其保管期满的会计档案不得销毁。

采用电子计算机进行会计核算的单位，应当打印出的纸质会计档案。具备采用磁带、磁盘、光盘、微缩胶片等存储介质保存会计档案条件的，由国务院业务主管部门统一规定，并报财政部、国家档案局备案。

单位因撤销、解散、破产或者其他原因而终止的，在终止和办理注销登记手续之前形成的会计档案，应当由终止单位的业务主管部门或财产所有者代管或移交有关档案馆代管。法律、行政法规另有规定的，从其规定。

单位分立后原单位存续的，其会计档案应当由分立后的存续方统一保管，其他方可查阅、复制与其业务相关的会计档案；单位分立后原单位解散的，会计档案应当经各方协商后其中一方代管或移交档案馆代管，各方可查阅、复制与其业务相关的会计档案。单位分立中未结清的会计事项所涉及的原始凭证，应当单独抽出业务相关官方保存，并按规定办理交接手续。

五、会计工作交接

会计人员工作调动或者因故离职，必须将本人所经管的会计工作全部移交给接替人员。没有办清交接手续的，不得调动或者离职。接替人员应当认真接管移交工作，并继续办理移交的未了事项。

会计人员办理移交手续前，必须及时做好以下工作：

（1）已经受理的交易或事项尚未填制会计凭证的，应当填制完毕。

（2）尚未登记的账目应当登记完毕，结出余额，并在最后一笔余额后加盖经办人员印章。

（3）整理应移交的各项会计资料，对未了事项写出书面材料；会计机构负责人（会计主管人员）办理移交的，对遗留问题应写出书面材料。

（4）编制移交清册，列明应当移交的会计凭证、会计账簿、财务会计报告、印章、现金、有价证券、支票簿、发票和其他会计资料和物品等内容；实行会计电算化的单位，从事该项工作的移交人员还应当在移交清册中列明会计软件及密码、会计软件数据磁盘及有关资料、实物等内容。

会计人员办理交接手续，必须有监交人负责监交。一般会计人员交接，由单位会计机构负责人、会计主管人员监交；会计机构负责人、会计主管人员交接，由单位领导人负责监交，必要时可由上级主管部门派人会同监交。

移交人员在办理移交时，要按移交清册逐项移交；接替人员要逐项核对点收。交接完毕后，交接双方和监交人在移交清册上签名或盖章，并应在移交清册上注明：单位名称，交接日期，交接双方和监交人的职务、姓名，移交清册页数以及需要说明的问题和意见等。

移交清册一般应填制一式三份，交接双方各执一份，存档一份。接管人员应继续使用移交前的账簿，不得擅自另立新账，以保证会计记录的连续性。会计人员临时离职或者因病不能工作且需要接替或者代理的，会计机构负责人、会计主管人员或者单位领导人必须指定有关人员接替或者代理，并办理交接手续。

临时离职或者因病不能工作的会计人员恢复工作的，应当与接替或者代理人员办理交接手续。移交人员因病或者其他特殊原因不能亲自办理移交的，经单位领导人批准，可由移交人员委托他人代办移交，但委托人应当承担规定的责任。单位撤销时，必须留有必要的会计人员，会同有关人员办理清理工作，编制决算。未移交前，不得离职。接收单位和移交日期由主管部门确定。单位合并、分立的，其会计工作交接手续比照上述有关规定办理。移交人员对所移交的会计凭证、会计账簿、财务报表和其他有关资料的合法性、真实性承担法律责任。

第四节　会计职业道德

一、职业道德与会计职业道德

职业道德的概念有广义和狭义之分。广义的职业道德是指从业人员在职业活动中应该遵循的行为准则，涵盖了从业人员与服务对象、职业与职工、职业与职业之间的关系。狭义的职业道德是指在一定职业活动中应遵循的、体现一定职业特征的、调整一定职业关系的职业行为准则和规范。职业道德基本内容包括：爱岗敬业、诚实守信、办事公道、服务群众、奉献社会。

会计职业道德是指在会计职业活动中应遵循的、体现会计职业特征的、调整会计职业关系的职业行为准则和规范。会计职业道德的主要内容如下：

（1）爱岗敬业，要求会计人员热爱本职工作，安心本职岗位，忠于职守，尽心尽力、尽职尽责。

（2）诚实守信，要求会计人员做老实人，说老实话，办老实事，执业谨慎，信誉至上，不为利益所诱惑，不弄虚作假，不泄露秘密。

（3）廉洁自律，要求会计人员公私分明，不贪不占，遵纪守法，清正廉洁。

（4）客观公正，要求会计人员端正态度，依法办事，实事求是，不偏不倚，保持应有的独立性。

（5）坚持准则，要求会计人员熟悉国家法律、法规和国家的统一会计制度，始终坚持按法律、法规和国家统一的会计制度的要求进行会计核算，实施会计监督。

（6）提高技能，要求会计人员增强提高专业技能的自觉性和紧迫感，勤学苦练，刻苦钻研，不断进取，提高业务水平。

（7）参与管理，要求会计人员在做好本职工作的同时，努力钻研相关业务，全面熟悉本单位经营活动和业务流程，主动提出合理化建议，协助领导决策，积极参与管理。

（8）强化服务，要求会计人员树立服务意识，提高服务质量，努力维护和提升会计职业的良好社会现象。

二、会计职业道德与会计法律制度的关系

会计职业道德是会计法律制度正常运行的社会和思想基础，会计法律制度是促进会计职业道德规范形成和遵守的制度保障。会计职业道德与会计法律制度，两者有着共同的目标，相同的调整对象，承担着同样的职责，在作用上相互补充，在内容上相互渗透、相互重叠，在地位上相互转化、相互吸收，在实施过程中相互作用、相互促进。

会计职业道德与会计法律制度的区别表现为以下四个方面：

（1）性质不同。会计法律制度通过国家机器强制执行，具有很强的他律性；会计职业道德主要依靠会计从业人员的自觉性，具有很强的自律性。

（2）作用范围不同。会计法律制度侧重于调整会计人员的外在行为和结果的合法化，会计职业道德不仅要求调整会计人员的外在行为，还要调整会计人员内在的精神世界。

（3）实现形式不同。会计法律制度是通过一定的程序由国家立法机关或行政管理机关制定的，其表现形式是具体的、明确的、正式形成文字的成文规定。会计职业道德出于会计人员的职业生活和职业实践，其表现形式既有明确的成文规定，也有不成文的规范，存在于人们的意识和信念之中。

（4）实施保障机制不同。会计法律制度由国家强制力保障实施；会计职业道德既有国家法律的相应要求，又需要会计人员的自觉遵守。

三、会计职业道德教育的管理

1. 教育形式

会计职业道德教育形式包括两方面内容：

（1）接受教育。通过学校或培训单位对会计人员进行以职业责任、职业义务为核心内容的正面灌输，以规范其职业行为，维护国家和社会公众利益的教育。

（2）自我教育。会计人员自我学习、自身道德修养的行为活动。

2. 教育内容

会计职业道德教育内容主要有四方面内容：

（1）会计职业道德观念教育。通过学习会计职业道德知识，树立会计职业道德观念，了解会计职业道德对社会经济秩序、会计信息质量的影响，以及违反会计职业道德将受到的惩罚和处罚。

（2）会计职业道德规范教育。以爱岗敬业，诚实守信，廉洁自律，客观公正，坚持准则，提高技能，参与管理和强化服务为主要内容的会计职业道德规范是会计职业道德教育的核心内容，并贯穿于会计职业道德教育的始终。

（3）会计职业道德警示教育。通过对违反会计职业道德行为和违反会计行为典型案例进行讨论和剖析，从中得到警示，提高法律意识、会计职业道德观念和辨别是非的能力。

（4）其他与会计职业道德相关的教育。

3. 教育途径

会计职业道德教育途径有三个方面：

（1）通过会计学历教育进行会计职业道德教育。在学习会计理论和技能的同时，学习会计职业道德规范内容，了解会计职业面临的道德风险，树立会计职业道德情感和观念，提高运用道德标准判断是非的能力。

（2）通过会计继续教育进行会计职业道德教育。在不断更新、补充、拓展会计专业为理论、业务能力的同时，通过会计职业道德信念教育、会计职业义务教育、会计职业荣誉教育，形成良好的会计职业道德品行。

（3）通过会计人员的自我教育和修养进行会计职业道德教育。通过自我教育、自我锻炼、自我修养，将会计职业道德规范转化为会计人员的内在品质，规范和约束自身会计行为。

4. 监督检查

财政部门对会计职业道德进行监督检查。检查的途径主要有：将会计执法检查与会计职业道德检查相结合；将会计从业资格证书注册登记管理和会计职业道德检查相结合；将会计专业技术资格考评、聘用与会计职业道德检查相结合。会计行业组织对会计职业道德教育进行自律与约束。依据会计法等法律法规，建立激励机制，对会计人员遵守职业道德情况进行考核与奖惩。会计人员违反职业道德，情节严重的，由财政部门吊销会计从业资格证书。

财政部门组织和推动会计职业道德建设，依法行政，探索会计职业道德建设的有效途径和实现形式。会计职业组织建立行业自律机制和会计职业道德惩戒制度。企事业单位人用合格会计人员，开展会计人员职业道德教育，建立和完善内部控制制度，形成内部约束机制，防范舞弊和经营风险，支持并督促会计人员遵循会计职业道德，依法开展会计工作。社会各界各尽其责，相互配合，齐抓共管；社会舆论监督，形成良好的社会氛围。

第五节　会计电算化

一、会计电算化的内容

会计电算化是会计工作的发展方向，各级领导都应当重视这一工作。大中型企业、事业单位和县级以上国家机关都应积极创造条件，尽早实现会计电算化；其他单位也应当逐步创造条件，适时开展会计电算化工作。开展会计电算化工作，是促进会计基础工作规范化和提高经济效益的重要手段和有效措施。

实施会计电算化的要求主要包括以下内容：

（1）各单位负责人或总会计师应当亲自组织领导会计电算化工作，主持拟定本单位会计电算化工作规划，协调单位内各部门共同搞好会计电算化工作。

（2）各单位开展会计电算化工作，可根据本单位具体情况，按照循序渐进、逐步提高的原则进行。

（3）各单位要积极支持和组织本单位会计人员分期分批进行会计电算化知识培训，逐步使多数会计人员掌握会计软件的基本操作技能。

（4）会计电算化工作应当讲求效益原则。

（5）会计电算化工作取得一定成果的单位，要研究并逐步开展其他管理工作电算化或与其他管理信息系统联网工作，逐步建立以会计电算化为核心的单位计算机管理信息系统。

二、实施会计电算化对软、硬件的要求

1. 软件要求

（1）会计核算软件设计应当符合我国法律、法规、规章和国家统一的会计制度的规定，保证会计资料真实、完整，提高会计工作效率。

（2）配备会计软件是会计电算化的基础工作，选择会计软件的好坏对会计电算化的成败起着关键性的作用。配备会计软件主要有选择通用会计软件、定点开发、通用与定点开发会计软件相结合三种方式，各单位应根据实际需要和自身的技术力量选择配备会计软件的方式。

（3）配备的会计软件应达到财政部《会计核算软件基本功能规范》的要求，满足本单位的实际工作需要。

2. 硬件要求

由于财务会计部门处理的数据量大、数据结构复杂、处理方法要求严格和安全性要求高，各单位用于会计电算化工作的电子计算机设备，应由财务会计部门管理，硬件设备比较多的单位，财务会计部门可单独设立计算机室。

三、替代手工记账

1. 替代手工记账的含义和应具备的条件

替代手工记账是指应用会计软件输入会计数据，由电子计算机对会计数据进行处理，并打印输出会计账簿和报表。替代手工记账是会计电算化的目标之一。

替代手工记账的单位应具备的条件是：

（1）配备了适用的会计软件和相应的计算机硬件设备。

（2）配备了相应的会计电算化工作人员。

（3）建立了严格的内部管理制度。

2. 替代手工记账应注意的问题

（1）采用电子计算机打印输出书面会计凭证、账簿、报表的，应当符合国家统一会计制度的要求，采用中文或中外文对照，字迹清晰，作为会计档案保存，保存期限按《会计档案管理办法》的规定执行。

（2）在当期所有记账凭证数据和明细分类账数据都存储在计算机内的情况下，总分类账可以从这些数据中产生，因此可以用“总分类账户本期发生额及余额对照表”替代当期总分类账。

（3）现金日记账和银行存款日记账的打印，由于受到打印机条件的限制，可采用计算机打印输出的活页账页装订成册，要求每天登记并打印，每天业务较少、不能满页打印的，可按旬打印输出。

（4）在保证凭证、账簿清晰的条件下，计算机打印输出的凭证、账簿中表格线可适当减少。

3. 实现替代手工记账后应注意的问题

替代手工记账后，各单位应做到当天发生业务，当天登记入账，期末及时结账并打印输出财务报表；要灵活运用计算机对数据进行综合分析，定期或不定期地向单位领导报告主要财务指标和分析结果。

四、建立会计电算化内部管理制度

1. 电算化会计岗位和工作职责的划分

（1）电算化主管：负责协调计算机及会计软件系统的运行工作，要求具备会计和计算机知识，以及相关的会计电算化组织管理的经验。电算化主管可由会计主管兼任，采用中小型计算机和计算机网络会计软件的单位，应设立此岗位。

（2）软件操作：负责输入记账凭证和原始凭证等会计数据，输出记账凭证、会计账簿、报表，和进行部分会计数据处理工作，要求具备会计软件操作知识，达到会计电算化初级知识培训的水平；各单位应鼓励基本会计岗位的会计人员兼任软件操作岗位的工作。

（3）审核记账：负责对输入计算机的会计数据（记账凭证和原始凭证等）进行审核，操作会计软件登记机内账簿，对打印输出的账簿、报表进行确认；此岗要求具备会计和计算机知识，达到会计电算化初级知识培训的水平，可由主管会计兼任。

（4）电算化维护：负责保证计算机硬件、软件的正常运行，管理机内会计数据；此岗要求具备计算机和会计知识，经过会计电算化中级知识培训；采用大型、小型计算机和计算机网络会计软件的单位，应设立此岗位，此岗在大中型企业中应由专职人员担任。

（5）电算化审查：负责监督计算机及会计软件系统的运行，防止利用计算机进行舞弊；要求具备会计和计算机知识，达到会计电算化中级知识培训的水平，此岗可由会计稽核人员兼任；采用大型、小型计算机和大型会计软件的单位，可设立此岗位。

（6）数据分析：负责对计算机内的会计数据进行分析，要求具备计算机和会计知识，达到会计电算化中级知识培训的水平；采用大型、小型计算机和计算机网络会计软件的单位，可设立此岗位，由主管会计兼任。

2. 建立会计电算化操作管理制度

（1）明确规定上机操作人员对会计软件的操作工作内容和权限，对操作密码要严格管理，指点专人定期更换密码，杜绝未经授权人员操作会计软件。

（2）预防已输入计算机的原始凭证和记账凭证等会计数据未经审核而登记机内账簿。

（3）操作人员离开机房前，应执行相应命令退出会计软件。

（4）根据本单位实际情况，由专人保存必要的上机操作记录，记录操作人、操作时间、操作内容、故障情况等内容。

3. 建立计算机硬件、软件和数据管理制度

（1）保证机房设备安全和计算机正常运行是进行会计电算化的前提条件，要经常对有关设备进行保养，保持机房和设备的整洁，防止意外事故的发生。

（2）确保会计数据和会计软件的安全保密，防止对数据和软件的非法修改和删除；对磁性介质存放的数据要保存双备份。

（3）对正在使用的会计核算软件进行修改、对通用会计软件进行升版和计算机硬件设备进行更换等工作，要有一定的审批手续；在软件修改、升版和硬件更换过程中，要保证实际会计数据的连续和安全，并由有关人员进行监督。

（4）健全计算机硬件和软件出现故障时进行排除的管理措施，保证会计数据的完整性。

（5）健全必要的防治计算机病毒的措施。

4. 建立电算化会计档案管理制度

（1）电算化会计档案，包括存储在计算机硬盘中的会计数据以及其他磁性介质或光盘存储的会计数据和计算机打印出来的书面等形式的会计数据；会计数据是指记账凭证、会计账簿、财务报表（包括报表格式和计算公式）等数据。

（2）电算化会计档案管理是重要的会计基础工作，要严格按照财政部有关规定的要求对会计档案进行管理，由专人负责。

（3）对电算化会计档案管理要做好防磁、防火、防潮和防尘工作，重要会计档案应准备双份，存放在两个不同的地点。

（4）采用磁性介质保存会计档案，要定期进行检查，定期进行复制，防止由于磁性介质损坏，而使会计档案丢失。

（5）通用会计软件、定点开发会计软件、通用与定点开发相结合会计软件的全套文档资料以及会计软件程序，视同会计档案保管，保管期截至该软件停止使用或有重大更改之后的5年。

【本章小结】

本章是在学习了会计的基本理论和基本方法的基础上，阐述会计法规体系、会计工作组织、会计档案的保管与交接、会计职业道德和会计电算化的有关内容。

我国已经基本形成了以《会计法》为中心、国家统一的会计制度为基础的相对完整的会计法规体系，主要包括会计法律、行政法规和部门规章三个层次。

由于会计是一项复杂、细致的综合性经济管理活动，科学、系统地组织会计工作具有十分重要的意义。会计工作组织的主要内容包括：会计机构的设置、会计人员的配备、会计法规准则和制度等的制定与执行等。会计工作组织形式一般包括集中核算和非集中核算。在实际工作中，企业可以单一的选择集中核算或非集中核算，也可以二者兼而有之。会计工作交接，是会计工作中的一项重要内容，办好会计工作交接，有利于保持会计工作的连续性，有利于明确各自的责任。企业应合理做好会计档案的保管和交接工作。会计档案是指会计凭证、会计账簿和财务报告等会计核算专业资料，是记录和反映单位交易或事项的重要史料和证据。按照《会计档案管理办法》的规定，会计档案的保管期限分为永久保管和定期保管两类。

会计职业道德是会计法律制度正常运行的社会和思想基础，会计法律制度是促进会计职业道德规范形成和遵守的制度保障，两者既有关联又有区别。会计职业道德贯穿于会计工作的所有领域和整个过程，其作用无所不在、无时不在。会计职业道德规范的主要内容包括：爱岗敬业，诚实守信，廉洁自律，客观公正，坚持准则，提高技能，参与管理和强化服务。

会计电算化是会计工作的发展方向，开展会计电算化工作，是促进会计基础工作规范化和提高经济效益的重要手段和有效措施。实施会计电算化对软件、硬件、替代手工记账和管理制度都提出了要求。

【思考与分析】

1. 简述我国会计法规体系。
2. 会计工作组织包括哪些内容？会计人员的职责和权限有哪些？
3. 讨论内部经济核算制与非集中核算的关系，举例说明非集中核算的内容。
4. 利用假期，到各单位走访一下，看看各单位会计档案是如何存放的。
5. 保管期限已满但还有未了结的债权债务的原始凭证能销毁吗？

文章阅读

黑色星期一的启示

1929 年 10 月 28 日（星期一）一场灾难性的风暴来临。纽约华尔街证券交易所开盘不久，在短短的 30 分钟里，股票急剧下跌，跌风迅猛异常。股市的大崩盘导致了银行系统的崩溃，并且迅速蔓延到其他国家，从而引发了一场资本主义世界发展史上历时最长、涉及范围最广、打击最为沉重的一次经济危机（之后用了整整 25 年，股价才恢复到 1929 年的最高水平）。这次危机造成西方经济从 1929 年末至 1933 年一直在螺旋式下降，直接导致了 20 世纪 30 年代全球性的经济大萧条：使资本主义世界工业生产下降了 37.2%（一些国家钢铁生产等项目甚至退回到了 19 世纪），企业大量破产（单是美国 1929 ~ 1932 年 9 月就倒闭企业 12.81 万家，银行 0.6 万家），失业人数猛增，美、英、法、德等国股票分别下跌了 77%、40%、53%、60%。

在对这次经济危机的深刻反省中，大家认识到：由于企业采用的会计方法不当，造成了会计核算不实，以及企业弄虚作假，在一定程度上引起和助长了社会经济秩序混乱，对经济危机起了推波助澜的作用。根据这一教训，首先在危机爆发地美国，于 20 世纪 30 年代开始了旨在规范会计工作、提高会计信息质量的会计准则的研制工作。

附　　录

一、中英会计科目对照

会计科目中英文对照

序号	会计科目编号	会计科目名称
1	1001	库存现金 Cash in hand
2	1002	银行存款 Cash in bank
3	1012	其他货币资金 Other monetary assets
4	1101	交易性金融资产 Transactional Monetary Assets
5	1111	应收票据 Notes receivable
6	1121	应收股利 Dividend receivable
7	1122	应收利息 Interest receivable
8	1131	应收账款 Account receivable
9	1133	其他应收款 Other receivable
10	1141	坏账准备 Bad debt reserves
11	1151	预付账款 account prepaid
12	1401	材料采购 Materials Purchasing
13	1403	原材料 Raw materials
14	1411	周转材料 turnover materials
	141101	包装物 Wrappage
	141102	低值易耗品 Low-value consumption goods
15	1404	材料成本差异 Materials cost variance
16	1405	库存商品 Goods in Hand
17	1471	存货跌价准备 Inventory falling price reserves
18	1511	长期股权投资 Long Term Equity Interest Investment
19	1531	长期应收款 Long Term Receivable
20	1601	固定资产 Fixed assets
21	1602	累计折旧 Accumulated depreciation
22	1603	固定资产减值准备 Fixed assets depreciation reserves
23	1604	在建工程 Construction-in-process
24	1606	固定资产清理 Liquidation of fixed assets
25	1701	无形资产 Intangible assets
26	1901	待处理财产损溢 Unsettled G/L on assets
	190101	待处理流动资产损溢 Unsettled G/L on current assets
	190102	待处理固定资产损溢 Unsettled G/L on fixed assets
27	2101	短期借款 Short-term borrowing
28	2201	应付票据 Notes payable
29	2202	应付账款 Account payable
30	2203	预收账款 Deposit received
31	2211	应付职工薪酬 payroll payable

续表

序号	会计科目编号	会计科目名称
32	2161	应付股利 Dividends payable
33	2221	应交税费 Tax payable
	222101	应交增值税 value added tax payable
	22210101	进项税额 Withholdings on VAT
	22210105	销项税额 Substituted money on VAT
	222102	应交营业税 Business tax payable
	222103	应交消费税 Consumption tax payable
	222104	应交资源税 Resources tax payable
	222105	应交所得税 Income tax payable
	222106	应交土地增值税 Increment tax on land value payable
	222107	应交城市维护建设税 Tax for maintaining and building cities payable
34	2241	其他应付款 Other payables
35	2501	长期借款 Long-term borrowing
36	2502	应付债券 Bonds payable
37	27011	长期应付款 Long-term account payable
38	3101	实收资本（或股本） Paid-in capital（or common stock）
39	4001	资本公积 additional paid-in capital
	400101	资本（或股本）溢价 premium on capital
	400102	其他资本公积 Other capital reserve
40	4101	盈余公积 Surplus reserves
	410101	法定盈余公积 Legal surplus
	410102	任意盈余公积 Free surplus reserves
	410103	法定公益金 Legal public welfare fund
41	4103	本年利润 Current year profits
42	4104	利润分配 Profit appropriation
	410401	其他转入 Other turn-in
	410402	提取法定盈余公积 Withdrawal legal surplus
	410403	提取法定公益金 Withdrawal legal public welfare funds
	410409	提取任意盈余公积 Withdrawal other common accumulation fund
	410415	未分配利润 Undistributed profit
43	5001	生产成本 Cost of manufacture
	500101	基本生产成本 Basic cost of manufacture
	500102	辅助生产成本 Auxiliary cost of manufacture
44	5101	制造费用 Manufacturing overhead
45	6001	主营业务收入 Prime operating revenue
46	6051	其他业务收入 Other operating revenue
47	6201	投资收益 Investment income
48	6203	补贴收入 Subsidize revenue
49	6301	营业外收入 Non-operating income
50	6401	主营业务成本 Operating costs
51	6405	主营业务税金及附加 Tax and associate charge

续表

序号	会计科目编号	会计科目名称
52	6402	其他业务支出 Other business expense
53	6601	销售费用 marketing expenses
54	6602	管理费用 Administrative expenses
55	6603	财务费用 Finance charge
56	6711	营业外支出 Nonbusiness expenditure
57	6801	所得税费用 Income tax
58	6901	以前年度损益调整 Prior year income adjustment

二、常用会计术语和主要交易或事项摘要的写法

会计术语同其他学科的术语一样，是人们长期以来根据时间经验进行的科学总结和概括，是“约定俗成”的。正确使用会计术语，能间接扼要地说明问题，提高摘要的书写水平，做到少而精。

常用会计术语

1. 解缴款项	
（1）预缴	企事业单位还没有实现某种预期的收益前，预先解缴给国家财政或上级机关有关款项的交易或事项
（2）上缴	根据规定，企事业单位应当缴给国家财政或上级机关的有关款项的交易或事项
（3）补缴	由于某种原因，企事业单位在以前会计月度（季度或年度）没有足额上缴，而在本期补充上缴有关款项的交易或事项
（4）欠缴	由于种种原因，企事业单位在本期无法解缴应缴的款项给国家或上级机关而引起的一种债务的交易或事项
（5）清缴	全部缴清有关款项
2. 结转	期末结账时，将某一账户的金额或差额转入另一账户。例如，月终将“制造费用”账户余额转入“生产成本”账户。在实际工作中，当账册登记满一页时，将发生额合计数和余额转入下页，以及年终将旧账余额转入新账也叫结转
3. 转账	记账时对不涉及现金和银行存款收付业务的有关账户所作的相关处理和登记。例如，生产耗用原材料时，“生产成本”和“原材料”账户之间的转账，转账的数字应该相同。又如，管理人员出差备用金报销时，由于出差人员有预借款项，要作“管理费用”和“其他应收款”的转账记录
4. 冲转	即转销，指将一个数额从某一账户转入另一个账户，以减少账户的余额。例如，年末时将“本年利润”账户的期末余额转入“利润分配”账户，以减少这两个账户的余额
5. 冲销	对有关账户原记发生额做全部的冲减。主要用于更正原来记录的错误分录或订正按暂估价格所作的分录。冲销的金额一般用红墨水书写。例如，由于工作疏忽，记账凭证填错科目，并已登账，此时就要用红字填制一张金额相同的记账凭证，将原错误凭证予以冲销
6. 核销	某项交易或事项经上级有关部门或领导审核后予以清账。它与冲销是有区别的。例如，企业发生若干比坏账损失，经有关部门审查后同意核销。这一笔交易或事项引起“坏账准备”账户和“应收账款”账户的减少，经核销后的“应收账款”账户余额为零
7. 概算	政府、机关和企事业单位拟编下年度预算的估计数字
8. 预算	经一定程序核算的政府、机关和企事业单位的年度收支预算，如国家预算、地方预算、成本预算、利润预算等

续表

9. 结算	因商品交易和劳务供应等发生的往来款项的结算。结算又分为现金结算和非现金结算，非现金结算又叫转账结算或划拨结算，即各单位之间发生款项往来，不是用现金结算，而是通过银行转账来结算
10. 决算	有两种解释，从狭义上讲，指基本建设工程竣工后的报告，人们习惯上称之为决算。从广义上讲，决算是指企业、机关、事业单位和其他经济组织年度终了时所办理结账和编制财务会计报告等工作的总称。为“决算”事宜而编制的会计分录叫做“决算分录”，俗称“关门分录”
11. 退票	有两种解释：从狭义上讲，指本单位开具的银行结算凭证不符合规定而被银行退回。例如，由于票面金额大小数额不符或票面金额大于银行存款金额（开“空头支票”）而被退回等。从广义上讲，退票也包括本单位开出的各种会计凭证的退回，统称为退票
12. 拒付	采用托收承付结算方式时，购货单位因供货单位发来的商品不符合合同（或协议）规定，而拒绝承认付款。它又分为全部拒付和部分拒付
13. 清偿	全部偿还有关债务
14. 清还	清理归还
15. 清除	扫除净尽，全部去掉
16. 清理	彻底整理或处理，如清理账目、固定资产清理报废
17. 清查	彻底检查，如清查仓库、财产物资清查盘点
18. 清册	详细登记有关项目的册子，如材料清册、低值易耗品清册、固定资产清册
19. 清单	详细登记有关会计事项（项目）的单子，如物资清单、固定资产交接清单
20. 清账	结清账目（动词），如清账一遍。又指经过整理的详细账目（名词），如开列清账
21. 清算	彻底地计算，如清算账目

主要交易或事项摘要的写法

采购材料（或其他物资）	一般应写明材料的名称、规格和数量。单价指示在必要时才填写，货款未付者还可注明购货单位的名称。在材料明细账上，因已写明名称、规格、数量、单价，故其“摘要”栏中无须填写这些内容，只要注明供货单位名称和发票编号即可
对外销售业务	一般应写明购货单位、销售发票的编号，如有必要，也可写明销售产品的名称、规格和数量
委托加工费支出	一般应写明加工品名、数量，以及委托单位名称和加工合同编号等
运输费支出	一般应写明运往地点、运输工具、运输物资的品种，必要时可填明运送物资的数量以及计价标准。如果是委托运输部门办理托运手续的，还应注明运输部门的名称和发票编号等
差旅费报销	如出差外地预支备用金时，应写明出差人姓名、出差地点。回来报销时如有必要，还可以写明出差费用项目，如车旅费、住宿费、膳费补贴等。至于市内的车船费和误餐费报销，由于发生人次较多，重复频繁，就不必一一指明其用途和费用项目了
应收款、应付款	应写明应收（或应付）单位或个人的名称（姓名），应收（应付）的事项，必要时可写明原因
固定资产减值	应写明固定资产的类别、名称，必要时可指明固定资产的单价、使用年限等
资金的来源或投入	应写明资金从何而来（投入单位的名称）、为何投入（投入的原因或用途）、投入的是什么资金（指明资金的经济性质）等
支票支付	应写明支票支付的原因、收款单位的名称和支票编号
转账业务	应写明交易或事项转账的原因和设计转账双方的有关事宜
盈溢或损失	应写明发生部门、原因及负责人
冲销和补充业务	应写明被冲销或被补充的记账凭证的日期以及编号

三、会计学原理示范题

【资料1】银海企业为生产销售产品的工业企业，采用先进先出法对发出原材料进行计价；采用加权平均法对销售商品进行计价；采用记账凭证核算组织程序登记总分类账；采用收付转的记账凭证格式；采用三栏式的现金日记账和银行存款日记账；原材料采用数量金额式的明细账格式。

11月30日的总分类账和部分明细分类账如附表－1～附表－3所示。

附表－1　　**总分类账科目余额**　　单位：元

科目名称	借方金额	科目名称	贷方金额
库存现金	3 500	短期借款	1 570 000
银行存款	500 000	应付账款	350 000
应收账款	230 000	预收账款	20 000
预付账款	12 000	其他应付款	15 500
其他应收款	10 000	应付职工薪酬	50 000
原材料	900 000	应交税费	50 000
生产成本	280 000	实收资本	2 000 000
库存商品	620 000	盈余公积	150 000
固定资产	3 000 000	利润分配	50 000
累计折旧	－1 000 000	本年利润	300 000
合　计	4 555 500	合　计	4 555 500

附表－2　　**材料明细账期初余额**

名称	数量（吨）	单价（元）	金额（元）
甲材料	1 500	400	600 000
乙材料	2 000	150	300 000

附表－3　　**库存商品明细账期初余额**

名称	数量（件）	单价（元）	金额（元）
A产品	300	1 180	354 000
B产品	700	380	266 000

【资料2】该企业12月份发生下列交易或事项：

（1）2日，购进甲材料100吨，单价450元，材料已验收入库，货款用银行存款支付。

（2）5日，购进乙材料400吨，单价160元，材料已验收入库，货款已用银行存款支付。

（3）5日，提取现金50 000元，以备发工资。

（4）5日，以现金50 000元发放工资。

（5）8 日，销售 A 产品 200 件，货款 360 000 元已存入银行。

（6）8 日，以银行存款 50 000 元缴纳税金。

（7）10 日，销售 B 产品 800 件，货款共计 400 000 元，收回 360 000 元存入银行，其余款项尚未收回。

（8）12 日，以现金 2 000 元支付管理部门的日常零星开支。

（9）17 日，以银行存款 12 000 元支付本月办公用房的房租。

（10）20 日，以银行存款 50 000 元购进生产用设备。

（11）22 日，以银行存款 8 000 元支付水电费，其中 A 产品耗用 4 000 元，B 产品耗用 2 500 元，管理部门一般耗用 1 500 元。

（12）24 日，以银行存款 3 000 元支付销售费用。

（13）25 日，仓库编制发出材料汇总表，如附表 -4 所示（该企业采用先进先出法对发出材料进行计价）。

附表 -4 **发出原材料明细**

项　目	甲材料数量（吨）	乙材料数量（吨）
产品耗用	1 200	2 000
A 产品	700	1 000
B 产品	500	1 000
管理部门耗用	100	
合　计	1 300	2 000

（14）30 日，分配本月工资。工资费用分配表如附表 -5 所示。

附表 -5 **工资费用分配**

项　目	金额（元）
A 产品	30 000
B 产品	15 000
管理部门	5 000
合　计	50 000

（15）30 日，计提折旧。折旧计算表如附表 -6 所示。

附表 -6 **折旧计算**

项　目	金额（元）
生产车间	5 000
管理部门	1 000
合　计	6 000

(16) 30 日，结转制造费用。假定 A 应分担生产车间折旧 3 000 元，B 产品应分担 2 000元。

(17) 30 日，结转完工产品成本，其中 A 产品完工 180 件，成本为 216 000 元；B 产品完工 300 件，成本为 120 000 元。

(18) 31 日，按销售收入的 5% 计算本月应交消费税税金。

(19) 31 日，结转销售商品成本。

(20) 31 日，结转本期损益。

(21) 31 日，按 25% 计算应交所得税。

(22) 31 日，结清本年利润。

(23) 31 日，按税后利润的 10% 计提盈余公积。

(24) 31 日，按税后利润的 30% 计算应分配给投资者的利润。

【资料 3】 银海企业部分明细账如附表 –7 所示：

附表 –7　　部分明细账期末余额表　　单位：元

会计科目	总账借方余额	总账贷方余额	明细账借方余额	明细账贷方余额
应收账款	270 000			
应收账款——A 公司			290 000	
应收账款——B 公司				20 000
预付账款	12 000			
预付账款——C 公司			20 000	
预付账款——D 公司				8 000
应付账款		350 000		
应付账款——E 公司			50 000	
应付账款——F 公司				400 000
预收账款		20 000		
预收账款——G 公司			10 000	
预收账款——H 公司				30 000

【要求】 根据【资料 1】~【资料 3】的条件，完成以下任务：

(1) 根据上述交易或事项填制记账凭证。

(2) 根据记账凭证登记现金日记账和银行存款日记账。

(3) 根据原始凭证和记账凭证登记材料明细账和库存商品明细账。

(4) 根据记账凭证登记总分类账。

(5) 根据上述资料编制资产负债表和利润表。

【解析】

1. 根据上述交易或事项填制记账凭证如下：

(1) 购进甲材料涉及"原材料"、"银行存款"科目。验收入库材料增加，应借记"原材料"科目；银行存款减少应贷记"银行存款"科目。此项业务为货币资金支付业务，应编制付款凭证。编制银付字第 1 号记账凭证（见附表 –8）。

附表 –8

付款凭证

贷方科目：银行存款 ××××年 12 月 2 日 银付字第 1 号

摘要	借方总账科目	明细科目	记账符号	金额
购买甲材料 100 吨，单价 450 元	原材料	甲材料		45 000
合计				45 000

财务主管 王鑫 记账 李力 出纳 杨凡 审核 黄辉 制单 赵艳

（2）购进乙材料涉及“原材料”、“银行存款”科目。验收入库材料增加，应借记“原材料”科目；银行存款减少应贷记“银行存款”科目。此项业务为货币资金支付业务，应编制付款凭证。编制银付字第 2 号记账凭证（见附表 –9）。

附表 –9

付款凭证

贷方科目：银行存款 ××××年 12 月 5 日 银付字第 2 号

摘要	借方总账科目	明细科目	记账符号	金额
购买乙材料 400 吨，单价 160 元	原材料	乙材料		64 000
合计				64 000

财务主管 王鑫 记账 李力 出纳 杨凡 审核 黄辉 制单 赵艳

（3）提取现金涉及“库存现金”、“银行存款”科目。现金增加，应借记“库存现金”科目；银行存款减少应贷记“银行存款”科目。此项业务为货币资金之间的收付业务，按照惯例应编制银行存款的付款凭证。编制银付字第 3 号记账凭证（见附表 –10）。

附表 –10

付款凭证

贷方科目：银行存款 ××××年 12 月 5 日 银付字第 3 号

摘要	借方总账科目	明细科目	记账符号	金额
提取现金，以备发放工资	库存现金			50 000
合计				50 000

财务主管 王鑫 记账 李力 出纳 杨凡 审核 黄辉 制单 赵艳

（4）以现金发放工资涉及“应付职工薪酬”、“库存现金”科目。债务减少，应借记

“应付职工薪酬”科目；现金减少应贷记“库存现金”科目。此项业务为货币资金支付业务，应编制付款凭证。编制现付字第1号记账凭证如附表－11所示。

附表－11　　付款凭证

贷方科目：库存现金　　××××年12月5日　　现付字第1号

摘　要	借方总账科目	明细科目	记账符号	金额
发放工资	应付职工薪酬			50 000
合　计				50 000

财务主管　王鑫　　记账　李力　　出纳　杨凡　　审核　黄辉　　制单　赵艳

（5）销售商品涉及“主营业务收入”、“银行存款”科目。银行存款增加，应借记“银行存款”科目；实现收入应贷记“主营业务收入”科目。此项业务为货币资金收款业务，应编制收款凭证。编制银收字第1号记账凭证如附表－12所示。

附表－12　　收款凭证

借方科目：银行存款　　××××年12月8日　　银收字第1号

摘　要	贷方总账科目	明细科目	记账符号	金额
销售A产品200件	主营业务收入			360 000
合　计				360 000

财务主管　王鑫　　记账　李力　　出纳　杨凡　　审核　黄辉　　制单　赵艳

（6）缴纳税金涉及“应交税费”、“银行存款”科目。债务减少，应借记“应交税费”科目；银行存款减少应贷记“银行存款”科目。此项业务为货币资金支付业务，应编制付款凭证。编制银付字第4号记账凭证如附表－13所示。

附表－13　　付款凭证

贷方科目：银行存款　　××××年12月5日　　银付字第4号

摘　要	借方总账科目	明细科目	记账符号	金额
交纳税金	应交税费			50 000
合　计				50 000

财务主管　王鑫　　记账　李力　　出纳　杨凡　　审核　黄辉　　制单　赵艳

（7）销售商品部分款项收回，部分款项尚未收回，涉及“主营业务收入”、“银行存款”、“应收账款”科目。银行存款增加，应借记“银行存款”科目；债权增加应借记“应收账款”科目；实现收入应贷记“主营业务收入”科目。从银行存款的角度分析此项业务为货币资金收款业务，应编制收款凭证；从应收账款的角度分析，此项业务为转账业务。当企业采用收付转形式的记账凭证时，应分别编制收款凭证和转账凭证。编制银收字第2号记账凭证（见附表－14）和转字第1号记账凭证（见附表－15）。

附表－14 **收款凭证**

借方科目：银行存款 ××××年12月10日 银收字第2号

摘　要	贷方总账科目	明细科目	记账符号	金额
销售B产品800件，收回部分货款	主营业务收入			360 000
合　计				360 000

财务主管　王鑫　记账　李力　出纳　杨凡　审核　黄辉　制单　赵艳

附表－15 **转账凭证**

编制单位：××企业 ××××年12月10日 转字第1号

摘　要	总账科目	明细科目	记账符号	借方金额	贷方金额
销售B产品800件，收回部分货款	应收账款			40 000	
	主营业务收入				40 000
合　计				40 000	40 000

财务主管　王鑫　记账　李力　出纳　杨凡　审核　黄辉　制单　赵艳

（8）发生管理费用涉及“管理费用”、“库存现金”科目。费用增加，应借记“管理费用”科目；现金减少应贷记“库存现金”科目。此项业务为货币资金支付业务，应编制付款凭证。编制现付字第2号记账凭证（见附表－16）。

附表－16 **付款凭证**

贷方科目：库存现金 ××××年12月12日 现付字第2号

摘　要	借方总账科目	明细科目	记账符号	金额
日常开支	管理费用			2 000
合　计				2 000

财务主管　王鑫　记账　李力　出纳　杨凡　审核　黄辉　制单　赵艳

（9）发生管理费用涉及“管理费用”、“银行存款”科目。费用增加，应借记“管理费用”科目；银行存款减少应贷记“银行存款”科目。此项业务为货币资金支付业务，应编制付款凭证。编制现付字第5号记账凭证（见附表－17）。

附表 -17　**付款凭证**

贷方科目：银行存款　××××年12月17日　现付字第5号

摘　要	借方总账科目	明细科目	记账符号	金额
支付房租	管理费用			12 000
合　计				12 000

财务主管　王鑫　记账　李力　出纳　杨凡　审核　黄辉　制单　赵艳

（10）购进设备涉及“固定资产”、“银行存款”科目。固定资产增加，应借记“固定资产”科目；银行存款减少应贷记“银行存款”科目。此项业务为货币资金支付业务，应编制付款凭证。编制银付字第6号记账凭证（见附表 -18）。

附表 -18　**付款凭证**

贷方科目：银行存款　××××年12月20日　银付字第6号

摘　要	借方总账科目	明细科目	记账符号	金额
购买设备	固定资产			50 000
合　计				50 000

财务主管　王鑫　记账　李力　出纳　杨凡　审核　黄辉　制单　赵艳

（11）支付水电费涉及“制造费用”、“管理费用”、“银行存款”科目。车间使用的水电费应构成产品成本的一部分，属于间接生产费用，应通过“制造费用”科目进行归集，借记“制造费用”科目；管理部门使用的水电费增加，应借记“管理费用”科目，银行存款减少应贷记“银行存款”科目。此项业务为货币资金支付业务，应编制付款凭证。编制银付字第7号记账凭证（见附表 -19）。

附表 -19　**付款凭证**

贷方科目：银行存款　××××年12月22日　银付字第7号

摘　要	借方总账科目	明细科目	记账符号	金额
支付水电费	制造费用			6 500
	管理费用			1 500
合　计				8 000

财务主管　王鑫　记账　李力　出纳　杨凡　审核　黄辉　制单　赵艳

（12）以银行存款支付销售费用，涉及“销售费用”、“银行存款”科目。费用增加，应借记“销售费用”科目；银行存款减少应贷记“银行存款”科目。此项业务为货币资金支付业务，应编制付款凭证。编制银付字第8号记账凭证（见附表 -20）。

附表－20 **付款凭证**

贷方科目：银行存款　　××××年12月24日　　银付字第8号

摘　要	借方总账科目	明细科目	记账符号	金额
支付销售费用	销售费用			3 000
合　计				3 000

财务主管　王鑫　　记账　李力　　出纳　杨凡　　审核　黄辉　　制单　赵艳

（13）仓库编制的发出材料汇总表反映发出材料的数量，会计人员需要根据仓库发出材料汇总表编制材料费用汇总表。材料费用汇总表中的数量根据仓库编制的发出材料汇总表填制；金额根据库存商品明细账中计算的金额填列。材料费用汇总表如附表－21所示。

附表－21 **材料费用汇总**

项　目	甲材料		乙材料		合　计
	数量	金额	数量	金额	
产品耗用	1 200	480 000	2 000	300 000	780 000
A产品	700	280 000	1 000	150 000	430 000
B产品	500	200 000	1 000	150 000	350 000
管理费用	100	40 000			40 000
合　计	1 300	520 000	2 000	300 000	820 000

会计人员根据发出材料汇总表和材料明细账编制材料费用表作为原始凭证。材料费用按照用途进行分配，因此这项交易或事项的发生涉及“生产成本”、“管理费用”、“原材料”等科目。成本费用增加，应借记“生产成本”、“管理费用”等科目，材料减少应贷记“原材料”科目。此项业务为不涉及货币资金收付的转账业务，应编制转账凭证。编制转字第2号记账凭证（见附表－22）。

附表－22 **转账凭证**

编制单位：××企业　　××××年12月25日　　转字第2号

摘　要	总账科目	明细科目	记账符号	借方金额	贷方金额
结转发出材料成本	生产成本	A产品		430 000	
	生产成本	B产品		350 000	
	管理费用			40 000	
	原材料	甲材料			520 000
	原材料	乙材料			300 000
合　计				820 000	820 000

财务主管　王鑫　　记账　李力　　出纳　杨凡　　审核　黄辉　　制单　赵艳

（14）工资费用按照职工的岗位进行分配，因此这项交易或事项的发生涉及“生产成本”、“管理费用”、“原材料”等科目。成本费用增加，应借记“生产成本”、“管理费用”等科目；工资费用已经计入成本费用后，就形成企业与职工的债务，应贷记“应付职工薪酬”科目。此项业务为不涉及货币资金收付的转账业务，应编制转账凭证。编制转字第3号记账凭证（见附表-23）。

附表-23　　**转账凭证**

编制单位：××企业　　××××年12月30日　　转字第3号

摘　要	总账科目	明细科目	记账符号	借方金额	贷方金额
分配工资	生产成本	A产品		30 000	
	生产成本	B产品		15 000	
	管理费用			5 000	
	应付职工薪酬				50 000
合　计				50 000	50 000

财务主管　王鑫　　记账　李力　　出纳　杨凡　　审核　黄辉　　制单　赵艳

（15）为生产产品而发生的折旧费用应由产品成本负担，但直接计入成本会增加核算的工作量，为了简化核算，将折旧费用先计入制造费用，然后统一转入产品成本；为管理而发生的折旧费用，应计入管理费用。折旧作为固定资产磨损的价值应单独设置“累计折旧”科目进行核算；因此这项交易或事项的发生涉及“制造费用”、“管理费用”、“累计折旧”等科目。成本费用增加，应借记“制造费用”、“管理费用”等科目；折旧费用增加应贷记“累计折旧”科目。此项业务为不涉及货币资金收付的转账业务，应编制转账凭证。编制转字第4号记账凭证（见附表-24）。

附表-24　　**转账凭证**

编制单位：××企业　　××××年12月30日　　转字第4号

摘　要	总账科目	明细科目	记账符号	借方金额	贷方金额
计提折旧	制造费用			5 000	
	管理费用			1 000	
	累计折旧				6 000
合　计				6 000	6 000

财务主管　王鑫　　记账　李力　　出纳　杨凡　　审核　黄辉　　制单　赵艳

（16）为了简化核算，将一些应计入产品成本的费用先通过“制造费用”科目进行归集，然后再按照车间、品种分配制造费用，并从“制造费用”科目转入“生产成本”科目，因此这项交易或事项的发生涉及“生产成本”、“制造费用”科目。A产品分担制造费用为：4 000 + 3 000 = 7 000（元）；B 产品分担制造费用为：2 500 + 2 000 = 4 500（元）。成本费用增加，应借记“生产成本”科目；制造费用减少应贷记“制造费用”科目。此项业务为不涉及货币资金收付的转账业务，应编制转账凭证。编制转字第 5 号记账凭证（见附表 -25）。

附表 -25 **转账凭证**

编制单位：××企业 ××××年 12 月 30 日 转字第 5 号

摘 要	总账科目	明细科目	记账符号	借方金额	贷方金额
结转制造费用	生产成本			7 000	
	生产成本			4 500	
	制造费用				11 500
合 计				11 500	11 500

财务主管 王鑫 记账 李力 出纳 杨凡 审核 黄辉 制单 赵艳

（17）结转本期完工产品成本，涉及“库存商品”、“生产成本”账户。为生产产品而发生的成本应随着产品的入库而转移到库存商品账上，因此应借记“库存商品”科目，贷记“生产成本”科目。此项业务为不涉及货币资金收付的转账业务，应编制转账凭证。编制转字第 6 号记账凭证（见附表 -26）。

附表 -26 **转账凭证**

编制单位：××企业 ××××年 12 月 30 日 转字第 6 号

摘 要	总账科目	明细科目	记账符号	借方金额	贷方金额
结转完工产品成本	库存商品	A 产品		216 000	
	库存商品	B 产品		120 000	
	生产成本	A 产品			216 000
	生产成本	B 产品			120 000
合 计				336 000	336 000

财务主管 王鑫 记账 李力 出纳 杨凡 审核 黄辉 制单 赵艳

（18）按照税法规定，企业销售商品应缴纳流转税（有关税金的会计处理将在其他的课程中讲解，本书简化计算，直接按收入的一定比例计算应纳税金）。通常企业于月末计算应纳税金，下月初缴纳税金，计算的税金作为费用处理后构成了企业与税务部门的债务。因此，这项交易或事项的发生涉及“营业税金及附加”、“应交税费”科目。税金的增加，应借记“营业税金及附加”科目；债务增加，应贷记“应交税费”科目。此项业务为不涉及货币资金收付的转账业务，应编制转账凭证。编制转字第 7 号记账凭证（见附表 -27）。

附表 −27　　**转账凭证**

编制单位：××企业　　××××年 12 月 30 日　　转字第 7 号

摘　要	总账科目	明细科目	记账符号	借方金额	贷方金额
计算应交税金 760 000×5% =38 000（元）	营业税金及附加			38 000	
	应交税费	应交消费税			38 000
合　计				38 000	38 000

财务主管　王鑫　　记账　李力　　出纳　杨凡　　审核　黄辉　　制单　赵艳

（19）由于每批生产的产品成本不同，因此结转销售产品成本前，应计算销售产品的制造成本。本题说明该企业采用加权平均法计算销售产品成本，计算的过程详见库存商品明细账附表 40 ~ 附表 41。根据计算结果将其转入“主营业务成本”账户，因此这项交易或事项的发生涉及“主营业务成本”、“库存商品”等科目。为实现销售收入而发生的成本费用增加，应借记“主营业务成本”科目；商品减少应贷记“库存商品”科目。此项业务为不涉及货币资金收付的转账业务，应编制转账凭证。编制转字第 8 号记账凭证（见附表 −28）。

附表 −28　　**转账凭证**

编制单位：××企业　　××××年 12 月 31 日　　转字第 8 号

摘　要	总账科目	明细科目	记账符号	借方金额	贷方金额
结转销售商品成本	主营业务成本			546 300	
	库存商品	A 产品			237 500
		B 产品			308 800
合　计				546 300	546 300

财务主管　王鑫　　记账　李力　　出纳　杨凡　　审核　黄辉　　制单　赵艳

（20）为了核算本月实现的利润，应将各项收入转入“本年利润”科目，同时将各项费用转入“本年利润”科目。但一般情况下，收入和费用应分别结转。因此这项交易或事项的发生涉及“本年利润”、“主营业务收入”、“主营业务成本”、“营业税金及附加”、“管理费用”、“销售费用”等科目。结转收入时，借记“主营业务收入”科目，贷记“本年利润”科目；结转费用时，借记“本年利润”科目，贷记“主营业务成本”、“营业税金及附加”、“管理费用”、“销售费用”等科目。此项业务为不涉及货币资金收付的转账业务，应编制转账凭证。编制转字第 9 号（见附表 −29）和转字第 10 号记账凭证（见附表 −30）。

附表 −29　　**转账凭证**

编制单位：××企业　　××××年 12 月 31 日　　转字第 9 号

摘　要	总账科目	明细科目	记账符号	借方金额	贷方金额
结转损益	主营业务收入			760 000	
	本年利润				760 000
合　计				760 000	760 000

财务主管　王鑫　　记账　李力　　出纳　杨凡　　审核　黄辉　　制单　赵艳

附表 -30 **转账凭证**

编制单位：××企业 ××××年12月31日 转字第10号

摘 要	总账科目	明细科目	记账符号	借方金额	贷方金额
结转销售商品成本	本年利润			648 800	
	主营业务成本				546 300
	营业税金及附加				38 000
	销售费用				3 000
	管理费用				61 500
合 计				648 800	648 800

财务主管 王鑫 记账 李力 出纳 杨凡 审核 黄辉 制单 赵艳

（21）按照税法规定，企业应对其所得缴纳所得税（有关税金的会计处理将在其他的课程中讲解，本书简化计算，直接按利润总额的一定比例计算应纳所得税）。通常企业于月末计算应纳税金，下月初缴纳税金，计算的税金作为费用处理后构成了企业与税务部门的债务。因此，这项交易或事项的发生涉及“所得税费用”、“应交税费”科目。税金的增加，应借记“所得税费用”科目；债务增加，应贷记“应交税费”科目。此项业务为不涉及货币资金收付的转账业务，应编制转账凭证。编制转字第11号记账凭证（见附表-31）。

附表 -31 **转账凭证**

编制单位：××企业 ××××年12月31日 转字第11号

摘 要	总账科目	明细科目	记账符号	借方金额	贷方金额
计算应交所得税	所得税费用			27 800	
（760 000 - 648 800）×25% = 27 800（元）	应交税费				27 800
合 计				27 800	27 800

财务主管 王鑫 记账 李力 出纳 杨凡 审核 黄辉 制单 赵艳

所得税作为费用也应转入“本年利润”科目，计算实现的净利润。此项业务为不涉及货币资金收付的转账业务，应编制转账凭证。编制转字第12号记账凭证（见附表-32）。

附表 -32 **转账凭证**

编制单位：××企业 ××××年12月31日 转字第12号

摘 要	总账科目	明细科目	记账符号	借方金额	贷方金额
结转所得税	本年利润			27 800	
	所得税费用				27 800
合 计				27 800	27 800

财务主管 王鑫 记账 李力 出纳 杨凡 审核 黄辉 制单 赵艳

（22）“本年利润”科目核算的是企业当年实现的利润或亏损，因此应在年末时将本年实现的利润或亏损转入“利润分配”科目，以便“本年利润”科目核算新的一年的利润或亏损。因此此项交易或事项涉及“本年利润”、“利润分配”科目。本题中企业实现的利润，表现为结转前的贷方余额，应从借方转入“利润分配”科目的贷方。此项业务为不涉及货币资金收付的转账业务，应编制转账凭证。编制转字第13号记账凭证（见附表－33）。

附表－33　　**转账凭证**

编制单位：××企业　　××××年12月31日　　转字第13号

摘　要	总账科目	明细科目	记账符号	借方金额	贷方金额
结转本年利润	本年利润			383 400	
760 000－648 800＝111 200（元）； 111 200－27 800＋300 000＝383 400（元）	利润分配				383 400
合　计				383 400	383 400

财务主管　王鑫　　记账　李力　　出纳　杨凡　　审核　黄辉　　制单　赵艳

（23）企业的利润实现后，应按照一定的比例计算盈余公积。此项交易或事项涉及“利润分配”、“盈余公积”科目。实现的利润在“利润分配”科目的贷方反映，对利润的分配应在其借方反映，因此利润分配时应借记“利润分配”科目，盈余公积增加应贷记“盈余公积”科目。此项业务为不涉及货币资金收付的转账业务，应编制转账凭证。编制转字第14号记账凭证（见附表－34）。

附表－34　　**转账凭证**

编制单位：××企业　　××××年12月31日　　转字第14号

摘　要	总账科目	明细科目	记账符号	借方金额	贷方金额
计算盈余公积	利润分配	计提盈余公积		38 340	
383 400×10%＝38 340（元）	盈余公积				38 340
合　计				38 340	38 340

财务主管　王鑫　　记账　李力　　出纳　杨凡　　审核　黄辉　　制单　赵艳

（24）企业的利润实现后，经股东大会批准可以向投资者分配利润，通常从决定分配利润到实际发放利润有一段时间，从而构成对投资者的负债，此项交易或事项涉及“利润分配”、“应付股利”科目。实现的利润在“利润分配”科目的贷方反映，对利润的分配应在其借方反映，因此利润分配时应借记“利润分配”科目，债务增加应贷记“应付股利”科目。此项业务为不涉及货币资金收付的转账业务，应编制转账凭证。编制转字第15号记账凭证（见附表－35）。

附表 -35 **转账凭证**

编制单位：××企业　　××××年12月31日　　转字第15号

摘　要	总账科目	明细科目	记账符号	借方金额	贷方金额
计算应付利润	利润分配	应付利润		115 020	
383 400×30% =115 020	应付股利				115 020
合　计				115 020	115 020

财务主管　王鑫　　记账　李力　　出纳　杨凡　　审核　黄辉　　制单　赵艳

2. 根据记账凭证登记现金日记账（见附表-36）和银行存款日记账（见附表-37）。现金日记账的登记步骤为：

（1）根据所给资料填列期初余额。

（2）根据收付款凭证逐日逐笔登记现金日记账。

（3）每日计算本日的借方合计数、贷方合计数、本月余额。

（4）月末结算本月的借方合计数、贷方合计数、本月余额。

附表 -36 **现金日记账**

日期	凭证	摘要	对方科目	借方	贷方	余额
12月1日		期初结存				3 500
12月5日	银付3	提取现金	银行存款	50 000		
12月5日	现付1	发放工资	应付职工薪酬		50 000	
		本日合计		50 000	50 000	3 500
12月12日	现付2	零星支出	管理费用		2 000	
		本日合计			2 000	1 500
12月31日		本月合计		50 000	52 000	1 500

银行存款日记账的登记步骤同现金日记账。

附表 -37 **银行存款日记账**

日期	凭证	摘要	对方科目	借方	贷方	余额
12月1日		期初结存				500 000
12月2日	银付1	购买材料	材料采购		45 000	455 000
12月5日	银付2	购买材料	材料采购		64 000	391 000
12月5日	银付3	提取现金	库存现金		50 000	341 000
12月8日	银收1	销售商品	主营业务收入	360 000		701 000
12月8日	银付4	缴纳税金	应交税费		50 000	651 000
12月10日	银收2	销售商品	主营业务收入	360 000		1 011 000
12月17日	银付5	支付房租	管理费用		12 000	999 000

续表

日期	凭证	摘要	对方科目	借方	贷方	余额
12 月 20 日	银付 6	购买设备	固定资产		50 000	949 000
12 月 22 日	银付 7	支付水电费	管理费用等		8 000	941 000
12 月 24 日	银付 8	支付销售费	销售费用		3 000	938 000
12 月 31 日		本月合计		720 000	282 000	938 000

3. 根据原始凭证和记账凭证登记材料明细账和库存商品明细账（见附表－38～附表－41）。

材料明细账的登记步骤为：

（1）设置“原材料——甲材料”、“原材料——乙材料”明细账户。

（2）根据资料登记明细分类账户的期初余额。

（3）根据会计分录登记材料明细账。其中增加的材料按照采购成本确定数量、单价、金额；发出材料按照先进先出法计算发出材料成本。

（4）期末结出本期发生额和期末余额。

附表－38　　**材料明细账**

品名：甲材料

日期	凭证	摘要	收入			发出			结存		
			数量（吨）	单价（元）	金额（元）	数量（吨）	单价（元）	金额（元）	数量（吨）	单价（元）	金额（元）
12 月 1 日		结存							1 500	400	600 000
12 月 2 日	银付 1	购进	100	450	45 000				1 500 100	400 450	600 000 45 000
12 月 25 日	转 2	发出				1 300	400	520 000	200 100	400 450	80 000 45 000
		合计	100	450	45 000	1 300	400	520 000	200 100	400 450	80 000 45 000

附表－39　　**材料明细账**

品名：乙材料

日期	凭证	摘要	收入			发出			结存		
			数量（吨）	单价（元）	金额（元）	数量（吨）	单价（元）	金额（元）	数量（吨）	单价（元）	金额（元）
12 月 1 日		结存							2 000	150	300 000
12 月 6 日	银付 2	购进	400	160	64 000				2 000 400	150 160	300 000 64 000
12 月 31 日	转 2	发出				2 000	150	300 000	400	160	64 000
		合计	400	160	64 000	2 000	150	300 000	400	160	64 000

库存商品明细账比照材料明细账登记。

附表-40 **库存商品明细账**

品名：A 产品

日期	凭证	摘要	收入			发出			结存		
			数量（吨）	单价（元）	金额（元）	数量（吨）	单价（元）	金额（元）	数量（吨）	单价（元）	金额（元）
12月1日		结存							300	1 180	354 000
12月30日	转6	生产	180	1 200	216 000				480	1 187.5	570 000
12月31日	转8	销售				200	1 187.5	237 500	280	1 187.5	332 500
		合计	180	1 200	216 000	200	1 187.5	237 500	280	1 187.5	332 500

附表-41 **库存商品明细账**

品名：B 产品

日期	凭证	摘要	收入			发出			结存		
			数量（吨）	单价（元）	金额（元）	数量（吨）	单价（元）	金额（元）	数量（吨）	单价（元）	金额（元）
12月1日		结存							700	380	266 000
12月30日	转6	生产	300	400	120 000				1 000	386	386 000
12月31日	转8	销售				800	386	308 800	200	386	77 200
		合计	300	400	120 000	800	386	308 800	200	386	77 200

4. 根据记账凭证登记总分类账，如附表-42所示。

（1）设置总分类账户。

（2）根据资料登记总分类账户的期初余额。

（3）采用记账凭证核算组织程序时，应根据会计分录逐笔登记总分类账户。

（4）期末结出本期发生额和期末余额。

附表-42 **总分类账户**

会计科目：库存现金

日期	凭证	摘要	借方	贷方	余额
12月1日		期初余额			3 500
12月5日	银付3	提取现金	50 000		53 500
12月5日	现付1	发放工资		50 000	3 500
12月12日	现付2	零星支出		2 000	1 500
12月31日		本月合计	50 000	52 000	1 500

续表

会计科目：银行存款

日期	凭证	摘要	借方	贷方	余额
12 月 1 日		期初结存			500 000
12 月 2 日	银付 1	购买材料		45 000	455 000
12 月 5 日	银付 2	购买材料		64 000	391 000
12 月 5 日	银付 3	提取现金		50 000	341 000
12 月 8 日	银收 1	销售商品	360 000		701 000
12 月 8 日	银付 4	缴纳税金		50 000	651 000
12 月 10 日	银收 2	销售商品	360 000		1 011 000
12 月 17 日	银付 5	支付房租		12 000	999 000
12 月 20 日	银付 6	购买设备		50 000	949 000
12 月 22 日	银付 7	支付水电费		8 000	941 000
12 月 24 日	银付 8	支付销售费		3 000	938 000
12 月 31 日		本月合计	720 000	282 000	938 000

会计科目：应收账款

日期	凭证	摘要	借方	贷方	余额
12 月 1 日		期初余额			230 000
12 月 10 日	转 1	购进设备	40 000		270 000
12 月 31 日		本月合计	40 000		270 000

会计科目：预付账款

日期	凭证	摘要	借方	贷方	余额
12 月 1 日		期初余额			12 000
12 月 31 日		本月合计			12 000

会计科目：其他应收款

日期	凭证	摘要	借方	贷方	余额
12 月 1 日		期初余额			10 000
12 月 31 日		本月合计			10 000

会计科目：原材料

日期	凭证	摘要	借方	贷方	余额
12 月 1 日		期初余额			900 000
12 月 30 日	转 2	领用材料		820 000	80 000
12 月 3 日	银付 1、2	结转入库原材料	109 000		189 000
12 月 31 日		本月合计	109 000	820 000	189 000

会计科目：生产成本

日期	凭证	摘要	借方	贷方	余额
12 月 1 日		期初结存			280 000
12 月 30 日	转 2	领用材料	780 000		1 060 000
12 月 31 日	转 3	分配工资	45 000		1 105 000
12 月 31 日	转 5	分配制造费用	11 500		1 116 500
12 月 31 日	转 6	结转完工产品成本		336 000	780 500
12 月 31 日		本月合计	836 500	336 000	780 500

续表

会计科目：制造费用

日期	凭证	摘要	借方	贷方	余额
12 月 22 日	银付 7	水电费	6 500		6 500
12 月 31 日	转 4	计提折旧	5 000		11 500
12 月 31 日	转 5	分配制造费用		11 500	0
12 月 31 日		本月合计	11 500	11 500	0

会计科目：库存商品

日期	凭证	摘要	借方	贷方	余额
12 月 1 日		期初余额			620 000
12 月 30 日	转 6	结转完工产品成本	336 000		956 000
12 月 31 日	转 8	结转销售产品成本		546 300	409 700
12 月 31 日		本月合计	336 000	546 300	409 700

会计科目：固定资产

日期	凭证	摘要	借方	贷方	余额
12 月 1 日		期初余额			3 000 000
12 月 20 日	银付 6	购进设备	50 000		3 050 000
12 月 31 日		本月合计	50 000		3 050 000

会计科目：累计折旧

日期	凭证	摘要	借方	贷方	余额
12 月 1 日		期初余额			1 000 000
12 月 30 日	转 4	计提折旧		6 000	1 006 000
12 月 31 日		本月合计		6 000	1 006 000

会计科目：短期借款

日期	凭证	摘要	借方	贷方	余额
12 月 1 日		期初余额			1 570 000
12 月 31 日		本月合计			1 570 000

会计科目：应付账款

日期	凭证	摘要	借方	贷方	余额
12 月 1 日		期初余额			350 000
12 月 31 日		本月合计			350 000

会计科目：预收账款

日期	凭证	摘要	借方	贷方	余额
12 月 1 日		期初余额			20 000
12 月 31 日		本月合计			20 000

会计科目：其他应付款

日期	凭证	摘要	借方	贷方	余额
12 月 1 日		期初余额			15 500
12 月 31 日		本月合计			15 500

续表

会计科目：应付职工薪酬

日期	凭证	摘要	借方	贷方	余额
12月1日		期初余额			50 000
12月5日	现付1	发放工资	50 000		0
12月31日	转3	分配工资		50 000	50 000
12月31日		本月合计	50 000	50 000	50 000

会计科目：应交税费

日期	凭证	摘要	借方	贷方	余额
12月1日		期初余额			50 000
12月8日	银付4	交纳税金	50 000		0
12月30日	转7	计算应交税金		38 000	38 000
12月31日	转11	计算应交税金		27 800	65 800
12月31日		本月合计	50 000	65 800	65 800

会计科目：应付股利

日期	凭证	摘要	借方	贷方	余额
12月31日	转15	分配利润		115 020	115 020
12月31日		本月合计		115 020	115 020

会计科目：实收资本

日期	凭证	摘要	借方	贷方	余额
12月1日		期初余额			2 000 000
12月31日		本月合计			2 000 000

会计科目：盈余公积

日期	凭证	摘要	借方	贷方	余额
12月1日		期初余额			150 000
12月31日	转14	提取公积金		38 340	188 340
12月31日		本月合计		38 340	188 340

会计科目：本年利润

日期	凭证	摘要	借方	贷方	余额
12月1日		期初余额			300 000
12月31日	转9	结转损益		760 000	1 060 000
12月31日	转10	结转损益	648 800		411 200
12月31日	转12	结转损益	27 800		383 400
12月31日	转13	结转本年利润	383 400		0
12月31日		本月合计	1 060 000	760 000	0

会计科目：利润分配

日期	凭证	摘要	借方	贷方	余额
12月1日		期初余额			50 000
12月31日	转13	结转本年利润		383 400	433 400
12月31日	转14	提取盈余公积	38 340		395 060
12月31日	转15	分配利润	115 020		280 040
12月31日		本月合计	153 360	383 400	280 040

续表

会计科目：主营业务收入

日期	凭证	摘要	借方	贷方	余额
12 月 8 日	银收 1	销售商品		360 000	360 000
12 月 10 日	银收 2	销售商品		360 000	720 000
12 月 10 日	转 1	销售商品		40 000	760 000
12 月 31 日	转 9	结转损益	760 000		0
12 月 31 日		本月合计	760 000	760 000	0

会计科目：主营业务成本

日期	凭证	摘要	借方	贷方	余额
12 月 31 日	转 8	销售商品	546 300		546 300
12 月 31 日	转 10	结转损益		546 300	0
12 月 31 日		本月合计	546 300	546 300	0

会计科目：销售费用

日期	凭证	摘要	借方	贷方	余额
12 月 24 日	银付 8	支付销售费用	3 000		3 000
12 月 31 日	转 10	结转损益		3 000	0
12 月 31 日		本月合计	3 000	3 000	0

会计科目：管理费用

日期	凭证	摘要	借方	贷方	余额
12 月 12 日	现付 2	零星支出	2 000		2 000
12 月 17 日	银付 5	房租	12 000		14 000
12 月 22 日	银付 7	水电费	1 500		15 500
12 月 25 日	转 2	材料费用	40 000		55 500
12 月 30 日	转 3	分配工资	5 000		60 500
12 月 31 日	转 4	计提折旧	1 000		61 500
12 月 31 日	转 10	结转损益		61 500	0
12 月 31 日		本月合计	61 500	61 500	0

会计科目：营业税金及附加

日期	凭证	摘要	借方	贷方	余额
12 月 30 日	转 7	计算应交税金	38 000		38 000
12 月 31 日	转 10	结转损益		38 000	0
12 月 31 日		本月合计	38 000	38 000	0

会计科目：所得税费用

日期	凭证	摘要	借方	贷方	余额
12 月 31 日	转 11	计算应交税金	27 800		27 800
12 月 31 日	转 12	结转损益		27 800	0
12 月 31 日		本月合计	27 800	27 800	0

5. 根据上述资料编制资产负债表和利润表。

根据资料和资产负债表项目期末数编制方法计算的各项金额（单位：元）：

货币资金项目 =1 500 +938 000 =939 500（元）
应收账款项目 =290 000 +10 000 =300 000（元）
其他应收款项目 =10 000（元）
预付账款项目 =20 000 +50 000 =70 000（元）
存货项目 =189 000 +780 500 +409 700 =1 379 200（元）
流动资产合计 =939 500 +300 000 +10 000 +70 000 +1 379 200 =2 698 700（元）
固定资产项目 =3 050 000 −1 006 000 =2 044 000（元）
资产总额 =2 698 700 +2 044 000 =4 742 700（元）
短期借款项目 =1 570 000（元）
应付账款项目 =400 000 +8 000 =408 000（元）
预收账款项目 =20 000 +30 000 =50 000（元）
其他应付款项目 =15 500（元）
应付职工薪酬项目 =50 000（元）
应交税费项目 =65 800（元）
应付股利项目 =115 020（元）
流动负债合计 =1 570 000 +408 000 +50 000 +15 500 +50 000 +65 800 +115 020
=2 274 320（元）
实收资本项目 =2 000 000（元）
盈余公积项目 =188 340（元）
未分配利润项目 =280 040（元）
所有者权益合计 =2 000 000 +188 340 +280 040 =2 468 380（元）
负债和所有者权益总计 =2 274 320 +2 468 380 =4 742 700（元）
根据上述计算结果填列的资产负债表，如附表 −43 所示。

附表 −43　　**资产负债表**

编制单位：××企业　　××××年 12 月 31 日　　单位：元

资产	月初数	年末数	负债及所有者权益	月初数	年末数
流动资产			流动负债		
货币资金	503 500	939 500	短期借款	1 570 000	1 570 000
应收账款	230 000	300 000	应付账款	350 000	408 000
其他应收款	10 000	10 000	预收账款	20 000	50 000
预付账款	12 000	70 000	其他应付款	15 500	15 500
存货	1 800 000	1 379 200	应付职工薪酬	50 000	50 000
其他流动资产			应交税费	50 000	65 800
流动资产合计	2 555 500	2 698 700	应付股利		115 020
			其他流动负债		
固定资产			流动负债合计	2 055 500	2 274 320

续表

资产	月初数	年末数	负债及所有者权益	月初数	年末数
固定资产	2 000 000	2 044 000	所有者权益		
固定资产合计	2 000 000	2 044 000	实收资本	2 000 000	2 000 000
			盈余公积	150 000	188 340
			未分配利润	350 000	280 040
			所有者权益合计	2 500 000	2 468 380
资产总计	4 555 500	4 742 700	负债及所有者权益总计	4 555 500	4 742 700

根据资料和利润表项目本月数编制方法计算的各项目金额（单位：元）：

主营业务收入项目 = 760 000（元）

主营业务成本项目 = 546 300（元）

营业税金及附加项目 = 38 000（元）

销售费用项目 = 3 000（元）

管理费用项目 = 61 500（元）

营业利润 = 760 000 − 546 300 − 38 000 − 3 000 − 61 500 = 111 200（元）

利润总额 = 111 200 − 0 − 0 = 111 200（元）

所得税费用项目 = 27 800（元）

净利润项目 = 111 200 − 27 800 = 83 400（元）

根据上述计算结果填列的利润表如附表 −44 所示。

附表 −44 **利润表**

编制单位：××企业 ××××年 12 月 单位：元

项　目	本月数	本年累计数[①]
一、营业收入	760 000	
减：营业成本	546 300	
营业税金及附加	38 000	
销售费用	3 000	
管理费用	61 500	
财务费用	0	
二、营业利润	111 200	
加：营业外收入	0	
减：营业外支出	0	
三、利润总额	111 200	
减：所得税费用	27 800	
四、净利润	83 400	

注：①由于资料所限，未列出本年累计数。

主要参考文献

1. 中华人民共和国财政部．企业会计准则［M］．北京：中国财政经济出版社，2006.

2. 中华人民共和国财政部．企业会计准则应用指南［M］．北京：中国财政经济出版社，2006.

3. 全国会计专业技术资格考试参考用书编审委员会．初级会计实务［M］．北京：中国财政经济出版社，2009.

4. 赵杰．会计学原理［M］．北京：中国科学技术出版社，2007. 8.

5. 付丽，李琳．新编基础会计学［M］．北京：清华大学出版社、北京交通大学出版社，2008. 2.

6. 陈玉菁．会计业务速成指南（第二版）［M］．大连：东北财经大学出版社，2008. 4.

7. 黄向东，周丽华，陈莺．基础会计［M］．北京：北京理工大学出版社，2008. 8.

8. 徐泓（中国人民大学）．基础会计学［M］．北京：机械工业出版社，2009. 1.

9. 陈国辉，迟旭升．基础会计（第二版）［M］．大连：东北财经大学出版社，2009. 6.

10. 张捷．基础会计［M］．大连：东北财经大学出版社，2010. 1.